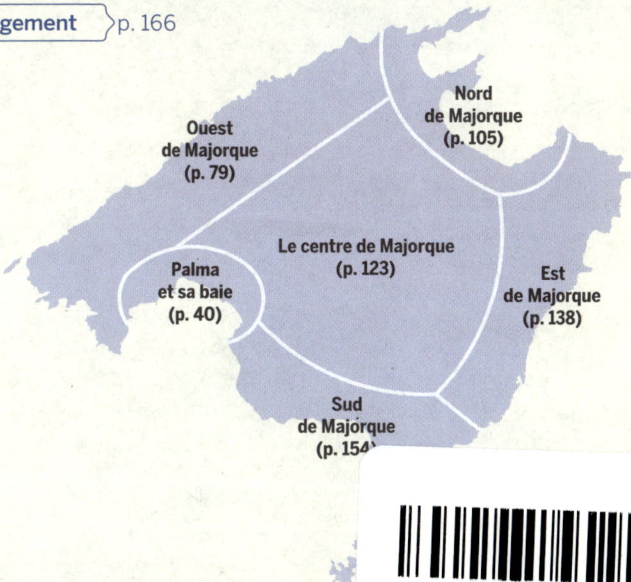

ÉDITION ÉCRITE ET ACTUALISÉE PAR

Anthony Ham

Bienvenue à Majorque

Des paysages éblouissants

Contrairement à ce que l'on entend habituellement sur l'île et son hyper développement touristique, Majorque reste l'une des grandes destinations "nature" en Méditerranée. De majestueuses falaises calcaires plongent dans des eaux translucides, saphir et turquoise, sur toute la côte ouest et nord de l'île. L'intérieur est traversé de vastes plaines plantées d'amandiers, de caroubiers, d'oliviers et de vignobles. Sur les côtes sud et est, des yachts viennent jeter l'ancre dans des criques idylliques, accessibles uniquement par la mer ou à pied. Partout, le fantastique réseau de sentiers de randonnée pédestre et de pistes cyclables constitue un excellent moyen d'explorer et d'apprécier toute la splendeur de la nature. Et tout est possible, de la simple escapade d'un jour à l'excursion d'une semaine de village en village à travers la Serra de Tramuntana.

La vie en bord de mer

Les raisons pour lesquelles Majorque est devenue l'une des premières destinations estivales d'Europe ne manquent pas, mais si l'on ne devait en citer qu'une, ce serait très certainement sa superbe côte. Certes, les complexes hôteliers ont colonisé nombre de petites criques, mais il en reste de nombreuses qui permettent de comprendre pourquoi le monde entier est tombé amoureux des plages de l'île, il y a bien longtemps. Beaucoup d'entre elles sont joliment adossées à une forêt de pins et vous ne manquerez

HOLGER LEUE/LONELY PLANET IMAGES ©

Si Majorque est souvent réduite à ses plages et à son tourisme de masse, l'île est pourtant une destination pleine de charme. Et même idéale pour les voyageurs en quête d'une nature sauvage et d'authenticité.

À gauche : Cala Sant Vicenç (p. 111)
Ci-dessous : Els Calderers (p. 134), Sant Joan

HOLGER LEUE/LONELY PLANET IMAGES ©

pas d'espace pour étendre votre serviette, contrairement à la plupart des plages en Méditerranée, y compris en Espagne. Mais on aurait tort de limiter Majorque à ses plages. Les plaisirs de la côte sont aussi dans l'assiette, avec évidemment une grande variété de recettes à base de poisson et de fruits de mer. Sans oublier les vins majorquins, à découvrir ! D'autant plus que les vignobles sont rarement à plus d'une heure de route. Vous mettrez d'ailleurs guère plus de temps, depuis la côte, pour aller visiter les sites touristiques situés à l'intérieur des terres.

Des traditions vivantes

Depuis quelques dizaines d'années, les Majorquins semblent avoir redécouvert leurs racines culturelles. Une réflexion sur un tourisme durable, moins destructeur, s'est engagée. Désormais, la qualité prime souvent sur la quantité. Beaucoup de vieilles demeures et d'anciens domaines agricoles ont été restaurés et transformés en gîtes haut de gamme ; des établissements tout confort qui, en plus d'un cadre rural sympathique, permettent de découvrir la vie majorquine loin des stations balnéaires bondées. La gastronomie locale a aussi été remise à l'honneur. Les chefs locaux, inspirés autant par leurs grands-mères que par la "nouvelle cuisine" méditerranéenne, revisitent les classiques majorquins avec talent. Mais partir à la découverte de la Majorque authentique, bien loin du tourisme de masse, c'est prendre le risque de ne plus jamais vouloir repartir...

› MAJORQUE

2°30'E
Cap de Formentor
Une route panoramique spectaculaire (p. 114)
MER MÉDITERRANÉE
Pollença
Un lieu de pèlerinage plein de charme (p. 108)
Fornalutx et Biniaraix
Deux petits villages de pierre perdus au milieu des vergers (p. 99)
Sóller
Le joli point d'arrivée d'un superbe voyage en train (p. 93)
Deià
Un village enchanteur en bord de mer, la destination favorite des artistes sur l'île (p. 91).
Valldemossa
Un lieu historique, à découvrir au détour de ses ruelles pavées (p. 88)
Palma
Une cathédrale magnifique et des musées d'art moderne (p. 40)
Puig Roig (1 002 m)
Sa Calobra
Cala Tuent
Escorca
Ma10
Puig Major (1 445 m)
Puig de Massanella (1 365 m)
Badia de Sóller
Port de Sóller
Son Torella
Caimari
Cap Gros
Cala de Deià
Biniaraix
Fornalutx
Sóller
Mancor de la Vall
Selva
Puig d'Alfàbia (1 069 m)
Puig de l'Ofre (1 093 m)
Deià
Port de Valldemossa
Puig des Teix (1 062 m)
Orient
Inca
Cala de Vallemossa
Cala de Banyalbufar
Port des Canonge
Valldemossa
Alaró
Lloseta
Binissalem
Bunyola
Ma1110
Banyalbufar
Ma1101
Esporles
Santa Maria del Camí
Consell
Cala d'Estellencs
Estellencs
Ma1040
S'Esgleieta
Sencelles
Ses Alqueries
Biniali
Puigpunyent
Ma11
Serra de Tramuntana
Establiments
Son Sardina
Ma13
Santa Eugènia
Puig Galatzò (1 025 m)
Ma1041
La Vileta
La Cabaneta
Illa de Sa Dragonera
Ma10
Ma3011
Pina
Sant Elm
S'Arracó
Palma
Es Capdellà
Ma20
Son Ferriol
Andratx
Calvià
Gènova
Terreno
Ma15
Port d'Andratx
Es Camp de Mar
Es Molinar
Algaida
Cap de Sa Mola
Cala Major
Ciutat Jardí
Castellitx
Cala Llamp
Peguera
Ca'n Pastilla
Ses Illetes
Ma19A
Randa
Cap des Llamp
Ma1
Baie de Palma
Las Maravillas
39°30'N
Santa Ponça
Magaluf
S'Arenal
Puig de Randa (548 m)
Illa Malgrat
Sa Porrassa
Cala Blava
El Toro
Sol de Mallorca
Bella Vista
Llucmajor
Portals Vells
Cala Portals Vells
Cap Enderrocat
Illa del Toro
Cap de Cala Figuera
Badia Gran
Ma6015
Capocorb Vell
Ma6014
Sa Ràpita
Cap Blanc
Cala Pi
S'Estanyol de Migjorn
ALTITUDE
1 000 m
700 m
500 m
300 m
200 m
100 m
0
N
0
20 km
2°30'E

DISTANCES (en km)

Remarque : les chiffres ont été arrondis

	Palma	Andratx	Deià	Pollença	Inca	Artà
Andratx	28					
Deià	33	47				
Pollença	55	80	60			
Inca	32	57	55	23		
Artà	73	102	98	41	46	
Santanyí	52	82	78	76	53	51

17 façons de voir Majorque

La route panoramique de Sa Calobra

1 De la route sinueuse qui longe le cap de Formentor à celle qui descend vers le Port de Valldemossa, les routes spectaculaires ne manquent pas à Majorque. Aucune ne peut toutefois rivaliser avec la route qui serpente entre la Ma10 et la belle crique de Sa Calobra (p. 102). Une succession sans fin de virages en épingle à cheveux taillés dans la roche, à l'origine pour faciliter l'accès à la mer. Aujourd'hui, les touristes s'émerveillent sur le paysage… avant de piquer une tête dans la Méditerranée !

Deià

2 De tous les villages accrochés aux flancs occidentaux de la Serra de Tramuntana, Deià (p. 91) est incontestablement celui qui possède le plus de charme. Il aurait même des petits airs de Toscane avec ses maisons en pierre merveilleusement conservées qui s'étagent sur la colline surmontée d'une église. Il n'est donc pas surprenant que Deià ait toujours attiré les artistes, parmi lesquels le poète anglais Robert Graves – on peut d'ailleurs visiter sa maison. Cerise sur le gâteau, la plage de Cala de Deià est l'une des plus jolies de l'ouest de Majorque.

La cathédrale de Palma

3 Tel un vaisseau amarré à la lisière de la ville, d'où elle domine la Méditerranée, la cathédrale de Palma (p. 42) est le grand chef-d'œuvre architectural de Majorque. À l'extérieur, ses extraordinaires arcs-boutants se reflètent dans la mer. Et l'intérieur ne manque pas d'intérêt : de superbes vitraux, quelques fantaisies d'Antonio Gaudí et la représentation de scènes bibliques signées Miquel Barceló dans une chapelle du XIVe siècle.

DAVID TOMLINSON/LONELY PLANET IMAGES ©

HOLGER LEUE/LONELY PLANET IMAGES ©

Biniaraix et Fornalutx

4 Les villages de la Serra de Tramuntana sont tous plus jolis les uns que les autres… Et si vous poussez jusqu'à Biniaraix (p. 99) et Fornalutx (p. 99), vous tomberez sans aucun doute totalement sous le charme ! Là, des sentiers étroits serpentent dans la vallée, longeant des murs de pierre et des vergers odorants. Si le calme règne à Biniaraix, le superbe village de Fornalutx ne manque pas d'animation. Restaurants, magasins et hôtels seront bien là pour vous accueillir à la fin de votre périple.

En photo : Biniaraix

DAVID TOMLINSON/LONELY PLANET IMAGES ©

Pollença

5 Nichée entre deux collines, Pollença (p. 108) est l'une des villes les plus séduisantes de l'intérieur de l'île. Les 365 marches qui montent au Calvari sont un lieu de pèlerinage et le centre-ville accueille l'un des plus grands marchés hebdomadaires de tout Majorque. Quant à ses petites places et ruelles, elles sont bordées de belles églises, d'excellents restaurants, de jolies petites boutiques et de quelques hôtels extraordinaires. Voilà certainement de quoi vous faire regretter de ne pas avoir choisi Pollença comme base pour visiter le nord de l'île…

Plages de la côte est

6 Au milieu des constructions qui défigurent la plus grande partie de la côte est de l'île, quelques petites plages rappellent pourquoi les touristes sont venus – et continuent à venir – à Majorque. Les plages situées à proximité de Cala Ratjada – en particulier celles de Cala Agulla, de Cala Mesquida et du Parc Natural de la Península de Llevant – comptent parmi les plus belles de l'île. Imaginez : du sable blanc et des eaux turquoise sur un fond de dunes et de pinèdes sauvages.

En photo : Cala Mesquida

GRAND TOUR/CORBIS

HOLGER LEUE/LONELY PLANET IMAGES ©

Une nuit dans un gîte rural

7 De nombreuses propriétés agricoles ont été reconverties en gîte, notamment à l'intérieur des terres et dans l'arrière-pays côtier. Peu de touristes y pensent, pourtant, la formule garantit un séjour plein de charme. Les gîtes combinent un cadre paisible, des chambres joliment rénovées et ils possèdent souvent un restaurant où l'on sert des spécialités majorquines. L'idéal pour découvrir la vie locale. Si certains sont proches d'un cinq-étoiles (en termes de qualité et de prix), la plupart sont accessibles aux voyageurs ayant un budget plus modeste.

En photo : Agroturisme Monnàber Vell

Le paysage côtier du Cap de Formentor

8 Le Cap de Formentor (p. 114) se trouve au bout d'une étroite péninsule, là où la spectaculaire Serra de Tramuntana rejoint la mer. La route qui longe la côte est sinueuse, mais elle réserve des points de vue époustouflants. À chaque virage, on est surpris par les merveilles de la nature : des pics déchiquetés qui surplombent la mer, des pinèdes et des falaises abruptes qui enserrent de superbes étendues de sable. C'est ici que les plages et les criques sont les plus isolées et aussi les plus belles. Un petit coin de paradis…

HOLGER LEUE/LONELY PLANET IMAGES

OLIVER STREWE/LONELY PLANET IMAGES ©

Poisson et fruits de mer

9 Séjourner à Majorque est un vrai plaisir pour les gourmands. Les chefs de l'île sont passés maîtres dans l'art de préparer poisson et fruits de mer. Dédaignant généralement les sauces pour mieux laisser les saveurs s'exprimer, ils grillent à la perfection la pêche du jour. Pour les amateurs de plats plus élaborés, toute une gamme de recettes à base de poisson ou de crustacés (en particulier le homard) et de riz rivalisent avec la célèbre paella. Et ne quittez pas l'île sans avoir goûté aux crevettes de Port de Sóller (p. 97).

Les musées de Palma

10 Probablement attirés par la belle lumière de la Méditerranée, de nombreux artistes célèbres ont séjourné à Majorque. Deux en particulier, Joan Miró (1893-1983) et Miquel Barceló (né en 1957), sont constamment associés à l'île. L'ancienne maison de Miró conserve un bel échantillon de ses œuvres. Et le Majorquin Barceló a décoré avec beaucoup d'originalité une chapelle de la cathédrale de Palma. Picasso et Dalí sont présents dans différentes collections, par exemple à Es Baluard (p. 54), au Palau March (p. 48) ou au Museu Fundación Juan March (p. 52).

En photo : Es Baluard

HOLGER LEUE/LONELY PLANET IMAGES © ARCHITECTES : JAIME ET LUÍS GARCÍA RUIZ, ÁNGEL SÁNCHEZ-CANTALEJO ET VICENTE TOMÁS

Un train pour Sóller

11 Si la visite de Palma et de Sóller sont deux moments forts dans un séjour à Majorque, le charmant vieux train de bois (p. 72) qui relie les deux villes ne l'est pas moins. Échappant à l'agitation urbaine, il traverse de paisibles paysages de campagne avant de se frayer un chemin en grimpant dans les contreforts de la Serra de Tramuntana. Après avoir traversé tunnels et vallées étroites, il finit par émerger au-dessus de Sóller. Voilà un excellent moyen de se rappeler que le trajet importe parfois plus que la destination.

ROBERT HARDING WORLD IMAGERY/ALAMY

Illa de Cabrera

12 L'unique parc national des Baléares est un petit paradis dominé par l'Illa de Cabrera (p. 158). La plus grande des 19 îles inhabitées qui constituent ce parc national marin est un havre de paix. Les caps sauvages et les plages isolées ne sont accessibles qu'à un certain quota de visiteurs chaque jour. Les excursions en bateau à destination de l'île qui partent de Colònia de Sant Jordi s'arrêtent à Sa Cova Blava, une magnifique grotte marine.

Parc Natural de S'Albufera

13 Ce parc (p. 120) fait partie des meilleurs sites de la Méditerranée pour observer les oiseaux, à n'importe quelle période de l'année. Il accueille plus de 300 espèces, dont 64 qui s'y reproduisent. Les oiseaux aquatiques y sont nombreux. On peut les observer depuis des sentiers facilement accessibles serpentant entre les marais. Antidote au bétonnage de la côte majorquine, cette magnifique zone protégée a la magie de transformer le plus réticent des visiteurs en ornithologue passionné.

SEBASTIÀ TORRENS/PHOTOLIBRARY

MZJ/IMAGEBROKE

Sports nautiques

14 L'été majorquin est propice aux longues journées de farniente sur la plage, mais si l'envie de bouger vous titille, soyez rassuré ! Il y a par exemple des occasions extraordinaires de faire de la plongée ou du snorkeling, de l'Illa de Sa Dragonera, au sud, à la baie de Pollença, au nord, considérée par les plongeurs comme le meilleur spot de l'île. Plusieurs centres de plongée sont installés sur l'île et des clubs proposent aussi du kayak de mer, de la planche à voile, de la voile et des sorties en bateau plus tranquilles.

En photo : Port de Pollença

Artà

15 Située en retrait de la côte est majorquine, très animée en été, Artà (p. 140) distille ses charmes tout au long de l'année. Ses bâtiments de pierre longent des rues étroites qui montent, d'abord doucement puis de façon plus abrupte, vers l'un des ensembles église-château les plus beaux de l'île. Le panorama qui s'offre là au visiteur est tout simplement splendide. La ville compte aussi de bons restaurants et de jolis hôtels. Ajoutez à cela une ambiance décontractée et voilà la base idéale pour visiter l'île, notamment le Parc Natural de la Península de Llevant (p. 142), tout proche.

HOLGER LEUE/LONELY PLANET IMAGES ©

Valldemossa

16 Bien placé sur la liste des plus beaux villages des îles Baléares, Valldemossa (p. 88) s'enroule au pied des contreforts orientaux de la Serra de Tramuntana. Outre l'église et les petites rues pavées, l'ancien monastère royal est aujourd'hui le principal point d'intérêt touristique du village. C'est là que Frédéric Chopin séjourna durant l'hiver 1838-1839 avec sa maîtresse George Sand. Le festival dédié au célèbre compositeur français, qui s'y déroule tous les étés en août, est une des manifestations les plus intéressantes à Majorque.

PEP ROIG/ALAMY

Platja des Coll Baix

17 Les criques cachées à l'écart des routes et des stations balnéaires sont nombreuses à Majorque, mais rares sont celles qui peuvent rivaliser avec la Platja des Coll Baix (p. 119). Accessible uniquement à pied ou par la mer, cette plage isolée se trouve du côté est – inhabité – du Cap des Pinar. Il y a peu de monde et, ici, seuls le bruit des vagues et le chant des oiseaux viennent troubler le silence... Tout simplement paradisiaque !

L'essentiel

Langues

» Espagnol, catalan et majorquin, une variante locale du catalan

Monnaie

» Euro (€)

Quand partir

Haute saison

(juin-août)

» Le ciel est dégagé et il fait chaud.

» L'hébergement est généralement réservé plusieurs mois à l'avance sur la côte.

» Les tarifs hôteliers sont élevés, mais l'on trouve souvent de bonnes affaires sur Internet.

Saison intermédiaire

(Pâques-mai et sept-oct)

» Beaucoup d'hôtels et de restaurants ouvrent à Pâques et ferment en octobre ; certains hôtels-clubs ouvrent en mai.

» En avril et octobre, il fait frais le soir.

» Les vendanges ont lieu fin septembre.

Basse saison

(nov-Pâques)

» La plupart des hôtels et restaurants ferment, pour un mois ou tout l'hiver. Certains rouvrent pour la période autour de Noël et du Nouvel An.

» Les températures sont fraîches la nuit et douces en journée.

Budget quotidien

Moins de

100 €

» Double en *hostal* : 45-60 €

» Les formules tout compris en hôtels-clubs reviennent moins cher

» Petit-déjeuner à l'hôtel, menu du jour au déjeuner

» Déplacements en transports publics

100-200 €

» Double de catégorie moyenne (et même en hôtel de charme) : 60-170 €

» La plupart des repas dans de bons restaurants locaux

» Location de voiture : à partir de 30 € par jour

Plus de

200 €

» Double en hôtel de catégorie supérieure : à partir de 170 €

» Repas dans de bons restaurants locaux

» Déplacements en voiture louée

Visa

» Pour les Français, les Belges et les Suisses, une carte d'identité en cours de validité ou un passeport suffit. Les Canadiens n'ont pas besoin de visa pour un séjour n'excédant pas 90 jours.

Argent

» On trouve des distributeurs automatiques partout. La plupart des hôtels, des restaurants et des commerces acceptent les Cartes bleues.

Téléphones portables

» Des cartes SIM locales sont en vente partout et utilisables sur les téléphones européens. Pour les autres téléphones, renseignez-vous sur les tarifs de *roaming* (itinérance).

Sites Web

» **Consell de Mallorca** (www.infomallorca.net). Le site de l'Office du tourisme de Majorque.

» **Illes Balears** (www.illesbalears.es). Le site de l'Office du tourisme des Baléares.

» **Mallorca Web** (www.mallorcaweb.com). Articles, événements et carnet d'adresses.

» **ABC Mallorca** (www.abc-mallorca.com). Pour tout savoir sur Majorque,

» **Top Fincas** (www.topfincas.com). Location de gîtes à Majorque.

» **Lonely Planet** (www.lonelyplanet.fr). Infos, forums, etc.

Taux de change

Canada	1 $CD	0,71 €
Suisse	1 CHF	0,81 €

Pour connaître les derniers taux de change, consultez le site www.xe.com/fr.

Numéros utiles

Il n'y a aucun indicatif régional en Espagne.

Code d'accès international	☎00
Indicatif de l'Espagne	☎34
Renseignements internationaux	☎11825
Urgences	☎112
Policía Nacional	☎91

Arriver à Majorque

» **Depuis/vers l'aéroport Son Sant Joan, Palma**

Bus – Le bus n°1 part toutes les 15 minutes de l'aéroport vers la Plaça d'Espanya, dans le centre de Palma (2 €, 15-30 min). Achetez votre billet auprès du conducteur.

Taxi – Comptez 16-21 € (15 min).

» **Depuis/vers le port des ferries, Palma**

Bus – Le bus n°1 (bus de l'aéroport) circule toutes les 15 minutes du port des ferries (Estació Marítima) à la Plaça d'Espanya (1,50 €, 10-15 min).

Taxi – Comptez 7-10 € (10 min).

Adiós ou Adéu ?

Comme dans d'autres régions d'Espagne, la langue est un sujet délicat à Majorque, où l'on parle le majorquin, très proche du catalan. Pour les Majorquins, la langue est l'expression de leur indépendance culturelle. Dans la plupart des conversations (personnelles ou professionnelles), c'est le majorquin qui est utilisé et la majorité des librairies vend principalement des ouvrages en catalan. Cela dit, le castillan est parlé partout et aucun Majorquin travaillant dans le tourisme (ou ailleurs) ne s'attend à ce que les voyageurs parlent majorquin. Dans la plupart des régions, parler un peu espagnol vous sera d'une grande aide, mais l'anglais et l'allemand sont très répandus. Bien entendu, les habitants apprécieront certainement un *bon dia* (bonjour) et un *adéu* (au revoir).

Envie de...

Criques secrètes

Le littoral rocheux majorquin est bordé de criques (*calas*) baignées par des eaux d'un bleu indescriptible – entre le turquoise et le saphir. Souvent seulement accessibles à pied, elles figurent parmi les plus jolies de la Méditerranée.

Cala Magraner Antidote aux stations balnéaires de l'est de Majorque (p. 151)

Platja des Coll Baix Galets et sable au Cap des Pinar (p. 119), un site isolé

Cala Figuera Calanque idyllique, en contrebas de la route menant au Cap de Formentor (p. 113)

Cala Matzoc Plage magnifique parmi tant d'autres, près de Cala Ratjada (p. 145)

Platja de Ses Roquetes Plage sauvage près du Cap de Ses Salines (p. 162)

Cala Llombards Anse encerclée de falaises, dans le sud de Majorque (p. 161)

Cala Carbó La plus calme des quatre superbes criques de Cala Sant Vicenç (p. 111)

Cala Sa Nau Crique de la côte est, quasi déserte (p. 151)

Routes panoramiques

Majorque est un endroit idéal à parcourir en voiture. Les routes sont étroites, mais les vues extraordinaires. Celles qui longent les côtes ouest et nord sont parmi les plus spectaculaires de toute la Méditerranée.

D'Andratx à Monestir de Lluc La plus belle route de Majorque traverse la Serra de Tramuntana en surplomb de la Méditerranée (p. 98)

Sa Calobra Une route abrupte qui serpente jusqu'à une crique autrefois isolée (p. 102)

Cap de Formentor Dix-huit kilomètres d'une beauté à couper le souffle (p. 114)

D'Artà à l'Ermita de Betlem Une route longue de 9 km au milieu des pinèdes, ponctuée de belles vues, et qui rejoint un monastère (p. 143)

Port de Valldemossa Une pente courte mais incroyablement abrupte suivie d'une remontée (p. 91)

De Sóller à Alaró À travers les contreforts de la montagne et de paisibles hameaux (p. 100)

Jolis villages

Les petits villages en pierre sont typiques de Majorque. Les plus beaux sont accrochés aux flancs de la Serra de Tramuntana ou situés dans les terres, à quelques kilomètres de la côte nord.

Valldemossa Un site historique magnifiquement préservé (p. 88)

Orient Village en pierre dans une vallée paisible, entre Sóller et Alaró (p. 101)

Deià Le village de pierre le plus connu de Majorque, adossé à la montagne (p. 91)

Fornalutx Joli village en pierre près de Sóller (p. 99)

Biniaraix Voisin de Fornalutx, il n'a presque pas changé en plusieurs décennies (p. 99)

Binibona Sur une route perdue traversant de beaux coins de campagne (p. 130)

Sóller Une architecture splendide avec la fabuleuse Serra de Tramuntana en toile de fond (p. 93)

Pollença Un lieu de pèlerinage et le rendez-vous des artistes (p. 108)

Alcúdia Des ruelles calmes et de jolies maisons anciennes protégée par des remparts médiévaux (p. 114)

HOLGER LEUE/LONELY PLANET IMAGES ©

» Intérieur du domaine Jardins d'Alfàbia (p. 100)

Randonnées le long de la côte

Le littoral déchiqueté de Majorque est magnifique et, à moins de le parcourir en bateau, c'est à pied qu'il est le plus facile de l'explorer. Si de nombreuses randonnées d'une journée permettent d'échapper à la foule, rien ne vaut la traversée en plusieurs jours de la partie occidentale de la Serra de Tramuntana.

Ruta de Pedra en Sec Au nord-ouest de l'île, le long de la Serra de Tramuntana, les plus beaux paysages de l'île (p. 84)

Du Cap de Ses Salines à Colònia de Sant Jordi La preuve que tout le sud de Majorque n'a pas disparu sous le béton (p. 162)

Parc Natural de la Península de Llevant Des sentiers serpentant entre des plages et des vallées couvertes de pins, loin de la route (p. 142)

Cap de Formentor La Serra de Tramuntana s'avançant dans la mer : époustouflant (p. 114)

De la Finca Can Roig à Cala Magraner Pour rejoindre quatre des criques les plus jolies et les moins visitées de l'est de Majorque (p. 152)

Musées

Les musées conservent des chefs-d'œuvre de l'art espagnol du XXe siècle. Si les incontournables Pablo Picasso et Salvador Dalí sont bien représentés, une fondation a été consacrée à Joan Miró, l'enfant adoptif de Majorque.

Es Baluard De grands peintres et paysagistes espagnols, dans les remparts de Palma (p. 54)

Palau March Salvador Dalí, Eduardo Chillida, Henry Moore, Auguste Rodin… dans le Vieux Palma (p. 48)

Museu Fundació Juan March Picasso, Miró, Dalí, Juan Gris et Miquel Barceló, né à Majorque (p. 52)

Fundació Pilar i Joan Miró L'esprit et les œuvres de Miró habitent son ancienne demeure (p. 76)

Ca'n Prunera - Museu Modernista Architecture moderniste et œuvres de grands peintres (p. 93)

Cathédrale Les superbes contributions d'Antonio Gaudí et de Miquel Barceló (p. 42)

Sa Torre Cega 70 magnifiques sculptures décorent le jardin d'une demeure de Cala Ratjada (p. 144)

Grands domaines majorquins

Après la Reconquête, au XIIIe siècle, l'aristocratie majorquine fut récompensée de sa loyauté en recevant de vastes domaines agricoles dominés par d'immenses et élégants palais. Appelées *possessions,* nombre de ces propriétés furent abandonnées pendant des siècles. Ces dernières décennies, beaucoup ont été restaurées et certaines ont été transformées en hôtels haut de gamme.

La Granja Cette demeure et ses jardins ont été convertis en un musée folklorique majorquin (p. 88)

Els Calderers Près d'une petite route de campagne dans l'arrière-pays, un classique du genre (p. 134)

Jardins de Alfàbia Une demeure mauresque, perchée dans la Serra de Tramuntana (p. 100)

Raixa Un domaine restauré il y a peu, intéressant pour le jardin et le cloître (p. 100)

Miramar Cette demeure située sur la côte jouit d'une vue époustouflante (p. 90)

Son Marroig De cette très belle propriété, un sentier aussi vertigineux que spectaculaire descend sur le littoral (p. 90)

Envie d'en savoir plus sur la vie sous-marine de l'île ? Visitez l'aquarium de Palma (p. 75), absolument captivant, ou le Centro de Visitantes Ses Salines (p. 157) à Colònia de Sant Jordi.

Nature sauvage

Majorque compte encore de superbes espaces naturels sauvages, qui compensent largement le bétonnage de certaines stations balnéaires. La majorité de ces zones sont protégées, soit par décret, soit grâce à l'action des habitants résolus à ne pas voir les derniers coins naturels de l'île disparaître.

Parc Nacional Marítim-Terrestre de L'Arxipèlag de Cabrera Seul parc national de Majorque, l'Illa de Cabrera est une île paradisiaque (p. 27)

Cap de Formentor La montagne, la forêt et la mer, vraiment impressionnant (p. 114) !

Parc Natural de la Península de Llevant Une péninsule sauvage, accessible par une seule route et sillonnée de sentiers de randonnée (p. 142)

Parc Natural de Mondragó Autre zone protégée du sud-est de l'île (p. 163)

Parc Natural de S'Albufera Peuplé de nombreuses espèces d'oiseaux, un parc pour les ornithologues amateurs (p. 120)

Platja des Trenc La plage la plus longue et la plus sauvage de l'île, un cadre idyllique (p. 120)

Ruines et châteaux

Les plus anciens occupants connus de l'île ont laissé de mystérieuses constructions en pierre : des tours de guets appelées *talayots*. Du passage des Romains et des Maures, il reste peu de traces, mais toutes sont intéressantes.

Ses Païsses Grand site talayotique, ombragé et bien préservé (p. 141)

Capocorb Vell Ce site talayotique en bon état compte cinq tours de guet (p. 156)

Pol·lentia Vaste site romain avec un superbe théâtre au milieu des arbres (p. 114)

Castell de Capdepera Sans doute le plus beau château de l'île (p. 143)

Torre des Verger Une tour du XVIe siècle, haut perchée, qui domine la côte (p. 86)

Castell d'Alaró Beau château en ruine du Xe siècle, d'origine maure (p. 101)

Castell de Santueri Le dernier bastion musulman de l'île (p. 137)

Necròpolis de Son Real Une centaine de sépultures talayotiques en forme de petites tours (p. 121)

Grottes

Vastes palais souterrains, les grottes de Majorque renferment des stalactites et des stalagmites qui surprennent souvent les visiteurs. La plupart bordent la côte et ne s'explorent qu'en compagnie d'un guide. Leur visite est généralement une agréable promenade à travers des salles ingénieusement éclairées, avec parfois un concert de musique classique à la fin.

Coves del Drac Sans aucun doute les plus belles grottes de Majorque (p. 149)

Coves d'Artà Près de la côte, dans un cadre superbe, un ensemble de grottes aux noms évocateurs (p. 148)

Coves de Campanet Dans l'arrière-pays, des grottes moins fréquentées mais qui abritent de belles formations (p. 131)

Coves dels Hams Magnifiques, bien qu'un peu chères, voisines des Coves del Drac (p. 149)

Cova des Pas de Vallgornera La grotte la plus longue des Baléares (plus de 6,5 km), une expérience unique (p. 156)

Mois par mois

Le top 5

1. **Sa Fira**, mai
2. **Es Firó**, mai
3. **Nit de Sant Joan**, juin
4. **Festes de la Patrona**, août
5. **Festes de la Verema**, septembre

Janvier

Les températures sont clémentes dans la majeure partie de l'île, mais il est souvent difficile de trouver des hôtels et des restaurants ouverts à cette période de l'année.

Bénédiction des animaux

Au programme des Festes de Sant Antoni Abat (16 et 17 janvier) : concerts, danse des démons, immenses feux de joie et bénédiction des animaux de la ferme. Les festivités sont très joyeuses à Sa Pobla et Artà.

Février

En février, l'île est très agréable et paisible, voire assoupie. Elle se réveille heureusement avec l'effervescence du carnaval, même si de nombreux établissements sont alors encore fermés.

Carnaval

Dans toute l'île, l'événement du mois de février (ou mars) est le carnaval. À Palma, les enfants défilent d'abord (Sa Rueta), suivis par les adultes (Sa Rua). C'est le plus grand défilé de carnaval de Majorque.

Mars

Mars est une des meilleures périodes pour un séjour à Majorque. C'est en effet le mois des célébrations de Pâques, de l'éclosion des fleurs des champs et les possibilités d'observer les oiseaux dans le Parc Natural de S'Albufera sont alors nombreuses.

Semaine sainte

Durant la *Semana Santa* (Semaine sainte), des processions ont lieu dans toute l'île. Le programme idéal : Palma, le Jeudi saint au soir, Pollença pour la célébration du Vendredi saint (El Davallament, p. 109) et Montuïri pour le S'Encuentro (p. 134), le dimanche de Pâques.

Avril

Les hôtels et restaurants de l'île ouvrent de nouveau leurs portes et les stations balnéaires commencent à se remplir. Les soirées, elles, sont encore un peu fraîches.

Mai

Les établissements qui n'ont pas rouvert sont sans doute fermés à tout jamais ! Sur la côte, le printemps est là et les stations balnéaires se réveillent.

Foire de Sineu

Depuis 1318, Sineu accueille le Sa Fira (p. 132), le plus grand marché aux bestiaux de l'île. Il se tient le premier dimanche du mois de mai. Le secret de sa longévité tient dans son authenticité, confirmation que certaines traditions ne changent jamais.

Attaque de pirates

Le second week-end de mai, Sóller célèbre Es Firó. Cette fête commémore l'assaut des pirates, en 1561, et la victoire de la ville, menée par des femmes héroïques. Le tout dans une ambiance joyeuse.

Fête-Dieu

Corpus Christi ou Fête-Dieu est célébrée le jeudi de la neuvième semaine après Pâques. C'est une fête très importante à Palma.

Durant les semaines qui la précèdent, des concerts ont lieu dans les patios (cours intérieures) des belles demeures de la ville.

Juin

En juin, Majorque vit à un rythme effréné. Tout est prétexte à faire la fête : célébration des saints patrons, festivals et autres réjouissances.

Saint-Jean

La Sant Joan (24 juin) est précédée par une soirée de festivités enflammées lors de la Nit de Sant Joan (p. 59). À Palma ont lieu un *correfoc* (littérament "un feu qui court"), des concerts et des fêtes sur les plages, qui durent jusqu'à l'aube.

Juillet

Peu d'événements viennent interrompre en juillet les longues journées de farniente sur la plage. Au milieu du mois, une fête a toutefois lieu en bord de mer.

Fête des marins et des pêcheurs

Avant l'essor du tourisme et de la navigation de plaisance, la côte était le domaine d'un autre type de marins : les pêcheurs. Le 16 juillet, de nombreuses villes côtières organisent des processions lors de la Festa de la Verge del Carme, protectrice des pêcheurs et des marins.

La salsa du démon

Le 25 juillet, des *cossiers* (danseurs) exécutent des danses traditionnelles dans les rues d'Algaida pour la Festa de Sant Jaume. Six hommes et une femme dansent en compagnie d'un démon, finalement vaincu.

Août

L'agenda des festivités, bien fourni, permet de changer un peu des plages et des vignobles, mais la chaleur, épuisante, donne envie de rester près de l'eau...

Pirates de la Méditerranée

L'une des fêtes les plus colorées de l'île se tient à Pollença durant la semaine des Festes de la Patrona (p. 109). Le principal événement est une fausse bataille entre les gens de la ville et des pirates maures.

Hommage à Chopin

Ancien résident de Valldemossa, Frédéric Chopin est à l'honneur lors de beaux concerts classiques durant tout le mois d'août, lors du Festival Chopin (p. 90).

Swing sur l'île

Le village de Sa Pobla constitue un cadre fantastique pour le Mallorca Jazz Festival (p. 132), un festival très important où se produisent chaque année de grands noms du jazz.

Septembre

Septembre est encore assez animé, même si la rentrée commence à se faire sentir. L'automne est parfait pour observer les oiseaux migrateurs du Parc Natural de S'Albufera.

À boire et à manger

Dans les régions viticoles, c'est la période de la fête des vendanges : les Festes de la Verema ou Festa d'es Vermar (p. 127). Celle de Binissalem, la plus connue et la plus longue, a lieu les 9 derniers jours de septembre.

Octobre

Dernière tournée ! On dit adieu aux amis et aux amours de l'été. Ceux qui restent se préparent à profiter d'un repos bien mérité.

Novembre

À mesure que le temps se refroidit, la plupart des restaurants et des hôtels ferment leurs portes, et l'île pousse un long soupir de soulagement. Une période on ne peut plus tranquille.

Décembre

Les quelques fêtes qui animent cette période de l'année sont avant tout destinées aux habitants. Les nuits (et parfois même les journées) risquent d'être froides.

Itinéraires

Que vous disposiez d'une semaine ou de deux mois, ces itinéraires constituent des bases pour élaborer un voyage inoubliable. Encore en manque d'inspiration ? Consultez le forum des voyageurs de Lonely Planet à l'adresse www.lonelyplanet.fr/forum.

Une semaine

La côte ouest

Commencez votre périple par deux nuits à **Palma**, la capitale, une ville animée et dont l'architecture mérite le coup d'œil. Puis allez tester les hôtels-clubs des trois plus belles stations balnéaires : **Ses Illetes**, **Port d'Andratx** et **Sant Elm**. Depuis cette dernière, partez en bateau – avec snorkeling compris – à l'**Illa de Sa Dragonera**. Une route extraordinaire part d'**Andratx** et gravit la montagne en surplomb de la côte. Arrêtez-vous dans les jolis villages d'**Estellencs** et de **Banyalbufar** avant de continuer vers **Valldemossa**. Si vous y passez la nuit, vous découvrirez un lieu fantastique une fois que les cars de touristes venus pour la journée seront partis. Descendez à **Port de Valldemossa** avant de revenir sur la route principale et de partir vers le nord en direction de **Deià**, autre superbe village. Là, faites un crochet jusqu'à la Cala de Deià. Arrêtez-vous ensuite à **Sóller**, village splendide et base pratique pour découvrir **Orient**, **Fornalutx** et **Biniaraix**, d'autres jolies localités de l'arrière-pays. Vous pouvez aussi rejoindre la côte et **Port de Sóller** en tram. Alors que la Ma10 s'enfonce dans les terres, suivez la vertigineuse petite route qui descend jusqu'à **Sa Calobra** avant de repartir vers le **Monestir de Lluc** et la charmante **Pollença**.

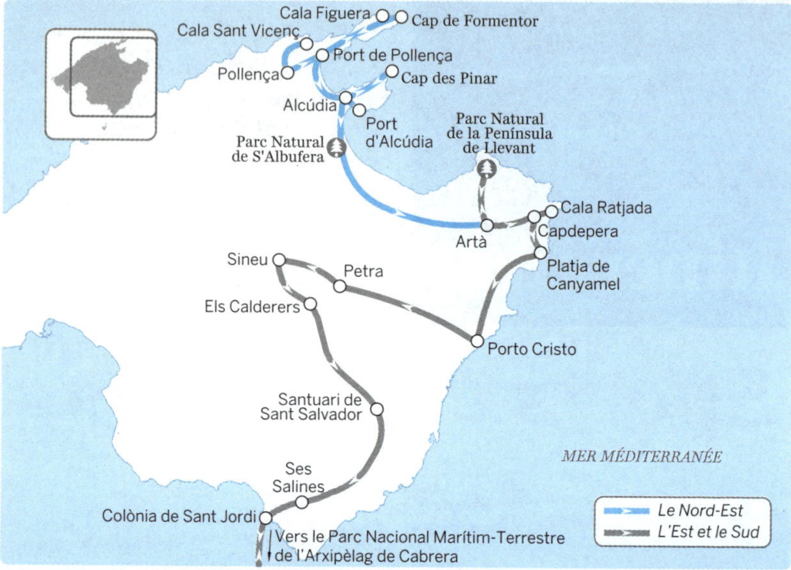

Une semaine

Le Nord-Est

Pollença est l'une des plus jolies localités de l'île : accordez-lui au moins une journée et deux nuits pour flâner dans ses vieilles rues et gravir les 365 marches qui mènent au Calvari. Essayez d'y être un dimanche, le jour du marché, toujours très animé. Et restez le lendemain pour voir une autre facette de la vie à Pollença. Puis rendez-vous à **Cala Sant Vicenç** pour déguster un plat de riz devant les eaux turquoise de la crique, avant de prendre la belle route menant à l'extrémité du **Cap de Formentor**. Prenez le temps d'une promenade jusqu'à **Cala Figuera**. Si vous aimez les sports nautiques, passez deux ou trois jours à **Port de Pollença** ou **Port d'Alcúdia**. Sinon, gagnez **Alcúdia** et passez la nuit à l'abri des remparts, dans la cité médiévale. Le jour d'après, prenez la direction du **Cap des Pinar** que vous aimerez sans aucun doute ; vous pourrez par exemple déjeuner au Restaurante Mirador de La Victòria ou vous promener jusqu'à la Platja des Coll Baix. Ensuite, reprenez la route pour jouer les ornithologues dans les marais du **Parc Natural de S'Albufera**. Rendez-vous enfin à **Artà**, qui, comme Pollença, est une charmante petite ville comptant un grand nombre de bons restaurants.

Dix jours

L'Est et le Sud

Artà mérite qu'on lui accorde au moins une demi-journée. Faites un détour vers le nord pour admirer les superbes paysages du **Parc Natural de la Península de Llevant**. De retour à Artà, rendez-vous à **Capdepera** pour visiter son château, avant d'aller passer quelques nuits à **Cala Ratjada**, la meilleure station balnéaire de la côte est. Les plages de ce village sont extraordinaires, comme celles qui s'étirent vers le nord-ouest, en particulier Cala Mesquida et Cala Matzoc. Depuis Cala Ratjada, faites un saut aux Coves d'Artà, à la Torre de Canyamel et à Porxada de Sa Torre pour un déjeuner. Ces trois sites se trouvent dans les environs de **Platja de Canyamel**. Plus au sud, à **Porto Cristo**, visitez les Coves del Drac. Enfoncez-vous ensuite dans les terres jusqu'aux jolies localités de **Petra** et **Sineu**, avec une halte dans les vignobles. En repartant vers la côte, arrêtez-vous à **Els Calderers**, grimpez vers le **Santuari de Sant Salvador**, puis rejoignez **Ses Salines** en faisant un détour par les plages de Cala Mondragó et de Cala Llombards. Enfin, continuez jusqu'à **Colònia de Sant Jordi**, point de chute idéal pour profiter de la Platja des Trenc et de l'incontournable **Parc Nacional Marítim-Terrestre de l'Arxipèlag de Cabrera**.

Sports et activités

LE TOP...

... des excursions en bateau
De Port d'Alcúdia à Cala Sant Vicenç (mai-sept)

... des sites de canyoning
Gorg Blau-Sa Fosca et Monument Nacional Torrent de Pareis (mai-oct)

... des sites de spéléologie
Cova des Pas de Vallgornera (mai-oct)

... des circuits à vélo
Cap de Formentor (avr, mai, sept et oct)

... des randos d'une journée
Parc Natural de la Península de Llevant (avr, mai et sept)

... des randos sur plusieurs jours
Ruta de Pedra en Sec (avr, mai et sept)

... des randonnées équestres
De Cala Ratjada à Cala Mesquida (avr-oct)

... des sorties en mer
De Port d'Andratx à Port d'Alcúdia (mai-sept)

... des sites de plongée
Badia de Pollença (avr-oct)

... des sites de snorkeling
Parc Nacional Marítim-Terrestre de l'Arxipèlag de Cabrera (mai-sept)

Majorque est idéale pour les activités de plein air. Le climat est doux, les paysages sont d'une beauté indiscutable, tout est là pour explorer l'île à son propre rythme et dans des conditions optimales. Longtemps destination privilégiée pour la randonnée pédestre, les vélos sont de plus en plus nombreux à Majorque. De Pâques à l'automne, des pelotons de cyclistes passionnés, aussi bien amateurs que professionnels, sillonnent les routes de campagne vallonnées. Avec 550 km de littoral, les possibilités de pratiquer la voile, le kitesurf, le kayak de mer et la planche à voile sont évidemment multiples. Les plus aventureux pourront aussi s'enfoncer dans les terres pour se livrer à la spéléologie ou au canyoning.

Préparer son voyage

Quand partir

En théorie, les activités de plein air peuvent se pratiquer toute l'année à Majorque car les hivers sont relativement doux. Cela dit, la plupart des activités qui dépendent de prestataires locaux ne seront possibles que de Pâques à octobre environ. Le reste de l'année, la majorité des guides partent en effet vers des destinations encore plus ensoleillées pour y travailler.

Le printemps et l'automne sont les meilleures saisons pour pratiquer la plupart des sports, notamment la randonnée et le cyclisme. En été, les températures en journée sont parfois trop élevées pour être agréables, et la circulation chargée peut vite devenir un cauchemar pour les cyclistes. Ces petits désagréments sont en partie compensés par des journées où la nuit tombe tard.

Que faut-il emporter ?

La plupart des prestataires d'activités de plein air seront en mesure de vous fournir tout l'équipement nécessaire et vous pourrez louer des vélos de bonne qualité dans les magasins spécialisés de l'île. Après avoir pesé le pour et le contre, vous pouvez aussi choisir d'emporter votre propre vélo : comparez le prix du transport de votre deux-roues au coût d'une location, sans oublier de tenir compte du gain sur le plan du confort.

Il est possible de se procurer des équipements de qualité sur place, mais les randonneurs n'oublieront pas de mettre leurs chaussures de marche dans leurs bagages – les sentiers de la Serra de Tramuntana n'étant pas le meilleur endroit pour se faire à de nouvelles chaussures.

Activités

Vols en montgolfière

Toute la splendeur de Majorque, vue du ciel :

» **Illes Balears Ballooning** (☎607 647 647 ; www.ibballooning.net). Vols en montgolfière.

» **Mallorca Balloons** (☎971 596 969 ; www.mallorcaballoons.com ; vol 30/60 min adulte 140/160 €, enfant 60/90 € ; ⏲mars-oct). Vols tôt le matin depuis un site de décollage à l'est de Manacor.

Excursions en bateau

Les bateaux à fond transparent qui sillonnent la côte peuvent être un moyen amusant de profiter des plaisirs de la navigation sans avoir à gérer sa propre embarcation. Il est difficile de trouver des sorties de plusieurs jours et la plupart durent rarement plus d'une demi-journée. Les bateaux naviguent généralement uniquement de Pâques ou de mai à octobre. Tous proposent des billets aller-retour et il est possible d'effectuer un aller simple sur certains trajets de la côte est.

Circuits

Rares sont les lieux sur la côte est qui ne sont pas accessibles en bateau. Voici trois circuits que nous vous recommandons particulièrement :

» **Transportes Marítimos Brisa** (p. 117). De Port d'Alcúdia à Cala Sant Vicenç et retour par Cap de Formentor.

» **Barcos Azules** (p. 97). De Port de Sóller à Sa Calobra.

» **Excursions a Cabrera** (p. 158). Circuits aller-retour en vedette ou sur une embarcation moins rapide, de Colònia de Sant Jordi au Parc Nacional Marítim-Terrestre de l'Arxipèlag de Cabrera.

Documentation

Le Consell de Mallorca publie une brochure utile intitulée *Excursions en Barca* ("excursions en bateau"), disponible auprès de l'**Office du tourisme du Consell de Mallorca** (p. 71) à Palma, ou de son antenne à l'aéroport de Palma. La brochure liste 43 circuits en bateau autour de l'île, ainsi que les coordonnées des tour-opérateurs.

Canyoning

Le canyoning, qui mêle natation, randonnée et escalade, consiste à descendre des cours d'eau encaissés. Côté sensations forte, c'est le top ! Attention, cette activité peut se révéler dangereuse si on n'y est pas bien préparé. Il est d'ailleurs indispensable de se faire accompagner d'un guide.

Sites

Les meilleurs endroits pour pratiquer le canyoning se trouvent dans la partie centrale de la Serra de Tramuntana, entre Valldemossa et Sa Calobra. Vous y trouverez deux de nos sites favoris :

» **Gorg Blau-Sa Fosca** Trajet ardu de 2,5 km dans des eaux glacées, certains passages se trouvent dans l'obscurité totale.

» **Monument Nacional Torrent de Pareis**

Guides

Majorque compte des prestataires très sérieux, notamment :

» **Escull Aventura** (☎691 230 291 ; www.escullaventura.com).

» **Mallorca Canyoning** (p. 102)

» **Món d'Aventura** (p. 102)

» **Rocksport Mallorca** (☎629 948 404 ; www.rocksportmallorca.com). Cette agence britannique située à Port de Pollença propose des cours et des guides pour faire de la spéléologie, du canyoning ou de l'escalade.

» **Tramuntana Tours** (p. 97). À Port de Sóller et à Sóller.

Spéléologie

Grâce à un terrain calcaire accidenté, Majorque offre des conditions idéales pour la pratique de la spéléologie. Mais l'aventure n'est pas toujours au rendez-vous : la plupart des grottes majorquines sont aujourd'hui dotées d'escaliers, d'éclairage, de guides munis de torches et accueillent même parfois des concerts de musique classique. L'avantage de ces équipements touristiques : les époustouflants réseaux souterrains de l'île sont ainsi accessibles à tous.

De nombreux ensembles de grottes sont creusés dans les falaises des côtes sud et est de l'île. Le site le plus impressionnant est sans aucun doute la **Cova des Pas de Vallgornera** (p. 156) qui, avec ses 6,3 km de long, est la plus grande grotte des Baléares (à visiter en prenant soin d'éviter les heures d'affluence). **Jose Antonio Encinas** (☎609 372 888) est un guide très compétent. L'île compte beaucoup d'autres grottes, plus faciles à explorer, et chaque année, de nouveaux sites sont découverts et répertoriés.

Cyclisme

Près de la moitié des 1 250 km de routes majorquines ont été “adaptées” à la pratique du vélo, ces mesures allant des simples panneaux indicateurs aux pistes cyclables séparées (comme celles, très appréciables, qui longent le front de mer de Palma). La qualité des routes est un attrait de plus pour les cyclistes, qui débarquent d'ailleurs en nombre pour profiter du terrain vallonné et paisible de la campagne majorquine, notamment de mars à mai et de fin septembre à novembre, lorsque la chaleur est moins intense. Les vététistes trouveront eux aussi leur bonheur, des chemins de terre peu accidentés aux pistes cahoteuses, étroites et pentues. Et quel que soit votre trajet en deux-roues, ne partez pas sans une bonne carte routière ou de randonnée.

Les loueurs de vélos sont nombreux sur l'île et la qualité du matériel est généralement très bonne. Plusieurs sont listés dans ce guide. Renseignez-vous auprès des offices du tourisme locaux pour obtenir des informations sur les itinéraires et les endroits où se procurer un vélo. Les prix vont de 8 € par jour pour une bicyclette classique à 30 € pour un vélo de course ou un VTT plus perfectionné. Vous trouverez sans mal vélos pour enfants et siège-bébé.

Circuits

Toutes les régions de Majorque se prêtent à la pratique du vélo : l'île est dotée d'un réseau dense de sentiers et, quels que soient votre niveau et vos centres d'intérêt, vous parviendrez toujours à dénicher des circuits sensationnels. Voici quelques suggestions :

» **Ecovies** (p. 111, pistes cyclables entre Pollença et Artà, au nord de Majorque)

» **De Palma à Capocorb Vell** (Palma et sud de Majorque)

» **D'Andratx à Monestir de Lluc** (ouest de Majorque)

» **Parc Natural de la Península de Llevant** (est de Majorque)

» **Cap de Formentor** (nord de Majorque)

» **Port d'Alcúdia et Cap des Pinar** (nord de Majorque)

Documentation

La **Federació de Ciclisme de les Illes Balears** (Fédération de cyclisme des îles Baléares ; ☎971 757 628 ; www.webfcib.es) pourra vous fournir les coordonnées des clubs de cyclisme locaux. De plus en plus d'hôtels se sont adaptés aux besoins spécifiques des cyclistes en proposant, par exemple, garages à vélos et menus énergétiques.

Golf

Palma est une destination bien connue des golfeurs. Rien d'étonnant à cela puisqu'elle allie un climat méditerranéen à un cadre naturel d'une grande beauté. Une vingtaine de terrains de golf ont été recensés dernièrement sur l'île. Les tarifs d'un 18-trous peuvent aller de 30 à 130 €, la moyenne se situant entre 40 et 75 €. La location d'un chariot vous coûtera entre 30 et 45 €. Les prix baissent en été, mais il fait souvent trop chaud pour en profiter, alors qu'ils peuvent monter en flèche au printemps et en automne.

Documentation

Pour en savoir plus sur le golf à Majorque :

» **Mallorca Golf** Publication annuelle, disponible auprès de certains offices du tourisme et terrains de golf, comportant une brève description des différents parcours de l'île.

» La direction du tourisme du **Consell de Mallorca** publie une brochure similaire, aussi intitulée *Mallorca Golf* (les renseignements fournis sont sensiblement les mêmes). Vous trouverez également des liens vers chaque parcours de golf sur le site Internet de l'organisme (www.infomallorca.net), en cliquant sur "Tourist Information", "Themes", "Sports" et "Golf".

» **Federació Balear de Golf** (Fédération de golf des îles Baléares ; ☎971 722 753 ; www.fbgolf.com). Informations générales sur la pratique du golf.

Randonnée

Entre les sommets calcaires dépouillés et majestueux à l'ouest et les pistes rocailleuses de la côte est, les randonneurs ne sauront plus où donner de la tête. Le Consell de Mallorca a fait des efforts considérables en termes de balisage et d'entretien des chemins de randonnée de l'île, dont beaucoup existent depuis des siècles.

Randonnées d'une journée

N'importe quel office du tourisme à Majorque, même dans un petit village, pourra vous fournir de la documentation ou des conseils sur les randonnées à faire en une journée. Voici quelques idées de circuits, sachant que les possibilités sont plus que nombreuses :

» **Cap de Formentor** (nord de Majorque)

» **De Cap de Ses Salines à Colònia de Sant Jordi** (sud de Majorque)

» **De Finca Can Roig à Cala Magraner** (est de Majorque)

» **Parc Natural de la Península de Llevant** (nord de Majorque)

Randonnées de plusieurs jours

Il existe deux chemins de grande randonnée (GR) à Majorque. Comme dans le reste de l'Espagne, ces deux sentiers sont balisés en rouge et blanc.

» Les plus motivés pourront s'attaquer à la **Ruta de Pedra en Sec** ("route des pierres sèches", GR 221), randonnée de quatre à sept jours allant de Port d'Andratx à Pollença, et traversant la Serra de Tramuntana. Plusieurs *refugis de muntanya* (refuges de montagne rustiques) se trouvent sur le trajet et on peut y passer la nuit.

» La **Ruta Artà-Lluc** (GR 222) est en cours de balisage. Elle devrait relier les deux villes, mais le balisage avance lentement.

Cartes et guides

Les meilleures cartes de randonnée sont les cartes *Tramuntana Central*, *Tramuntana Norte* et *Tramuntana Sur*, au 1/25 000, publiées par Editorial Alpina. Vous pourrez vous les procurer dans la plupart des librairies de l'île, mais la boutique idéale est **La Casa del Mapa** (p. 70) à Palma.

Si une bonne carte ne vous suffit pas, faites-vous accompagner par l'un des excellents guides que compte Majorque :

» **Rich Strutt** (☎609 700 826 ; www.mallorcanwalkingtours.puertopollensa.com). Guide anglophone basé à Port de Pollença. Il propose 63 randonnées d'une journée ainsi que des circuits plus longs, pour des groupes de 4 personnes minimum.

» **Tramuntana Tours** (p. 97). Agence réputée basée à Sóller et à Port de Sóller. Elle organise principalement des circuits dans la Serra de Tramuntana.

Autres ressources documentaires

Le Consell de Mallorca publie deux très bonnes brochures, disponibles auprès de l'**Office du tourisme du Consell de Mallorca** (p. 71) à Palma, ou de son antenne, à l'aéroport de Palma. Ces deux brochures fournissent des cartes d'orientation générale, mais il faut se procurer des cartes plus détaillées en complément :

» **Rutes per Mallorca** ("itinéraires à Majorque"). Six circuits de 33,2 à 113,5 km.

» **Caminar per Mallorca** ("marcher à Majorque"). Douze randonnées d'une journée de 4,5 à 14 km.

Équitation

Avec son vaste réseau de sentiers accidentés qui sillonnent l'arrière-pays et longent les côtes, Majorque est le paradis des cavaliers. De nombreux villages et stations balnéaires disposent de centres équestres proposant des cours (10-20 €) ou des excursions en groupe (environ 15 € la première heure, généralement 25/60 € par personne pour une sortie de 2/5 heures). On peut aussi faire des randonnées plus longues. Certains établissements proposent également des promenades à poney pour les plus petits.

Et pour varier les plaisirs, laissez-vous tenter par une promenade à dos d'autruche (**Artestruz Mallorca**, p. 160) !

Circuits

Cala Ratjada, Colònia de Sant Jordi et Pollença sont des endroits appréciés des amateurs d'équitation ; renseignez-vous auprès d'un office du tourisme local pour savoir où se trouvent les centres équestres les plus proches. À Cala Ratjada notamment, vous pourrez vous promener le long d'une

LES PARCS NATURELS

La création de zones naturelles protégées a permis de contribuer à stabiliser la faune et la flore de l'île, tout en les rendant accessibles aux visiteurs. Aujourd'hui, 40% de la superficie de l'île font l'objet d'une protection environnementale officielle.

PARC	CARACTÉRISTIQUES	ACTIVITÉS	QUAND Y ALLER
Parc Nacional Marítim-Terrestre de l'Arxipèlag de Cabrera	Archipel de 19 îles et îlots, abritant 130 espèces d'oiseaux et une flore et faune marines très riches.	Randonnée, plongée, snorkeling, natation	De Pâques à octobre
Parc Natural de S'Albufera	Zone humide où vivent 400 variétés de plantes et 230 espèces d'oiseaux dont beaucoup s'arrêtent ici lors de leur migration entre l'Europe et l'Afrique.	Ornithologie (80 % des espèces d'oiseaux répertoriées dans les îles Baléares), cyclisme	Printemps et automne
Parc Natural de Mondragó	Dunes, bosquets de genévriers, marais et plages vierges, à proximité des stations de la côte est.	Balades en forêts et près des marais, pique-nique sur les plages	Mai-sept
Parc Natural de la Península de Llevant	Faune (notamment des cormorans et des goélands d'Audouin) et flore très riches	Marche, ornithologie	Mai-sept
Parc Natural de Sa Dragonera	Deux îlots et l'île de Dragonera, longue de 4 km, avec ses falaises, ses anses immaculées et ses innombrables grottes ; population de goélands en voie de disparition.	Plongée sous-marine et snorkeling	Mai-sept

côte en grande partie préservée, en direction de Cala Mesquida. Les deux principaux centres équestres de Cala Ratjada sont gérés par des Allemands :

» **Eddi's Reitstall** (p. 146)

» **Rancho Bonanza** (p. 145)

Documentation

Pour plus d'informations, adressez-vous à la **Federació Hipica de les Illes Baleares** (Fédération d'équitation des îles Baléares ; ☎971 154 225 ; www.fhbalear.com ; Carrer de Uruguay, Palma de Mallorca). Son site Web recense 14 centres équestres à Majorque (rubrique "Clubes Illes Balears").

Parapente

Dans les environs de Port d'Alcúdia, il est fréquent de voir des parapentistes se laisser porter par les courants ascendants. Si l'expérience vous tente, contactez **Parapente Alfabia** (p. 117). En plus des vols en tandem pour les débutants, des cours sont proposés tout au long de l'année, pour débutants et intermédiaires.

Voile

Trente-cinq marinas ponctuent les côtes de l'île : vous pourrez y louer un bateau à moteur ou un voilier et même suivre des cours de navigation dans nombre d'entre elles. Palma, Port de Pollença et d'autres stations possèdent de grandes écoles de voile. Comptez au moins 120 € pour une formation de 9 heures. **Voyage** (p. 58), à Palma, est le prestataire le plus professionnel.

Vous pourrez louer un bateau auprès de **Llaüts** (p. 83), à Port d'Andratx, à partir de 170 € la journée.

Circuits

Les possibilités sont illimitées. Quelques idées d'itinéraires :

» **De Palma à Illa de Cabrer** Vous devrez avoir fait une demande d'autorisation préalable pour entrer dans le parc national.

» **De Port d'Andratx à Port de Sóller** La plus jolie partie côtière de la Serra de Tramuntana.

» **De Cala Sant Vicenç à Port d'Alcúdia** Autour du magnifique Cap de Formentor.

Documentation

La navigation de plaisance est une affaire sérieuse à Majorque. Des organismes se chargent de promouvoir ce sport, de fournir des informations et de s'assurer du respect de l'environnement par les plaisanciers.

» **Harbours & Marinas Guide** Guide gratuit des mouillages et marinas publié chaque année par Tallers de Molí ; disponible auprès des offices du tourisme et des marinas.

» **Conselleria de Medi Ambient** (☎971 176 800 ; www.caib.es ; Avinguda de Gabriel Alomar i Villalonga 33, Palma de Mallorca). À contacter pour obtenir des instructions sur l'ancrage des bateaux en eau libre sans détériorer les fonds marins.

» **Federación Balear de Vela** (Fédération de voile des îles Baléares ; ☎971 402 412 ; www.federacionbalearvela.org). Une autre bonne source de renseignements.

Plongée sous-marine et snorkeling

Majorque est l'une des premières destinations pour la plongée sous-marine et le snorkeling en Europe. Ses eaux limpides et ses centres de plongée professionnels en font un endroit de prédilection pour découvrir ces deux disciplines, et, pourquoi pas, passer la certification de plongée en eau libre PADI.

La plongée coûte 27 € minimum, mais des tarifs dégressifs intéressants sont appliqués lorsque l'on en effectue plusieurs. Le matériel et l'assurance ne sont pas systématiquement inclus dans les tarifs. Renseignez-vous au préalable. Pour le snorkeling, comptez au moins 15 € l'heure.

De nombreux centres de plongée sont répertoriés dans ce guide. Le site www.mallorcadiving.com, qui couvre 10 centres répartis sur toute l'île, constitue également une source d'informations très utile.

Sites

Difficile de s'y retrouver tant les sites de plongée sont nombreux, de Port d'Andratx au sud-ouest, à Cala Ratjada au nord-est. En général, les côtes nord et ouest offrent les conditions optimales. Sites conseillés :

» **Badia de Pollença**. Meilleur site de l'île aux yeux des plongeurs expérimentés, avec de nombreuses grottes et une vie marine fournie, le long du tombant sud de la péninsule de Cap de Formentor ou de la pointe sud du Cap des Pinar.

» **Parc Nacional Marítim-Terrestre de l'Arxipèlag de Cabrera** Une autorisation spéciale est nécessaire pour la plongée, idéal pour le snorkeling.

» **Illa de Sa Dragonera** Les plus beaux paysages sous-marins au large de la côte sud-ouest de l'île.

Kayak de mer

Grâce à ses côtes escarpées et à des conditions climatiques généralement calmes, l'île est propice à la pratique du kayak de mer, un sport qui fait de plus en plus d'adeptes.

Circuits

Les agences proposant guides et location de matériel sont regroupés autour d'Alcúdia et de Port de Pollença.

» **Escola d'Esports Nàutics Port de Sóller** (Port de Sóller, p. 97)

» **Kayak Mallorca** (Port de Pollença, p. 113)

» **Piraguas Mix** (Colònia de Sant Jordi, p. 158)

» **Skualo Adventure Sports Centre** (Portocolom, p. 153)

» **Skualo Adventure Sports & Dive Centre** (Porto Cristo, p. 151)

» **Tramuntana Tours** (Port de Sóller, p. 97)

» **Xplore Mallorca** (Cala d'Or, p. 165)

Documentation

Pour obtenir des informations sur les cours pour enfants et adultes, ainsi qu'une liste des clubs nautiques proposant la pratique du kayak, consultez le site de la **Federación Balear de Piragüismo** (Fédération de canoë-kayak des îles Baléares ; ☎971 792 019; www.fibp.org).

Planche à voile et kitesurf

Si le vent et les vagues relativement modérés de Majorque ne font pas de l'île un lieu idéal pour la pratique de la planche à voile et du kitesurf, il est tout de même possible de trouver quelques endroits où aller taquiner la vague, principalement à Port de Pollença et à Port d'Alcúdia. Comptez environ 190/160 € par adulte/enfant pour une initiation à la planche à voile sur 4 jours, location à partir de 15 €/heure.

» **Sail & Surf Pollença** (Port de Pollença, p. 113). Cours de voile, de planche à voile, location de matériel.

» **Wind & Friends** (Port d'Alcúdia, p. 117). Planche à voile et kitesurf.

La cuisine majorquine

Le top des "celler"

L'atmosphère d'un *celler* (ancien cellier à vin) traditionnel majorquin est unique pour un dîner. Vous en trouverez surtout à Inca et Sineu, mais il y en a un également à Palma.

Le top des tables étoilées

Majorque compte plusieurs restaurants étoilés. En voici trois à tester : Simply Fosh (p. 61) et Tasca de Blanquerna (p. 60) de Marc Fosh, à Palma, ainsi qu'Es Racó d'es Teix (p. 92) de Josef Sauerschell, à Deià.

Le top des pâtisseries

Les deux meilleures adresses pour les *ensaïmades*, ces pâtisseries légères en forme de spirale saupoudrées de sucre glace : Ca'n Joan de S'Aigo (p. 61) et Horno San Antonio (p. 61)

Le top de la cuisine traditionnelle

Porxada de Sa Torre (p. 148), à Canyamel.

Le meilleur en-cas

Le *Pa amb oli* est du pain frotté à l'ail et à la tomate, puis nappé d'huile d'olive et servi avec du jambon, des olives, etc. Au S'Esponja Café (p. 62), à Palma, il est vraiment délicieux.

Le meilleur riz au homard

Au Son Tomás (p. 87), à Banyalbufar.

Le meilleur pique-nique

Une *sobrassada* (saucisse typique épicée).

À mille lieues des pizzerias chères aux stations balnéaires touristiques, la cuisine majorquine est l'une des plus réputées d'Espagne. Les produits locaux – tous excellents – y sont à l'honneur. Les recettes locales sont ainsi le délicieux reflet du climat, de la terre et même de l'histoire de l'île. Au cours des siècles, envahisseurs et conquérants ont apporté dans leurs bagages de nouveaux fruits, légumes et épices, laissant un héritage culinaire encore bien vivant aujourd'hui. Les Arabes ont par exemple introduit les abricots, les pignons de pin, les câpres, le miel, les amandes et les épices. Les Catalans, eux, ont encouragé l'élevage des porcs et la viticulture.

Suivant la tendance actuelle, les jeunes chefs sont en train de faire revivre la cuisine des Baléares. La fusion entre produits locaux, recettes ancestrales et influences du monde donne des plats originaux aux saveurs étonnantes.

Les saisons

La période allant de Pâques à octobre est sans conteste la plus propice à une découverte de la cuisine de l'île, ne serait-ce que parce que la plupart des restaurants sont ouverts à ce moment-là. Certains ne ferment que pour un mois, généralement en décembre ou en janvier. D'autres mettent la clé sous la porte durant la période allant de novembre à Pâques.

Les vendanges, qui ont généralement lieu fin septembre, sont un bon moment pour découvrir l'île. De nombreux villages et régions viticoles organisent une fête des vendanges, la plus importante étant les Festes de la Verema de Binissalem (p. 127).

Au début de l'automne, les Majorquins gagnent les hauteurs à la recherche du savoureux *esclata-sang,* champignon de la famille du délicieux lactaire baptisé *rovellon* en Catalogne.

L'été est la saison de la cueillette des fines asperges vertes, qui poussent dans les zones rocheuses et buissonnières. Vous pourrez également trouver du *fonoll marí* (perce-pierre), plante côtière que l'on fait mariner avant de l'utiliser dans des salades.

PRIX DES RESTAURANTS

Dans ce guide, les établissements sont listés dans l'ordre de préférence de l'auteur. Le symbole **€** indique le prix d'un plat principal.

CATÉGORIE		PRIX
€	Petits budgets	< 20 €
€€	Catégorie moyenne	20-50 €
€€€	Catégorie supérieure	> 50 €

Spécialités locales

Pa amb oli

Aucun repas à Majorque ne saurait commencer sans olives et sans la spécialité la plus servie de l'île : le *pa amb oli* (pain frotté à l'ail et à l'huile d'olive), à base de *pa moreno* (pain bis). Il est généralement garni de tomates, mais les restaurants ne manquent pas d'imagination en matière de garnitures. Il peut même parfois constituer un véritable plat.

Riz, poisson et fruits de mer

Si la paella trouve son origine à Valence, comme d'autres plats de riz, elle a été adoptée par les Majorquins, à tel point que c'est ici que l'on cuisine les meilleures d'Espagne ! La paella de poissons et fruits de mer, dans ses nombreuses variantes, est omniprésente. L'*arroz negro* (riz noir), cuisiné et coloré à l'encre de seiche, est très répandu, mais le plat le plus traditionnel reste l'*arros brut* (littéralement "riz sale"), à base de porc, de lapin et de légumes. Dans la paella, le riz absorbe une grande partie de la sauce. Le savoureux *arros caldoso* baigne en revanche dans son bouillon – tel l'*arroz bogavante* (riz au homard), l'un des plus fameux de l'île.

Si la plupart des poissons servis à Majorque viennent d'ailleurs, les eaux de l'île abritent encore de nombreuses espèces, notamment le *besugo* (dorade) et le *rape* (lotte). Le *cap roig* (rascasse rouge), que l'on trouve à l'Illa de Cabrera, n'est vraiment pas beau mais il est très apprécié. Les poissons et fruits de mer sont cuisinés de manières diverses, mais il s'agit principalement de plats destinés à séduire les étrangers. Pour les Majorquins rien ne vaut en effet un poisson frais simplement grillé, avec juste un peu de sel et de citron. On le prépare aussi "*a la sal*", c'est-à-dire cuit dans une croûte de sel. Une *marisquada* est un grand plateau à partager de poisson et fruits de mer cuits à la vapeur. Ragoût à base de poisson et/ou de fruits de mer, le *suquet* catalan fait partie des rares plats où la sauce renforce la saveur du poisson.

Viande

Le porc est présent dans d'innombrables saucisses, ragoûts, soupes, certains plats de légumes et même dans les desserts. Les siècles de famine ont appris aux Majorquins à rentabiliser chaque partie du cochon.

Traditionnellement fabriquées par les familles afin de conserver la viande toute l'année, les charcuteries sont devenues emblématiques de Majorque, notamment la soubressade (*sobrassada*), une grosse saucisse épicée. Il existe de nombreuses manières de la fabriquer, mais la recette comprend invariablement de la viande de porc hachée et assaisonnée avec du poivre rouge et du sel marin. La *botifarra* (savoureuse saucisse de porc) et le *botiffarón* (une taille au-dessus) comptent aussi parmi les produits les plus célèbres de l'île.

Parmi les plats de viande les plus appréciés, le *frit mallorquí,* est une délicieuse poêlée à base de divers morceaux d'agneau, source précieuse de protéines à l'origine. Rivalisant avec la *sobrassada* et le *frit mallorquí*, la *lechona* (cochon de lait rôti) est parfois aussi appelée *porcella.* Le lapin grillé (généralement cuisiné avec des oignons) est aussi à découvrir.

SOUVENIRS GOURMANDS

On trouve à Palma et dans l'Ouest quantité de boutiques vendant des produits locaux et d'épicerie fine. Leur conditionnement permet généralement de les rapporter facilement chez soi. L'office du tourisme du Consell de Mallorca, à l'aéroport et dans le centre de Palma, devrait pouvoir vous fournir l'excellente brochure *Productes de Mallorca*, qui recense les vignerons et les magasins d'alimentation de l'île. Voici d'excellentes épiceries :

» **Fet a Sóller** (p. 96)

» **Tramuntana Gourmet** (p. 100)

» **Cassai Gourmet** (p. 161)

» **Colmado Manresa** (p. 69)

» **Colmado Santo Domingo** (p. 69)

» **Malvasia de Banyalbufar** (p. 87)

Desserts

Pâtisserie majorquine par excellence, l'*ensaïmada* est une pâte feuilletée en forme de spirale saupoudrée de sucre en poudre. Elle est parfois fourrée à la crème pâtissière, au chocolat ou à la *pasta de angel* (cheveux d'ange). Chaque Majorquin a son adresse préférée.

Au rang des pâtisseries locales figurent aussi le *gató mallorquí* (gâteau aux amandes), le *quarts* (gâteau surmonté de meringue et, parfois, de chocolat) et la *coca de patata* (sorte de petit pain saupoudré de sucre glace, particulièrement célèbre à Valldemossa).

Tenue par la même famille depuis des générations, Sa Fàbrica de Gelats (p. 95), à Sóller (localité connue pour ses oranges, parfum vedette de la maison), est *le* glacier de Majorque.

Vin

Majorque produit du vin depuis l'époque romaine, mais la réputation de l'île dans ce domaine est récente. La production, modeste, est assurée par une trentaine de producteurs (pour un total de 2 500 ha). On la trouve principalement dans les restaurants et les hôtels de l'île.

Il y a deux appellations d'origine (DO, Denominaciones de Orígen). Binissalem, à l'intérieur des terres, et une autre zone incluant Manacor, Felanitx, Llucmajor et d'autres villages. Là, les conditions sont idéales. Des cépages comme le cabernet sauvignon sont plantés à côté de cépages locaux comme le *manto negro*, le *fogoneu* et le *callet*. Les principaux cépages blancs locaux sont le *prensal* blanc et le *girò* blanc, qui sont associés à des cépages catalans comme le *parellada*, le *macabeo* et le moscatel ou plus internationaux comme le chardonnay.

On produit également du vin sur les coteaux maritimes de la Serra de Tramuntana. Notamment aux environs de Banyalbufar, où la malvoisie connaît un regain d'intérêt.

Les offices du tourisme des régions vinicoles possèdent généralement une liste de leurs producteurs, avec leurs horaires d'ouverture.

À table

S'asseoir à une table pour déguster un repas typique fait partie des bons moments d'un séjour à Majorque. Le déjeuner est le repas le plus important de la journée et, pour les Majorquins, un instant de convivialité qu'il n'est pas question d'expédier en moins d'une heure ou deux ! Le dimanche, le déjeuner familial peut traîner jusqu'en fin d'après-midi. Les dîners entre amis revêtent la même importance : de l'apéritif aux digestifs, on savoure son plaisir. Si vous êtes invité, pensez à apporter un petit quelque chose, comme une boîte de chocolats ou une bouteille de vin, comme vous le feriez chez vous ! Et attendez-vous à un vrai festin. Les Majorquins adorent combler leurs invités.

Heures des repas

Les Majorquins mangent tard. Toutefois, affluence touristique oblige, les restaurants ont tendance à ouvrir une heure ou deux plus tôt que sur le continent. Le déjeuner est servi de 13h à 16h, mais nombre de cuisines ferment vers 15h30. Pour le dîner, certains établissements ouvrent dès 19h30, mais la majorité des Majorquins dînent vers 21h. La plupart des cuisines ferment vers minuit.

Petit-déjeuner

La plupart des Majorquins commencent la journée par un simple café pris chez eux, puis beaucoup aiment *esmorzar* ("petit-déjeuner" en catalan) en milieu de matinée. C'est le moment idéal pour goûter une *ensaïmada,* accompagnée d'un *café con leche* (café au lait) ou d'un *zumo de naranja natural* (jus d'orange pressé, particulièrement délicieux à Sóller, célèbre pour ses oranges). Vous pouvez demander aussi un *café solo* (café noir) ou un *cortado* (noisette).

Dans les zones touristiques, attendez-vous à voir des restaurants proposant des "*full english breakfast*" (petits-déjeuners anglais). Pour satisfaire les touristes étrangers (notamment allemands), nombre d'hôtels et de pensions proposent céréales, yaourt, pain grillé avec du fromage, charcuterie et fruits.

Déjeuner

Le meilleur rapport qualité/prix à l'heure du déjeuner est le *menú del día* (menu du jour), qui propose plusieurs *primeros platos* (entrées), *segundos platos* (plats principaux) et *postres* (desserts), avec du pain et une boisson (vin ou bière compris) pour un prix avoisinant 10 €. Entrée, plat et dessert composent généralement le repas des Majorquins même quand ils mangent à la carte.

Dîner

Les Majorquins commencent à grignoter vers 19h. C'est l'heure pour s'adonner au rituel des tapas. Importées du continent, elles ne sont pas aussi répandues ici que dans les autres régions d'Espagne, mais beaucoup de bars et de cafés proposent un petit choix. Olives, chips ou amandes grillées accompagnent idéalement une *caña* (demi pression).

Le repas commence habituellement par un *pa amb olli,* voire une *pica pica* soit plusieurs petites entrées à partager. Vient ensuite le *primer plato,* qui peut être une salade, des pâtes, une assiette de légumes grillés ou quelque chose de plus inattendu. Le dessert consiste le plus souvent en une simple glace (*helado*), un entremets ou un fruit.

Types de restaurants

Toute occasion est bonne pour se retrouver au café ou sortir dîner entre amis. D'ailleurs, les lieux ne manquent pas et ce, dans tous les villages et les villes.

Beaucoup de cafés servent à manger, et un même établissement peut se transformer de café discret le matin en bistrot animé le midi puis en bar à l'ambiance endiablée la nuit venue. Les *cervecerías* sont l'équivalent espagnol des brasseries, et tout ce qui se qualifie de "pub" a une ambiance plus anglo-saxonne. Les *tabernas* (tavernes) sont des établissements généralement rustiques où l'on sert des tapas et/ou des repas. Les consommations sont parfois plus chères en terrasse.

Il y a également plusieurs styles de restaurants. Un établissement comportant *ca'n* ou *ca's* dans son nom propose une cuisine traditionnelle dans une ambiance familiale, tandis que tout *celler* évoque l'image d'un cellier reconverti en restaurant, même si, parfois, ces établissements n'ont jamais été de vrais celliers. Une *marisquería* est spécialisée dans les poissons et les fruits de mer.

Végétariens et végétaliens

Difficile d'être végétarien à Majorque... mais pas impossible. L'île est particulièrement fière de ses fèves, poivrons, aubergines, artichauts, choux-fleurs et de ses asperges vertes, qui poussent à l'état sauvage. Les figues, les abricots et les oranges (en particulier autour de Sóller) abondent ausssi.

Attention, nombre de plats traditionnels de légumes sont préparés avec du lard, du saindoux ou du bouillon de viande. Par exemple, le ragoût de fèves baptisé *fava pelada pagesa* est cuit avec du lard. Traditionnellement, le saindoux entre dans la composition des *ensaïmades.* Les *sopas mallorquins,* revigorantes potées de légumes, peuvent aussi parfois être préparées avec du gras de porc.

Parmi les choix les plus sûrs pour les végétariens, citons les *tortillas,* omelettes épaisses à base de pommes de terre mais incluant parfois d'autres ingrédients, et le *tumbet,* sorte de ratatouille. Nombre de restaurants proposent aussi des légumes grillés comme le *trampó,* plat froid à base de tomates, d'oignons, de poivrons majorquins et d'olives. Le *gaspacho* (soupe froide de tomates) est aussi un plat populaire.

Vous trouverez des produits bio sur certains marchés, dans les magasins spécialisés, ainsi que dans certaines fermes-boutiques comme la **Finca Son Barrina** (☎971 504 540 ; www.mallorcaorganics.com ; Carretera Inca-Llubí km 6 ; ⏰9h-20h ven et sam).

Avec ses enfants

Le top des régions à découvrir en famille

Palma et sa baie

La capitale de l'île fait une base idéale : des plages, des restaurants pour tous les goûts, et à proximité tout un éventail de possibilités (visite de châteaux, parcs à thèmes, aquarium, etc.). Aucun lieu de l'île n'est à plus de deux heures de Palma.

Est de Majorque

Des grottes spectaculaires, des plages immenses, snorkeling et promenades en bateau le long de la côte : l'est de Majorque possède tout ce qu'il faut pour passer un été amusant.

Nord de Majorque

D'autres plages merveilleuses ainsi que des excursions en bateau avec, en plus, de multiples possibilités de sports nautiques qui plairont aux plus grands.

Majorque est une destination formidable pour les enfants. Les distances sont relativement courtes, aussi n'est-on jamais loin d'une plage ou d'une activité qui plaira aux petits et aux grands. Les hôtels et les restaurants sont généralement habitués à accueillir les familles. Et il est interdit d'y fumer, tout comme dans les bars.

Les nombreuses plages constituent l'attrait le plus évident de l'île pour les enfants. La plupart sont baignées par une mer plutôt calme et, quand ce n'est pas le cas, elles sont généralement surveillées. La majorité des hôtels du littoral possèdent des piscines.

Différents parcs à thèmes et zoos émaillent l'île – ils se trouvent pour la plupart en retrait des principales stations balnéaires. Certains sont de bons vieux parcs aquatiques avec toboggans et sports de glisse, mais il y a aussi des minizoos, des aquariums et des parcs naturels. Parmi les autres activités appréciées des enfants figure la visite de châteaux, notamment entre Palma et Capdepera.

Emprunter le train historique de Palma à Sóller est un vrai plaisir, juste pour le trajet. Les promenades en bateau à fond de verre sont aussi très agréables. Souvent, elles laissent le temps de faire du snorkeling, une activité facile à organiser depuis la plupart des localités du littoral.

On peut louer des vélos et sillonner une bonne partie des voies cyclables de l'île. Par exemple celle, toute plate, qui longe le front de mer à Palma. Monter à cheval passionnera les plus grands et les petits

ney dans nombre de

de la route principale
huntana, on trouve des
jeux publiques, de parcs
aux équipés de barbecues

fois à la saison : la plupart
des si... tés à caractère familial ne
sont ouverts que de mai à octobre.

Le best of

Promenades en bateau

» **De Port de Sóller à Sa Calobra** Belle excursion vers une superbe plage

» **Illa de Sa Dragonera** Snorkeling sans grand monde côté sud-ouest

» **Parc Nacional Marítim-Terrestre de l'Arxipèlag de Cabrera** La Grotte bleue est surprenante

» **Cala Ratjada** Balade le long de la côte est en bateau à fond de verre

» **De Port de Pollença à la Playa de Formentor** Pour aller sur une superbe plage

Châteaux

» **Castell de Bellver** Forteresse presque intacte, perchée au-dessus de Palma

» **Castell de Capdepera** Vestiges évocateurs ceinturant la colline qui surplombe Capdepera

» **Santuari de Sant Salvador** Ensemble église-château juché au-dessus d'Artà

» **Castell d'Alaró** Pour rejoindre ce château, enfants et adultes doivent être suffisamment en forme, mais la vue en vaut la peine.

» **Torre de Canyamel** Tour isolée en excellent état de conservation

» **Remparts d'Alcúdia** Promenade sur des remparts médiévaux

» **Torre des Verger** Tour de guet perchée sur les falaises, à l'ouest de Majorque

Grottes

» **Coves del Drac** Les grottes les plus spectaculaires de Majorque

» **Coves d'Artà** Un cadre grandiose

» **Coves de Campanet** De quoi laisser vagabonder son imagination

» **Coves dels Hams** Les moins fréquentées de Porto Cristo

» **Coves de Gènova** Les plus proches de Palma

Zoos et parcs de loisirs

» **Palma Aquarium** Un aquarium absolument magnifique

» **Safari-Zoo** Proche de Cala Millor, un zoo où l'on circule en voiture au milieu des animaux

» **Aqualand** Les attractions du parc aquatique de S'Arenal plaisent à tous les âges

MAJORQUE AVEC DES ENFANTS… QUELQUES "TRUCS" !

Voici quelques petites choses bonnes à savoir quand on voyage avec des enfants…

» À Majorque, tous les enfants qui n'ont pas les cheveux vraiment noirs sont affectueusement appelés *rubio/rubia* (blonde).

» Les Majorquins sont très affectueux avec les petits : ne soyez donc pas surpris si, dans les magasins, les bars ou les restaurants, on caresse la joue de vos enfants et si on leur offre des bonbons.

» Vos enfants ont un petit creux ? Au bar, demandez un supplément de tapas, par exemple des olives ou des carottes crues.

» Adaptez vos enfants à l'heure espagnole (autrement dit à la vie nocturne) le plus vite possible, sans quoi ils manqueront la moitié du plaisir.

» Au restaurant, emportez papier et crayons pour faire dessiner les enfants quand le repas traîne en longueur.

» Dans les hôtels, les lits supplémentaires coûtent entre 20 et 30 €. Il n'y a pas de supplément si l'enfant partage votre lit.

» En panne d'activités ? L'office de tourisme local vous indiquera le terrain de jeux pour enfants le plus proche.

» **Natura Parc** Kangourous et flamants, au sud-ouest de Santa Eugènia

» **Western Water Park** Luxueux parc aquatique à thème à Magaluf

» **Hidropark** Le parc aquatique de Port d'Alcúdia

Et aussi...

» **La Granja** Vaste domaine entouré de jardins, avec des animations en tenue d'époque

» **Museo de Muñecas** Intéressant petit musée de la poupée dans le vieux Palma

» **Petit train** Adorable petit train touristique à Cala Ratjada

» **Train Palma-Sóller** Un voyage en train à l'ancienne.

Préparer son voyage

Hébergement

Les hôtels disposent toujours de lits de bébé, mais pas en grand nombre. Si vous en voulez un, pensez à le préciser lors de la réservation et rappelez l'hôtel 2-3 jours à l'avance pour le confirmer.

De nombreux hôtels, en particulier les complexes sur la côte, proposent des appartements, ce terme désignant aussi bien 2 chambres et un vaste espace commun, qu'une chambre avec un petit séjour équipé d'un canapé-lit. Demandez donc des précisions.

Les formules tout compris proposées par les hôtels-clubs qui dominent les côtes sud, est et (dans une moindre mesure) nord, ne sont pas forcément la meilleure manière de découvrir Majorque mais il faut leur reconnaître au moins un avantage : beaucoup d'activités pour les enfants y sont proposées (jeux, concerts, travaux manuels, etc.) par des équipes de jeunes, espagnols ou allemands.

Nourriture pour bébé

On peut acheter lait et céréales pour bébé, liquide ou en poudre, ainsi que des solutions de stérilisation (tel Milton) dans les pharmacies (*farmacias*). Les couches se trouvent dans les supermarchés et les pharmacies. Le lait de vache frais en carton ou en bouteille de plastique se trouve dans les supermarchés des grandes villes, mais moins facilement dans les petits bourgs, où il n'y a souvent que du lait UHT.

S'INFORMER

Pour des conseils généraux sur les voyages avec des enfants, vous pouvez consulter :

» *Voyager avec ses enfants*, Lonely Planet (2010)

» www.graines-voyageurs.fr

Si vous apportez la nourriture de votre bébé, la plupart des restaurants accepteront de vous la réchauffer.

Baby-sitting

Certains hôtels proposent un service de garde d'enfant. Sinon, pour trouver des baby-sitters (*canguros* en espagnol) vous pouvez consulter le site **Canguroencasa** (www.canguroencasa.com). Cliquez sur "Canguros Baleares". Vous en trouverez aussi sur www.loquo.com (cliquez sur "Mallorca", puis "canguros" dans "Comunidad").

Location de voiture

La plupart des loueurs de voiture disposent de sièges pour bébés et pour enfants (en général facturés à la journée). Réservez-les suffisamment à l'avance.

Réductions

Transports en commun et entrées dans les sites sont normalement gratuits pour les moins de 4 ans et à tarif réduit pour les 4-12 ans.

Restaurants

Les restaurants possèdent parfois une chaise haute pour enfants, mais pas toujours. Et quand il n'y en qu'une, mieux vaut arriver tôt ! Rares sont les établissements qui disposent de tables à langer. Toujours est-il que les enfants sont souvent accueillis avec un large sourire dans les restaurants et qu'on peut les laisser gambader tant qu'ils ne dérangent personne.

Les menus pour enfants sont assez répandus, surtout en bord de mer. Sinon, les restaurateurs se font généralement un plaisir d'improviser un menu adapté aux goûts des petits. Viandes grillées, frites, spaghettis ou *tortillas* font souvent l'affaire.

Les régions en un clin d'œil

Palma et sa baie

Architecture ✓✓✓
Musées ✓✓✓
Gastronomie ✓✓

Édifices historiques

Les rues de Palma sont un concentré de l'histoire architecturale méditerranéenne. La cathédrale, de style gothique, est incontournable. La vieille ville mérite aussi qu'on s'y attarde pour les bâtiments modernistes, les belles maisons du Moyen Âge et les patios (cours intérieures).

Miró, Picasso et Dalí

Palma a toujours été un lieu de prédilection pour les grands artistes espagnols du XXe siècle (en particulier les artistes catalans). Miró y a passé une bonne partie de sa vie, Miquel Barceló y est né, et les œuvres de Picasso et de Dalí sont nombreuses dans les musées de la ville.

Cuisine majorquine

Palma offre le meilleur de la cuisine majorquine et le choix est large : restaurants de poisson et fruits de mer, les établissements toujours plus nombreux du chef Marc Fosh, étoilé au guide Michelin, les fantastiques petits bars à tapas entourant la Plaça Major, sans oublier les incontournables pâtisseries.

p. 40

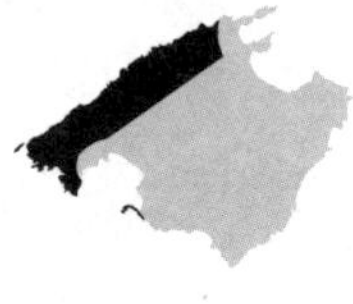

L'Ouest

Villages ✓✓✓
Paysages ✓✓✓
Randonnée ✓✓✓

Villages de pierre

C'est dans l'Ouest que sont situés les plus beaux villages de l'île, construits à flanc de montagne. Deià, Valldemossa, Fornalutx, Binaraix et Orient figurent au palmarès.

L'épine dorsale de Majorque

La Serra de Tramuntana est une chaîne montagneuse absolument superbe. Surgissant majestueusement de la mer, elle offre des vues d'une rare beauté.

Randonnées dans les hautes terres

Les randonnées d'une journée sont nombreuses, mais la Ruta de Pedra en Sec, de quatre jours minimum, qui longe la côte ouest de l'île, est l'un des plus beaux sentiers d'Europe. Tout simplement inoubliable.

p. 79

Le Nord

Paysages ✓✓✓
Vieilles villes ✓✓
Plages ✓✓

Cap de Formentor

Les paysages de la pointe nord de la Serra de Tramuntana sont d'une beauté quasi surréelle : des sommets montagneux, des falaises plongeant dans la mer et des criques extraordinaires. À parcourir en voiture, à pied ou à vélo.

À l'intérieur des terres

Deux petites villes méritent le détour. Pollença pour ses rues pavées et les 365 marches qui montent au Calvari. Alcúdia pour ses ruines romaines et ses remparts.

À la plage !

Il y a de belles plages partout à Majorque, mais au nord, les criques de Cala Sant Vicenç, Cap de Formentor et Cap des Pinar sont particulièrement tranquilles.

p. 105

Le centre

Vins ✓✓✓
Architecture ✓✓✓
Gastronomie ✓✓

Vins
Les zones vinicoles sont à l'intérieur des terres. Si certains vignobles – et ils sont nombreux proposent des visites, la plupart ne font que de la vente directe.

Cuisine traditionnelle
L'authenticité est de mise dans les *cellers* (restaurants dans d'anciennes caves à vin) d'Inca et de Sineu, ainsi que dans les gîtes de l'arrière-pays – souvent d'anciens domaines agricoles.

Monastères et petites villes
Sur presque toutes les collines de l'intérieur de l'île se dresse un monastère, d'où la vue est à coup sûr époustouflante. Les centres-villes de Sineu et de Petra, très tranquilles, possèdent un charme souvent sous-estimé.

p. 123

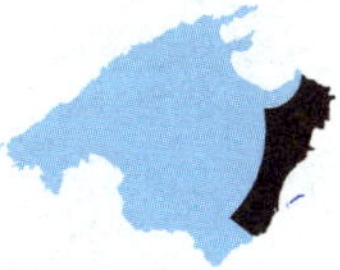

L'Est

Plages ✓✓✓
Grottes ✓✓✓
Paysages ✓✓

Loin des stations balnéaires
Cap sur les plages sauvages au nord-est de Cala Ratjada, sur lesquelles lorgnent les promoteurs. Les criques isolées au sud de Porto Cristo sont tout aussi séduisantes.

Cathédrales souterraines
Les spectaculaires grottes de l'Est font partie des trésors naturels de l'île. Les Coves del Drac, les Coves d'Artà et les Coves dels Hams valent le coup d'œil.

Une péninsule protégée
Au nord d'Artà, le Parc Natural de la Península de Llevant, paradis des ornithologues et des randonneurs, possède des plages accessibles seulement à pied. À ne pas manquer : Cap Ferrutx, à l'extrémité, et l'Ermita de Betlem.

p. 138

Le Sud

Plages ✓✓✓
Paysages ✓✓✓
Archéologie ✓

Plages immaculées
Sable blanc et eaux turquoise à la Platja des Trenc, encore vierge, et dans les criques de Cala Pi, Cala Llombards et du Parc Natural de Mondragó.

Les boucliers du littoral
Les larges étendues qui bordent la côte sud de Majorque ont été préservées des bulldozers grâce aux hautes falaises, notamment celles allant de Cap Blanc à Cap de Ses Salines. La perle de la région : l'Illa de Cabrera, au large.

Mystère...
La civilisation talayotique n'a pas encore livré tous ses secrets. Le site de Capocorb Vell et ceux proches de Ses Salines conservent d'énigmatiques vestiges de cette civilisation préromaine.

p. 154

Les pictos pour se repérer :

- Les coups de cœur de l'auteur
- Adresses écoresponsables
- GRATUIT Des sites libres d'accès

Voir aussi l'index (p. 235), où figurent toutes les localités couvertes dans ce guide.

Sur la route

Palma et sa baie

Dans ce chapitre »

Le top des restaurants

- » Caballito de Mar (p. 64)
- » Tasca de Blanquerna (p. 60)
- » Las Olas (p. 60)
- » La Bodeguilla (p. 61)
- » Aramís (p. 62)

Le top des hébergements

- » Puro Oasis Urbano (p. 169)
- » Hotel Born (p. 168)
- » Hostal Brondo (p. 168)
- » Hotel Dalt Murada (p. 168)
- » Hotel San Lorenzo (p. 169)

Pourquoi y aller

Palma, la seule véritable ville de Majorque et l'une des plus agréables de toute la Méditerranée, se déploie autour d'une baie encadrée par des montagnes. Légèrement en surplomb, son vieux quartier couronné par la cathédrale compte boulevards arborés et ruelles pavées, églises gothiques et palais baroques, bars design et boutiques chics. La baie (*badia*), qui s'étire de part et d'autre de la ville, dessine un joli arc de cercle, malheureusement dominé par d'innombrables constructions touristiques, inesthétiques pour la plupart. Quelques exceptions : les criques tranquilles de Ses Illetes et les charmes haut de gamme de Es Portitxol. Mais Palma séduit surtout par son caractère de ville portuaire avec juste ce qu'il faut d'élégance et d'attraits... plus prosaïques.

Quand partir

Pas un mois ne se passe à Palma sans quelque festivité, d'un genre ou d'un autre. À la différence du reste de l'île, la ville est animée tout au long de l'année. La plupart des sites, hôtels et restaurants restent ouverts, même hors saison. Cela dit, on s'y sent particulièrement bien quand le temps est clément, que les mâts se balancent dans le port de plaisance et que l'une des nombreuses régates amène du beau monde, autrement dit d'avril à octobre. En revanche, les stations balnéaires situées dans la baie ferment en hiver.

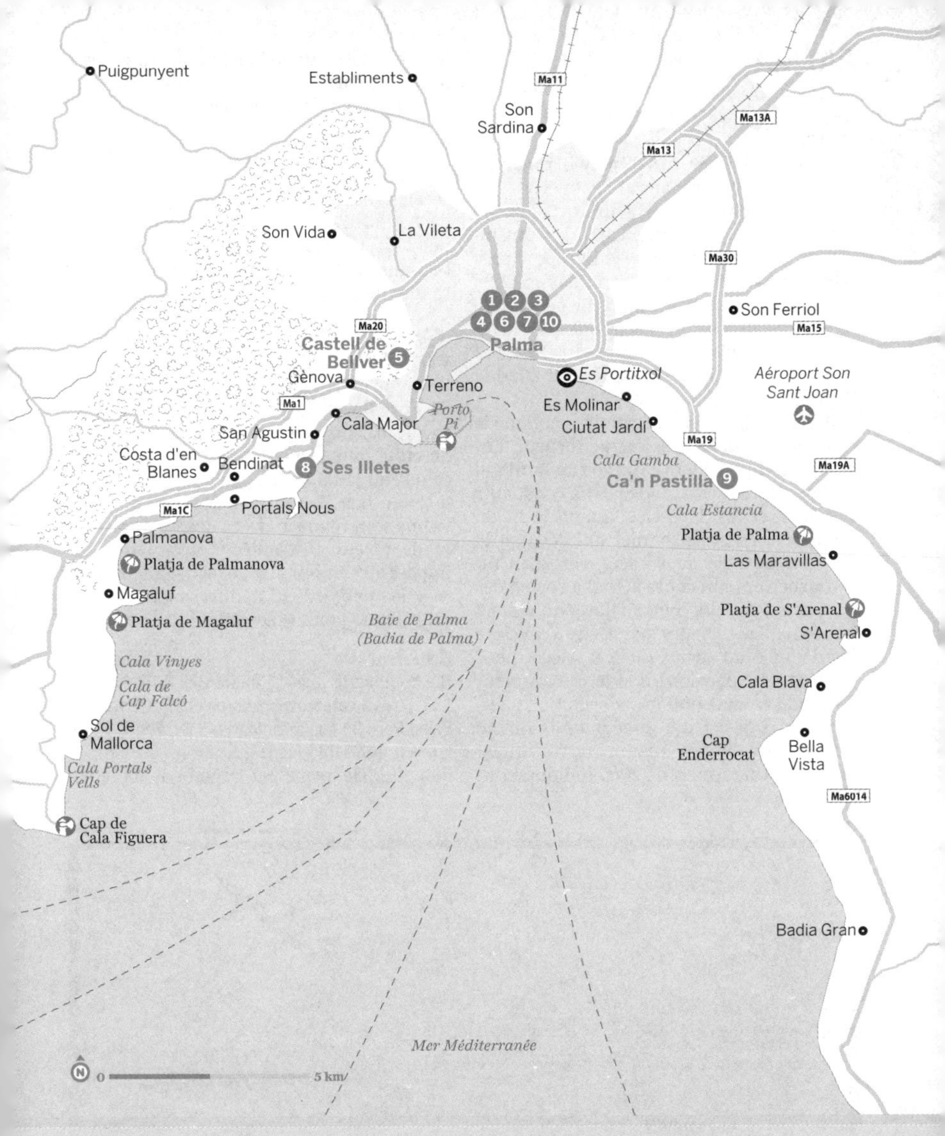

À ne pas manquer

1 La signature de Gaudí et de Barceló dans la **cathédrale** (p. 42) gothique

2 L'art contemporain au sein des anciens remparts de la ville au musée **Es Baluard** (p. 54)

3 Le dédale du vieux Palma et ses patios baroques, avec une petite halte aux **Banys Àrabs** (p. 49)

4 Les œuvres de Picasso, Miró et Dalí au **Museu Fundación Juan March** (p. 52)

5 La vue sur la baie de Palma depuis les hauteurs du **Castell de Bellver** (p. 56)

6 Le Santa Catalina d'hier à l'**Hostal Cuba Colonial** (p. 66) et le nouveau visage du quartier au **Room** (p. 63)

7 Les soirées dans le quartier de Sa Gerreria, avec pour point de départ **L'Ambigú** (p. 65)

8 Un verre loin de la foule au **Virtual Club** (p. 77)

9 La grande classe du **Puro Beach** (p. 75) à Ca'n Pastilla

10 Les délicieux fruits de mer du **Ca'n Eduardo** (p. 64) ou du **Nautic** (p. 63)

PALMA

404 700 HABITANTS

Histoire

Palma fut habitée dès l'époque romaine, on l'appelait alors aussi “Palmeria”. Au XIIe siècle, Medina Mayurka (Ville de Majorque) fut l'une des capitales musulmanes les plus florissantes d'Europe. Après avoir été conquise par les chrétiens en 1229, elle allait connaître une nouvelle période de prospérité au XIVe siècle en tant que carrefour commercial. Les chrétiens l'avaient rebaptisée Ciutat de Mallorca ou Ciudad Capital (Ville Capitale).

Au XVIe siècle, la ville sombra, comme le reste de l'île, dans une longue torpeur. Les imposants remparts que l'on voit aujourd'hui côté mer furent en grande partie construits aux XVIe et XVIIe siècles, quand le lit du Riera, le torrent saisonnier qui dévalait la ville sur le tracé du Passeig d'es Born fut détourné vers son cours actuel à l'ouest des remparts. Le vieux centre-ville connut alors le déclin. La majeure partie de l'enceinte fut démolie au début du XXe siècle pour permettre l'expansion urbaine. Mais le cœur de la cité connut une transformation spectaculaire à partir des années 1960, quand l'argent des touristes commença à affluer dans l'île. Un rapport de 2007 indiquait que les prix de l'immobilier autour de la Dalt Murada (partie de l'enceinte Renaissance) figuraient parmi les plus élevés d'Espagne.

Les attentats à la bombe perpétrés à Palma par l'ETA, le groupe séparatiste basque, en juillet et en août 2009, qui seraient liés à la venue à Majorque du roi et de la reine d'Espagne comme chaque année pendant les vacances d'été, propulsèrent brusquement la ville sous les feux de l'actualité internationale.

À voir

VIEILLE VILLE

Le cœur de la vieille ville (les quartiers de Sa Portella et de Sa Calatrava) est depuis toujours centré autour de son principal lieu de culte (aujourd'hui, la cathédrale) et de ce qui fut jadis le siège du pouvoir séculier, juste en face. La plupart des lieux à voir à Palma sont réunis dans ce dédale de ruelles et de places ensoleillées, où se dressent imposantes églises et maisons seigneuriales. Avec la lumière de la Méditerranée et la mer scintillante jamais bien loin.

Catedral CATHÉDRALE

(La Seu ; carte p. 44 ; ☎902 022 445, 971 723 130 ; www.catedraldemallorca.org ; Carrer del Palau Reial 9 ; adulte/enfant 4/3 € ; ⏲10h-18h15 lun-ven, 10h-14h15 sam). La vaste cathédrale constitue le principal repère de la ville.

Palma

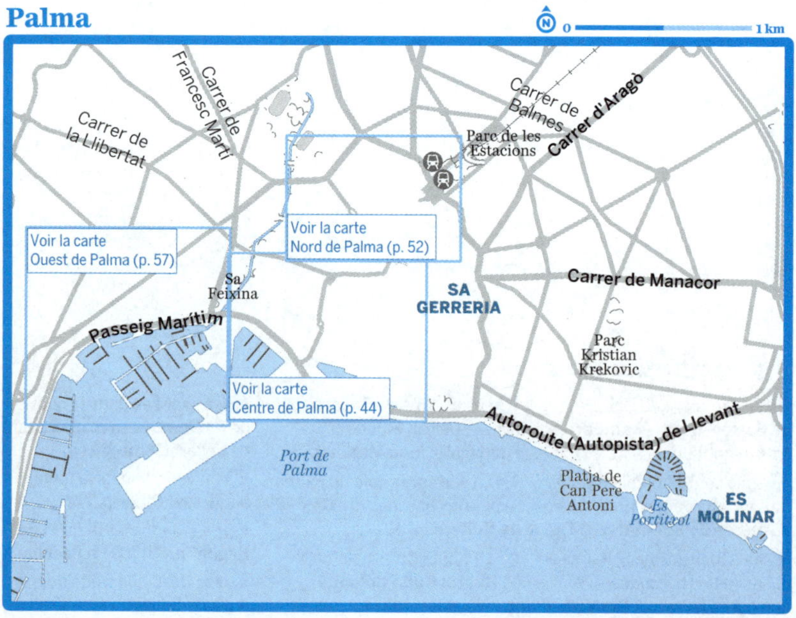

PALMA EN DEUX JOURS

Palma se prête merveilleusement à une escapade d'un week-end. Commencez par le plus évident, la **cathédrale** et le **Palau de l'Almudaina**. Puis baladez-vous dans les ruelles de la vieille ville en visitant au passage la **Casa-Museu Joaquim Torrents Lladó** et les **Banys Àrabs**. Déjeunez à **Las Olas**. Reprenez la visite avec la **Basílica de Sant Francesc** et le musée **Es Baluard**, où vous pourrez vous arrêter pour un en-cas le long des remparts. Le soir, rendez-vous à Santa Catalina, un quartier proche, pour dîner au **Fàbrica 23**, prendre un verre à l'**Idem Café** et faire un tour dans les boîtes du **Passeig Marítim**. Le lendemain, sortez de la ville côté est pour grimper au **Castell de Bellver** et à la **Fundació Pilar i Joan Miró**. Réservez une table pour déjeuner chez **Ca'n Eduardo** et passez l'après-midi à explorer le **Museu Fundación Juan March**, avant de prendre un verre à la **Guiness House**. Dans la soirée, dégustez une *ensaïmada* (pâtisserie typique) au **Ca'n Joan de S'Aigo**, dînez au **Simply Fosh** ou à la **Misa Braseria**, avant de faire un tour du côté des bars de Sa Gerreria, à commencer par **L'Ambigú**.

Outre sa taille et son indiscutable beauté, elle impressionne par ses étonnants apports intérieurs d'Antoni Gaudí et du célèbre artiste contemporain majorquin Miquel Barceló (né en 1957), qui la rendent unique en son genre.

La cathédrale occupe le site de ce qui fut la grande mosquée de Medina Mayurka, la capitale musulmane de Majorque durant trois siècles. Quand Jacques Ier et ses hommes s'emparèrent de la ville en 1229, la mosquée fut transformée en église dédiée à la Vierge Marie. La construction de la cathédale (La Seu, en catalan), l'une des plus grandes d'Europe, ne commença pas avant 1300 et ne s'acheva qu'en 1601.

L'imposant édifice est essentiellement gothique, hormis la façade principale, très belle, mais étonnante par son caractère hybride. Renaissance à l'origine, elle fut gravement endommagée par un séisme en 1851 (qui sema la panique mais ne fit pas de victimes). Plutôt que de restaurer purement et simplement la façade, il fut décidé d'ajouter des éléments néogothiques avec moult contreforts et pinacles. D'où une certaine artificialité qui se dégage de cette association entre la partie Renaissance (en particulier le portail principal) et ce monumentalisme pseudo-gothique.

L'entrée dans l'église s'effectue par le côté nord. Après avoir pris son billet dans une première salle, on entre dans la sacristie, qui accueille l'essentiel du petit **Museu de la Catedral**. Ne manquez pas, au centre, l'énorme ostensoir doré. Parmi les pièces intéressantes figure un autel portatif, qui aurait appartenu à Jacques Ier et qui contient des reliques. D'autres reliquaires sont exposés. L'un d'entre eux est censé renfermer trois épines de la couronne du Christ. Viennent ensuite les deux salles capitulaires, l'une gothique (conçue par Guillem Sagrera) et la seconde baroque, où trône le *relicario de la vera cruz* (reliquaire de la vraie croix).

Lorsqu'après avoir traversé l'une des chapelles latérales on débouche dans la cathédrale elle-même, on est frappé par la hauteur des voûtes en croisée d'ogive et par la finesse des piliers octogonaux qui les soutiennent. La vaste nef et les bas-côtés sont flanqués de chapelles. Les murs sont percés de trois niveaux de vitraux superbes, dont cinq magnifiques rosaces. La plus imposante (l'*oculus maior* ou "grand œil"), qui surmonte le maître-autel, est l'une des plus grandes du monde gothique. Il faut admirer le matin ses reflets de lumière colorée sur le mur ouest, un spectacle qui atteint le sublime en février et en novembre.

Antoni Gaudí remania l'édifice entre 1903 et 1914. Sa contribution la plus importante consista à ouvrir nombre de fenêtres murées pour ajouter de nouveaux vitraux et accroître la clarté. Ce que l'on remarque toutefois le plus aujourd'hui est l'étrange baldaquin qu'il fit installer au-dessus du maître-autel. À ce baldaquin surmonté d'une curieuse sculpture du Christ en croix et flanqué de la Vierge et de Saint-Jean, sont suspendues 35 lampes. Difficile de reconnaître là le génie du modernisme de Barcelone, mais, à l'époque, ce n'était censé être qu'une version temporaire. La version finale ne fut jamais réalisée

Autre étrangeté, la décoration de la Capella del Santíssim i Sant Pere, au fond de l'aile sud, que la paroisse commanda à Miquel Barceló. Inauguré en 2007, ce paysage onirique, qui demanda 15 tonnes de céramique, représente les miracles de la multiplication des pains et

Centre de Palma

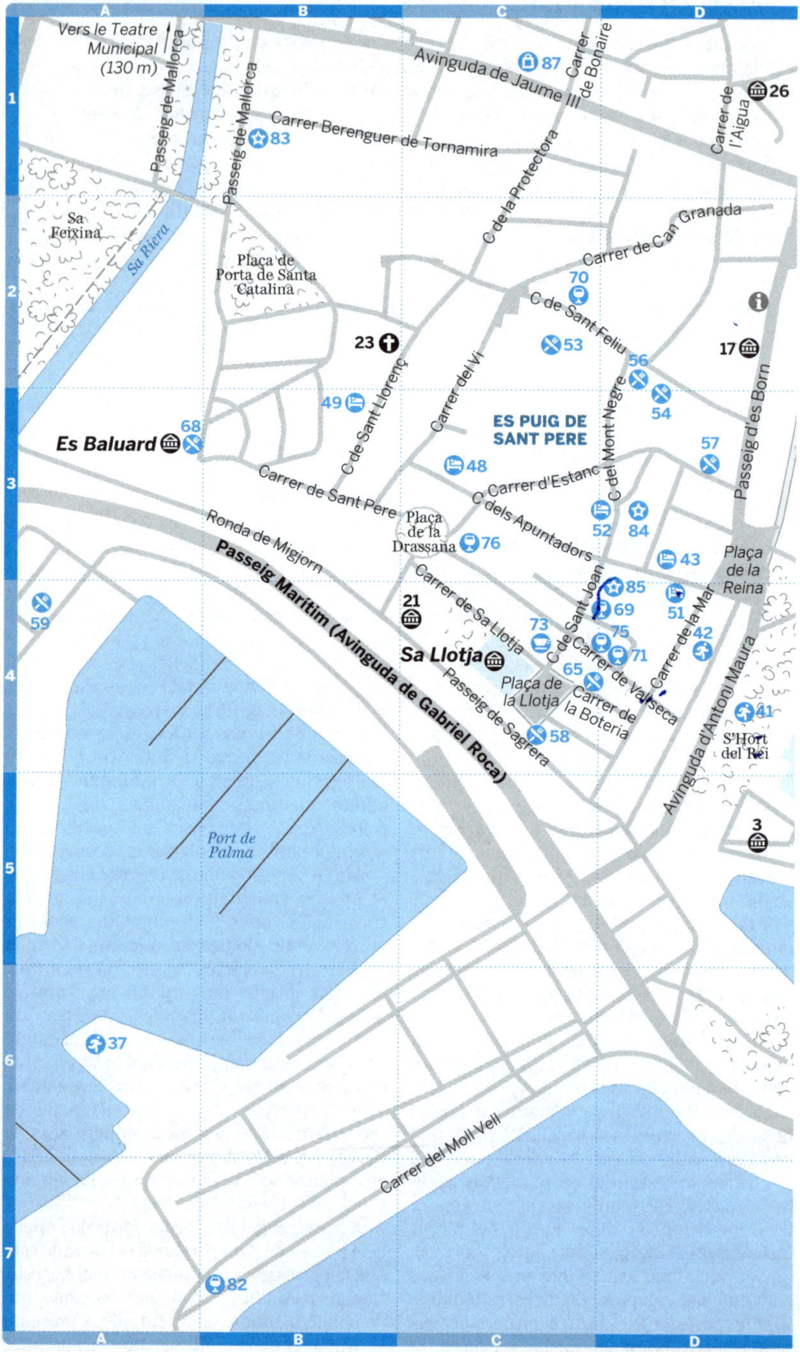

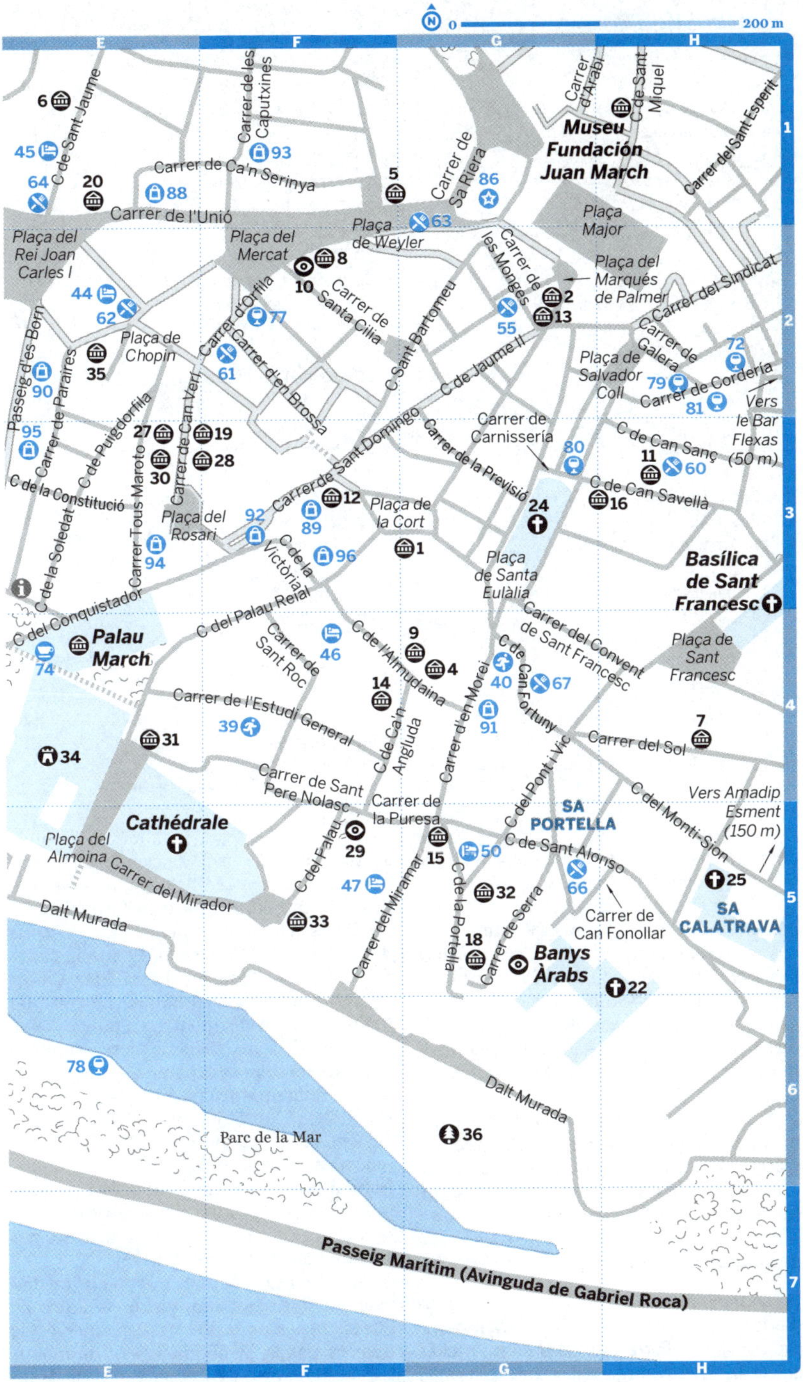
0
200 m
E
F
G
H
1
2
3
4
5
6
7
Museu Fundación Juan March
Palau March
Cathédrale
Basílica de Sant Francesc
Banys Àrabs
SA PORTELLA
SA CALATRAVA
Parc de la Mar
Passeig Marítim (Avinguda de Gabriel Roca)
Dalt Murada
Plaça del Rei Joan Carles I
Plaça del Mercat
Plaça de Weyler
Plaça Major
Plaça del Marqués de Palmer
Plaça de Chopin
Plaça de Salvador Coll
Plaça del Rosari
Plaça de la Cort
Plaça de Santa Eulàlia
Plaça de Sant Francesc
Plaça del Almoina
Carrer de Ca'n Serinya
Carrer de l'Unió
Carrer de les Caputxines
Carrer de Sa Riera
Carrer d'Arabí
C de Sant Miquel
Carrer del Sant Esperit
Carrer del Sindicat
Carrer de les Monges
Carrer de Santa Cilia
Carrer d'Orfila
Carrer d'en Brossa
C Sant Bartomeu
C de Jaume II
Carrer de Galera
Carrer de Cordería
Vers le Bar Flexas (50 m)
Carrer de Carnissería
C de Can Sanç
C de Can Savellà
Carrer de la Previsió
Carrer de Sant Domingo
C de Sant Jaume
Passeig d'es Born
Carrer de Paraires
C de Puigdorfila
Carrer de Can Verí
Carrer Tous Maroto
C de la Constitució
C de la Soledat
C del Conquistador
C del Palau Reial
C de la Victòria
Carrer de Sant Roc
C de l'Almudaina
Carrer de l'Estudi General
C de Ca'n Anglada
Carrer d'en Morei
C de Can Fortuny
Carrer del Convent de Sant Francesc
Carrer del Sol
C del Pont i Vic
C del Monti-Sion
Vers Amadip Esment (150 m)
Carrer de Sant Pere Nolasc
Carrer de la Puresa
C del Palau
Carrer del Miramar
C de la Portella
Carrer de Serra
C de Sant Alonso
Carrer de Can Fonollar
Carrer del Mirador
1
2
4
5
6
7
8
9
10
11
12
13
14
15
16
18
19
20
22
24
25
27
28
29
30
31
32
33
34
35
36
39
40
44
45
46
47
50
55
60
61
62
63
64
66
67
72
74
77
78
79
80
81
86
88
89
90
91
92
93
94
95
96

Centre de Palma

des poissons. On dirait que des blocs d'argile ont été plaqués sur les murs de la chapelle. Sur la gauche, poissons et autres créatures marines jaillissent du mur. De l'autre côté, des représentations de pains et de fruits figurent dans une sorte de jungle. Entre les poissons et les feuilles de palmier, se dressant au-dessus d'empilements de crânes, apparaît un corps lumineux censé être celui du Christ, mais inspiré en fait de celui de l'artiste, petit et trapu.

Autres éléments notables à l'intérieur : un immense orgue, datant de 1798 (récitals d'orgue à 12h le 1er mardi du mois, entrée libre) et les deux chaires, dont la plus petite fut refaite en partie par Gaudí.

Les horaires des messes varient, sauf celle de 9h tous les jours.

Palau de l'Almudaina PALAIS

(Carte p. 44 ; ☎971 214 134 ; www.patrimonionacional.es ; Carrer del Palau Reial ; adulte/enfant 4/2,30 €, audioguide 2,50 € ; ⏲10h-17h45 lun-ven, 10h-13h15 sam). Ancienne forteresse musulmane, cet édifice impressionnant, face à la cathédrale, fut transformé à la fin du XIIIe siècle en résidence destinée aux rois de Majorque. Il sert encore dans le cadre des fonctions officielles du roi Juan Carlos quand celui-ci vient à Palma. Le reste du temps, on peut déambuler au milieu d'une série de salles aux murs de pierre, sombres mais luxueusement décorées.

Les Romains avaient, dit-on, construit un *castrum* (fort) ici, peut-être à l'emplacement d'un site préhistorique. Les *wālis* (gouverneurs) de la Majorque musulmane remanièrent et agrandirent le fort romain, puis Jacques Ier et ses successeurs le modifièrent encore à un tel point qu'il ne reste pas grand-chose de sa version arabe.

Aujourd'hui, comme à l'époque médiévale, la plus grande autorité séculaire de l'île (en la personne du roi d'Espagne) réside dans ce palais, symboliquement du moins. La famille royale l'occupe rarement, sauf dans le cadre de cérémonies officielles. Elle préfère en effet passer l'été dans le Palau Marivent (à Cala Major).

La première salle étroite dans laquelle on pénètre est ornée d'un plafond noir et blanc, symbolisant les extrêmes : le jour et la nuit, l'ombre et la lumière. Puis trois salles majestueuses se succèdent. Remarquez les arches gothiques murées au milieu. À l'origine, ces trois salles étaient deux fois plus hautes et formaient une seule et même salle immense, qui avait été ajoutée au fort arabe d'origine, connue sous le nom de Saló del Tinell (du mot italien *tinello,* signifiant l'"endroit où l'on mange"). Il s'agissait d'une salle de banquet et de cérémonie. Ces salles sont joliment décorées : mobilier d'époque, tapisseries et autres curiosités. Les six salles nues qui suivent, ainsi que la terrasse, faisaient partie de la citadelle arabe d'origine.

Dans le patio principal, le Patio de Armas, avait lieu l'inspection des troupes qui défilaient ensuite avant de sortir dans la ville. La fontaine au lion, au centre, est l'un des rares vestiges arabes du palais. En haut du grand escalier royal se trouvent les appartements royaux, une succession de pièces luxueusement meublées (remarquez les superbes plafonds à caissons *artesonado*). Au centre est situé le Saló Gòtic, la partie supérieure de l'ancien Saló del Tinell, où se terminent les arches gothiques. À côté des appartements s'ouvre la Capella de Sant'Anna, une chapelle royale gothique, dont l'entrée offre un rare exemple majorquin de la fin du roman en marbre rose et blanc.

Après la mort de Jacques III en 1349, plus aucun roi ne fit de ce palais sa résidence permanente.

À l'ombre des murs de l'Almudaina, le long de l'Avinguda d'Antoni Maura, s'étend S'Hort del Rei (le jardin du roi).

Museu Diocesà MUSÉE

(Carte p. 44 ; ☎971 723 860 ; www.bisbatdemallorca.com ; Carrer del Mirador 5 ; adulte/enfant 3 €/

gratuit ; ⌚10h-14h lun-sam). Le Museu Diocesà (derrière la cathédrale, côté est), qui a été inauguré en 2007, offre une plongée passionnante dans l'histoire de l'art chrétien. Son nouveau site, le Palau Episcopal (palais épiscopal), est absolument magnifique.

La première œuvre que l'on voit en entrant est un impressionnant *retaule* (*retablo* en espagnol, retable) représentant la Passion du Christ (vers 1290-1305) et provenant du couvent de Santa Clara. L'entrée de Jésus dans Jérusalem, le reniement de saint Pierre, la Cène... les épisodes de la Bible sont dépeints avec une profusion de détails. La flagellation montre un Christ au visage impavide, tandis que sa crucifixion est bouleversante. Sur la droite figure une œuvre clé de Francesc Comes : *Sant Jaume de Compostela* (saint Jacques, en Espagne, est surnommé le Matamoros, "tueur de Maures"). D'une remarquable minutie dans les détails, le *Sant Jordi* (saint Georges) terrassant le dragon, de Pere Niçard (vers 1468-1470), montre en arrière-plan la Ciutat de Mallorca (Palma). Au-dessous de cette peinture, une scène de Niçard et de son maître Rafel Mogèr représente la reconquête de Palma en 1229. La dernière salle de cette aile est une petite chapelle gothique, l'Oratori de Sant Pau. Le vitrail est un essai effectué par Gaudí en préparation de ceux qu'il réalisa pour la cathédrale.

Une succession d'autres salles présentent des artistes majorquins tels Pere Terrencs et Mateu López (père et fils). L'étage supérieur expose une modeste collection d'art baroque et de céramiques. On y a aussi une belle vue sur la baie.

Palau March — MUSÉE

(Carte p. 44 ; ☎971 711 122 ; www.fundacionbmarch.es ; Carrer de Palau Reial 18 ; adulte/enfant 3,60 €/gratuit ; ⌚10h-18h lun-ven, 10h-14h sam). Ce palais fut l'une des résidences de la riche famille March. Des sculptures de grands artistes du XXe siècle, tels Auguste Rodin, Henry Moore, Barbara Hepworth et Eduardo Chillida, ornent la terrasse. De nombreux autres trésors signés de grands noms de l'art espagnol sont exposés à l'intérieur.

On entre par une terrasse extérieure où sont installées des sculptures modernes, avec, au centre, l'énorme *Orgue del Mar* (1973) du Barcelonais Xavier Corberó.

Dans le palais, une vingtaine de toiles de Salvador Dalí sur le thème "Alchimie et éternité" sont exposées, ainsi qu'une extraordinaire *belén* (crèche napolitaine) baroque napolitaine du XVIIIe siècle. Des centaines de figurines incroyablement détaillées, des anges aux rois, des bergers aux animaux de la ferme et aux scènes de marché en font une œuvre exceptionnelle.

À l'étage, la peinture de la principale voûte et du plafond du salon de musique est l'œuvre de l'artiste barcelonais Josep Maria Sert (1874-1945). La voûte est divisée en quatre parties, les trois premières représentant l'audace, la raison et l'inspiration, trois vertus incarnées par Juan March, figuré sur la quatrième partie. Une salle conserve une étonnante exposition de cartes médiévales de la Méditerranée établies par des cartographes majorquins.

Museo de Muñecas — MUSÉE

(Museu de Nines Antigues ; carte p. 44 ; ☎971 729 850 ; mallorcadollsmuseum@gmail.com ; Carrer del Palau Reial 27 ; adulte/enfant 3,50/2,50 € ; ⌚10h-18h mar-dim). Non loin de la cathédrale, cette intéressante boutique-musée dédiée aux poupées anciennes en propose plus de 500 exemplaires provenant de plus de 50 pays, des poupées de fertilité *ashanti* à celles représentant Shirley Temple. Après avoir pris son billet en haut de l'escalier (raide), on se retrouve dans deux salles bourrées de ces poupées anciennes réalisées dans toutes sortes de matériaux, du carton à la porcelaine.

Dans la première salle trônent d'innombrables versions de la Mariquita Pérez, une poupée espagnole créée en 1938 à Saint-Sébastien. Les spécimens de la deuxième salle datent pour beaucoup du XIXe siècle ou du début du XXe siècle, l'idée étant de montrer leur évolution au fil du temps : poupées en carton des années 1940 témoignant des rudes conditions de vie qui suivirent la guerre civile, poupées de chiffon au visage noir et aux cheveux hérissés, minuscules poupées aux énormes poitrines nues... Le musée plaira autant aux collectionneurs qu'aux enfants.

GRATUIT Jardí del Bisbe — JARDINS

(Carte p. 44 ; Carrer de Sant Pere Nolasc 6 ; ⌚9h-13h et 15h-18h lun-ven, 10h-15h sam mai-oct, 9h-15h lun-ven, 10h-15h sam nov-avr). Jouxtant le Palau Episcopal, ce modeste jardin botanique est un havre de paix. On se promène avec bonheur au milieu des palmiers, des grenadiers, des nénuphars, du thym, des artichauts, des kumquats, des citronniers et autres orangers, ou l'on s'assied sur un banc pour les contempler.

Can Marquès ÉDIFICE HISTORIQUE

(Carte p. 44 ; ☎971 716 247 ; www.canmarquescontemporaneo.net ; Carrer de Ca'n Angluda 2A ; ⌚10h-15h lun-ven). Cette demeure joliment meublée est la seule en son genre à Palma qui soit ouverte aux visiteurs. On y découvre comment les riches Majorquins vivaient au tournant du XXe siècle. Le bâtiment, qui conserve des éléments du XIVe siècle, présente des éléments gothiques, baroques et même des influences modernistes. Des expositions d'art contemporain y sont programmées.

On entre par le patio principal, où la voiture à cheval venait déposer la famille. Grimpez ensuite l'escalier moderniste pour accéder à l'étage principal où l'on peut visiter dix pièces.

L'immense Sala d'Entrada (hall d'entrée) était conçue pour impressionner les visiteurs. Viennent ensuite trois pièces, destinée chacune à recevoir des hôtes selon leur importance. La dernière, réservée aux hôtes particuliers, était reliée à l'*alcoba,* une opulente chambre à coucher d'apparat. Ce sont sans doute les cuisines, équipées à l'ancienne, et la salle à manger (avec un lavabo d'angle pour se rincer les doigts), qui présentent le plus d'intérêt.

Can Bordils ÉDIFICE HISTORIQUE

(Carte p. 44 ; Carrer de l'Almudaina). Cette demeure du XVIe siècle, dont la cour fut remaniée au XVIIe siècle, abrite l'Arxiu Municipal (les Archives municipales), qui accueille parfois des expositions temporaires.

Arco de l'Almudaina ÉDIFICE HISTORIQUE

(Carte p. 44 ; Carrer de l'Almudaina). L'arche située dans la rue à l'est de Can Bordils fait partie d'un tronçon de mur défensif et d'une tour. Il aurait rempli sa fonction défensive de l'Antiquité jusqu'au XIIIe siècle. Malgré son apparence avant tout médiévale, il est quasi certain qu'il faisait partie de l'enceinte romaine.

Museu de Mallorca MUSÉE

(Carte p. 44 ; ☎971 717 540 ; www.museudemallorca.es ; Carrer de la Portella 5). Fermé pour rénovation, cet excellent musée ne devrait pas rouvrir avant 2014. Il méritera alors une visite car il est logé dans un ensemble de demeures du XVIIe siècle et il conserve une vaste collection d'objets archéologiques, d'art religieux, d'antiquités et de céramiques.

Casa-Museu Joaquim Torrents Lladó ÉDIFICE HISTORIQUE, MUSÉE

(Carte p. 44 ; ☎971 729 835 ; www.jtorrentsllado.com ; Carrer de la Portella 9 ; adulte/enfant 4/2,50 € ; ⌚10h30-14h30 mar-sam). Cette belle maison ancienne, avec sa galerie en bois surplombant la cour intérieure, appartenait à l'artiste catalan Joaquim Torrents Lladó (1946-1993), qui s'installa à Majorque dans les années 1960. Les 1er et 2e étages, aux beaux parquets et au mobilier XIXe siècle, donnent à voir des expositions tournantes des œuvres du peintre, allant des portraits aux étiquettes pour le champagne Codorniu. Le musée accueille à l'occasion des expositions temporaires.

Banys Àrabs BAINS

(Carte p. 44 ; ☎971 721 549 ; Carrer de Serra 7 ; adulte/enfant 2 €/gratuit ; ⌚9h30-20h). Ces modestes bains arabes sont le seul monument qui témoigne encore de la domination musulmane sur l'île. Ils se résument à deux petites salles en sous-sol, dont une couronnée d'une coupole supportée par une douzaine de colonnes – certains chapiteaux ont été construits avec les matériaux de bâtiments romains démolis).

À ces deux salles, le *caldarium* (bains chaud) et le *tepidarium* (bains tièdes), s'ajoutait sans doute une troisième, le *frigidarium* (bains froids). Les Arabes s'étaient inspirés du modèle romain. Ces bains n'étaient sans doute pas publics, mais attenant à une maison particulière. Ils se situent dans l'un des plus jolis jardins du vieux Palma, où l'on peut s'asseoir et se détendre.

GRATUIT **Església de Santa Eulàlia** ÉGLISE

(Carte p. 44 ; ☎971 714 625 ; Plaça de Santa Eulàlia 2 ; ⌚9h-12h et 18h30-20h30 lun-ven, 10h30-13h 18h30-20h30 sam, 9h30-13h30, 18h30-19h30 et 21h-22h dim). Cette église gothique fut l'une des premières grandes églises édifiées après la Conquête de 1229. Sa façade néogothique a été entièrement refaite entre 1894 et 1924. C'est, avec la cathédrale, la seule église de Majorque à être dotée de trois nefs. Elle abrite un retable baroque assez abîmé. Les chapelles de l'abside ne sont pas accessibles.

Basílica de Sant Francesc ÉGLISE

(Carte p. 44 ; ☎971 712 695 ; Plaça de Sant Francesc 7 ; 1,50 € ; ⌚9h30-12h30 et 15h30-18h lun-sam, 9h30-12h30 dim). La construction de cette basilique franciscaine, une des églises les plus anciennes de Palma, débuta en 1281 dans le style gothique. Sa façade fut achevée dans le style baroque au XVIIe siècle. Elle est surtout célèbre pour son superbe cloître.

Ce cloître trapézoïdal très lumineux, sur deux niveaux, est doté d'élégantes colonnes dont la diversité des styles reflète

PALMA, DE PATIOS ANDALOUS EN FOLIES MODERNISTES

Pour s'abriter de la chaleur de l'été, les nobles majorquins et les riches marchands du XIIIe siècle (époque de la Conquête des Baléares par Jacques Ier) reprirent la tradition des patios, hérités de la *domus* (maison) romaine et du *pati andaluz* (patio andalou) mauresque.

À Palma, les riches maisons gothiques furent construites autour d'un patio central abondamment planté. L'accès depuis la rue s'effectuait par une entrée étroite, et un escalier de pierre, extérieur, menait au premier, l'étage noble de la demeure. Aux XVIIe et XVIIIe siècles, les entrées s'élargirent pour permettre l'accès des voitures à cheval, et la décoration se fit plus baroque. Ces demeures à *pati* (patio) étaient le privilège de l'élite majorquine et marquaient la limite entre la vie publique et la vie privée : les hôtes étaient reçus dans le patio et n'accédaient pas au reste de la maison.

Il existe quelque 150 demeures de ce genre à Palma. Aujourd'hui, les portes d'un certain nombre de patios sont ouvertes dans la journée : on les voit donc de la rue, mais il est rare qu'on vous laisse y pénétrer plus avant. À la fin du printemps, une cinquantaine d'entre eux sont ouverts dans le cadre de visites guidées et de concerts à l'occasion des fêtes de Corpus Christi (Fête-Dieu).

Voici les patios les plus intéressants :

» **Can Salas** (Can Jordà ; carte p. 44 ; Carrer de la Puresa 2)
» **Can Catlar del Llorer** (carte p. 44 ; Carrer de Can Savellà 15)
» **Can Vivot** (carte p. 44 ; Carrer de Can Savellà 4)
» **Can Berga** (carte p. 44 ; Plaça del Mercat 12)
» **Cal Marquès del Palmer** (carte p. 44 ; Carrer del Sol 7)
» **Cal Comte de San Simón** (carte p. 44 ; Carrer de Sant Jaume 7)
» **Can Caldès** (Carrer del Monti-Sion 3)

D'autres sont ouverts au public parce qu'ils abritent musée ou administration :

» **Can Marqués** (p. 49)
» **Museu de Mallorca** (p. 49)
» **Centre Cultural Contemporani Pelaires** (p. 51)
» **Fundació Sa Nostra** (p. 53)
» **Casal Solleric** (p. 55)
» **Can Bordils** (p. 49)

À Palma, l'œil est aussi attiré par nombre de bâtiments insolites dus au modernisme, version catalane de l'Art nouveau, mouvement bref mais à l'imagination féconde. Quelques exemples :

» **CaixaForum** (p. 53)
» **Forn des Teatre** (p. 61)
» **Almacenes El Águila** (p. 53)
» **Can Casasayas** (carte p. 44 ; Plaça del Mercat 13 et 14)
» **Can Corbella** (carte p. 44 ; Plaça de la Cort 6)
» **Can Forteza Rey** (carte p. 44 ; Carrer de les Monges 2)

le temps nécessaire à sa réalisation. Dans la pénombre de l'église, on remarquera le contraste entre la voûte élevée typiquement gothique et l'autel tout en courbes baroques.

La première chapelle (dédiée à Nostra Senyora de la Consolació), sur la gauche de l'abside, abrite le tombeau de Raymond Lulle. Érudit du XIIIe siècle, Raymond Lulle est la grande fierté de l'église et l'enfant chéri de Majorque (seul le champion de tennis Rafael Nadal peut rivaliser avec lui dans le cœur des Majorquins). Un tronc attend les pièces destinées à une campagne pour sa canonisation (il n'a été que béatifié). Du côté droit de l'abside, la Capilla de los Santos Mártires Gorkomienses est dédiée au martyre de 19 catholiques, dont 11 franciscains, en Hollande en 1572. Dans la représentation de cet événement, qui a souffert du temps, on voit les suppliciés se faire pendre, couper le nez, éviscérer et subir d'autres atrocités.

Vestiges de l'enceinte arabe du XIIe siècle — RUINES

(Carrer de Mateu Enric Lladó). À un pâté de maison à l'est de l'Església de Sant Jeroni s'élèvent des vestiges des remparts de la ville maure du XIIe siècle (avec à la base de lourds blocs datant de l'enceinte romaine). Au-delà s'étend un parc qui doit son nom à l'ancienne porte de la ville qui se dressait là : la Porta d'es Camp (porte de la Campagne). Les musulmans l'appelaient Bab al-Jadid (la Nouvelle Porte).

Església del Monti-Sion — ÉGLISE

(Carte p. 44 ; Carrer del Monti-Sion ; 17h15-19h). Cette église à la façade baroque exubérante est le fruit du remaniement extérieur et intérieur d'une ancienne synagogue gothique aux XVIe-XVIIe siècles. Quand vous la visiterez, il se peut qu'un prêtre assis en retrait vous éclaire le retable baroque, tout en courbes et en volutes, au fond de l'église.

Parmi les vestiges gothiques figurent les arches en ogive devant les chapelles, la clé de voûte du plafond et l'arcade gothique catalane, longue et basse, située tout près de l'entrée.

Convent de Santa Clara — COUVENT

(Carte p. 44 ; Carrer de Can Fonollar 2 ; 9h-12h30 et 16h15-18h15). Cette église baroque sans grand charme était fermée pour rénovation lors de notre passage. Les habitants lui préfèrent le bâtiment voisin, où une poignée de moniales cloîtrées vendent depuis toujours des douceurs faites maison.

Vous verrez un *torno*, sorte de tourniquet en bois placé dans une fenêtre. Sonnez pour appeler une sœur, commandez ce que vous désirez et placez l'argent dans le tourniquet. Il vous délivrera en retour vos *bocaditos de almendra* (bouchées aux amandes) ou *rollitos de anís* (roulades à l'anis), à 3 € les 200 g.

Ajuntament — ÉDIFICE HISTORIQUE

(Hôtel de ville ; carte p. 44 ; Plaça de la Cort 1). Dominant la place qui fut longtemps le cœur du pouvoir municipal à Palma, l'hôtel de ville cache une longue histoire derrière sa façade baroque. L'édifice résulte en effet de l'agrandissement d'un hôpital gothique élevé ici peu après la conquête de l'île. Le mécanisme actuel de l'horloge, située en haut de la façade principale, date de 1863 et fut acheté en France. Cela fait toutefois des siècles qu'une horloge sonne les heures ici.

Généralement, on ne peut pénétrer que dans le hall de style gothique. Notez le superbe escalier et la demi-douzaine de *gegants* rangés là : ces géants représentant rois, reines et autres personnages paradent dans la ville lors des fêtes, portés à épaule d'homme.

Centre Cultural Contemporani Pelaires — CENTRE CULTUREL, GALERIE

(Carte p. 44 ; 971 720 375 ; www.pelaires.com ; Carrer de Can Verí 3 ; 10h-13h30 et 16h30-20h lun-ven, 10h-13h30 sam). Ce centre culturel privé mérite autant la visite pour son architecture que pour les expositions artistiques qu'il accueille. Il se tient dans Can Verí, superbe maison de ville du XVIIe siècle, qui servit aussi un temps de couvent. Il donne sur une étroite rue piétonne bordée de galeries, d'antiquaires et de boutiques de mode.

Arc del Wali — ÉDIFICE HISTORIQUE

(Carte p. 44 ; près de S'Hort del Rei). Cette grande arche fait partie des rares vestiges du passé arabe de la ville. Quand la Riera, la rivière qui passe à Palma, suivait le cours de ce qui est actuellement le Passeig d'es Born et que la mer lapait les murs de la ville, cette porte donnait accès, côté mer, au palais arabe et aux premiers chantiers navals.

Remparts et Parc de la Mar — REMPARTS, PARC

(Carte p. 44). La majeure partie des remparts de Palma fut détruite à la fin du XIXe siècle pour faciliter l'expansion de la ville. Seule une partie de l'enceinte Renaissance côté mer, la Dalt Murada (commencé en 1562, achevé en 1801), est restée intacte. Le Parc de la Mar, qui comporte des espaces verts, un lac artificiel et une fontaine, fut inauguré en 1984.

Délabrés par endroits, ces remparts massifs s'inscrivent néanmoins dans un joli cadre et, en été, la brise rend l'endroit plaisant pour prendre un verre à une terrasse de café.

PLAÇA MAJOR ET SES ALENTOURS

La Plaça Major est une grand-place typiquement espagnole, entourée d'arcades, de boutiques et de cafés. Très animée dans la journée, elle sombre la nuit, comme par magie, dans le silence. À l'est, la Carrer del Sindicat part vers les avenues qui marquent les limites de la Palma

Nord de Palma

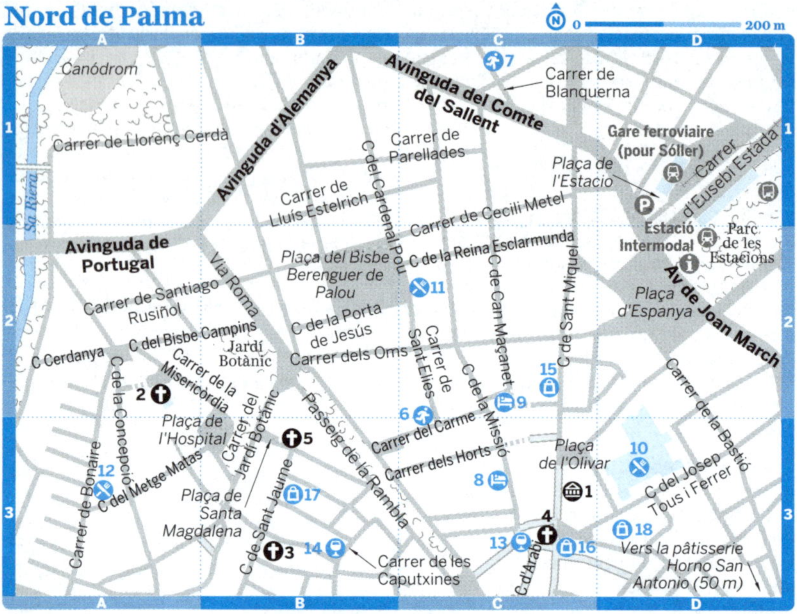

historique. Elle traverse le quartier de Sa Gerreria. Longtemps vétuste et plutôt malfamé, Sa Gerreria connaît actuellement un renouveau et se transforme en un haut lieu branché de la vie nocturne. Partant de la Plaça Major, la Carrer de Sant Miquel, l'artère commerçante, part vers le nord en direction de la vaste **Plaça d'Espanya**. La Plaça Major et la Carrer de Sant Miquel sont situées sur une hauteur qui descend vers l'ouest en direction du Passeig de la Rambla, ombragé.

GRATUIT **Museu Fundación Juan March** MUSÉE

(Musée Fondation Juan-March ; carte p. 44 ; ☎971 713 515 ; www.march.es/arte/palma ; Carrer de Sant Miquel 11 ; ⏲10h-18h30 lun-ven, 10h30-14h sam). Une belle introduction à l'art moderne et contemporain espagnol dans une demeure du XVIIe siècle. Les quelque 70 œuvres de la collection permanente de la Fundación Juan March constituent un véritable inventaire de la plupart des artistes du XXe siècle dont Picasso, Miró, Juan Gris, Dalí et le sculpteur Julio González.

Après ces noms prestigieux, la collection présente différents mouvement artistiques espagnols, comme celui né à Barcelone autour de la revue *Dau al Set* (1948-1953), qui eut pour chef de file Antoni Tàpies. À la même période, à Valence, Eusebi Sempere et Andreu Alfaro ouvraient de nouvelles voies vers l'abstraction. *Las Cuatro Estaciones* (1980), de Sempere, évoque les quatre saisons par de subtils changements de couleurs dans une série de quatre panneaux jouant sur des tracés purement linéaires. Parmi les autres artistes notables figurent Manuel Millares, Fernando Zóbel et Miquel Barceló, représenté par un immense pot en céramique d'où saillent des crânes (*Grand Pot avec crânes sur une face,* 2000) et une toile, *La Flaque* (1989).

Església de Sant Miquel ÉGLISE

(Carte p. 52 ; Carrer de Sant Miquel 21 ; ⏲9h30-13h30 et 17h-19h30). Édifiée après la conquête de Majorque, cette église frappe par son mélange de styles. C'est l'une des quatre premières églises à avoir été construite sur le site d'une mosquée dans laquelle fut dite la première messe de la victoire le 31 décembre 1229. La façade et l'entrée, avec sa longue arcade basse, offrent un parfait exemple du gothique catalan du XIVe siècle. Le clocher trapu de sept étages est également gothique.

Pour le reste, l'église, à voûte en berceau, fut largement remaniée dans le style baroque. Notez, sur la droite en entrant, la statue du pape Jean Paul II.

Nord de Palma

À voir

Activités

Où se loger

Où se restaurer

Où prendre un verre

Achats

GRATUIT **Claustre de Sant Antoniet** CLOÎTRE, GALERIE

(Carte p. 52 ; Carrer de Sant Miquel 30 ; 10h-14h et 15h30-20h lun-ven, 10h-13h30 sam). Construit en 1768, ce ravissant cloître baroque, de forme ovale et sur deux niveaux, appartient aujourd'hui à la banque BBVA qui y présente des expositions temporaires. À l'origine, il était rattaché à l'**Església de Sant Antoni de Viana**, voisine (fermée pour restauration).

Almacenes El Águila ÉDIFICE HISTORIQUE

(Carte p. 44 ; Plaça del Marqués de Palmer 1). Gaspar Bennàssar (1869-1933), l'un des architectes qui a le plus marqué la Palma moderne, sa ville natale, a joué de différents styles durant sa longue carrière. L'Almacenes El Águila, construit en 1908, est l'une de ses réalisations les plus remarquables dans le style moderniste. Les trois étages sont différents les uns des autres. Notez l'usage abondant du fer forgé sur la façade principale.

Círculo de Bellas Artes GALERIE

(Carte p. 44 ; 971 723 112 ; Carrer de l'Unió 3). Le Casal Balaguer, au superbe patio pavé planté de quatre beaux palmiers, abrite cette véritable institution artistique qu'est le Círculo de Bellas Artes. Lors de notre passage, le site était fermé pour travaux de rénovation. Une fois rouvert, il accueillera des expositions d'art.

CaixaForum GALERIE, CENTRE CULTUREL

(Carte p. 44 ; 971 178 500 ; www.lacaixa.es/Obra Social ; Plaça de Weyler 3 ; 10h-21h lun-sam, 10h-14h dim). Ce centre culturel dépend de l'une des plus grandes entreprises espagnoles du bâtiment, La Caixa, basée à Barcelone. La CaixaForum occupe un merveilleux bâtiment moderniste, l'ancien Grand Hotel. Prenez le programme, gratuit, à la réception et allez le consulter dans le café du rez-de-chaussée. Le centre possède aussi une excellente librairie.

Le Grand Hotel, construit entre 1900 et 1903 par le grand architecte catalan Lluís Domènech i Montaner, fut le premier bâtiment de Palma à être équipé de l'électricité et d'un ascenseur. Fermé durant la guerre civile, l'hôtel ne rouvrit jamais. Outre des expositions artistiques, il accueille souvent conférences, ateliers, cycles de films, concerts et autres manifestations.

GRATUIT **Fundació Sa Nostra** GALERIE, CENTRE CULTUREL

(Carte p. 44 ; 971 725 210 ; www.obrasocialsanostra.com ; Carrer de la Concepció 12 ; 11h-21h). La Caixa de Balears, Sa Nostra, a créé, à Can Castelló, une fondation à vocation culturelle. Allez y faire un tour pour admirer le joli patio du XVIIIe siècle, qui abrite un café branché. Et les expositions temporaires sont toujours intéressantes.

La maison originelle remonte au siècle précédent et comporte aujourd'hui quelques touches modernistes dues à sa rénovation en 1909. Juste en face s'élève la **Font del Sepulcre**, le baptistère gothique d'une église disparue depuis longtemps. À l'intérieur se trouve un puits datant de l'ère musulmane (XIIe siècle). Du temps du royaume de Majorque, la Carrer de la Concepció s'appelait Carrer de la Monederia, car c'est là que se trouvait la Monnaie.

GRATUIT **Església de Sant Jaume** ÉGLISE

(Carte p. 52 ; Carrer de Sant Jaume 10 ; 11h30-13h30 et 17h30-20h30). Derrière sa façade baroque, ce haut édifice gris est l'une des églises gothiques les plus anciennes de Palma. C'est l'une des quatre premières églises paroissiales à avoir été construites après 1327 "sous la protection de la maison royale de Majorque". On dit que la famille Bonapart (les futurs Bonaparte) vécut dans ce quartier avant son départ pour la Corse en 1406. Sans quoi Napoléon aurait pu naître majorquin...

GRATUIT **Església de Santa Magdalena** ÉGLISE

(Carte p. 52 ; Plaça de Santa Magdalena ; ⌚9h-12h30 et 17h30-19h30 lun-sam). Cette église baroque doit sa célébrité à la tombe de Santa Catalina Thomàs de Valldemossa. Les reliques de ses vêtements, visibles à travers un cercueil de verre situé dans une chapelle sur la gauche de l'autel, font l'objet d'un pèlerinage.

On dit que la future sainte s'était vu refuser l'entrée dans les couvents parce qu'elle était trop pauvre. Elle s'était alors assise en pleurs sur une grosse pierre, quand quelqu'un vint lui dire que le couvent alors rattaché à l'Església de Santa Magdalena l'accepterait. Sa joie fut immense. La pierre en question est aujourd'hui encastrée dans le mur du fond de l'**Església de Sant Nicolau** (XIVe siècle), Plaça del Mercat.

GRATUIT **Església de Sant Crist de la Sang** ÉGLISE

(Carte p. 52 ; Plaça de l'Hospital ; ⌚7h30-13h et 16h-20h lun-ven, 7h30-13h et 17h-20h sam, dim et jours fériés). Au sein de l'hôpital général (fondé au XVIe siècle), on découvre la façade gothique de cette église qui fait l'objet d'un pèlerinage et d'une dévotion en raison de son *paso* (une image sculptée portée en procession) du "saint Christ du Sang" considéré comme miraculeux.

Lors des messes, il est émouvant de voir la ferveur des fidèles qui montent derrière l'autel pour vénérer l'image du Christ crucifié, avec son perizonium (pagne de pureté du Christ) et ses longs cheveux (véritables) flottants. Juste à gauche en entrant dans l'église se trouve une Nativité du XVe siècle, sans doute importée de Naples.

VOTRE AVIS

Vous avez déniché un fabuleux restaurant et voulez partager votre découverte ? Vous n'êtes pas d'accord avec nos conseils ? Ou vous souhaitez parler de votre dernier voyage ?

Rendez-vous à l'adresse lonelyplanet.fr/forum, pour poser vos questions, présenter un blog, montrer vos photos et proposer des conseils, et surtout pour discuter avec des voyageurs dont vous partagez les centres d'intérêts.

ES PUIG DE SANT PERE

Le Passeig d'es Born débouche sur la Plaça del Rei Joan Carles I (du nom du roi d'Espagne actuel, après avoir porté le nom du pape Pie XII), un rond-point connu localement sous le nom de Plaça de les Tortugues, du fait d'un obélisque placé sur quatre tortues de bronze. À une rue de là, sur le côté est de l'avenue, à l'angle de la Carrer de Jovellanos, vous verrez, en hauteur et à l'angle d'un bâtiment, la tête d'un Maure, au visage déformé et au turban de pierre blanc. Connue sous le nom de **Cap del Moro** (Tête du Maure), elle représente un esclave musulman qui, dit-on, tua son maître, un chapelain, en octobre 1731. L'esclave fut exécuté et sa main coupée, puis, dit-on, il fut attaché au mur de la maison où le crime avait été commis. Selon des chroniques, les restes de cette main seraient restés en place, derrière une grille, jusqu'en 1840 !

Es Baluard MUSÉE

(Museu d'Art Modern i Contemporani ; carte p. 44 ; ☎971 908 200 ; www.esbaluard.org ; Porta de Santa Catalina 10 ; exposition permanente adulte/enfant 6/4,50 €, expositions temporaires 4/3 € ; ⌚10h-21h mar-dim). Bâti avec ingéniosité et talent au sein même des remparts Renaissance, ce musée d'art moderne et contemporain est l'un des plus beaux de l'île. Ses expositions temporaires méritent toujours l'attention, mais son attrait tient surtout à son cadre et aux œuvres de Joan Miró, Picasso et Miquel Barceló qui forment le cœur de la collection permanente.

L'architecture en béton de l'édifice s'inscrit parfaitement dans les remparts, qui englobent les vestiges en partie restaurés d'un bastion de la fin du XVIe siècle (sur la droite quand on arrive de la Carrer de Sant Pere). Il en résulte un habile jeu de lumières, de surfaces et de perspectives.

À l'intérieur, au rez-de-chaussée, se trouve le cœur de l'exposition permanente. Elle commence par une section consacrée à des paysages majorquins réalisés par des artistes locaux et étrangers, dont Santiago Rusiñol (1861-1931), Joaquín Sorolla (1863-1923) de Valence et Miquel Barceló (né en 1957 à Majorque). Dans la collection permanente du rez-de-chaussée, une salle est aussi dédiée à

LE QUARTIER DES GALERIES

Les passionnés d'art contemporain peuvent se réjouir : de nombreuses galeries bordent les rues étroites juste à l'ouest du Passeig d'es Born. Les plus réputées :

» **Sala Pelaires** (carte p. 44 ; ☎971 723 696 ; www.pelaires.com ; Carrer de Pelaires 5 ; 🕙10h-13h30 et 16h30-20h lun-ven, 10h-13h30 sam)

» **Galeria La Caja Blanca** (carte p. 44 ; ☎971 722 364 ; www.lacajablanca.com ; Carrer de Can Verí 9 ; 🕙11h-14h et 17h-20h lun-ven, 11h30-14h sam)

» **Joan Guaita Art** (carte p. 44 ; ☎971 715 989 ; www.joanguaitaart.com ; Carrer de Can Verí 10 ; 🕙11h-14h et 17h-20h lun-ven, 11h30-14h sam)

» **Galeria K** (carte p. 44 ; ☎680 207 207 ; www.galeria-k.com ; Carrer de Can Verí 10 ; 🕙10h30-14h et 17h-20h lun-ven, 10h30-14h sam)

l'œuvre de Joan Miró. À l'étage supérieur, on peut voir une collection de céramiques insolites de Pablo Picasso.

On peut aussi sortir sur les remparts pour contempler la vue. Le musée mérite bien qu'on lui consacre deux heures.

Casal Solleric CENTRE CULTUREL, ÉDIFICE HISTORIQUE

(Carte p. 44 ; ☎971 722 092 ; Passeig d'es Born 27 ; 🕙10h-14h et 17h-21h mar-sam, 10h-13h30 dim). Cette grandiose demeure baroque du XVIIIe siècle, typique de Palma avec son patio aux larges arcades gracieuses et aux pavés inégaux, réunit un centre culturel présentant des expositions temporaires, une librairie et un office du tourisme. Généralement, les expositions sont gratuites et présentées sur deux étages. La partie qui donne sur le Passeig d'es Born était à l'origine l'arrière de la demeure construite en 1763. L'archiduc Ludwig Salvador disait de ce patio que c'était "l'un des plus beaux de Palma".

GRATUIT **Sa Llotja** ÉDIFICE HISTORIQUE

(Carte p. 44 ; ☎971 711 705 ; Plaça de la Llotja ; 🕙11h-13h45 et 17h-20h45 mar-sam, 11h-13h45 dim). Superbe bâtiment gothique, au grès patiné par le temps, Sa Llotja, qui donne sur le front de mer, fut édifié au XVe siècle pour abriter la Bourse des marchands. Il accueille aujourd'hui des expositions temporaires. L'édifice était fermé lors de la rédaction de ce guide.

Construite par Guillem Sagrera et achevée en 1450, Sa Llotja marque l'apogée de l'architecture civile gothique. À l'intérieur, six fines colonnes torses soutiennent le haut plafond voûté. L'extérieur, d'une élégante fantaisie, se caractérise par des galeries ajourées, des tourelles octogonales à chaque angle de l'édifice, des hautes fenêtres gothiques et des gargouilles.

Consolat de Mar ÉDIFICE HISTORIQUE

(Carte p. 44 ; Passeig de Sagrera). Voisin de Sa Llotja (Plaça de la Llotja), le Consolat de Mar, fondé en 1326, était le siège du tribunal maritime. Le bâtiment actuel, l'un des rares exemples (bien qu'imparfait) d'architecture Renaissance à Majorque, fut achevé en 1669. Il fait face à une chapelle gothique achevée vers 1600 pour les membres de Sa Llotja. Le Consolat de Mar abrite aujourd'hui la présidence du gouvernement des Baléares.

Església de Santa Creu ÉGLISE

(Carte p. 44 ; ☎971 712 690 ; Carrer de Sant Llorenç 4 ; 3 € ; 🕙11h-13h lun, mar, jeu et ven). La construction de cette église gothique commença en 1335, mais son entrée principale (Carrer de Santa Creu 7) est un ajout baroque. Son premier attrait est la Cripta de Sant Llorenç (crypte de saint Laurent), datant du début du gothique, sans doute de la fin du XIIIe siècle. À l'intérieur de l'église, on peut voir des peintures de Rafel Mòger et de Francesc Comes.

SANTA CATALINA ET SES ALENTOURS

Quadrillé de longues rues bordées de maisons traditionnelles à un ou deux étages, Santa Catalina (encore appelé Es Jonquet) était autrefois un quartier pauvre, habité par les marins. Dès le XVIIe siècle, des moulins y furent érigés, au sud de la Carrer de Sant Magí, la plus vieille rue de cette partie de la ville. Depuis quelques années, Santa Catalina est devenu un quartier branché et l'on y trouve désormais de formidables bars et restaurants.

LE PASSEIG MARÍTIM ET L'OUEST DE PALMA

Dans l'ouest de Palma, il y a plusieurs sites à ne pas manquer. Le plus intéressant est le Castell de Bellver, notamment pour sa vue.

CHÂTEAU
… 1 730 657 ; Carrer de … ulte/enfant 2,50/1 €, … iés ; ⏲8h30-20h30 … . Perché tout en haut … e château circulaire, … njon, est unique en … gne. Il fut construit … début du XIVe siècle, … es II, au sommet de la colline du … e Puig de Sa Mesquida. Le château fut conçu pour être une résidence royale, mais seuls y séjournèrent un temps le roi Sanç (en 1314) et Jean Ier d'Aragon (en 1395). En 1717, il fut transformé en prison. Le point d'orgue de la visite consiste à monter sur la terrasse pour profiter tranquillement de la vue sur les bois entourant Palma et sur la mer. Remarquez aussi au passage les graffitis des prisonniers dans la pierre.

Au rez-de-chaussée, le **Museu d'Història de la Ciutat** (musée municipal d'Histoire) se résume à quelques panneaux explicatifs et à une modeste collection de poteries. À l'étage, on visite une série de salles relativement vides, dont les anciennes cuisines. Ces salles sont fermées le dimanche (mais ce n'est pas une grande perte), jour où l'entrée est gratuite.

Les bus n°3, 46 et 50 vous amènent Plaça de Gomila, d'où il faut encore grimper une colline escarpée, soit environ 15 minutes (1 km) à pied. Sinon, vous pouvez prendre le bus à toit ouvert Palma City Sightseeing, qui grimpe jusqu'au château dans le cadre de sa visite de la ville.

Poble Espanyol MUSÉE D'ARCHITECTURE
(Carte p. 57 ; ☎971 737 070 ; Carrer del Poble Espanyol 55 ; adulte/enfant 8/5 € ; ⏲9h-19h30). Ce "village espagnol" est une reconstitution miniature des architectures urbaines les plus caractéristiques de l'Espagne : des rues andalouses typiques aux maisons des îles Canaries, de la grande porte Bisagra de Tolède à l'Alhambra de Grenade. C'est un peu kitsch, mais intéressant. Les bus n°5, 29 et 46 vous déposeront à proximité (descendez à la hauteur du 41 Avinguda d'Andrea Doria).

ES PORTITXOL, ES MOLINAR ET CIUTAT JARDÍ

Une promenade de 1 km depuis la Platja de Can Pere Antoni, en lisière du centre historique, conduit à Es Portitxol. Ce "petit port", qui abrite une tranquille foule de bateaux de plaisance, est coupé de l'intérieur des terres par l'autoroute (à distance respectable). Depuis le centre de Palma, on peut y accéder à pied, à vélo ou en roller en empruntant le Passeig Marítim.

Après Es Portitxol, continuez à marcher en contournant la pointe suivante et entrez dans **Es Molinar**. Ce quartier du front de mer aux modestes maisons basses de pêcheurs, compte aujourd'hui quelques restaurants qui attirent des gourmands dans cette partie de la ville. De l'autre côté du pont s'étend **Ciutat Jardí**, un quartier résidentiel tranquille avec une grande plage de sable.

Museu Krekovic MUSÉE
(☎971 219 606 ; Carrer de Ciutat de Querétaro 3 ; adulte/enfant 1,80/0,45 € ; ⏲9h30-13h et 15h-18h lun-ven, 10h30-13h sam, fermé en août). Ce musée, qui donne sur le Parc Kristian Krekovic, un parc un peu fouillis situé à l'est du centre, est dédié à l'œuvre de Kristian Krekovic (1901-1985). Cet artiste bosniaque excentrique passa les 25 dernières années de sa vie à Majorque, après avoir longtemps étudié les Incas et les groupes indigènes péruviens. Résultat : trois salles de toiles monumentales éclatantes de couleurs représentant des guerriers, des chefs, des vierges, des musiciens et des personnages masqués. Le bus n°12 passe à proximité.

Activités

Marenostrum EXCURSIONS EN BATEAU
(Carte p. 57 ; ☎971 456 182 ; www.marenostrum-catamarans.com ; Passeig Marítim 8 ; avec/sans prise en charge à l'hôtel 56/48 €). Marenostrum propose tous les jours, de mai à octobre, des balades de 5 heures en catamaran vers la Cala Portals Vells ou la Cala Vella (selon la direction du vent), un peu à l'est de la baie de Palma. Le tarif inclut la nourriture à bord et le matériel de snorkeling.

Cruceros Marco Polo EXCURSIONS EN BATEAU
(Carte p. 44 ; ☎647 843 667, 971 426 643 ; www.crucerosmarcopolo.com ; en retrait du Passeig Marítim ; croisière de 1 heure : 10 € ; ⏲ttes les heures 11h-16h lun-sam mars-oct). Ici, on vous propose un circuit de 1 heure dans la baie, jusqu'à six fois par jour.

Palma on Bike LOCATION DE VÉLOS
(Carte p. 44 ; ☎971 718 062 ; www.palmaonbike.com ; Avinguda d'Antoni Maura 10 ; vélo de ville/VTT 12/16 € par jour, 49/75 € par semaine, rollers 10 € par jour ; ⏲10h-14h et 16h-20h). Palma on Bike loue des vélos de ville, des VTT, des rollers et des kayaks. Pour les vélos, le tarif de location comprend assurance et casque.

Ouest de Palma

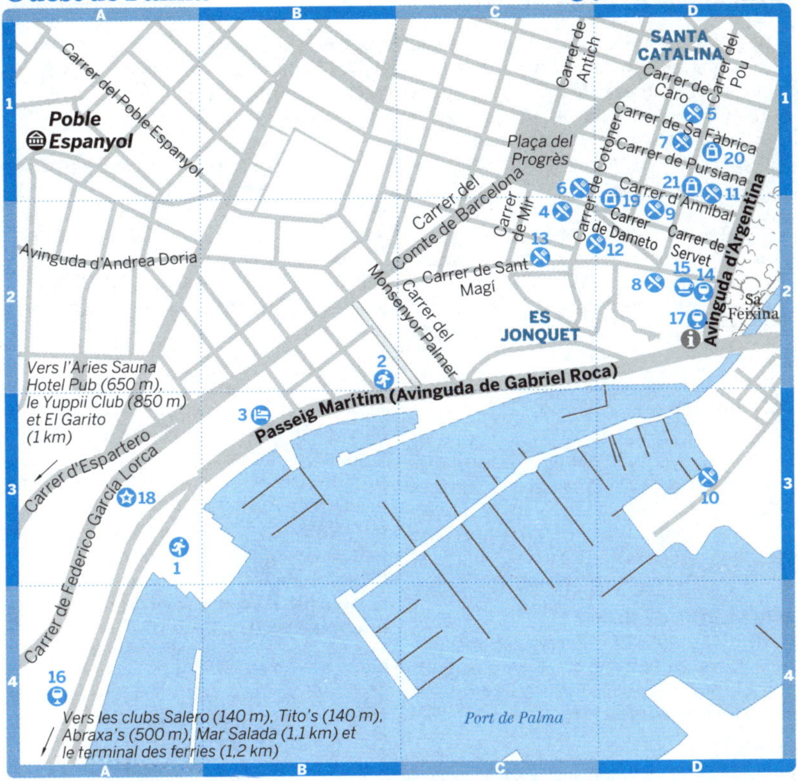

Ouest de Palma

Les incontournables
Poble Espanyol A1

Activités
1 Marenostrum A3
2 Voyage B2

Où se loger
3 Hotel Mirador B3

Où se restaurer
4 Afrikana C2
5 Diecisiete Grados D1
6 Fàbrica 23 .... C1
7 Hórreo Veinti3 .... D1
8 La Baranda D2
9 Mercat de Santa Catalina D2
10 Nautic D3
11 Restaurante a Todo Vapor D1
12 Room D2
13 Ummo C2

Où prendre un verre
Café Lisboa .... (voir 8)
14 Hostal Cuba Colonial D2
15 Idem Café D2
16 Made in Brasil A4
17 Soho D2

Où sortir
18 Auditòrium A3

Achats
19 B Connected Concept Store D2
20 Colmado Manresa D1
21 The Trading Place D1

PALMA AVEC DES ENFANTS

Avec ses plages faciles d'accès et un grand choix d'activités nautiques (dont des promenades en bateau), Palma ne devrait déjà pas poser de difficultés à ceux qui voyagent avec des enfants. Ces derniers adoreront explorer le Castell de Bellver (p. 56) et le **Castell de Sant Carles** (971 402 145 ; Carretera del Dic de l'Oest ; entrée libre ; 9h-13h lun-sam). On peut aussi combiner art et plaisir sur les remparts à Es Baluard (p. 54). Garçons et filles seront sans doute intrigués par le Museo de Muñecas (p. 48). Vous pouvez aussi facilement passer une demi-journée au remarquable Aquarium de Palma (p. 75), à Platja de Palma, à l'est de la ville.

Pour les jeunes enfants, des terrains de jeux avec balançoires et toboggans sont disséminés un peu partout en ville. Dans le genre, le Parc de les Estacions, près de la gare routière, est très bien. Le parc Sa Feixina, près de Es Baluard, est également bien équipé. Vous trouverez aussi des balançoires au pied du Palau de l'Almudaina et plus loin, près des remparts, légèrement à l'est du Parc de la Mar.

Cours

Dialog LANGUE

(Carte p. 52 ; 971 719 994 ; www.dialog-palma.com ; Carrer del Carme 14 ; stage de 2 semaines 395 € ; 9h30-14h et 16h30-20h30 lun-ven, 10h-13h30 sam). Cette librairie propose des stages intensifs d'espagnol sur deux semaines qui ont bonne réputation.

Estudi Lul·lià de Mallorca LANGUE

(Carte p. 44 ; 971 711 988 ; www.estudigeneral.com ; Carrer de Sant Roc 4 ; stages à partir de 400 €). Stages intensifs de langue et de culture espagnoles en été.

Fosh Food CUISINE

(Carte p. 44 ; 971 290 108 ; www.marcfosh.com ; Carrer de Blanquerna 6 ; à partir de 50 €/personne). Marc Fosh, chef étoilé au Michelin, possède certains des restaurants les plus célèbres de Palma. Il dirige aussi le "laboratoire gourmet" Fosh Food. Des cours de cuisine, dispensés par différents chefs locaux et internationaux, ont lieu presque tous les jours de la semaine (à partir de 50 €). Réservez à l'avance, car les places sont souvent prises d'assaut par les groupes.

Voyage VOILE

(Carte p. 52 ; 971 222 907 ; www.voyageseaschool.com ; Avinguda de Gabriel Roca 4). Vous voulez apprendre à naviguer en Méditerranée sur un catamaran ou un autre voilier ? Voyage organise des stages de voile en collaboration avec la Royal Yachting Association britannique. Tarifs sur demande.

Circuits organisés

Palma City Sightseeing BUS TOURISTIQUE

(Carte p. 44 ; 902 101 081 ; www.mallorcatour.com ; Avinguda d'Antoni Maura ; adulte/enfant 13/6,50 € ; 9h30-22h). Dans cette ligne de bus, sur le parcours de laquelle on monte et descend autant de fois qu'on le souhaite, sont diffusés des commentaires (moyennement intéressants) en différentes langues. Les billets sont valables 24 heures. Un bus part toutes les 20 minutes de l'Avinguda d'Antoni Maura. Outre son circuit dans le centre-ville, il longe le front de mer et monte jusqu'au Castell de Bellver.

Mallorca Rutes PROMENADES À PIED

(Palma VIP ; carte p. 44 ; 971 728 983 ; www.mallorcarutes.com ; Carrer de Morei 1 ; 25 €/pers ; 10h30 sam). Gérées par un organisme privé, ces promenades à pied dans la ville vous permettent de découvrir les trésors de la vieille ville, en vous faisant pénétrer dans certains patios fermés au public. Elles suivent aussi un thème gastronomique. La réservation peut s'effectuer auprès de Típika, à côté de la Plaça de Santa Eulalia. Les circuits partent de la Plaça de la Reina, à l'extrémité sud du Passeig d'es Born.

Fêtes et festivals

Festa de Sant Sebastiá MUSIQUE

(19-20 janv). La nuit précédant la fête du saint patron de Palma, des concerts (du funk au folk) ont lieu sur les places de la ville, des feux de joie sont allumés et un feu d'artifice, l'*aiguafoc*, illumine la baie. Un grand soir, malgré la fraîcheur !

Sa Rueta et Sa Rua CARNAVAL

(Fév-mars). Le carnaval de Palma, qui a lieu les derniers jours précédant le Carême, comporte un défilé pour les enfants (Sa Rueta), suivi d'un défilé plus important (Sa Rua) avec chars et autres attractions.

Semana Santa FÊTE RELIGIEUSE

(Semaine sainte ; mars-avr). Parmi les diverses processions de la Semaine sainte, la plus impressionnante est celle qui a lieu le soir du Jeudi saint. Durant le Processó del Sant Crist de la Sang (procession du Christ du Sang), les membres des confréries, vêtus de grandes robes et coiffés de cagoules portent en procession un *paso* (une lourde sculpture du Christ portée par une équipe d'hommes). La procession part à 19h de l'Església del Crist de la Sang, où le *paso* est conservé, pour y revenir quelques heures plus tard.

Festival Mundial de Danses Folklòriques DANSE

(☎971 736 060 ; www.worldfolkdance.com ; avr). Danses folkloriques du monde entier pendant 5 jours dans les rues et sur les places de Palma.

MUST MODE

(www.dissenymallorca.com ; avr). Manifestation dédiée à la mode, qui se déroule pendant 3 jours dans le centre de Palma.

Saló Naùtic SALON NAUTIQUE

(www.firesicongressos.com ; mai). Ce grand salon nautique a généralement lieu la première semaine de mai, du côté des quais de Moll Vell.

Corpus Christi FÊTE RELIGIEUSE

(Mai-juin). La Fête-Dieu ou fête du Saint-Sacrement est célébrée le jeudi de la neuvième semaine qui suit Pâques, mais la principale procession au départ de la cathédrale a lieu le dimanche suivant à 19h. Ce jour-là, un tapis de pétales de fleurs est déposé devant la cathédrale et sur la Plaça de la Cort. Des cycles de concerts accompagnent ces célébrations durant environ un mois. Ces concerts se déroulent souvent dans les patios, que l'on peut ainsi visiter à cette époque.

Nit de Sant Joan FEUX D'ARTIFICE, MUSIQUE

(23 juin). La veille de la Saint-Jean (24 juin) est une fête spectaculaire. Quand la nuit tombe, le *correfoc* ("feu qui court") démarre dans le Parc de la Mar. Des danseurs-artificiers déguisés en démons tirent une pluie de feux d'artifice tout en sautant et dansant en une infernale procession. Tout le monde se rend alors sur les plages où des groupes de musiciens et d'autres feux mettent la foule en joie. La fête dure jusqu'à l'aube.

Estiu de Cultura MUSIQUE

(www.imtur.es ; juil et août). En juillet et en août, le Castell del Bellver accueille l'Estiu de Cultura, une série de manifestations musicales allant du classique au jazz.

Nits a la Fresca MUSIQUE

(www.imtur.es ; juil et août). Les spectacles en plein air – cinéma, musique populaire et théâtre – se succèdent au Parc de la Mar.

Festes de Sant Magí FÊTE DE QUARTIER

(19 août). Fête de quartier à Santa Catalina, avec musique, théâtre de rue et feux d'artifice.

MANIFESTATIONS NAUTIQUES

La voile est à l'honneur à Palma où de nombreuses régates ont lieu au fil de l'année. Outre celles indiquées ci-dessous, le **Real Club Náutico** (www.realclubnauticopalma.com), le plus prestigieux des clubs nautiques de la ville, organise plus d'une vingtaine de manifestations dans l'année (dont certaines en collaboration avec d'autres clubs).

Copa del Rey (coupe du Roi). Cette coupe, qui se déroule sur 8 jours en juillet-août, marque l'un des temps forts de l'année. Le roi Juan Carlos Ier et son fils Felipe y participent souvent sur des bateaux de course.

PalmaVela (www.palmavela.com). Cette course, qui a lieu en avril, attire des centaines de voiliers de toutes catégories venus du monde entier.

Trofeo SAR Princesa Sofía (www.trofeoprincesasofia.org). Ce trophée, qui se court en avril, est l'une des six régates qui composent les World Cup Series, attirant des équipes olympiques internationales.

The Superyacht Cup (www.thesuperyachtcup.com). La coupe se court sur 3 jours en octobre et c'est l'une des plus grandes courses pour les super yachts de 25 à 90 m.

Ciutat de Palma-Regata Nova IX Une immense manifestation pour les bateaux plus petits, qui se déroule sur 4 jours en décembre.

Palma de Mallorca Surf Action SURF
(www.mallorcasurfaction.net ; août). Depuis 2005, la Platja de Palma accueille chaque année la Palma de Mallorca Surf Action : stands, démonstrations et cadors attirent alors tous les adeptes de la planche à voile, du kitesurf, du wakeboard, du skate et autres formes de sport de glisse et de nautisme léger.

Nit de l'Art ART CONTEMPORAIN
(Sept). Une manifestation artistique bien établie : galeries et institutions culturelles de toute la ville ouvrent leur porte pour exposer les dernières tendances de l'art.

Marché de Noël MARCHÉ
(Plaça Major ; 10h-20h). Le marché de Noël se tient sur la Plaça Major du 16 décembre au 5 janvier.

Où se restaurer

VIEUX PALMA

Las Olas MEDITERRANÉEN, VIETNAMIEN €€
(Carte p. 44 ; 971 214 905 ; www.lasolasbistro.com ; Carrer de Can Fortuny 5 ; repas 25-30 €, tapas 1,50-7 € ; 12h15-15h45 et 20h15-23h mar-sam, 12h15-15h45 lun ;). Une table qui change. Tenue par un couple irlando-cambodgien, La Olas présente deux visages : au déjeuner, ce ne sont qu'arômes méditerranéens avec des touches internationales, au dîner, l'heure est aux préparations vietnamo-cambodgiennes. Autre innovation, les *tapas sefardis* (tapas séfarades) rappellent que le restaurant se situe en bordure du vieux quartier juif.

Confitería Frasquet CONFISERIES, GÂTEAUX €€
(Carte p. 44 ; 971 721 354 ; www.confiteria-frasquet.com ; Carrer d'Orfila 4 ; 9h30-14h et 16h45-20h lun-ven, 9h30-14h sam). Cette élégante confiserie, fondée au XVIIe siècle et au décor XIXe, offre un choix irrésistible avec une spécialité de chocolats et d'*embatumats* (un délice au chocolat).

La Taberna del Caracol ESPAGNOL €€
(Carte p. 44 ; 971 714 908 ; Carrer de Sant Alonso 2 ; repas 20-25 €, tapas 4-16,50 € ; 7h30-23h30 lun-sam). Après avoir descendu les trois marches, on se retrouve dans un bel espace gothique, haut de plafond. Au fond, une large voûte laisse entrevoir ce qui se prépare : artichauts grillés, escargots ou autres savoureuses tapas. On ne saurait commencer mieux la soirée que face à ce vaste choix (4 tapas au choix 14 €, pour 2 personnes minimum), servi sur un fond musical apaisant

Amadip Esment INTERNATIONAL €
(S'illa Verda ; 971 722 505 ; www.amadipesment.org ; Plaça es Pes de sa Palla 3 ; plats 5-10 € ; 8h-17h30 lun-ven, 10h-17h30 sam ;). À l'est de la vieille ville, cet endroit agréable réunit une épicerie bio avec café attenant servant sandwichs et salades, ainsi qu'un café-restaurant animé où les plats principaux ne coûtent que 5 €. Rien de très imaginatif dans la cuisine, mais ça sent le frais et les plats internationaux sont bien préparés. Agréables tables en terrasse dès que le temps s'y prête.

Forn del Santo Cristo PÂTISSERIE €€
(Carte p. 44 ; 971 712 649 ; www.hornosanto-cristo.com ; Carrer de Paraires 2 ; ensaïmades à partir de 1,30 € ; 8h-20h15 lun-sam, 8h-13h dim). On confectionne ici des *ensaïmades* (sortes de brioches légères et feuilletées en forme d'escargot, emblématiques de Majorque) depuis 1910, ainsi que toutes sortes d'autres délices traditionnelles.

PLAÇA MAJOR ET SES ALENTOURS

Tasca de Blanquerna ESPAGNOL, MÉDITERRANÉEN €€
(971 290 108 ; www.tascadeblanquerna.com ; Carrer de Blanquerna 6 ; plats 12-22,75 € ; 13h-16h et 20h-22h30 lun-sam). Dans ce bar à tapas du célèbre Marc Fosh, on a l'embarras du choix entre les grands classiques

FAIRE SON MARCHÉ À PALMA

Se promener au milieu des étals des marchés de Palma est une merveilleuse manière – peut-être même la meilleure – de découvrir le vrai visage de la capitale majorquine. Vous y trouverez tout ce qu'il faut pour vous concocter un savoureux repas : fromages, viandes froides, fruits et légumes (et bien davantage encore si vous avez la possibilité de cuisiner). Le plus grand marché est le marché central, le **Mercat de l'Olivar** (carte p. 52 ; Plaça de l'Olivar ; 8h-14h et 17h-20h lun-ven, 8h-14h sam). Le **Mercat de Santa Catalina** (carte p. 57 ; Plaça de la Navegació ; 8h-14h et 17h-20h lun-ven, 8h-14h sam) et le **Mercat de Pere Garau** (Plaça de Pere Garau ; 8h-14h et 17h-20h lun-ven, 8h-14h sam) sont toutefois aussi très animés et moins fréquentés par les touristes...

LES MEILLEURES "ENSAÏMADES"

La plupart des Majorquins et presque tous les Espagnols considèrent comme l'un des plus grands régals de l'île une modeste spécialité locale : l'*ensaïmada*, sorte de brioche feuilletée merveilleusement légère, roulée en escargot, saupoudrée de sucre glace et parfois fourrée à la crème. Curieusement, presque tout le monde s'accorde sur les endroits où l'on trouve les meilleures. Nous avons dûment testé ces délices et vous confirmons que ce sont bien là les meilleures de Palma, voire de toute l'île.

» **Horno San Antonio** (ci-dessous)

» **Ca'n Joan de S'Aigo** (ci-dessous)

» **Forn des Teatre** (ci-dessous)

» **Forn del Santo Cristo** (ci-contre)

(fromages et charcuteries représentatifs de toute l'Espagne) et des tapas plus originales, comme la terrine de porc aux champignons, à l'oignon et au chutney d'abricot. Reste à choisir aussi entre les petites bouchées, les plus grandes *raciones*, les quelques plats principaux ou le *menú del día* au déjeuner.

La Bodeguilla ESPAGNOL €€

(Carte p. 44 ; ☎971 718 274 ; www.la-bodeguilla.com ; Carrer de Sant Jaume 3 ; plats 9-18 € ; ⌚13h-23h30 lun-sam ; 🚭). Ce restaurant gourmet interprète avec originalité des plats de toute l'Espagne tel le *cochinillo* (cochon de lait) de Ségovie ou le *lechazo* (agneau rôti au romarin de Cordoue). Il propose aussi un appétissant choix de tapas, dont des cubes de saumon marinés au chutney à l'aneth.

Simply Fosh MÉDITERRANÉEN, FUSION €€€

(Carte p. 52 ; ☎971 740 114 ; www.simplyfosh.com ; Carrer de la Missió 7A ; plats 14,50-27,50 € ; ⌚13h-15h30 et 19h30-22h30 lun-sam ; 🚭). Dans l'ancien réfectoire du couvent réaménagé de façon très moderne, on déguste une cuisine méditerranéenne amoureusement préparée avec une touche spéciale par Marc Fosh, chef étoilé au Michelin. Outre le choix à la carte, différents menus permettent d'explorer cette cuisine de grande qualité pour un prix raisonnable. *Menú del día* (19,50 € ; 3 plats) au déjeuner ou *menú degustación* (58 € ; 5 plats) le soir.

Misa Braseria MÉDITERRANÉEN, FUSION €€€

(Carte p. 52 ; ☎971 595 301 ; www.misabraseria.com ; Carrer de Can Maçanet 1 ; plats 14-34,50 € ; ⌚13h-15h30 et 19h30-22h30 lun-sam). Dernier venu dans l'empire en expansion de Marc Fosh, cet agréable restaurant offre le choix entre une salle en sous-sol aux murs décorés de menus de restaurants et, au déjeuner, un patio moderne. Les plats, qui changent chaque semaine et selon les saisons, jouent notamment sur la fraîcheur des saveurs et l'art de la présentation. Excellent *menú del día* (17,50 €).

Forn des Teatre PÂTISSERIE €

(Carte p. 44 ; ☎971 715 254 ; www.forndesteatre.com ; Plaça de Weyler 9 ; ensaïmades à partir de 1,30 € ; ⌚8h-20h). Cette pâtisserie, au décor moderniste datant de 1916, prépare des *ensaïmades* légères comme des plumes. Les grandes doivent se commander, et les petites à emporter coûtent à partir de 1,30 €. Également de délicieux gâteaux aux amandes.

♥ **Horno San Antonio** PÂTISSERIE €

(☎971 715 932 ; Plaça Sant Antoni 6 ; ensaïmades à partir 1,30 € ; ⌚8h-20h30 lun-ven, 8h-15h sam, 8h-14h dim). Cette vénérable pâtisserie est considérée par la plupart des Majorquins comme le top du top en matière d'*ensaïmades*. Elle en fait de toutes tailles et de toutes sortes, nature, au chocolat, à la crème ou à l'abricot. Si vous souhaitez en rapporter chez vous, on vous les emballe dans un joli paquet.

Restaurant Garage Rex ESPAGNOL €€€

(☎871 948 947 ; www.garagerex.com ; Carrer de Pablo Iglesias 12 ; plats 11-21 € ; ⌚13h30-16h et 20h30-24h lun-ven, 20h30-24h sam ; 🚭). Installé dans un garage où on lavait les voitures dans les années 1960, ce restaurant-lounge minimaliste instille quelques touches créatives dans sa cuisine. Du genre : roulés de sole farcis aux crevettes dans une sauce aux amandes, ou cailles désossées farcies aux champignons et au jambon ibérique sur lit de salade de lentilles tièdes.

Ca'n Joan de S'Aigo CAFÉ €

(Carte p. 44 ; ☎971 710 759 ; Carrer de Can Sanç 10 ; chocolat chaud 1,70 € ; ⌚8h-21h lun et mer-ven, 8h-21h15 sam et dim). Ce café, fondé en 1700 et rempli d'antiquités, est l'endroit rêvé pour un chocolat chaud. La spécialité maison (outre un chocolat si épais que la cuillère tient debout dedans) est le *quart,* un gâteau moelleux et léger que les enfants adorent, servi avec de la glace aux amandes. Les *ensaïmades* ont aussi leurs adorateurs.

Bar España ESPAGNOL €€

(Carte p. 44 ; ☎971 724 234 ; Carrer de Ca'n Escurrac 12 ; repas 15-25 € ; 🕘18h-24h lun, 12h-16h et 18h-24h mar-sam). Tomber sur ce bar le soir, quand alentour tout est fermé, donne le sentiment de découvrir un secret. Dans ce lieu aux murs de pierre et à juste titre archipopulaire, un sympathique brouhaha de conversations accompagne les délicieux *pintxos* (tapas basques), alignés sur le bar ou indiqués à la craie sur un tableau.

S'Esponja Café ESPAGNOL, MÉDITERRANÉEN €€

(Carte p. 52 ; ☎971 723 701 ; www.sesponja.com ; Carrer del Metge Matas 2 ; plats 7-13 € ; 🕘20h30-24h lun-sam, fermé lun en août). Pour bien démarrer la soirée, rien de tel qu'un pichet de *sangría* accompagné de *pa amb oli* (avec des variantes inhabituelles, tel le *caprese,* à la mozzarella et à la tomate), et éventuellement suivi d'un petit gâteau, dans cet établissement branché. Formidables salades aussi. Service décontracté et attentif.

Restaurant Celler Sa Premsa ESPAGNOL €€

(Carte p. 52 ; ☎971 723 529 ; www.cellersapremsa.com ; Plaça del Bisbe Berenguer de Palou 8 ; plats 9-14 € ; 🕘12h-16h et 19h30-23h30 lun-sam sept-juin, fermé sam et dim juil et août ; 🚭). Cette profonde taverne à l'ambiance rustique, remplie d'énormes barriques de vin et aux murs couverts de vieilles affiches de corrida, est une institution locale quasi incontournable. Le genre d'endroit que l'on trouve partout dans l'arrière-pays majorquin, mais qui est en voie de disparition à Palma. Sur la carte prédominent les spécialités majorquines : mouton rôti, *tumbet, frito mallorquín,* porc au chou ou lapin à l'oignon sont bien préparés, mais le plus marquant reste l'ambiance.

ES PUIG DE SANT PERE

Aramís ESPAGNOL €€

(Carte p. 44 ; ☎971 725 232 ; aramis.palma@terra.es ; Carrer de Sant Feliu 7 ; plats 11-15 € ; 🕘13h-15h30 et 19h30-22h30 lun-ven, 7h30-22h30 sam ; 🚭). Ce repaire de gourmets, avec parquet noir et œuvres d'art aux murs, pratique des prix étonnamment raisonnables. Cuisine créative du genre calamars sautés à la *sobrassada* (saucisse épicée majorquine) et aux pignons. Excellent *menú del día* à 14 € au déjeuner.

Bon Lloc VÉGÉTARIEN €

(Carte p. 44 ; ☎971 718 617 ; www.bonllocrestaurant.com ; Carrer de Sant Feliu 7 ; menú del día 14,50 € ; 🕘13h-16h lun-sam ; 🖉). Un restaurant 100% végétarien, ouvert et lumineux, à l'ambiance décontractée et en même temps raffinée. Tous les produits sont bio et on est là entre de bonnes mains : c'est le plus ancien restaurant végétarien de Palma et le choix s'avère des plus simples, car il n'y a qu'un menu comportant 4 plats. L'endroit étant très couru, réservez par téléphone.

La Bóveda ESPAGNOL €€

(Carte p. 44 ; ☎971 720 026 ; Carrer de la Boteria 3 ; plats 8,50-16 € ; 🕘13h30-16h et 20h-24h30 ; 🚭). Dans ce quartier hautement touristique, c'est l'un des rares endroits où règne encore cette chaleureuse ambiance typiquement espagnole : carreaux andalous aux murs, hauts plafonds où sont suspendus des ventilateurs dont les pales tournent lentement, *jamón* et clients au coude à coude pour savourer de généreuses tapas ou des *raciones* plus importantes.

13% TAPAS, INTERNATIONAL €

(Carte p. 44 ; ☎971 425 187 ; www.13porciento.com ; Carrer de Sant Feliu 13A ; plats 8-11 € ; 🕘12h-24h lun-sam, 18h-24h dim ; 🚭🖉👪). Dans un coin plus calme, au bout de la vieille ville, cet établissement en L fait à la fois bar à vin et tapas, bistrot et épicerie. La plupart des produits sont bio et les végétariens ont tout le choix voulu. Les vins sont présentés sur des étagères avec, pour chacun, le prix au bar ou de la bouteille à emporter. Côté cuisine, il y a de tout, des canapés, salades et carpaccio d'autruche fumée à la confiture d'airelle jusqu'aux filets de sardine fraîche au *cava*. Le *menú del día* correspond à un choix de 3 tapas.

Bruselas ESPAGNOL €€

(Carte p. 44 ; ☎971 710 954 ; www.restaurantebruselas.com ; Carrer d'Estanc 4 ; plats 8,50-24 € ; 🕘13h-16h et 20h-24h lun-sam ; 🚭). Cet ancien piano-bar dont le propriétaire est belge (d'où son nom) est aujourd'hui dédié aux amateurs de viande rouge. Dans un sous-sol en pierre voûté joliment décoré dans l'esprit contemporain, la carte fait la part belle aux steaks argentins, tel le *solomillo con foie* (steak d'aloyau au foie gras). On sert aussi de savoureux hamburgers. Et pour accompagner le tout, rien de tel qu'un rouge majorquin de caractère, comme le Son Bordils Negre.

Restaurant Museu Es Baluard INTERNATIONAL €€

(Carte p. 44 ; Porta de Santa Catalina 10 ; plats 11,50-15 € ; ⏲10h-21h mar-dim ; ⊜). Le café-terrasse d'Es Baluard est aussi bien pour un *bocadillo* (sandwich, 3,45-5,50 €) ou un en-cas (2,90-9,95 €), du genre roulé au tandoori, nachos et nouilles, que pour un repas plus substantiel. Mais on peut aussi se contenter d'y prendre un verre en profitant de la vue qui s'étend de la cathédrale jusqu'au Castell de Bellver.

SANTA CATALINA ET SES ALENTOURS

Fàbrica 23 ESPAGNOL €€

(Carte p. 57 ; ☎971 453 125 ; fabrica23restaurant.com ; Carrer de Cotoner 42 ; repas 45-55 € ; ⏲13h-15h30 et 20h30-23h mar-sam ; ⊜). En matière de cuisine méditerranéenne à base de produits du marché, difficile de faire mieux que ce favori de longue date (situé auparavant Carrer de Sa Fàbrica). Sa carte change régulièrement en ne proposant qu'un petit nombre de plats chaque jour mais adaptés à tous les goûts (viande, poisson ou végétarien). Il y a un *menú del día* à 21 € et mieux vaut réserver.

Room ESPAGNOL €€

(Carte p. 57 ; ☎971 281 536 ; www.theroompalma.com ; Carrer de Cotoner 47 ; plats 8,50-16,50 € ; ⏲8h-24h ; ⊜). Né de la rencontre de deux chefs, l'un pâtissier et l'autre cuisinier, cet endroit élégant et très contemporain vous attend aussi bien pour le petit-déjeuner que pour un cocktail. Vous y trouverez quelques plats de poisson et de viande, mais c'est plutôt le genre pâtes, salades, tapas et desserts maison.

Afrikana AFRICAIN €€

(Carte p. 57 ; ☎971 287 007 ; malayka@teleline.es ; Carrer de Dameto 17 ; plats 8-12 € ; ⏲12h-24h lun-sam ; ⊜✎). Plongez ici dans les délices de l'Afrique, de Madagascar au Maroc, de l'Éthiopie au Bénin en passant par une vingtaine d'autres pays du continent africain. Bon choix de plats végétariens, tels que ces haricots angolais à la crème de coco et au curry. Côté mer, essayez le *gombo* (du Bénin) : mélange de crevettes roses et grises avec des gombos et d'autres légumes. Et en boisson : jus d'hibiscus ou de tamarin ?

Diecisiete Grados ESPAGNOL, MAJORQUIN €€

(Carte p. 57 ; ☎871 943 368 ; Carrer de Sa Fàbrica 12 ; plats 8-15 € ; ⏲13h30-15h45 et 20h30-23h45). Ce restaurant agréablement moderne, avec quelques tables en terrasse, sert une foule de tapas et de petits plats originaux, mais aussi un super *chuletón* (énorme steak). Notre favori est le risotto à la *sobrassada,* aux champignons sauvages et au *butifarrón.* Quelques bons vins à la carte, mais à des prix exorbitants.

La Baranda ITALIEN €€

(Carte p. 57 ; ☎971 454 525 ; Carrer de Sant Magí 29 ; plats 9-19 € ; ⏲20h-24h lun-ven, 13h-15h30 et 20h-24h sam et dim). Un italien décontracté (pierre apparente, murs jaunes, mobilier en bois simple et œuvres d'art disséminées) parfait pour les pizzas au feu de bois, les plats de pâtes et son choix de gâteaux maison. Sinon, il y a aussi des tapas au rez-de-chaussée.

Ummo ESPAGNOL, BASQUE €€

(Carte p. 57 ; ☎871 953 873 ; Carrer de Sant Magí 66 ; plats 10-18 € ; ⏲13h30-15h30 et 20h30-23h30 jeu-ven, 8h30-23h30 sam-dim ; ⊜). Dans ce petit restaurant décontracté, choisissez plats basques ou *pintxos*. Le chef, originaire de Saint-Sébastien, a travaillé dans nombre de restaurants prestigieux de Palma et d'ailleurs. Dans son menu, qui change régulièrement, légumes frais et *bacalao* (morue séchée) sont des constantes.

Hórreo Veinti3 MÉDITERRANÉEN €€

(Carte p. 57 ; ☎649 033 806 ; restaurantehorreo-veinti3@hotmail.com ; Carrer de Sa Fàbrica 23 ; plats 9-22 € ; ⏲13h-24h30 jeu-lun, 19h-24h30 mar et mer ; ⊜). Parmi les nombreuses bonnes options de cette rue piétonne, ce restaurant branché conviendra particulièrement bien à ceux qui ont une petite faim en fin d'après-midi ou en début de soirée. Les plats vont du risotto et du poisson grillé au magret de canard aux pommes et échalotes.

Restaurante a Todo Vapor ESPAGNOL €€

(Carte p. 57 ; ☎971 451 845 ; Carrer d'Annibal 9 ; plats 9-17 € ; ⏲13h-15h30 et 19h30-22h30 jeu-sam, 13h-15h30 dim, mar et mer ; ✎). Un restaurant au concept original : tous les ingrédients doivent provenir du Mercat de Santa Catalina voisin, et tous les plats doivent être cuits à la vapeur pour conserver au mieux leurs qualités. Mention spéciale pour le couscous.

PASSEIG MARÍTIM ET OUEST DE PALMA

Nautic POISSON ET FRUITS DE MER €€€

(Carte p. 57 ; ☎971 726 383 ; www.nautic-restaurant.com ; Muelle San Pedro 1 ; plats 16-29 € ; ⏲13h-15h30 et 20h-23h30 mar-sam, 13h-15h30 lun). Dans le prestigieux Real Club Nautico, le Nautic sert les habituels poissons grillés, fruits de mer et plats à base de riz, mais réserve aussi quelques surprises telles ces courgettes farcies au homard, dans une sauce *sobrassada*. Une adresse élégante, facilement accessible à pied depuis le centre de Palma.

Caballito de Mar POISSON ET FRUITS DE MER €€
(Carte p. 44 ; ☎971 721 074 ; www.caballitodemar.info ; Passeig de Sagrera 5 ; plats 15,39-23,22 € ; ⏲13h-23h30 dim-jeu, 13h-24h ven et sam juin-sept, fermé lun oct-mai ; 🚭). Ce "Petit Hippocampe", au cadre contemporain et à l'agréable terrasse ensoleillée, est une référence à Palma en matière de produits de la mer. On y sert notamment des médaillons de lotte, *sobrassada* et *butifarrón* (boudin noir) enveloppés dans des feuilles de chou avec une sauce aux noix. Ou, dans un genre plus traditionnel, des poissons frais du jour, des plats à base de riz ou des crevettes roses de Sóller.

Ca'n Eduardo POISSON ET FRUITS DE MER €€€
(Carte p. 44 ; ☎971 721 182 ; www.caneduardo.com ; 3e ét., Travesía Contramuelle ; plats 23-29 € ; ⏲13h-23h30 ; 🚭). Juste au-dessus du marché aux poissons : on ne peut rêver mieux pour être assuré de leur fraîcheur ! Cette vénérable maison, qui date des années 1940, attire une clientèle fidèle grâce à son lumineux cadre contemporain, sa vue panoramique sur le port, ses serveurs en veste noire, ses poissons grillés, ses fruits de mer et quelques merveilleux plats à base de riz (pour 2 personnes minimum) tel l'*arroz bogavante* (riz au homard), spécialité maison.

Casa Jacinto ESPAGNOL, MAJORQUIN €€
(☎971 401 858 ; www.rtecasajacinto.com ; Camí de la Tramvía 37 ; plats 8-24 € ; ⏲13h-12h30 lun-sam, 13h-17h et 19h-24h30 dim). Un classique depuis les années 1980. Loin du centre, ce restaurant immense et bien conçu a la cote auprès des Majorquins qui viennent de loin pour ses copieuses portions de plats locaux ou d'ailleurs en Espagne. Et, en particulier, pour ses viandes grillées et son gibier à poil et à plumes, dont le sanglier.

ES PORTITXOL, ES MOLINAR ET CIUTAT JARDÍ

Ca'n Jordi POISSON ET FRUITS DE MER €€
(☎971 491 978 ; www.restaurantecanjordi.es ; Carrer de l'Illa de Xipre 12 ; repas 45-55 € ; ⏲13h-15h30 et 20h-23h lun-sam, 13h-15h30 sam ; 🚭). Ce restaurant de poisson, une des adresses incontournables à Palma, attire une clientèle d'affaires et des amoureux des produits de la mer en tous genres. En accédant à la salle de restaurant, un peu trop éclairée mais de bon goût, vous verrez les poissons frais (facturés au poids) qui attendent votre choix. Le restaurant (situé au milieu d'un pâté de maisons) n'a pas de vue, mais la cuisine compense largement.

Casa Fernando POISSON ET FRUITS DE MER €€
(☎971 265 417 ; www.restaurantecasafernando.com ; Carrer de Trafalgar 27 ; plats 18-25 € ; ⏲13h-16h et 19h-24h mar-dim, fermé mi-déc à mi-janv ; 🚭). Pas de vue sur la mer ici et un cadre ordinaire si ce n'est les innombrables photos – Majorquins et célébrités d'ici et d'ailleurs. L'endroit est mal éclairé, les tables en bois sont recouvertes de nappes basiques : une adresse qui fait contrepoint au Ca'n Jordi, avec quasiment la même recette : la pêche du jour, vendue au poids, et bien préparée.

Es Mollet POISSON ET FRUITS DE MER €€€
(☎971 247 109 ; Carrer de la Sirena 1 ; plats 25-35 € ; ⏲13h-15h30 et 19h30-22h30 lun-sam). Un restaurant de poisson classique dont la véranda donne sur une petite baie (Cala Portitxolet), juste de l'autre côté de la route. Le poisson frais pêché du jour y est facturé au poids (45-60 €/kg), un prix élevé, mais il vient en direct de pêcheurs locaux triés sur le volet et il est grillé à la perfection.

Can Mito MINORQUIN €€
(☎971 274 644 ; www.canmito.com ; Carrer de Vicario Joaquín Fuster ; plats 16-23 € ; ⏲13h-24h). Une agréable terrasse découverte, des prix raisonnables et une réputation de sérieux bien méritée, surtout pour ce qui est des plats à base de riz et des ragoûts de homard.

🍷 Où prendre un verre

Palma ne sera jamais élue la ville la plus festive d'Espagne. Mais il s'y passe toujours quelque chose et elle compte des dizaines de petits bars plaisants. Ceux qui cherchent la véritable animation touristique estivale iront à Platja de Palma ou à Magaluf.

VIEUX PALMA

Gibson BAR
(Carte p. 44 ; ☎971 716 404 ; Plaça del Mercat 18 ; ⏲8h-3h). Ce bar à cocktails, avec tables en terrasse, reste animé (surtout par une clientèle locale) les soirs de semaine quand tout est fermé à la ronde.

Cappuccino CAFÉ
(Carte p. 44 ; ☎971 717 272 ; www.grupocappuccino.com ; Carrer del Conquistador 13 ; ⏲8h30-22h lun-mer, 8h30-23h jeu et dim, 8h30-24h ven et sam). Le café y est plus cher qu'ailleurs, mais il est

bon et l'ambiance est raffinée : le cadre idéal pour faire une pause dans votre exploration du centre-ville. Il fait partie de la douzaine de cafés hyperbranchés appartenant à la chaîne majorquine Cappuccino, qui produit aussi des CD de musique lounge.

PLAÇA MAJOR ET SES ALENTOURS

L'Ambigú — BAR À TAPAS

(Carte p. 44 ; ☎971 572 151 ; Carrer de Carnissería 1 ; ⌚19h-24h lun-sam). Caché derrière l'Església de Santa Eulalia, cet irrésistible petit bar attire tant de monde les mardis et mercredis soirs que l'on peut à peine voir les tapas posées sur le bar. Il est tout aussi appréciable les autres soirs pour son ambiance à la fois conviviale, chic et détendue. Le tout sous les hauts murs de pierre de la Palma médiévale.

Bar Flexas — BAR

(☎971 425 938 ; www.barflexas.com ; Carrer de la Llotgeta 12 ; ⌚13h-17h et 20h-1h lun-ven). Installé là bien avant que les rues au sud-est de la Plaça Major ne deviennent branchées, ce bar est resté authentique. Animé, fréquenté par les gens du quartier, un brin grunge, le lieu est génial pour bavarder bruyamment loin des établissements touristiques. Des expositions d'art y sont programmées et des groupes s'y produisent à l'occasion. Le personnel est charmant. Remarquez l'image de la Vierge, près d'une porte, qui contraste avec la provocante image érotique du fond.

Café L'Antiquari — BAR

(Carte p. 52 ; ☎971 719 687 ; www.facebook.com/cafeantiquari ; Carrer d'Arabi 5 ; ⌚12h-2h lun-sam). Cette ancienne boutique d'antiquités a été transformée en l'un des endroits les plus originaux de Palma pour siroter un verre ou deux. Pas un coin, pas un centimètre de mur qui ne soit orné d'objets anciens. Jusqu'aux tables et aux chaises, qui datent d'un autre temps. Délicieux café et musique live à l'occasion.

Ca La Seu — BAR À TAPAS

(Carte p. 44 ; ☎871 572 157 ; Carrer de Cordería 17 ; ⌚20h-2h lun-sam juin-août, 18h-2h lun-sam sept-mai). Aménagé avec art dans une ancienne grange vieille de cinq siècles, c'est un des meilleurs bars de la ville. On adore y déguster des tapas originales, posées sur les jolies tables en marbre. Ambiance sympathique et animée presque tous les soirs. Si certains établissements du quartier disparaissent aussi vite qu'ils sont apparus, celui-ci tient la durée.

Es Pincell — BAR

(Carte p. 52 ; ☎971 227 361 ; Carrer de les Caputxines 13 ; ⌚18h-1h jeu-mar, 19h-2h30 ven et sam, 19h-24h dim). Aucune enseigne n'indique l'existence de cette cave voûtée où les habitants du quartier se retrouvent pour une *pomada* (boisson à base de gin de Minorque et de limonade) autour de longues tables en bois. De jeunes rebelles y tiennent souvent des discussions animées, sur des causes comme celle de l'indépendance de la Catalogne à l'égard de l'État espagnol, par exemple.

Quina Creu — BAR

(Carte p. 44 ; ☎971 711 772 ; Carrer de Cordería 24 ; ⌚12h-24h lun-sam). Surfant sur la vague de popularité du quartier, le Quina Creu est un nouveau venu plus sophistiqué que la plupart des autres bars. On sent la patte d'un designer ici, juste en observant la manière dont les tapas sont alignées sur le bar et inscrites à la craie sur le tableau noir. Mais surtout, c'est un lieu à l'atmosphère détendue, idéal pour prendre un verre en observant le flux de passants.

Jamón Jamón — BAR À TAPAS

(Carte p. 44 ; ☎971 753 675 ; www.jamonjamonpalma.com ; Carrer de Galera 4 ; ⌚20h-24h lun-sam). Il n'a peut-être pas la personnalité de certains autres bars du quartier, mais il est bondé presque tous les soirs, ne serait-ce que parce que la proposition à 2 € de La Ruta Martiana

LA RUTA MARTIANA

Le quartier de Sa Gerreria, au sud-est de la Plaça Major, a connu une complète transformation récemment. C'était hier une zone ghettoïsée du centre de Palma, c'est maintenant l'un des endroits les plus branchés côté vie nocturne. Cette évolution est en partie imputable à ce qu'on appelle, inexplicablement, La Ruta Martiana ("la route des Martiens", www.rutamartiana.com) : plus d'une vingtaine de bars rassemblés dans quelques rues offrent un petit morceau à grignoter (une tapa ou un *pintxo*) et une boisson moyennant 2 € les mardis et mercredis de 19h30 à 1h. Une formule d'un excellent rapport qualité/prix, qui permet de faire le tour des bars à tapas sans se ruiner, et qui a redonné vie à ce quartier longtemps délaissé. Parmi les bars animés figurent L'Ambigu (ci-dessus), le Jamón Jamón (ci-dessus) et le Ca La Seu (ci-dessus).

pour une boisson et une tapa n'est pas limitée ici au mardi et au mercredi.

ES PUIG DE SANT PERE

Abaco BAR

(Carte p. 44 ; ☎971 715 947 ; www.bar-abaco.com ; Carrer de Sant Joan 1 ; cocktails 15-16 € ; ⏲20h-1h dim-jeu, 20h-3h ven et sam). Ce bar extraordinaire se cache derrière une série de portes en bois anciennes. Installé dans le patio restauré d'une maison ancienne majorquine, l'Abaco est orné de riches candélabres, de subtils agencements floraux, de pyramides de fruits frais et de bizarres œuvres d'art. Il oscille entre l'extravagant et le kitsch mais, quoi qu'on pense, l'effet reste impressionnant. Le prix des cocktails est à la hauteur du décor.

Atlantico Café BAR

(Carte p. 44 ; ☎971 722 882 ; Carrer de Sant Feliu 12 ; ⏲22h-3h lun-sam). L'un des bars les plus séduisants de la ville, avec ses cocktails (7 €), sa musique "Hotel California" et ses plaques de voitures américaines au mur (sans parler des généreux graffitis en constante expansion).

Bodeguita del Medio BAR

(Carte p. 44 ; ☎971 717 832 ; Carrer de Vallseca 18 ; ⏲21h-3h). Pour un petit goût de Cuba, venez sirotez là un *mojito* (rhum, citron, menthe et glace, l'un des favoris d'Hemingway). Les graffitis des clients recouvrent les murs, et la musique a des tonalités caribéennes histoire d'entretenir une ambiance chaude et sexy.

Es Jaç BAR À COCKTAILS

(Carte p. 44 ; ☎666 830 345 ; Carrer de Vallseca 13 ; ⏲20h-1h jeu et dim, 20h-3h ven et sam). Ce bar à cocktails design joue la carte de la perfection sur toute la longueur avec sa déco étonnante et un personnel qui connaît parfaitement ses mélanges, toujours prêt à conseiller les hésitants.

Café La Lonja CAFÉ

(Carte p. 44 ; ☎971 722 799 ; Carrer de Sa Llotja 2 ; ⏲10h-1h lun-jeu, 10h-3h ven, 11h-3h sam Pâques-nov). Avec son bar en marbre incurvé, son sol à damiers et son petit nombre de tables et de bancs, ce café est un endroit aussi attirant pour le petit-déjeuner que pour une très généreuse *pomada* (gin minorquin et limonade). Beaucoup choisissent de s'asseoir dehors, à l'ombre de Sa Llotja.

Escape Bar BAR

(Carte p. 44 ; ☎971 724 968 ; Plaça de la Drassana 13 ; ⏲bar 17h-1h lun, 10h-1h mar-jeu et dim, 10h-3h ven et sam). Dès les premières heures du soir, une foule largement internationale (dont beaucoup de Britanniques) remplit les deux salles de ce petit bar. Profitez d'une des tables devant pour prendre un rafraîchissement l'après-midi ou, le matin, un petit-déjeuner complet à l'anglaise (10 €). Au déjeuner (menu à 12,50 €), l'Escape prépare quelques plats originaux.

SANTA CATALINA ET SES ALENTOURS

Soho BAR

(Carte p. 57 ; Avinguda d'Argentina 5 ; ⏲18h30-2h lun-jeu, 18h30-2h30 ven et sam ; 📶). Le Soho se proclame "bar vintage urbain" et fait en effet merveilleusement rétro avec son réfrigérateur pour les bières à lumière verte, ses murs rouges (avec décorations années 1960), ses plafonds bas tout blancs et ses confortables canapés en velours. La musique est surtout indie. Et en terrasse, la foule décontractée semble oublier le bruit de la circulation.

Idem Café CAFÉ

(Carte p. 57 ; ☎971 280 854 ; www.idemcafe.es ; Carrer de Sant Magí 15A ; ⏲21h-3h). Son ambiance baroque rouge profond attire les oiseaux de nuit amateurs de cocktails. Une fois passé le bar, on s'enfonce dans deux espaces distincts, où les œuvres d'art parfois osées ornant les murs confèrent au lieu un petit côté maison close, mais tenue par des gays.

Hostal Cuba Colonial BAR

(Carte p. 57 ; ☎971 452 237 ; Carrer de Sant Magí 1 ; ⏲8h-2h dim-jeu, 8h-4h ven et sam). Dans le quartier de Santa Catalina, cette auberge du début du XXe siècle, où s'arrêtaient les marins qui passaient par Palma, a retrouvé vie. C'est désormais un bar qui accueille une clientèle sophistiquée. Du café au repas complet, vous trouverez tout ici, y compris un espace détente au 1er étage.

Café Lisboa BAR MUSICAL

(Carte p. 57 ; Carrer de Sant Magí 33 ; ⏲23h-4h jeu-sam, 22h30-2h dim-mer). Le bar en bois incurvé donne tout de suite un côté chaleureux. Quand fusent la bossa-nova et autres rythmes latinos, c'est encore mieux. Allez-y pour la nuit brésilienne le mercredi à partir de minuit. L'endroit est vite plein les soirs où jouent des musiciens.

PASSEIG MARÍTIM ET OUEST DE PALMA

Varadero BAR

(Carte p. 44 ; ☎971 726 428 ; Carrer del Moll Vell ; ⏲9h-2h dim-jeu, 9h-4h ven et sam). Superbement situé, ce bar donne le sentiment d'avoir levé l'ancre : quand on sirote son breuvage favori sur la vaste terrasse, le cri des mouettes se mêle à l'ambiance lounge, et l'on embrasse du regard la majestueuse cathédrale de la ville à l'arrière ou toute la baie côté est.

Guiness House BAR
(Carte p. 44 ; ☎971 717 817 ; Parc de la Mar ; ⏲8h-24h dim-jeu, 8h-2h ven et sam). Tout est dans l'emplacement, entre la cathédrale, sur laquelle on a une vue exceptionnelle, et la mer. Pour en profiter au maximum, venez y prendre votre café tôt le matin, ou allez-y à la nuit tombée, quand la cathédrale est éclairée.

Made in Brasil BAR
(Carte p. 57 ; ☎670 372 390 ; Avinguda de Gabriel Roca 27 ; ⏲20h-4h lun-sam). Le nom s'avère un peu trompeur car ici, au-delà du Brésil, c'est toute l'Amérique du Sud que l'on retrouve, de la salsa à la lambada. Parfait pour voyager un peu en sirotant des cocktails des Caraïbes du genre *mojitos* ou *caipirinhas*.

ES PORTITXOL, ES MOLINAR ET CIUTAT JARDÍ

Kaskai BAR
(☎971 241 284 ; www.kaskai.com ; Carrer del Vicari Joaquín Fuster 71 ; ⏲13h-2h). L'établissement se targue d'offrir une cuisine moderne associant recettes locales et asiatiques, mais le pari est plus réussi au niveau du bar : l'ambiance cool, la déco noir et rouge, et les tables éclairées à la bougie sont une invitation à s'attarder autour de quelques verres, accompagnés de musique, du jeudi au samedi, en présence d'un DJ.

☆ Où sortir

Concerts, opéras, bons films, corridas en été, régates ou matchs de football, les divertissements ne manquent pas à Palma. Pour nombre de manifestations, les billets peuvent s'acheter par téléphone ou sur Internet en passant par **Servicaixa** (☎902 332 211 ; www.servicaixa.com). On peut aussi acheter son billet au grand magasin El Corte Inglés.

Discothèques

L'épicentre des boîtes de nuit se situe autour du Passeig Marítim (Avinguda de Gabriel Roca) et du Club de Mar. C'est là que vous trouverez les *discotecas* les plus vastes et les plus courues.

La plupart des boîtes ouvrent vers minuit, voire plus tôt, mais l'ambiance ne s'installe pas avant 2h et continue à chauffer jusqu'à 5h. Quand les portes se ferment, certains clubbers regagnent leur domicile tant bien que mal, tandis que d'autres poursuivent la fête dans les "afters" du petit matin (vous trouverez certains de ces clubs autour de la Plaça de Gomila), où la musique se prolonge jusqu'à l'heure du petit-déjeuner.

L'entrée tourne autour de 10-20 € (première boisson incluse), mais vous pouvez vous la voir refuser si votre tenue vestimentaire ne fait pas assez impression.

Abraxa's DISCOTHÈQUE
(☎971 455 908 ; www.abraxasmallorca.com ; Passeig Marítim 42 ; ⏲22h-6h jeu-sam sept-juin, lun-dim juil et août). L'ancien Pacha (dans la foulée de celui d'Ibiza) est la boîte la plus solidement établie de Palma. Des hordes de danseurs de toutes nationalités déferlent sur ses deux dance floors, débordent sur la terrasse et s'éclatent sur la house music concoctée par le top des DJ de Marjoque.

El Garito BAR, MUSIQUE LIVE
(☎971 736 912 ; www.garitocafe.com ; Dàrsena de Can Barberà ; ⏲19h-4h30). DJ et musiciens, jouant aussi bien du jazz que des classiques du disco et de l'electro beat, enflamment la scène à partir de 22h environ. L'entrée est généralement gratuite, mais on est censé prendre une consommation.

Mar Salada BAR, DISCOTHÈQUE
(☎971 702 709 ; www.marsalada.net ; Moll de Pelaires ; ⏲22h-tard). Cette boîte à l'ambiance détendue du Club de Mar attire une clientèle sophistiquée. Mar Salada a la réputation d'avoir été le club favori du prince Felipe d'Espagne (avant qu'il ne devienne père de deux enfants). Le tarif d'entrée normal tourne autour de 15 €, mais pour maintenir un standing… royal, l'établissement pourrait demander plus.

Tito's DISCOTHÈQUE
(☎971 730 017 ; www.titosmallorca.com ; Passeig Marítim 33 ; ⏲23h30-6h juin-sept, 23h30-6h jeu-dim oct-mai). Cette discothèque classique, avec à l'occasion un show sexy pour faire monter l'ambiance, est ouverte tous les soirs en été et du jeudi au dimanche en basse saison (d'octobre à mai).

Salero BAR, DISCOTHÈQUE
(☎971 000 000 ; www.saleroclub.com ; Passeig Marítim 33 ; ⏲23h-6h). Juste à côté du Tito's, le Salero n'a rien de très audacieux côté musique – Madonna, Shakira et les Black Eyed Peas figurent tous dans son top 10. Mais le mardi et le jeudi soir à 22h, la salsa s'impose dans un agréable flou entre cours de danse et boîte de nuit.

PALMA GAY ET LESBIEN

L'essentiel de la scène gay de l'île se situe à Palma et dans ses environs. Vous avez oublié vos sex toys ? Allez à **Lust Universe** (carte p. 44 ; www.lustuniverse.com ; Carrer de les Caputxines 5D ; ⏲11h-14h et 17h-20h lun-ven, 11h-14h sam). La plus forte concentration de bars gays se trouve dans l'Avinguda de Joan Miró, au sud de la Plaça de Gomila. Pour bien démarrer la nuit, commencez par les suivants :

Dark (☎971 725 007 ; www.darkpalma.com ; Carrer de Ticià 22 ; ⏲16h30-2h30 dim-jeu, 16h30-10h30 sam, dim et jours fériés)

Aries Sauna Hotel Pub (☎971 737 899 ; www.ariesmallorca.com ; Carrer de Porras 3 ; ⏲sauna 16h-24h, bar 22h-6h)

Yuppii Club (www.yuppii.es ; Carrer de Joan Miró 98 ; ⏲24h-tard jeu-lun)

Sites Internet permettant de se brancher sur les réseaux homosexuels de Palma :

» www.mallorcagaymap.com (version papier dans certains offices du tourisme)

» www.gay-mallorca.blogspot.com

Cinéma

Palma compte au moins sept cinémas, chacun regroupant plusieurs salles. Un seul passe des films en version originale.

Renoir CINÉMA

(☎971 205 408 ; www.cinesrenoir.com ; Carrer d'Emperadriu Eugènia 6 ; billet 6,50 €). Le seul cinéma où vous puissiez espérer voir des films en version originale (sous-titrés en espagnol). Il comprend quatre salles. Les séances ont généralement lieu entre 16h30 et 22h30.

Théâtre

Auditòrium MUSIQUE CLASSIQUE

(Carte p. 57 ; ☎971 734 735 ; www.auditoriumpalma.es ; Passeig Marítim 18 ; ⏲billetterie 10h-14h et 16h-21h). Ce théâtre spacieux et moderne abrite les deux principales salles de Palma pour les grands concerts, de l'opéra au rock, ainsi que pour les conférences. La Sala Mozart accueille une partie du programme de l'opéra de la ville (avec le Teatre Principal) et, régulièrement d'octobre à mai, les concerts de l'Orquestra Simfónica de Balears (Orchestre symphonique des Baléares).

Teatre Principal THÉÂTRE

(Carte p. 44 ; ☎971 219 696 ; www.teatreprincipaldepalma.cat ; Carrer de Sa Riera 2 ; ⏲billetterie 17h-20h30 mar-sam). Édifié en 1854 et restauré en 2007, c'est la salle la plus prestigieuse pour les pièces de théâtre, l'opéra et les concerts avec des têtes d'affiche. Les travaux de rénovation on redonné au théâtre son lustre des années 1860, et il a acquis une formidable acoustique grâce aux dernières technologies.

Teatre Municipal DANSE

(☎971 710 986 ; espectacles@sf.a-palma.es ; Passeig de Mallorca 9 ; ⏲billetterie 1 heure avant le spectacle). De la danse contemporaine au théâtre, la programmation est très variée.

Musique live

À Palma, la plupart des musiciens se produisent dans les petits bars situés du côté de Sa Llotja, bien que ces derniers temps, les plaintes des voisins aient réduit les heures d'ouverture, voire entraîné la fermeture de certains établissements. Les concerts commencent entre 22h et 24h pour se terminer au plus tard à 2h. Pour vous renseigner sur les concerts, allez sur www.vamosmallorca365.com.

Jazz Voyeur Club BAR MUSICAL

(Carte p. 44 ; ☎971 905 292 ; www.jazzvoyeurfestival.com ; Carrer dels Apuntadors 5 ; entrée libre ; ⏲à partir de 21h30 tlj avr-oct, mar-sam nov-mars). Une grande partie de l'année, des musiciens se produisent ici tous les soirs : le jazz est à l'honneur, mais on y entend aussi du flamenco, du blues, du funk et à l'occasion un bœuf. La salle minuscule, éclairée par des bougies rouges sur les tables, n'est pas plus grande qu'un salon ordinaire, il faut donc venir tôt pour mettre la main sur l'un des rares fauteuils. En automne, ce club accueille un excellent festival de jazz.

Blue Jazz Club BLUES, JAZZ

(Carte p. 44 ; ☎971 727 240 ; www.bluejazz.es ; 7e ét., Passeig de Mallorca 6 ; entrée libre ; ⏲22h-24h jeu, 23h-1h ven et sam, 20h30-22h30 lun). Situé au 7e étage de l'Hotel Saratoga, ce club chic possédant une vue panoramique propose, après le dîner, des concerts de jazz et de blues du jeudi au samedi, et un bœuf le lundi soir. L'entrée est gratuite mais l'on est censé prendre une consommation.

Bluesville BAR
(Carte p. 44 ; bluesvillebar.com ; Carrer de Ma d'es Moro 3 ; 22h30-tard mar-sam). Sombre et enfumé comme un bar à blues se doit de l'être, ce lieu intime se cache à deux pas de l'effervescence de la Carrer dels Apuntadors. Ses concerts de blues, gratuits, ont lieu vers minuit. Ils attirent surtout la jeunesse hippie.

Assaig MUSIQUE LIVE
(971 431 344 ; www.assaig.com ; Carrer del Gremi Porgadors 16 ; entrée libre-30 €). Ce centre culturel situé au nord de Palma se veut un endroit où les artistes montants peuvent pratiquer et promouvoir leur musique. Des concerts gratuits ont lieu sur la scène du café, tandis que les spectacles plus formels sont donnés dans la grande salle de concert, généralement les vendredis et samedis à partir de 22h.

Sports

FOOTBALL

Meilleur club de Majorque, le **RCD Mallorca** (971 739 941 ; www.rcdmallorca.es ; Estadi Son Moix, Camí dels Reis) ou Real Majorque est aussi l'une des meilleures équipes au sein de la Primera Liga. S'il n'a jamais remporté la première place, il finit généralement à un niveau respectable. Il joue depuis 1999 à l'**Estadi Son Moix** (Camí dels Reis), à 3 km au nord du centre de Palma. On peut acheter son billet au stade ou effectuer sa réservation par téléphone.

CORRIDA

Entre mi-juillet et fin août, une demi-douzaine de corridas se déroulent à la **Plaza de Toros** (971 751 634 ; Carrer del Arquitecte Gaspar Bennàzar 32). Le fait que la saison soit si courte indique que la tauromachie n'attire pas beaucoup de monde dans l'île. Les billets peuvent s'acheter sur place. Les corridas débutent vers 18h.

Achats

Commencez par explorer les boutiques chics autour du Passeig d'es Born. Le Passeig lui-même abrite à la fois des chaînes, comme Massimo Dutti et Zara, et des boutiques élitistes. Dans le dédale des rues piétonnes à l'ouest du Passeig, vous trouverez quelques magasins particulièrement attrayants (mais chers). Autre rue parfaite pour le shopping : la Carrer de Sant Miquel, également piétonne.

Pour l'artisanat majorquin de belle qualité, verrerie, céramique, paniers ou autres, baladez-vous du côté du **Passeig de la Artesania** (Promenade de l'artisanat ; Plaça de l'Artesania et Carrer del Bosc), un itinéraire bien indiqué qui comporte plus d'une douzaine de boutiques et d'ateliers.

Alimentation et boissons

Colmado Manresa ALIMENTATION, BOISSONS
(Carte p. 57 ; 971 731 631 ; Carrer de Sa Fàbrica 19 ; 9h30-13h30 et 17h-19h30 lun-ven, 9h30-13h30 sam). C'est dans cette épicerie à l'ancienne du quartier de Santa Catalina que les Majorquins viennent s'approvisionner en produits typiques de l'île tels que *sobrassada, ensaïmades,* pain complet, huile d'olive et confitures.

Colmado Santo Domingo ALIMENTATION
(Carte p. 44 ; 971 714 887 ; www.colmadosantodomingo.com ; Carrer de Santo Domingo 1 ; 10h-20h lun-sam). Une petite boutique étroite où l'on peut à peine bouger tant les étagères débordent de produits locaux : fromage, miel, olives, huile d'olive, pâté, pain aux figues et bien d'autres, tandis que la *sobrassada* est pendue au plafond.

Xocoa CHOCOLAT
(Carte p. 52 ; 971 718 596 ; www.xocoa.es ; Carrer de Josep Tous i Ferrer 4 ; 10h-14h et 17h-20h lun-sam). L'un des chocolatiers les plus célèbres d'Espagne, pour la qualité de ses chocolats mais aussi pour leur design, leur présentation et leur emballage, a trouvé boutique en face du Mercat de l'Olivar.

Típika ALIMENTATION, ARTISANAT
(Carte p. 44 ; 971 728 983 ; www.tipika.es ; Carrer d'en Morei 1 ; 10h30-19h lun-ven, 10h30-16h sam). Une petite boutique dédiée à la promotion de l'artisanat et de la gastronomie de Majorque. Vous y trouverez du vin, des huiles d'olive et une sélection, modeste mais bien étudiée, d'autres spécialités alimentaires, ainsi que des céramiques et d'autres objets d'artisanat provenant de petites entreprises familiales à travers toute l'île.

Mode et ameublement

Camper CHAUSSURES
(Carte p. 44 ; 971 714 635 ; www.camper.com ; Avinguda de Jaume III 16 ; 10h-20h30 lun-sam). La marque de chaussures la plus célèbre de Majorque. Amusantes, éco-chic, les Campers remportent aujourd'hui un succès formidable dans le monde entier.

B Connected Concept Store MODE, ART DE VIVRE
(Carte p. 57 ; ☎971 282 195 ; www.bconnected-conceptstore.com ; Carrer de Dameto 6 ; ⊙10h-14h30 et 17h-20h lun-ven, 10h-15h sam). Ce "concept store" de designer, au style contemporain avec quelques touches rétro, a tout à fait sa place dans le nouveau Santa Catalina. Outre du mobilier et quelques articles mode (il a une autre boutique consacrée aux vêtements vintage à quelques rues de là), vous y trouverez toutes sortes d'articles pour la maison dont vous n'aviez aucune idée mais qui vous paraîtront indispensables.

Farrutx CHAUSSURES
(Carte p. 44 ; ☎971 715 308 ; www.farrutx.com ; Passeig d'es Born 16 ; ⊙10h30-20h30 lun-ven, 10h30-14h sam). Une ravissante marque majorquine de chaussures en cuir pour femmes : vous aurez certainement envie de tous les modèles immédiatement !

Carmina CHAUSSURES, ACCESSOIRES
(Carte p. 44 ; ☎971 229 047 ; www.carminashoemaker.com ; Carrer de l'Unió 4 ; ⊙10h-14h et 17h-20h lun-ven, 10h-14h sam). Avec ses tons sombres, ses brogues (chaussures masculines) et ses mocassins, cet autre grand fabricant de chaussures majorquin est le pendant de Camper, en plus traditionnel.

Món VÊTEMENTS
(Carte p. 44 ; ☎971 724 020 ; Plaça del Rosari 2 ; ⊙10h-13h30 et 16h-20h lun-ven, 10h-13h30 sam). On peut faire d'excellentes affaires dans cette boutique qui vend les fins de séries, toujours désirables, du magasin **Addaia** (Carrer de Sant Miquel 57), avec des marques comme Essentiel et Hoss.

Livres et cartes

La Casa del Mapa LIVRES, CARTES
(Carte p. 44 ; ☎971 225 945 ; casamapa@imi.a-palma.es ; Carrer de Sant Domingo 11 ; ⊙9h30-14h lun-ven). Vous irez peut-être dans ce magasin d'État pour acheter des cartes topographique ou autres documents utiles à la randonnée. On peut aussi y aller pour ses fac-similés de cartes anciennes, par exemple la carte du monde connu en 1375, par Abraham Cresques.

The Trading Place LIVRES
(Carte p. 57 ; ☎871 941 350 ; www.mallorca-books.com ; Carrer del Pou 35 ; ⊙10h-13h30 et 17h-19h30 lun-ven, 10h-13h30 sam). L'une des plus grandes boutiques de livres d'occasion (surtout en anglais, mais aussi en espagnol et en allemand) sert de point de rencontre et d'information pour la communauté d'expatriés de Palma. On y trouve aussi des meubles d'occasion.

DU CÔTÉ DES MARCHÉS

Marchés aux puces, marchés d'artisanat et autres marchés spécialisés ne manquent pas à Palma. Pour l'artisanat, rendez-vous au marché de la **Plaça Major** (10h-14h lun et sam mars-juil et sept-déc, tlj août-sept) ou au **Marché d'artisans de la Plaça des Meravelles** (20h-24h mai-oct). Tous les samedis, un grand **marché aux puces** (10h-14h) s'étend dans les avenues à l'ouest du centre-ville (Avinguda de Gabriel Alomar et Avinguda de Villalonga). Quant au marché de Noël (p. 60), il s'installe sur la Plaça Major du 16 décembre au 5 janvier.

Fine Books LIVRES
(Carte p. 44 ; ☎971 723 797 ; nottinghillbooks@hotmail.com ; Carrer de Morei 7 ; ⊙9h30-20h lun-sam, 9h30-14h dim). Cette formidable collection de livres d'occasion, avec de véritables trésors, s'étend sur trois niveaux. Si vous ne trouvez pas ce que vous cherchez, Rodney essaiera de vous le dénicher.

Dialog LIVRES
(Carte p. 52 ; ☎971 228 129 ; www.dialog-palma.com ; Carrer del Carme 14 ; ⊙9h30-14h et 16h30-20h30 lun-ven, 10h-13h30 sam). La sélection de livres en français, en anglais et en allemand est limitée mais bien faite, en particulier pour ce qui est des langues et des livres sur Majorque.

Artisanat et spécialités locales

Bordados Valldemossa ARTISANAT
(Carte p. 52 ; ☎971 716 306 ; Carrer de Sant Miquel 26 ; ⊙10h-20h lun-sam). Cette boutique à l'ancienne déborde de linge de maison brodé, souvent de fabrication locale.

Quesada ARTISANAT D'ART
(Carte p. 44 ; ☎971 715 111 ; Passeig d'es Born 12 ; ⊙10h-20h lun-ven, 10h-14h sam). Ces tissus rayés bicolores typiques de Majorque, appelés *roba de llengües*, se vendent ici depuis 1890, tout comme les autres pièces, également ravissantes.

Rosario P ARTISANAT D'ART
(Carte p. 52 ; ☎971 723 586 ; Carrer de Sant Jaume 20 ; ⊙10h30-13h et 17h-20h lun-ven,

10h30-13h30 sam). Le centre de Palma est émaillé de boutiques d'artisans comme celle-ci. Ici, vous trouverez des tops, des robes et des châles, tous en soie merveilleusement légère et délicatement peinte à la main.

Vidrierias Gordiola ARTISANAT D'ART
(Carte p. 44 ; ☎971 711 541 ; www.gordiola.com ; Carrer de la Victoria 2 ; ⏲fermé sam après-midi). Le verrier le plus célèbre de Majorque propose dans cette boutique aussi bien des gobelets et des vases traditionnels que des pièces d'art franchement modernes.

Renseignements

Urgences

Ambulances (☎061). Numéro d'appel d'urgence valable à Palma et dans toute l'île.

Numéro d'urgence européen (☎112). Numéro d'appel unique et gratuit pour tous les services d'urgence.

Policía Local (☎092 ; Avinguda de Sant Ferran 42). Commissariat de police municipal, au nord-ouest du centre.

Policía Nacional (☎091 ; Carrer de Ruiz de Alda 8). Police nationale.

Croix-Rouge (☎971 202 222). Une possibilité pour appeler une ambulance.

Sites Internet

Site de l'Institut Municipal de Turisme (www.imtur.es). Principal portail touristique de la ville.

Site touristique du Consell de Mallorca (www.infomallorca.net). Site touristique du gouvernement régional.

Asociación Hotelera de Palma de Mallorca (www.visit-palma.com). Renseignements sur les hôtels et informations générales sur Palma.

Médias

La meilleure façon de vous informer est bien sûr de lire la presse locale en espagnol. Si toutefois vous ne parlez pas espagnol mais anglais, voici quelques publications anglophones qui vous permettront de vous tenir informé.

Le *Daily Bulletin* (www.majorcadailybulletin.es) publie des nouvelles locales, tout comme le bimensuel *Youthing* (www.youthing.es) et le trimestriel *V&mos365* (www.vamosmallorca365.com). *Dígame* (www.digamemallorca.com) est un mensuel gratuit mais pas très détaillé répertoriant les manifestations dans toute l'île. La plupart de ces publications sont distribuées dans les offices du tourisme et les bars.

La communauté anglophone étant très présente à Majorque, les magazines mensuels en anglais ne cessent de se développer. Gratuit, *abcmallorca* (www.abc-mallorca.com) présente des articles sur la ville et sur l'île. *Contemporary Balears* (www.contemporarybalears.com), qui paraît trois fois par an, comporte des articles et des informations intéressants. Vous le trouverez dans certains hôtels, restaurants, bars et galeries. *Anglo Info* (www.angloinfo.com) comporte un forum, des listes de manifestations et un répertoire des entreprises où l'on parle anglais.

Services médicaux

Les principaux quotidiens (comme le *Diario de Mallorca*) publient la liste des pharmacies ouvertes de 9h à 22h et de celles, plus rares, ouvertes de 22h à 9h.

Hospital Son Dureta (☎971 175 000 ; Carrer de Andrea Doria 55). Pour y accéder depuis le centre, prenez le bus n°5 (dans le Passeig de Mallorca), le n°29 (dans le Passeig Marítim) ou le n°46.

Farmácia Castañer-Buades (☎971 711 534 ; Plaça de Joan Carles I 3 ; ⏲9h-24h). Pharmacie.

Farmácia Salvà Trobat (☎971 458 788 ; Carrer de Balanguera 3 ; ⏲24h/24). Pharmacie.

Sécurité

Palma est une ville relativement sûre. Le principal risque étant celui des pickpockets et des vols de sacs à l'arraché. La nuit, mieux vaut éviter certaines rues, notamment autour de la Plaça de Sant Antoni et des avenues voisines, Avinguda de Villalonga et Avinguda d'Alexandre Rosselló.

Offices du tourisme

Vous pourrez obtenir une foule de renseignements sur la ville en appelant le 010 (certains opérateurs parlent anglais).

Office du tourisme municipal de l'aéroport (☎971 789 556 ; www.imtur.es ; aéroport de Palma ; ⏲8h-20h lun-sam, 8h-16h dim).

Office du tourisme du Consell de Mallorca (☎971 712 216 ; www.infomallorca.net ; Plaça de la Reina 2 ; ⏲8h-20h lun-ven, 9h-14h sam). Couvre toute l'île. Pour les événements culturels et sportifs, consultez *On Anar*, son guide trimestriel gratuit des manifestations et spectacles (il existe une version en anglais).

Office du tourisme municipal - bureau principal (☎902 102 365 ; www.imtur.es ; Casal Solleric, Passeig d'es Born 27 ; ⏲9h-20h).

Office du tourisme municipal (☎902 102 365 ; Parc de les Estacions ; ⏲9h-20h). Dans l'un des bâtiments des chemins de fer près de la Plaça d'Espanya.

Office du tourisme municipal - Santa Catalina (☎902 102 365 ; palmainfo@a-palma.es ; angle

LE PETIT TRAIN DE SÓLLER

Bienvenue à bord de ce petit train qui, depuis 1912, cahote sur sa voie étroite et sinueuse pour relier Palma à Sóller, à 27,3 km au nord (aller simple/aller-retour 10/17 €). C'est l'une des excursions les plus agréables à faire dans l'île. Ce petit train aux wagons en bois, venu remplacer un service de diligence, part de la Plaça de l'Estació 7 fois par jour (5 fois par jour de novembre à février) et met environ 1 heure 15. Quatre ou cinq trains quotidiens assurent le retour. Sur le trajet, on découvre une campagne qui ne cesse de changer, avec des paysages spectaculaires quand le train traverse la Serra de Alfàbia, un tronçon qui comporte 13 tunnels et une série de ponts et de viaducs.

Après une traversée des rues de Palma, on se retrouve au bout de 20 minutes en pleine campagne. La vue la plus belle, sur la Serra de Tramuntana, se situe alors sur la gauche. Puis à mesure que le terrain grimpe doucement, toujours sur la gauche, le regard balaie des champs d'oliviers, parfois quelques maisons couleur sable et les montagnes au fond. Une demi-heure après le départ de Palma, le train s'arrête à Bunyola. Vous pouvez monter ici et n'effectuer que la moitié du trajet jusqu'à Sóller (aller simple/aller-retour 5/10 €).

Peu après Bunyola, quand on arrive vers la montagne (à un certain point, on voit Palma et la mer derrière soi), on aborde le premier d'une série de tunnels. Peu après le Túnel Major (le plus long avec près de 3 km, taillé dans la roche entre 1907 et 1910), certains trains s'arrêtent brièvement à un merveilleux point de vue, le Mirador Pujol de'n Banya, d'où le regard embrasse toute la vallée de Sóller. Après quoi, le train emprunte un viaduc avant de pénétrer dans un autre tunnel, qui dessine une lente courbe à 180 degrés dans sa descente sur Sóller. La gare d'arrivée est installée dans une demeure noble du XVIIe siècle. Le billet de retour est valable 2 semaines.

À la gare de Palma, on peut acheter des forfaits incluant le trajet en tram de Sóller à Port de Sóller, puis le trajet en bateau de là jusqu'à Sa Calobra, et tout le retour jusqu'à Palma. Ces forfaits coûtent entre 37 et 44 €, selon le train que l'on prend. Pour en savoir plus, appelez le ☎900 600 555 ou allez sur le site www.vallsollerservices.com.

Passeig Marítim et Avinguda d'Argentina ; ⏲9h-20h). À l'ouest du centre.

ℹ Depuis/vers Palma

AVION L'aéroport Son Sant Joan de Palma se trouve à 8 km à l'est de la ville et connaît un trafic intense. Un grand nombre de compagnies (p. 217) desservent Majorque.

BATEAU Palma est le principal port de l'île. De nombreuses lignes de bateaux relient Majorque à l'Espagne continentale et aux autres îles Baléares (p. 219).

BUS Tous les bus de l'île partent de la **gare routière** (☎971 177 777 ; www.estaciondeautobuses.es/mallorca ; Avinguda de Joan March 27) ou à proximité. Ils desservent en particulier Valldemossa (1,50 €, 30 min), Sóller (2,35 €, 30 min), Pollença (4,90 €, 45 min) et Alcúdia (4,80 €, 45 min). D'autres localités du littoral ou de l'intérieur sont desservies par des lignes moins fréquentes. Quelques régions sont plus accessibles par le train.

TRAIN Deux lignes de train partent de la Plaça d'Espanya. Le **train Palma-Sóller**, très fréquenté, suit un trajet superbe. L'autre ligne (☎971 177 777), moins spectaculaire, dessert le nord-est pour rallier Inca (1,80 €) puis se divise en deux branches, l'une vers Sa Pobla (2,40 €, 58 min) et l'autre vers Manacor (2,40 €, 66 min). En semaine, les trains circulent entre 5h44 et 22h09. Le week-end (les trains s'arrêtent partout sur les deux lignes), les horaires varient, mais la fréquence reste à peu près identique.

ℹ Comment circuler

DEPUIS/VERS L'AÉROPORT Le bus n°1 relie toutes les 15 min l'aéroport à la Plaça d'Espanya (côté gare ferroviaire), dans le centre de Palma (2 €, 15 min), puis continue vers le terminal des ferries. Il marque plusieurs arrêts en chemin. Il entre dans le cœur de la ville par l'Avinguda de Gabriel Alomar i Villalonga, contourne le centre-ville et revient vers la côte par le Passeig de Mallorca et l'Avinguda d'Argentina. Il longe l'Avinguda de Gabriel Roca (ou Passeig Marítim) pour rejoindre l'Estació Marítima (terminal des ferries) avant de faire demi-tour. Le billet s'achète auprès du conducteur.

Les taxis sont généralement nombreux (sauf en cas de grève) et le trajet entre l'aéroport et le centre-ville coûte environ 16-21 €.

DEPUIS/VERS LE TERMINAL DES FERRIES Le bus n°1 (bus de l'aéroport) part toutes les 15 min du terminal des ferries (Estació Marítima) pour traverser la ville (via Plaça d'Espanya) et continuer vers l'aéroport. Pour rallier le centre-ville en taxi, comptez environ 7-10 €.

VÉLO Palma compte nombre de loueurs de vélo de ville et de VTT (p.56).

BUS Il existe 25 lignes de bus locaux dans Palma et alentour gérées par l'**EMT** (☎971 214 444 ; www.emtpalma.es). Un aller simple coûte 1,25 € ; une carte de 10 trajets vaut 8 €.

VOITURE ET MOTO Stationner dans le centre n'est pas évident. Outre les rues piétonnes interdites aux voitures, la plupart des autres rues, y compris les avenues circulaires (*avingudes*, ou *avenidas*) qui contournent le centre, sont soit interdites de stationnement soit à stationnement payant (parcmètres). Les zones de stationnement payant sont indiquées en bleu et la durée de stationnement est souvent limitée à 2 heures (2,50 €), mais la durée et le prix peuvent aussi varier. Le ticket de parcmètre est de rigueur de 9h à 14h et de 16h30 à 20h du lundi au vendredi et de 9h à 14h le samedi.

MÉTRO Une ligne de métro, peu utilisée par les touristes, relie la Plaça d'Espanya à l'université. Le trajet simple coûte 0,75 € ; l'aller-retour 1,40 €.

TAXI Pour appeler un taxi, composez les ☎971 728 081, 971 755 440, 971 401 414, 971 743 737 ou 971 200 900. Pour les taxis spéciaux pour handicapés le ☎971 703 529. Les taxis sont équipés de taximètres, mais pour les courses en dehors de la ville, fixez le prix à l'avance. Vous pouvez héler un taxi dont la lumière est verte (indiquant qu'il est libre) ou aller en prendre un à l'une des bornes du centre, comme celles du Passeig d'es Born. La prise en charge est de 2,25 €, après quoi on paie 1,02 €/kilomètre (davantage les week-ends et jours fériés). Il y a un supplément de 0,70 € par bagage. D'autres suppléments sont appliqués, notamment 2,70 € pour l'aéroport ou le port et 0,60 € pour Castell de Bellver.

BAIE DE PALMA

La vaste baie de Palma (Badia de Palma) s'étend à l'est et à l'ouest du centre-ville. C'est là, d'un côté comme de l'autre, que la côte a été le plus bétonnée et que les infrastructures touristiques sont les plus denses, ce qui n'empêche les plages d'être fort belles, en particulier à l'ouest.

À l'est de Palma

Après la plage tranquille de Ciutat Jardí et la marina de Cala Gamba, on arrive dans une zone aménagée pour le tourisme de masse autour de la Platja de Palma et de S'Arenal. Quelques havres de paix, à proximité, permettent toutefois d'échapper à la foule.

DE CA'N PASTILLA À S'ARENAL

À l'ombre de l'aéroport, **Ca'n Pastilla** marque le début de la zone hyper construite à l'est de Palma. Là, le tourisme de masse est vraiment roi. La **Platja de Ca'n Pastilla** constitue l'extrémité ouest – et plus venteuse – d'une zone de 4,5 km de plage appelée **Platja de Palma** ; un endroit parfait pour la planche à voile. Un peu à l'ouest de Ca'n Pastilla se trouve la charmante **Cala**

VAUT LE DÉTOUR

CALA BLAVA

Rien n'est plus éloigné des *beer gardens* (bars à bière) de la Platja de Palma que la résidentielle **Cala Blava**, 2,5 km au sud-ouest de S'Arenal. Il y a plusieurs endroits où se baigner au milieu des rochers et une plage de sable. Après la bifurcation sur la route Ma6014 (vers Cala Blava et Cala Pi), prenez la première à droite. La plage se trouve à quelques centaines de mètres plus bas (le bus s'arrête devant le 36 Carrer D'Ondategui). Guettez le panneau indiquant Pas a Sa Platja et les escaliers en face de la Carrer de Mèxic.

Bella Vista est le prolongement vers le sud de la Cala Blava. Une partie de la côte est une zone protégée interdite d'accès, mais on peut descendre jusqu'au Calò des Cap d'Alt pour se baigner dans des eaux cristallines. Une petite faim ? Arrêtez-vous au **Restaurante Panorámica Playa** (p. 75).

Du côté ouest de la baie, on peut rejoindre deux jolies criques au sud de Magaluf. La Cala Vinyes est baignée par des eaux tranquilles, et le sable s'étend vers l'intérieur entre des immeubles résidentiels. L'anse suivante, la Cala de Cap Falcó, est une crique émeraude entourée de rochers couverts d'arbres. Les promoteurs s'approchent de plus en plus... Suivez les panneaux indiquant Sol de Mallorca vers le sud, puis les panneaux indiquant chacun de ces sites. Le bus n°107 relie Palma à la Cala Vinyes via Magaluf.

DÉPART/ARRIVÉE PALMA
DISTANCE 67 KM
DIFFICULTÉ FACILE À MODÉRÉE
VÉLO VÉLO DE VILLE OU DE ROUTE

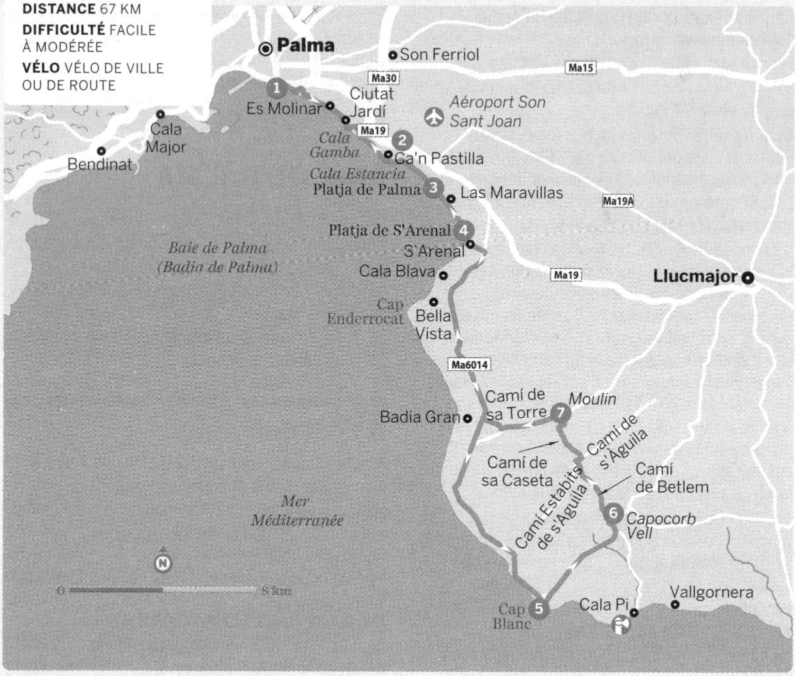

Balade à vélo

De Palma à Capocorb Vell

› Cette boucle permet de parcourir une bonne partie de la baie de Palma. Elle suit tranquillement la piste cyclable du front de mer, puis grimpe légèrement vers l'intérieur en direction du Cap Blanc. Au retour, on serpente sur de paisibles petites routes de campagne avant une descente bien méritée de la colline pour regagner la ville le long de la même piste cyclable.

Dans le 1 **centre de Palma**, rejoignez la piste cyclable du front de mer et prenez-la en direction du sud-est. Le chemin qui longe la côte la majeure partie du temps suit une vaste étendue balayée par le vent jusqu'à 2 **Ca'n Pastilla**. De là, on emprunte la route du front de mer jusqu'à la longue bande de sable de la 3 **Platja de Palma** et de son prolongement 4 **S'Arenal**. Après, suivez les panneaux en bois indiquant le 5 **Cap Blanc**. Bien qu'en bordure d'une grande route, ce trajet de 23 km traverse une campagne charmante et les automobilistes y sont habitués à la présence des deux-roues. La route grimpe de 150 m sans aucune côte ardue.

Comme il vous est impossible de rejoindre le phare au bout du cap, tournez à gauche plutôt que de suivre la route indiquée sur la droite. En arrivant à un embranchement (Cala Pi est indiquée à droite), prenez à gauche vers 6 **Capocorb Vell**, dont l'entrée se situe tout de suite à gauche. Il y a un bar rustique près des ruines.

Laissez le bar sur votre droite pour prendre le Camí de Betlem, un chemin tranquille (indiqué aussi Carreró de Betlem). Suivez-le jusqu'au croisement et continuez sur le Camí Estabits de s'Àguila, qui traverse des champs cultivés. En tournant complètement sur la droite, il devient le Camí de s'Àguila. Après 200 m, un virage sur la gauche vous amène sur le Camí de sa Caseta, bordé de murs de pierres sèches et joliment ombragé par une voûte d'arbres. Le chemin s'arrête au niveau d'un 7 **moulin** et d'une église, sur la gauche. Tournez alors à gauche et suivez le panneau en bois jusqu'au paisible Camí de sa Torre puis à S'Arenal. En arrivant à la hauteur de la Ma6014, prenez à droite et suivez les panneaux en direction de la Platja de Palma. De là, vous retrouverez facilement votre chemin pour revenir à Palma.

Estancia, une crique paisible idéale pour les familles. Le front de mer, avec sa promenade piétonne, est bordé de bâtiments bas abritant hôtels, restaurants, cafés et bars. Deux minutes à pied à l'ouest de la Cala Estancia, le Puro Beach (p. 75) offre le summum de la décontraction chic pour contempler le coucher du soleil.

Un marché alimentaire et un marché aux puces se tiennent à S'Arenal tous les mardis et jeudis.

À voir et à faire

Palma Aquarium AQUARIUM

(☎971 746 104 ; www.palmaaquarium.com ; Carrer de Manuela de los Herreros i Sorà 21 ; adulte/moins de 18 ans/moins de 3 ans 20,50/16,50 €/gratuit ; 10h-18h ;). L'aquarium de Palma est l'un des plus beaux dans son genre en Méditerranée. Il comporte 55 bassins, soit cinq millions de litres d'eau salée, où vivent des créatures marines venant de la mer Méditerranée (raies, hippocampes, coraux, etc.) mais aussi d'océans lointains. Un tunnel transparent permet de circuler au milieu du plus grand des bassins et d'une vingtaine de requins !

On peut voir ici au total quelque 8 000 spécimens, ainsi qu'une exposition expliquant la menace qui pèse sur le stock mondial de thon. Les panneaux d'information sont bien conçus et traduits, notamment en français. On peut facilement passer ici une demi-journée.

Aqualand PARC DE LOISIRS

(☎971 440 000 ; www.aqualand.es ; Ma6014 ; adulte/enfant 24/16 € ; 10h-18h juil et août, 10h-17h mi-mai à juin et sept). Un parc aquatique typique avec ses toboggans, de l'aquagym et des attractions pour les petits. Juste à la sortie de S'Arenal, près du rond-point de Cala Blava ; sur l'autoroute Palma-S'Arenal, prendre la sortie au km 15.

Attraction EXCURSIONS EN BATEAU

(☎971 746 101 ; www.attractioncatamarans.com ; Carrer de Nanses ; adulte/enfant repas et boisson compris 49/26,50 €). Attraction propose dans la journée des excursions en catamaran dans la baie de Palma d'une durée de 5 heures et, le soir, des sorties en mer essentiellement festives.

Ciclos Quintana LOCATION DE VÉLOS

(☎971 442 925 ; www.ciclosquintana.com ; Carrer de San Cristóbal 32 ; vélo en aluminium/carbone 19/25 € par jour, 90/120 € par semaine). Vous trouverez quantité de loueurs sur le front de mer de S'Arenal. Si vous cherchez un vélo de route, essayez Ci
plus haut que la rue

Circuits organ

Segway Tours

(☎605 666 365 ; w
Carretera del Arenal 9 ;
35/60/75 €). Découvr
balades de 1 heure l
2 heures à Es Portitxo
la cathédrale et la Pla

Où se restaurer

Pour se restaurer, Platja de Palma et S'Arenal offrent un vaste choix allant des saucisses allemandes à la médiocre paella. Une foule de gens, des Allemands en particulier, viennent ici davantage pour faire la fête que pour bien manger. Fête qui consiste souvent à boire verre sur verre en écoutant une musique assourdissante, un phénomène qu'on appelle "Ballermann" (du nom d'un célèbre bar-discothèque sur la plage de Palma, le Balneari 6).

Restaurante Panorámica Playa POISSON ET FRUITS DE MER €€

(☎971 740 211 ; Passeig de les Dames 29 ; plats 8-15 € ; 13h-15h30 et 19h30-23h). Une petite faim ? Vous pouvez vous arrêter au Restaurante Panorámica Playa et vous régaler d'un poisson sur la terrasse, qui offre une vue magnifique sur la baie de Palma. Puis descendre les marches pour aller faire un plongeon dans la "piscine" : une plate-forme d'où l'on peut plonger dans la mer.

Où prendre un verre et sortir

Le cœur de la vie nocturne tourne autour d'immenses *beer gardens* (bars à bière) dans la Carrer del Pare Bartomeu Salvà et alentour. Cette artère est connue des touristes allemands sous le nom de Schinkenstrasse ("rue du Jambon"). Ces bars se situent à peu près aux trois quarts du trajet le long de la plage vers l'est en direction de S'Arenal (ce qui correspond aux repères Balneario 5 et 6 sur la plage). On les entend avant de les voir et tous sortent du même moule.

Puro Beach BAR

(☎971 744 744 ; www.purobeach.com ; 11h-2h avr-oct). Cette oasis de décontraction et d'élégance rappelle Ibiza par sa situation sur un promontoire au-dessus de l'eau, son bar entièrement blanc, parfait pour siroter des cocktails au coucher du soleil, ses DJ et sa cuisine fusion. Habillez-vous aussi en blanc pour être en harmonie avec le décor monochrome et mettre en valeur votre bronzage. À 2 minutes pied à l'est de la Cala

...ne légèrement à l'est de

.../vers l'est de Palma

... 23 va de la Plaça d'Espanya à Ca'n ...a et suit la Platja de Palma en passant par ...renal et en continuant par La Porciúncula jusqu'à l'Aqualand (1 heure). Les bus circulent à peu près toutes les 30 min et, une fois toutes les 2 heures, ils continuent jusqu'à la Cala Blava (1,25 € ; 1 heure 50). Le bus n°15 relie toutes les 8 min la Plaça de la Reina à S'Arenal en passant par la Plaça d'Espanya. Pour l'aquarium, descendez à Balneari 14.

À l'ouest de Palma

Au sud-ouest du centre de Palma, la baie s'étire en une série de mini-baies et plages autour desquelles s'agglomèrent des zones de constructions touristiques très denses. Les plages elles-mêmes sont jolies et propres pour la plupart. C'est à Magaluf que petits-déjeuners à l'anglaise, fêtes et beuveries pour touristes atteignent un sommet. Au-delà, une zone beaucoup plus calme s'étend jusqu'au Cap de Cala Figuera.

CALA MAJOR

À 4 km au sud-ouest du centre-ville, Cala Major est une jolie plage (un temps fréquentée par la jet-set) et la première que l'on rencontre en allant vers l'ouest de la ville. Entre les hôtels et les résidences à multiples étages se dressant directement sur la plage se niche un ensemble hétéroclite de bars, snacks et clubs. Plus encore que la plage, c'est la Fundació Pilar i Joan Miró (ci-dessous) qui constitue ici le principal attrait.

Les bus n°3 et 46 vous amènent de la Plaça d'Espanya, dans le centre de Palma, à la Cala Major.

Fundació Pilar i Joan Miró MUSÉE

(☎971 701 420 ; miro.palma.cat ; Carrer de Saridakis 29 ; adulte/enfant 6 €/gratuit ; ⏲10h-19h mar-sam, 10h-15h dim ; 🚌3 de la Plaça Espanya, 6 de la Plaça de la Reina). La Fondation Pilar i Joan Miró se trouve en retrait du front de mer. Le bâtiment principal, qui jouxte l'atelier dans lequel Miró travailla pendant des décennies, fut réalisé en 1992 par le grand architecte espagnol Rafael Moneo. La collection, riche de 2 500 œuvres de l'artiste (dont une centaine de toiles), ainsi que de nombreux souvenirs, est exceptionnelle.

Sa femme et sa mère étant originaires de Majorque, Miró fut incité à s'installer en 1956 à Palma où il demeura jusqu'à sa mort en 1983. Son atelier, qui surplombe la Cala Major, est l'œuvre de l'architecte Josep Lluís Sert, son ami.

Une sélection des œuvres de Miró est accrochée dans la Sala Estrella, une partie du bâtiment que Moneo a dessinée sous une forme éclatée, en harmonie avec l'œuvre de l'artiste. Les autres espaces du bâtiment accueillent des expositions temporaires. Les sculptures de Miró sont disséminées à l'extérieur. Au-delà de l'atelier se drcsse Son Boter, une ferme du XVIIIe siècle dont Miró fit l'acquisition pour pouvoir s'isoler. À l'intérieur, il a tracé sur les murs blanchis à la chaux les dessins préparatoires de certaines de ses sculptures en bronze.

Prenez le bus n°3 ou 46 depuis la Plaça d'Espanya.

GÈNOVA ET SES ENVIRONS

La plupart des touristes montent jusqu'à Gènova, ville satellite à 1 km environ au nord de la Fundació Pilar i Joan Miró, pour visiter les grottes les plus proches de la capitale. Les Majorquins y viennent plutôt pour faire un copieux repas dans l'un des restaurants toujours bondés.

De Palma ou de la Cala Major, prenez le bus n° 46 pour Coves de Gènova. Descendez à Camí dels Reis 19 : de là, il vous reste 300 m à parcourir à pied. Si vous disposez d'un véhicule, du centre de Gènova, quittez la rue principale et suivez la direction de Na Burguesa (pas loin au nord de l'embranchement pour les grottes). Après 1,5 km d'une mauvaise route qui tournicote, vous passerez devant de belles demeures et atteindrez un monument à la Vierge Marie, pas franchement beau, mais d'où on a une vue panoramique sur la ville (c'est à peu près le seul moyen de voir le Castell Bellver d'en haut) et la baie.

À voir

Coves de Gènova GROTTES

(☎971 402 387 ; Carrer d'es Barranc 45 ; adulte/moins de 10 ans 8/4 € ; ⏲10h-13h30 et 16h-18h30 mar-dim). À 1 km environ au nord de la Fundació Pilar i Joan Miró, ces grottes découvertes en 1906 ne sont peut-être pas aussi intéressantes que les Coves del Drac (dans l'est de l'île), mais c'est l'occasion de s'enfoncer parmi les stalactites et les stalagmites, ces "sculptures" naturelles formées par de l'eau qui goutte depuis des millénaires. On atteint une profondeur de 36 m, pour découvrir toutes sortes de formes fantastiques éclairées par-derrière. Dans ces grottes, il règne une température quasi constante de 20°.

Où se restaurer

Mesón Ca'n Pedro ESPAGNOL €€
(☎971 402 479 ; www.mesoncanpedro.com ; Carrer del Rector Vives 4 ; plats 12-25 € ; ⏱12h30-16h30 et 19h-24h30 mar-dim). Les habitants de Palma adorent venir s'attabler dans les chaleureux restaurants de Gènova. L'un des meilleurs, le Mesón Ca'n Pedro, est réputé pour ses escargots. Autre restaurant dans la Carrer del Rector Vives 14.

SES ILLETES ET PORTALS NOUS

Les îles (*illetes*) en question se situent légèrement au large de plages bordées de pins. Dans l'ensemble, il s'agit d'une zone de villégiature beaucoup plus chic. La côte élevée plonge de façon abrupte dans des criques turquoise, principalement la Platja de Ses Illetes et la Platja de Sa Comtesa, un peu moins fréquentée. Trouver où stationner n'est pas une mince affaire.

Bendinat, du nom d'un château privé (reconstruction néogothique d'un château du XIIIe siècle, qui n'est visible que depuis l'autoroute Ma1), fait pratiquement partie de Ses Illetes. Ce secteur n'abrite que des hôtels et des villas de grand standing. Un peu au-delà s'étend **Portals Nous**, avec sa super-marina pour les super-yachts des super-riches de **Puerto Portals**, bordé de restaurants. La plage qui se trouve au nord de la marina est plus longue et plus large que celles de Ses Illetes.

Le bus local n°3 de Palma dessert Ses Illetes depuis le centre-ville (1,10 €) ; on peut le prendre dans le Passeig de la Rambla ou l'Avinguda de Jaume III). Les bus n°103, 104, 106 et 111, qui partent de la gare routière de Palma, desservent Portals Nous (1,45 € ; 30-50 min).

Où se restaurer et sortir

Restaurante Es Parral MAJORQUIN €€
(☎971 701 127 ; Paseo de Illetes 75 ; plats 11-18 ; ⏱13h-15h30 et 19h-22h30 mar-sam avr-oct). Dans la rue principale surplombant la plage principale, ce restaurant intime sert de savoureux plats locaux ainsi que quelques recettes basques. Son *menu mallorquín* (18 €) offre l'occasion rare par ici de goûter les saveurs locales.

Virtual Club BAR À COCKTAILS
(☎971 703 235 ; www.virtualclub.es ; Passeig d'Illetes 60 ; ⏱10h-24h avr-nov). Un décor haut de gamme, les pieds dans l'eau, où tout pousse à "perdre la notion du temps": vaste choix de cocktails, espace repos design, parasols et palmiers, nappes et sièges enjuponnées, vastes fauteuils en rotin et DJ. Ce bar sombre s'emplit d'étranges lumières stroboscopiques la nuit.

PALMANOVA ET MAGALUF

À 2 km au sud-ouest des yachts et des grandes fortunes de Portals Nous s'ouvre un tout autre monde. Palmanova et Magaluf ont fusionné pour offrir cette formule de vacances "mer, sable, sangria et sexe", qui a valu à toute l'île de Majorque une réputation non méritée.

À voir et à faire

Ce succès s'explique : les quatre plages principales situées entre Palmanova et Magaluf sont belles et impeccablement entretenues. Les vastes étendues de sable blanc et fin, en partie ombragées par des pins et des palmiers stratégiquement plantés, possèdent un charme indéniable, et les constructions à l'arrière pourraient être pires.

Le samedi matin, un marché d'artisanat et d'articles divers, assez classique, se tient à Magaluf, autour de la Carrer Blanc (à quatre bons pâtés de maison de la plage) pour les rares lève-tôt du quartier.

Marineland PARC DE LOISIRS
(☎971 675 125 ; www.marineland.es ; Carrer Garcilaso de la Vega, Costa d'En Blanes ; adulte/enfant 22,50/16,50 € ; ⏱9h30-18h mi-avr à oct). Spectacles de dauphins, aquarium, reptiles... Au rond-point de Puerto Portals entre Portals Nous et Palmanova.

Western Water Park PARC DE LOISIRS
(☎971 131 203 ; www.westernpark.com ; Carretera de Cala Figuera ; adulte/enfant 21/13 € ; ⏱10h-18h juil-août, 10h-17h lun-sam mai, 10h-17h juin et sept). Ce parc situé à l'extrémité sud de Magaluf réunit piscine à vagues, otaries, spectacles de fauconnerie, ainsi que des restaurants et des boutiques sur le thème du Far West.

Cruceros Costa de Calvià EXCURSIONS EN BATEAU
(☎971 131 211 ; www.cruceroscostadecalvia.com ; adulte/enfant 16/8 € ; ⏱11h, 13h et 15h lun-ven, 11h et 15h sam et dim mai-sept). Excursions de 2 heures dans un bateau à fond de verre, avec l'idée de voir des dauphins. Les bateaux partent de la plage principale de Magaluf et font escale à Palmanova 15 minutes plus tard.

Big Blue Diving PLONGÉE, SNORKELING
(☎971 681 686 ; www.bigbluediving-mallorca.net ; Carrer de Martí Ros García 6 ; snorkeling

30 €/pers, forfait 1/2 plongées 59/89 € ; ⏲avr-oct). Centre de plongée bien encadré, sur la plage de Palmanova.

☆ Où sortir

Tandis que les jeunes Allemands font la fête dans les bars à bière de la Platja de Palma à l'est de la ville, leurs homologues britanniques se défoulent dans les boîtes de nuit de Magaluf. Une répartition du territoire nocturne qui connaît peu de transgressions. Les pitreries des buveurs britanniques sont devenues légendaires (pas forcément pour de bonnes raisons). L'endroit le plus animé se trouve autour de l'extrémité nord de la Carrer de Punta Ballena où pubs et bars sont côte à côte.

ℹ Renseignements

Office du tourisme de Palmanova (☎971 682 365 ; Passeig de la Mar ; ⏲9h-18h lun-ven, 9h-15h sam)

Office du tourisme de Magaluf (☎971 131 126 ; Carrer de Pere Vacquer Ramis 1 ; ⏲9h-18h lun-ven, 9h-15h sam)

Informations sur les hôtels (www.palmanova-magaluf.com). Site de l'association des hôteliers locaux.

ℹ Depuis/vers l'ouest de Palma

Depuis Palma, le bus le plus direct est le n°105 (2,75 € ; 45 min), qui circule 11 fois par jour. Le bus n°107 (7 bus/jour) met 5 min de plus car il s'arrête en route à Marineland. Le n°106 (1 heure) est le plus fréquent.

Ouest de Majorque

Dans ce chapitre »

Le top des restaurants

- Son Tomás (p. 87)
- Es Racó d'es Teix (p. 92)
- Traffic (p. 102)
- Ca's Carreter (p. 95)
- Sebastian (p. 92)

Le top des hébergements

- Finca Son Palou (p. 173)
- Ca'l Bisbe (p. 172)
- Ca Madò Paula (p. 170)
- Hostal-Residencia Catalina Vera (p. 169)
- S'Hotel des Puig (p. 171)

Pourquoi y aller

L'ouest de Majorque est l'une des plus belles régions de la Méditerranée. Le long de la côte, la Serra de Tramuntana surplombe la mer du haut de ses pics déchiquetés, cédant ensuite la place aux forêts de pins avant de plonger dans l'eau comme les remparts d'une gigantesque forteresse insulaire. Cramponnés à ses flancs, des localités comme Sóller, Valldemossa et Deià, pittoresques aussi bien pour leur cadre que pour leur architecture, ont hébergé des artistes célèbres. Sur la côte, les ports de plaisance abrités apportent une petite touche glamour, et plages et criques se disputent les faveurs des vacanciers en été. Que ce soit à pied, à vélo, en bateau ou en voiture, vous ne regretterez pas de consacrer quelques jours à la découverte de cette partie enchanteresse de l'île.

Quand partir

Le printemps et l'automne sont les meilleures saisons pour visiter l'ouest de Majorque. Il y a moins de touristes, et les hôtels et restaurants sont ouverts. Les nuits peuvent cependant être un peu fraîches. En été, la fréquentation est souvent très importante, les routes côtières sont alors prises d'assaut par des pelotons de cyclistes, et les hôtels et restaurants tournent à plein régime. Certes, le temps est plus clément, que ce soit pour se baigner ou pour profiter du ciel dégagé et admirer les paysages qu'offre la côte. C'est aussi en cette saison que Deià et Valldemossa organisent d'intéressants concerts.

À ne pas manquer

1 Une balade dans les ruelles escarpées et odorantes de **Deià** (p. 91), l'un des plus beaux villages de Majorque

2 La côte, d'**Andratx** (p. 82), au sud, jusqu'au paisible **monastère de Lluc** (p. 103), au nord

3 Le labyrinthe des rues étroites de **Valldemossa** (p. 88)

4 Les vergers d'oliviers, d'agrumes et d'amandiers autour de **Biniaraix** (p. 99) et de **Fornalutx** (p. 99)

5 La beauté et l'architecture moderniste de **Sóller**, réputée pour ses oranges (p. 93)

6 La route spectaculaire menant à **Sa Calobra** (p. 102) et ses virages en épingle à cheveux

7 Un *arroz bogavante* (riz au homard) au restaurant **Son Tómas** (p. 87) de **Banyalbufar** (p. 86)

8 L'ascension jusqu'aux ruines de l'imprenable **Castell d'Alaró** (p. 101)

9 L'exploration des fonds cristallins de l'**Illa de Sa Dragonera** (p. 85)

10 Une pause hors du temps à **Orient** (p. 101), au cœur du paisible arrière-pays majorquin

Serra de Tramuntana
Sa Calobra
6
Cala Tuent
Torre de Sa Calobra
Ermita de Sant Llorenç
Torrent de Pareis
Puig Roig (1 002 m)
Monestir de Lluc
2
Puig Tomir (1 103 m)
Escorca
Ma10
Ma2130
Puig Major (1 445 m)
Son Torella
Puig de Massanella (1 365 m)
Badia de Sóller
Cap Gros
Mirador de Ses Barques
Port de Sóller
Embassament de Cúber
Refugi de Cúber
Binibona
Caimari
Campanet
4 Fornalutx
4 Biniaraix
Sóller 5
Cala de Deià
Lluc Alcari
Puig de l'Ofre (1 093 m)
Selva
Moscari
Son Marroig
Comasema
Mancor de la Vall
1 Deià
Puig d'Alfàbia (1 069 m)
Castell d'Alaró
8
Puig de S'Alcadena (815 m)
Ma13
Miramar
Puig des Teix (1 062 m)
Puig de Santa Magdalena (307 m)
Port de Valldemossa
Ma2100
10 Orient
Puig d'Alaró
Biniamar
Inca
3 Valldemossa
Jardins d'Alfàbia
Lloseta
Alaró
Bunyola
Binissalem
Ma1110
Raixa
Consell
Ma11
Costitx
S'Esgleieta
Santa Maria del Camí
Ses Alqueries
Biniali
Sencelles
Ma1040
Ma13A
Ma13
Establiments
Santa Eugènia
Son Sardina
Ma13
La Cabaneta
Ma13A
La Vileta
Palma
Ma20
Son Ferriol
Ma15
Gènova
Terreno
Algaida
Cala Major
Aéroport
Cala Gamba
Ca'n Pastilla
Cala Estancia
Randa
Baie de Palma (Badia de Palma)
Las Maravillas
Puig de Randa (548 m)
S'Arenal
Cala Blava
Ma19
Llucmajor
Cap Enderrocat
Ma19

Très construit – souvent sans goût –, le sud-ouest de l'île réserve quand même quelques jolies surprises. Reste à savoir si ces coins préservés de la côte résisteront aux prédateurs. À en juger par les scandales immobiliers et les armées de grues de chantiers qui ont ravagé Andratx et ses alentours, vous feriez mieux d'essayer de passer dans la région avant les bétonneuses.

Vers le Cap de Cala Figuera

La banlieue huppée et sans âme construite à Sol de Mallorca, à 2 km au sud de Magaluf, regarde de l'autre côté de Punta de S'Estaca et donne sur un ensemble de trois anses paradisiaques appelées **Portals Vells**. La vue sur les eaux émeraude et turquoise est superbe. Reste à souhaiter que l'autre côté soit épargné par les promoteurs...

Pour vous rendre à Portals Vells, empruntez la route partant du sud de Magaluf (rond-point numéro 8 à côté d'Aqualand) en direction d'El Toro. Au bout de 800 mètres, au lieu de tourner à droite (ouest) vers El Toro, prenez la route étroite vers le sud (qui traverse le parcours de golf). Après environ 2 km au milieu des forêts de pins, vous arriverez à une intersection. Sur la gauche, "Playa Mago" signale deux petites anses. Celle de droite, généralement fréquentée par les nudistes, est dotée d'un restaurant. L'autre, plus longue, avec sa plage étroite et ombragée, est plus jolie.

La **Cala Portals Vells**, à 1,8 km plus loin au sud de l'intersection, est encore plus belle. Ses eaux turquoise viennent lécher la plage, dont le sable s'étend loin sous les rangées de parasols. Au sud, un sentier de randonnée mène à des grottes creusées dans la paroi rocheuse, dont l'une renferme les vestiges d'une chapelle.

À quelques centaines de mètres de la plage, la route en direction du sud menant au phare du **Cap de Cala Figuera**, est dans une propriété privée dont l'accès est interdit aux visiteurs.

Andratx

5 050 HABITANTS / ALTITUDE 132 M

Plus grande ville du Sud-Ouest, Andratx fut construite, comme c'est souvent le cas à Majorque, dans les terres, à l'abri des pirates. La ville est accrochée au flanc des contreforts de la Serra de Tramuntana, et son port (Port d'Andratx) est à 4 km au sud-ouest. Les bâtiments les plus importants se répartissent sur deux niveaux. Le **Castell de Son Mas**, beau château défensif du XVIe siècle, se dresse sur la colline à l'extrémité nord de la ville. Il abrite aujourd'hui l'hôtel de ville (*ajuntament*). De là, vous verrez la massive **Església de Santa María d'Andratx**, construite au XVIIIe siècle à l'endroit où se dressait à l'origine une église datant de 1248.

Où se restaurer

Font i Caliu MAJORQUIN €€
(☎971 137 070 ; Carrer de Juan Carlos I 2 ; plats 8-13 € ; ⊙dim-ven ; 🚭). Nourriture simple et traditionnelle servie dans un cadre hors du temps. Installez-vous dans l'arrière-cour ou optez pour la salle aux poutres apparentes et aux vieilles nappes de lin blanc. Puis délectez-vous d'un *trampó* (plat de crudités), suivi d'un *arros brut* (riz sale), plat typique à base de riz et de *sobrassada* (soubressade), charcuterie majorquine, de lapin et d'autres viandes au choix.

Renseignements

Office du tourisme (☎971 628 019 ; Avinguda de la Curia ; ⊙10h-14h lun-ven). Dans l'enceinte de l'hôtel de ville, tout en haut de la ville.

Port d'Andratx

1 200 HABITANTS

La belle et longue baie de Port d'Andratx attire des plaisanciers venus de loin. C'est un endroit chic, agréable pour un dîner sur le front de mer. L'afflux de visiteurs et la surexploitation touristique lui ont toutefois fait perdre de son charme.

À voir

En fait, il n'y a pas grand-chose à voir. En longeant la Carrer d'Isaac Peral, ne manquez pas la minuscule **Església de la Verge del Carme**. Comme toute station de la côte majorquine, Port d'Andratx compte quelques clubs de plongée et de snorkeling et des loueurs de bateaux.

GRATUIT **Museo Liedtke** MUSÉE
(www.liedtke-museum.com ; Carrer de l'Olivera 35 ; ⊙horaires variables). Ce surprenant musée, à 2 km au sud du centre, fut construit entre 1987 et 1993 par l'artiste allemand Dieter Walter Liedtke, né en 1944. Il est situé à même les falaises, près du Cap de Sa Mola. Il conserve les œuvres de son créateur et accueille des expositions tempo-

raires. Le musée est souvent fermé, mais les vues sur la côte valent le détour.

CALA LLAMP

Au sud-est de la ville, Cala Llamp, une crique aux eaux d'un vert étincelant mais dépourvue de sable, peut être difficile à trouver en raison des imposantes constructions qui s'accrochent au coteau. Si vous disposez d'un moyen de locomotion, aventurez-vous sur ce tronçon de côte déchiqueté, ne serait-ce que pour faire trempette dans la crique ou pour prendre un verre au Gran Folies Beach Club. Pour vous rendre à Cala Llamp, prenez la Ma1020 depuis le centre de Port d'Andratx et suivez les panneaux en longeant la crête.

Activités

Aqua Mallorca Diving — CENTRE DE PLONGÉE

(Dragonera Diving ; ☎971 674 376 ; www.aqua-mallorca-diving.com ; Avinguda de l'Amirante Riera Alemany 23 ; forfait 5/10 plongées 140/270 €, 2 h de snorkeling adulte/enfant 19,50/15 € ; ⏰8h45-9h30, 12h-14h30 et 17h-18h avr-oct). Principal club de plongée du coin. Accueil sur le front de mer, au sud-ouest de la zone des restaurants.

Llaüts — LOCATION DE BATEAUX

(☎971 672 094 ; www.llauts.com ; Carrer de San Carlos 6A ; 40/120/170 € l'heure/la demi-journée/la journée ; ⏰avr-oct). Cette bonne adresse dispose d'embarcations de 4 m pour les personnes n'ayant pas le permis bateau. Demandez les tarifs pour des bateaux plus perfectionnés. Les prix baissent légèrement hors juillet et août. L'établissement se trouve au sud-ouest de la zone des restaurants sur le front de mer. Les horaires étant variables, appelez avant.

Où se restaurer

Le front de mer est bordé de restaurants donnant directement sur l'eau. La qualité n'est pas toujours au rendez-vous, mais quelques adresses sortent du lot.

Ca'n Pep — ESPAGNOL, MAJORQUIN €€

(☎971 671 648 ; www.canpepandratx.com ; Avinguda de Mateu Bosch 30 ; plats 11-23 € ; ⏰12h-24h ; 🚭). Élégant et décontracté, Ca'n Pep propose des incontournables comme les croquettes de morue, la paella au homard, l'assiette de fruits de mer et les filets de perche sauvage enveloppés d'asperges et de bacon, servis sur un perchoir venteux donnant sur le port.

Restaurante La Gallega — POISSON ET FRUITS DE MER, GALICIEN €€

(☎971 671 338 ; Carrer Isaac Peral 52 ; plats 13-25 € ; ⏰13h30-23h mar-dim, fermé nov). À quelques encablures du front de mer, ce restaurant est réputé pour sa cuisine de la mer, influencée par les spécialités de Galice (nord-ouest de l'Espagne). La *mariscada Galicia* (assiette de fruits de mer galiciens), à 25 €, est d'un bon rapport qualité/prix, mais vous devrez la commander pour au moins 2 personnes.

Restaurante El Coche — POISSON ET FRUITS DE MER €€

(☎971 671 976 ; Avinguda de Mateu Bosch 13 ; plats 12,90-19 € ; ⏰13h-15h30 et 19h-22h30 mer-lun ; 🚭). Légèrement plus haut de gamme que la plupart des établissements du front de mer, El Coche connaît toujours le même succès depuis 1977, soit depuis bien plus longtemps que la plupart de ses concurrents. On y sert les classiques majorquins de poisson et de fruits de mer, avec de temps en temps des mariages inattendus, comme la dorade à l'ail, au vinaigre et au piment.

Où prendre un verre

Une fois la nuit tombée, la plupart des restaurants du port se transforment en bar, mais vous trouverez aussi de bonnes adresses à l'extrémité sud-ouest de cette zone.

La Ronda Artcafé — CAFÉ

(☎971 674 711 ; www.laronda-artcafe.com ; Avinguda de l'Almirante Riera Alemany 8 ; ⏰11h-1h). Son nouveau propriétaire a apporté une touche de raffinement aux soirées de Port d'Andratx. Parmi les avantages de La Ronda : la belle collection d'œuvres d'art contemporain, la cheminée ouverte, l'agréable jardin à l'arrière et la terrasse sur le toit, avec vue sur la mer. Les gâteaux et le pain sont faits maison, et la carte des boissons comprend aussi bien cafés et jus de fruits que vins et cocktails.

Gran Folies Beach Club — BAR

(☎971 671 094 ; www.granfolies.net ; Carrer de Congre 2, Cala Llamp ; ⏰10h-2h). Ce bar-restaurant surplombe la crique rocheuse de Cala Llamp. Les clients peuvent profiter de la piscine entre deux cocktails. Sont également proposés petits-déjeuners et repas, et parfois des cours de yoga.

Tim's — BAR

(Avinguda de l'Almirante Riera Alemany 7 ; ⏰10h30-tard). Ce bar animé peut rester ouvert jusqu'à 4 h du matin au plus fort de l'été. Retransmission des matchs de foot sur grand écran et concerts les vendredis et samedis soir. Cocktails à partir de 7,50 €.

Renseignements

Office du tourisme (☎971 671 300 ; Avinguda de Mateu Bosch ; 9h-16h mai-sept, 9h-15h lun-ven, 9h-14h sam oct-avr). À côté de l'arrêt de bus.

Depuis/vers Andratx

La plupart du temps, le bus n°102, au départ de Palma, prolonge son trajet d'Andratx jusqu'au port (1,45 €, 10 min). La ligne n°100 relie Andratx à Sant Elm 7 ou 8 fois par jour en passant par Port D'Andratx.

Sant Elm

100 HABITANTS

À la pointe sud-ouest de l'île, cette plage paisible est l'un des plus beaux coins de cette côte souvent surexploitée. Pour vous y rendre, suivez la Ma1030 depuis S'Arracó. La route grimpe d'abord en lacet jusqu'en haut de la colline puis redescend dans la vallée.

LA RUTA DE PEDRA EN SEC

Cette randonnée d'une semaine vous fera découvrir des paysages à couper le souffle, à travers tout le Nord-Ouest montagneux de l'île, du Cap de Formentor à Sant Elm. Les 150 km du GR 221 (encore incomplet), aussi appelé Ruta de Pedra en Sec ("route de pierre sèche"), sont principalement constitués d'anciens chemins muletiers. Technique de construction ancestrale utilisée dans l'île, ces "pierres sèches" apparaissent un peu partout dans la montagne : chemins pavés, terrasses de cultures, maisons, murs et autres constructions sans mortier.

Le GR 221 débute à **Pollença**, à côté de Can Diable et du Torrent d'en Marc, mais vous pouvez aussi commencer par une randonnée d'une journée en partant de Cap de Formentor. Un marcheur en assez bonne forme peut parcourir le trajet de Pollença à Port d'Andratx en seulement 4 jours. En prévoyant quelques jours de plus, vous pourrez faire halte dans de beaux villages.

Le premier tronçon est une randonnée facile d'environ 4-5 heures vers le sud-ouest et s'achève au **Monestir de Lluc** (un monastère où l'on peut passer la nuit). Vous parcourrez un dénivelé d'environ 600 m sur la journée, avant de redescendre un peu aux alentours du monastère. Le deuxième jour, vous monterez à plus de 1 000 m, pour franchir le Puig de Massanella (1 365 m) et vous diriger au sud-ouest vers la retenue d'eau du nom d'Embassament de Cúber, puis vous rendre au Puig de l'Ofre (1 093 m), très fréquenté, pour finalement redescendre vers le ravin de Biniaraix et atteindre Sóller pour un repos bien mérité. Vous pourrez passer quelques jours ici pour explorer les alentours.

Comptez 2-3 heures de marche jusqu'à **Deià** (outre le GR 221, plusieurs sentiers partant de Sóller y mènent) et 2 heures de plus pour **Valldemossa**. Si le temps vous est compté, vous pouvez vous rendre directement à **Estellencs** mais, là encore, vous aurez peut-être envie de passer quelques jours dans les environs. Le dernier jour, vous rejoindrez **Sant Elm** depuis Estellencs en passant par **La Trapa**.

Cette randonnée exige une bonne forme physique, mais ne requiert pas de compétences ni d'équipement particuliers, si ce n'est de bonne chaussures, de l'eau, de quoi vous protéger du soleil, etc. Il est essentiel de savoir lire une carte et de se servir d'une boussole, les sentiers n'étant pas toujours bien balisés (le retard dans le balisage du GR 221 est notamment dû au fait que 92 % de la Serra de Tramuntana fait partie de propriétés privés et que les droits de passage posent souvent problème). Le GR 221 étant traversé par de nombreux sentiers, on peut facilement être désorienté.

On trouve cinq refuges sur le parcours, à Pollença, Monestir de Lluc, Escorca, Port de Sóller et Deià (réservez votre lit au ☎971 137 700, du lundi au vendredi de 9h à 14h, ou sur www.conselldemallorca.net/refugis). De nombreuses autres possibilités d'hébergement s'offrent aux randonneurs dans les villages. Pour plus d'informations sur l'itinéraire, consultez le site du Consell de Mallorca, **Pedra en Sec i Senderisme** (www.conselldemallorca.net/mediambient/pedra).

À voir et à faire

La **plage** principale de Sant Elm est une agréable étendue de sable (dépourvue d'ombre) bercée par le clapotis des vagues, face au sud. Accessible par des nageurs moyens, l'îlot rocheux de l'**Illa Es Pantaleu** délimite une partie d'une réserve marine. Ce parc naturel est dominé par l'**Illa de Sa Dragonera**, longue de 4 km, qui se dessine à l'ouest comme un porte-avions. Le ferry (ci-contre) accoste dans un port naturel protégé à l'est de l'île. De là, vous pourrez suivre les sentiers vers les caps à chaque extrémité, ou gravir le **Puig de Na Pòpia** (appelé aussi Puig des Far Vell, 349 m). Des excursions à bord de **bateaux à fond transparent** sont proposées autour de l'île. Pour faire de la plongée, vous pouvez vous adresser à Scuba Activa (p. ci-dessous).

Au sud de la plage principale de Sant Elm, la **Cala es Conills** est une anse charmante mais dépourvue de sable. Pour vous y rendre, suivez la Carrer de Cala es Conills.

Quelques belles promenades partent vers le nord depuis la Plaça del Monsenyor Sebastià Grau, à l'extrémité nord-est du village. L'une d'elles suit le GR 221 pendant une heure environ jusqu'à **La Trapa**, un monastère en ruine. À quelques centaines de mètres de l'édifice, vous pourrez jouir d'un fabuleux point de vue. Au départ du même sentier, une bifurcation vers l'ouest, à peu près à mi-chemin (45 min de marche au total), mène à la **Cala d'En Basset**, ravissante crique aux eaux transparentes, mais dépourvue de vraie plage.

Scuba Activa PLONGÉE, SNORKELING
(☎971 239 102 ; www.scuba-activa.com ; Plaça del Monsenyor Sebastià Grau 7 ; plongée, équipement compris 32 € ; ⏲avr-oct). Ce centre de plongée bien rodé peut aussi organiser des sorties de snorkeling.

Où se restaurer

El Pescador POISSON ET FRUITS DE MER €€
(☎971 239 198 ; Avinguda de Jaume I 48 ; plats 11-15 € ; ⏲13h-15h30 et 19h30-22h30). Ce restaurant est juché en retrait de la Plaça de Na Caragola, à mi-chemin en direction du centre-ville (après l'office du tourisme). La paella est un bon choix pour le déjeuner, comme les plats à base de viande, mais le meilleur reste le poisson du jour (au poids).

Renseignements

Office du tourisme (☎971 239 205 ; Avinguda de Jaume 1 28B ; ⏲9h-16h mai-sept, 9h-15h lun-ven et 9h-14h sam oct-avr). À quelques pas de la plage.

Depuis/vers Sant Elm

Sept ou huit bus desservent Sant Elm depuis Andratx (1,45 €, 40 min) via Port d'Andratx et S'Arracó. Vous pouvez également prendre le bateau Sant Elm-Port d'Andratx (7,75 €, 20 min, tlj de fév à nov).

Ferry pour l'Illa de Sa Dragonera (☎639 617 545). Des ferries desservent l'Illa de Sa Dragonera (13 €, 15 min, 3-4/jour fév-nov) depuis le petit port au nord de la plage principale de Sant Elm.

SERRA DE TRAMUNTANA

Dominés par la chaîne de montagnes escarpées de la Serra de Tramuntana, la côte nord-ouest de Majorque et son arrière-pays créent un contraste saisissant avec le tourisme de masse de la région côtière de Palma. Le littoral vertigineux est impitoyable, rocheux (calcaire, principalement) et le plus souvent inaccessible. Les villages sont bâtis en grande partie en pierre locale (et non en béton), et les culture en terrasses qui se superposent depuis la côte datent de plusieurs centaines d'années. L'intérieur, quant à lui, élevé et déchiqueté, est très apprécié des randonneurs pour ses beaux paysages de forêts de pins, ses champs d'oliviers et ses fleurs sauvages au printemps. En 2011, le paysage de la Serra de Tramuntana a été inscrit au patrimoine mondial de l'Unesco, preuve de la singularité culturelle et géographique de la région.

D'une superficie de 1 100 km² et d'une longueur de 90 km, la chaîne rejoint le cap de Formentor tout au nord de l'île. Les pics les plus élevés sont concentrés dans le massif montagneux central. Le plus haut, le Puig Major de Son Torrella (1 445 m), est inaccessible et sert de base militaire de communication. Il est suivi du Puig de Massanella (1 365 m). Pratiquement dépourvue de cours d'eau en surface, la zone est riche en courants souterrains, qui alimentent les cultures en terrasses des villages côtiers.

D'Andratx à Valldemossa

Bienvenue sur l'une des plus belles côtes méditerranéenne, traversée par la Ma10 qui s'éloigne d'Andratx pour gravir les collines boisées, porte d'entrée de la majestueuse Serra de Tramuntana.

ESTELLENCS

350 HABITANTS / ALTITUDE 151 M

Estellencs est un village coquet composé de bâtiments en pierre dispersés sur les collines ondulantes que domine le **Puig Galatzò** (1 025 m). L'ensemble est splendide, notamment depuis la route principale en venant du nord. C'est en descendant la colline, à l'écart de la route principale, que l'on a le meilleur angle de vue. Une route de 1,5 km serpente au milieu des terrasses de palmiers, les vergers d'agrumes, les oliviers, les amandiers, les cactus, les pins et les fleurs sauvages, pour arriver à la "plage" locale, **Cala d'Estellencs**, une crique rocailleuse aux eaux cristallines. Pour monter au Puig Galatzò, empruntez le sentier de randonnée qui part à proximité du km 97 sur la Ma10, à environ 2,5 km à l'ouest d'Estellencs. L'ascension étant ardue, munissez-vous d'une bonne carte et de beaucoup d'eau et de nourriture. Comptez 5-6 heures de marche aller-retour. Un autre chemin, qu'il est facile de confondre, vous fait redescendre vers Estellencs.

Une **foire artisanale** se tient généralement à Estellencs le 3e week-end d'avril.

Où se restaurer

Montimar MAJORQUIN €€

(☎971 618 576 ; Plaça de la Constitució 7 ; plats 30-40 € ; ⏲13h-15h30 et 19h-22h30 mar-dim ; 🚭). Ce bastion de la cuisine majorquine traditionnelle, en face de l'église, est le meilleur endroit où manger dans le village. Vous pourrez choisir, entre autres, parmi les sardines grillées, les plats à base de riz (2 pers minimum), le pâté de lapin ou la *sobrassada* (soubressade) majorquine au miel. En dessert, goûtez aux savoureux fromages de l'île.

Cafétéria Vall-Hermos CAFÉ €

(☎971 618 610 ; www.vallhermos.com ; Carrer de Eusebio Pascual 6 ; plats 8-12 € ; ⏲10h-20h dim-ven, 10h-23h sam jeu-mar fév-nov ; 🚭). Ce café sans chichis situé dans la rue principale jouit d'un beau panorama. On y sert des plats classiques mais copieux et variés (*bocadillos*, tapas, menus plus consistants, etc.) qui satisferont la plupart des bourses et des appétits. Vous pouvez aussi faire une halte au Vall-Hermos simplement pour prendre un verre et profiter du paysage. L'établissement reste ouvert plus tard en été. Également location d'appartements.

Achats

Estel@rt ALIMENTATION, ARTISANAT

(☎971 149 092 ; carmejover@estelart.net ; Carrer de Sa Siquia ; ⏲10h-14h et 17h-20h mar-sam, 10h-14h dim). Tout au nord du village, cette charmante petite boutique vend principalement des vêtements, bijoux, céramiques et produits alimentaires faits à Majorque et Minorque. La sélection est limitée mais de qualité. Une galerie d'art occupe le rez-de-chaussée, où café, vin et gâteaux sont proposés aux visiteurs.

BANYALBUFAR

500 HABITANTS / ALTITUDE 112 M

À 8 km au nord-est d'Estellencs, Banyalbufar est aussi lové dans un pli du versant de la Serra de Tramuntana, tourné vers la mer en surplomb de la côte. Ce petit bourg, plus ramassé et escarpé que son voisin, séduit inévitablement le promeneur avec et ses routes tranquilles qui se faufilent jusqu'à la mer. En descendant la pente raide de la colline sur 1 km, vous arriverez à une crique de galets, la **Cala de Banyalbufar**. Profitez de la baignade, ou allez explorer la jolie cascade qui se trouve à côté.

Le village fut créé au Xe siècle par les Arabes, qui lui donnèrent le nom de Banyalbufar ("construit près de la mer"). Il est entouré de cultures en terrasses séculaires taillées dans la pierre, appelées *ses marjades*. Elles forment un ensemble de marches descendant jusqu'à la mer. Elles sont irriguées par l'eau de la montagne qui s'écoule dans des canaux à ciel ouvert avant d'être stockée dans des citernes. En sortant de la ville, la Torre des Verger (p. 86). est l'un des symboles les plus représentatifs de Majorque.

À voir

Torre des Verger FORTERESSE

(Torre de Ses Animes ; Carretera de Banyalbufar-Andratx). À 1 km de la ville, sur la route d'Estellencs, la Torre des Verger est un *talayot* (tour de guet) datant de 1579. Elle figure sur nombre de cartes postales de l'île. Son emplacement est l'un des plus incroyables de Majorque : à quelques centimètres près, la tour se retrouvait dans la mer, plusieurs mètres en contrebas.

Du haut de la tour (attention au vertige), scrutez l'horizon pour guetter non pas les bateaux de pirates comme le faisaient autrefois les sentinelles, mais les yatchs.

Bodega Son Vives VIGNOBLE

(☎609 601 904 ; Carretera de Banyalbufar-Andratx ; ⏲11h-19h jeu-dim mai-oct). En haut de la colline, à l'entrée sud du village, ce petit vignoble propose en été des dégustations et des ventes à la propriété. Outre la malvoisie

(Malvasia) locale, la production comprend plusieurs vins ainsi que de l'huile d'olive.

Où se restaurer

Son Tomás ESPAGNOL, MAJORQUIN €€

(☎971 618 149 ; sontomas@yahoo.es ; Carrer de Baronia 17 ; plats 13,50-23 € ; ⏲12h30-16h et 19h30-22h mer-dim, 12h30-16h lun ; 🚭). Établissement classique, surplombant la route principale à l'extrémité sud-ouest du village. Si les tables donnant sur la rue sont assaillies par les cyclistes cassant la croûte, le restaurant à l'étage propose une cuisine de grande qualité. La *lechona* (cochon de lait) , le *suquet* (ragoût de poisson, fruits de mer et pommes de terre) et l'un des meilleurs riz au homard de l'île sauront satisfaire les plus gros appétits.

Restaurante Es Trast MÉDITERRANÉEN €€

(☎971 148 544 ; Carrer de Comte Sallent 10 ; plats 16,90-19,90 € ; ⏲11h-16h et 19h-23h jeu-mar fév-mi déc ; 🚭). Tout le monde trouvera son compte dans cet établissement à la fois élégant et décontracté : tapas (de 12h30 à 18h30), salades et pâtes pour un repas léger, ou, pour les plus gros mangeurs, des plats plus consistants comme le filet de porc et ses légumes méditerranéens ou le poisson du jour. Produits frais et régionaux, arrosés de vins locaux.

Outre la salle de restaurant principale, vous pourrez vous installer sur la terrasse donnant sur la rue ou dans le joli patio étroit aux murs de pierre à l'arrière.

Ca Madò Paula MÉDITERRANÉEN €€

(☎971 148 717 ; www.camadopaula.com ; Carrer de la Constitució 11 ; plats 12,50-16,90 € ; ⏲13h-16h et 19h30-22h mer-lun ; 🚭). La petite salle à manger pourrait être celle d'une grand-mère majorquine, et le jardin à l'arrière est parfait pour une douce soirée d'été. La carte est axée sur l'Italie, mais elle comprend aussi des plats comme le saumon frais et sa sauce aux fruits de mer.

Achats

Malvasia de Banyalbufar VIN

(☎971 148 505 ; www.malvasiadebanyalbufar.com ; Carrer de Comte Sallent 5 ; ⏲11h-14h et 17h-20h mar-sam, 11h-14h dim juin-août, 11h-17h sam, 11h-14h dim sept-mai). Gérée par une coopérative de producteurs de vins locaux, cette boutique a pour but de promouvoir la malvoisie produite dans la région. C'est donc l'endroit idéal où dénicher une bonne bouteille pour votre pique-nique ou pour rapporter en cadeau.

ESPORLES ET LE CIRCUIT DES TERRES

Quelques centaines de mètres après la route pour le Port des Canonge, la Ma1100 met le cap vers le sud, en direction d'Esporles. Au bout de 1 km, vous arriverez à une intersection et à La Granja.

Depuis La Granja, si vous disposez de votre propre moyen de locomotion, vous pourrez faire un circuit dans les terres. En direction du sud, la Ma1101 s'enfonce dans les forêts épaisses et vous fait dévaler une série de virages en épingle à cheveux avant d'arriver à **Puigpunyent**. Ce village typique de l'arrière-pays majorquin n'est pas riche en curiosités touristiques, mais le luxueux **Gran Hotel Son Net** (p. 171) aux tons roses,

VUE SUR LA MER

Que vous choisissiez d'explorer les côtes spectaculaires de la Serra de Tramuntana à pied, à vélo ou en voiture, attendez-vous à en avoir plein la vue ! Autre alternative : découvrir ces paysages en bateau. Partez de **Port d'Andratx**, au sud-ouest, longez ensuite **Sant Elm** et l'**Illa de Sa Dragonera**, puis mettez le cap au nord-est, jusqu'à **Port de Sóller**, où vous pourrez passer une nuit au calme. Vous pourrez vous arrêter pour une petite baignade à Port des Canonge, Cala de Deià et Lluc Alcari (mais vous ne pourrez pas y jeter l'ancre pour la nuit). Les anses d'Estellencs et de Valldemossa ne sont pas assez profondes pour la majorité des bateaux. Le jour suivant, filez sur le Cap de Formentor et contournez-le pour trouver refuge dans la baie de Pollença. Dans des conditions similaires, cette étape prend plus de temps que la première. Cala Tuent, Sa Calobra, Cala Sant Vicenç et Cala Figuera sont des points d'escale intéressants pour la journée. Au total, l'itinéraire fait environ 60 milles marins.

L'un des principaux facteurs à prendre en compte est la météo. Le vent est quasi omniprésent, ce qui signifie que vous pouvez naviguer toutes voiles dehors. Cependant, les conditions climatiques peuvent gêner la navigation, souvent dangereuse en hiver le long de ce littoral. Vous pouvez louer des bateaux à Port d'Andratx, auprès de Llaüts (p. 83). Sinon, renseignez-vous dans un office du tourisme.

perché sur la colline, justifie à lui seul une halte (si vous en avez les moyens).

De Puigpunyent, une route serpente jusqu'à **Galilea**, hameau perché dans la montagne environ 4 km plus au sud. Grimpez jusqu'à la place de l'église pour admirer la vue sur les vallées et prendre un verre au bar d'à côté, ou montez encore plus haut pour une vue encore plus saisissante. **Scott's Galilea** (p. 170) dispose de plusieurs studios de luxe ici.

De retour à Puigpunyent, prenez la Ma1101 vers **Esporles**, dans les contreforts de la Tramuntana. Tous les samedis, un marché se tient dans ce village ombragé, qui jouxte un ruisseau généralement à sec. La Ma1040 bordée d'arbres fait office de rue principale, au bord de laquelle se dressent une église pompeuse et de nombreux cafés-restaurants. Es Brollador (ci-dessous) est le meilleur. Les soirées sont assez animées à Esporles, où résident beaucoup de personnes travaillant à Palma.

À voir

La Granja ÉDIFICE HISTORIQUE
(☎971 610 032 ; www.lagranja.net ; Carretera de Esporles-Banyalbufar ; adulte/enfant 12,50/6 € ; ⏲10h-19h mai-oct, 10h-18h nov-avr). Cette magnifique *possessió* est aujourd'hui le théâtre d'une reconstitution quelque peu kitsch de la vie majorquine d'autrefois, avec des gens en habits traditionnels faisant des démonstrations de vieux métiers. La grande demeure mérite d'être visitée, tout comme les immenses jardins qui l'entourent. Certains éléments de la propriété datent du Xe siècle. On pourrait passer des heures à détailler les différentes pièces et leurs meubles d'époque, les pressoirs à olives et à raisins, la vaste salle à manger, les écuries, les ateliers et les instruments de torture médiévaux stockés dans les caves. Un if colossal, vieux d'environ 2 000 ans, se dresse dans le jardin.

Où se restaurer

Es Brollador ESPAGNOL €€
(☎971 610 539 ; Passeig del Rei 10 ; plats 11,50-21,50 €, menus 14-30 € ; ⏲10h-22h ; 🚭). Avec ses sols carrelés, ses hauts plafonds et sa cour intérieure à l'arrière, Es Brollador constitue une halte agréable, que ce soit pour un café le matin ou pour le déjeuner ou le dîner. Si le filet de porc accompagné de sa sauce à la *sobrassada* est mémorable, les menus constituent aussi une valeur sûre. La carte comprend également des plats plus légers. En terrasse, vous ne vous lasserez pas d'observer les passants.

Rose MÉDITERRANÉEN €€
(☎971 614 360 ; www.restaurant-the-rose.com ; Carrer de la Ciutat 3 ; plats 16,50-24 € ; ⏲19h-23h30 mer, 12h30-15h15 et 19h-23h30 jeu-dim ; 🚭). À la jonction des routes menant au Gran Hotel Son Net, à Palma, à Galilea et au centre de Puigpunyent, ce restaurant accueillant situé en bord de route propose un choix alléchant de viandes et de poisson, généralement accommodés avec une touche d'originalité. Adresse très appréciée des habitants du coin.

Depuis/vers Estellencs

Le bus Palma–Estellencs (3,30 €, 1h20, 4 à 11/jour) passe par Esporles et Banyalbufar.

Valldemossa

2 000 HABITANTS / ALTITUDE 425 M

Valldemossa est l'un des plus jolis bourgs de l'île. Appelé "ville aux quatre vallées", c'est un ensemble harmonieux de rues pavées bordées d'arbres, de grandes maisons de pierre et d'impressionnantes villas. Les cars de touristes arrivent cependant par dizaines et la plupart des bars et des restaurants servent une nourriture moyenne à un prix bien trop élevé. Tentez de ne pas trop y faire attention, et vous comprendrez qu'un tel succès est bien mérité.

À voir

Vous remarquerez peut-être qu'un carreau de céramique coloré représentant une religieuse et portant l'inscription "*Santa Catalina Thomàs, pregau per nosaltres*" ("Sainte Catherine Thomas, priez pour nous"), est accroché devant la plupart des maisons. Oui, Valldemossa a sa propre sainte !

Pour une vue imprenable sur les terrasses, les vergers, les jardins, les cyprès, les palmiers et les quelques maisons ocre, en surplomb des montagnes et des plaines lointaines menant à Palma (sans parler de ce câble de téléphone quelque peu gênant), descendez la Carrer del Lledoners jusqu'à **Miranda dels Lledoners**.

Real Cartuja de Valldemossa MONASTÈRE
(Cartoixa de Valldemossa ; ☎971 612 106 ; Plaça Cartoixa ; adulte/enfant 8,50 €/gratuit ; ⏲9h30-18h30 lun-sam, 10h-13h dim mars-oct, 9h30-16h30 lun-sam, 10h-13h dim nov-fév). Ce beau et vaste bâtiment entouré de somptueux jardins et jouissant d'un agréable panorama abrita des rois, des moines, mais

Valldemossa

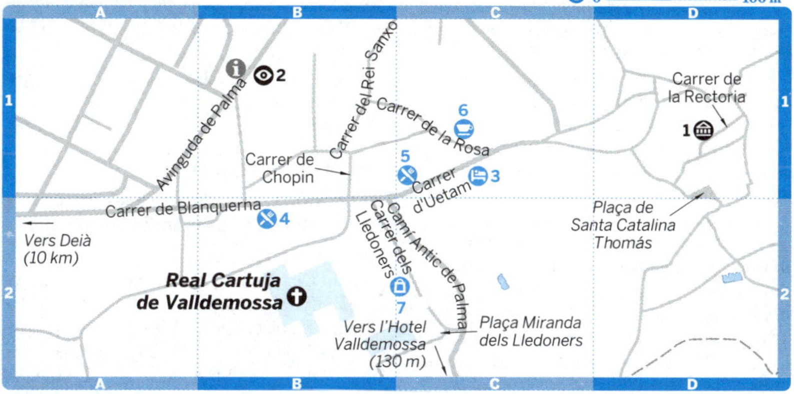

Valldemossa

Les incontournables

Real Cartuja de Valldemossa B2

À voir

1 Casa Natal de Santa Catalina Thomàs D1

2 Costa Nord B1

Où se loger

3 Es Petit Hotel C1

Où se restaurer

4 Forn Ca'n Molinas B2

5 Hostal Ca'n Mário C1

Où prendre un verre

6 Aromas C1

Achats

7 Es Carreró C2

aussi le couple Frédéric Chopin-George Sand au XIXe siècle.

Le palais d'origine fut construit en 1310 par Jacques II. Laissé ensuite à l'abandon, il fut repris par des chartreux, qui en firent un monastère et l'aggrandirent considérablement en 1399. Après l'expulsion des moines en 1835, l'endroit devint un lieu de villégiature l'été, principalement pour les habitants de Palma.

Conformément aux règles définies par l'ordre, seuls 13 moines, dont les cellules laissent deviner l'existence, vivaient dans ce lieu immense. Sont exposés divers objets rappelant le séjour de George Sand et de Frédéric Chopin, notamment le piano du compositeur. Le prix d'entrée comprend les récitals de piano (8/jour en été) et la visite du **Palau del Rei Sanxo**, de Jacques II, labyrinthe de chambres médiévales remplies de meubles d'époque et de souvenirs entourant un modeste cloître.

Casa Natal de Santa Catalina Thomàs — ÉDIFICE HISTORIQUE

(Carrer de la Rectoria). La maison natale de sainte Catherine Thomas jouxte l'**Església de Sant Bartomeu**, à l'est de la ville. Elle renferme une petite chapelle et un fac-similé de la déclaration de béatification de la sainte par le pape Pie VI datant de 1792. La sainte fut canonisée en 1930.

Née en 1531, elle aurait eu des visions du diable (et aurait été tentée par lui) dès son plus jeune âge. La tombe de la sainte, morte en 1574, se trouve dans l'Església de Santa Magdalena, à Palma. Les horaires d'ouverture de la maison natale sont variables, mais les portes sont rarement closes.

Costa Nord — CENTRE CULTUREL

(971 612 425 ; www.costanord.es ; Avinguda de Palma 6 ; adulte/enfant 7,50 €/gratuit ; 9h-17h lun-ven, 9h-13h30 sam et dim). Initiative de l'acteur Michael Douglas, qui partage son temps entre Valldemossa et Hollywood, Costa Nord se veut être un "centre culturel". Tout commence effectivement par une présentation historique de Valldemossa de 15 minutes, narrée par Michael Douglas lui-même. Le voyage virtuel qui suit, à bord de la *Nixe*, bateau du XIXe siècle de l'archiduc Louis Salvador d'Autriche (1847-1915), alors propriétaire de la plupart des terres de l'ouest de l'île, n'intéressera pas grand monde.

Miramar ÉDIFICE HISTORIQUE
(☎649 913 832, 971 616 073 ; www.sonmarroig.com ; Carretera de Valldemossa-Deià ; adulte/enfant 5 €/gratuit ; ⌚9h-16h45). Miramar, à 5 km au nord de Valldemossa sur la route de Deià, est l'une des anciennes résidences de l'archiduc Louis Salvador de Habsbourg. Elle fut construite à l'emplacement d'un monastère du XIIIe siècle. Le panorama est magnifique.

Raymond Lulle (1232-1316, Ramón Llull en catalan), théologien, philosophe et poète, fonda le monastère, où il écrivit nombre de ses ouvrages et apprit à ses frères à faire du prosélytisme auprès des musulmans. C'est grâce à lui que le catalan est devenu une langue littéraire. Derrière le bâtiment, la vue du haut de la falaise est admirable.

Son Marroig ÉDIFICE HISTORIQUE
(☎971 639 159, 649 913 832 ; www.sonmarroig.com ; Carretera de Valldemossa-Deià ; entrée 4 € ; ⌚9h30-19h30 lun-sam et jours fériés avr-sept, 9h30-14h et 15h-17h30 lun-sam et jours fériés oct-mars). À 7 km de Valldemossa, Son Marroig fut également une résidence de l'archiduc Louis Salvador (1847-1915). Cette charmante demeure labyrinthique est remplie de meubles, de livres et d'objets d'époque. Le panorama est féerique.

Les 3 km à parcourir jusqu'à la Foradada, un étrange trou dans la roche au bord de l'eau, sont récompensés par une baignade apaisante et agréable.

Son Marroig accueille le **Festival internacional de Deià**, qui accueille des concerts de musique classique tous les jeudis soir de juin à septembre.

Fêtes et festivals

Festa de la Beata FÊTE RELIGIEUSE
(28 juillet). Valldemossa rend hommage à Santa Catalina Thomàs. Une enfant de 6 ans est choisie pour représenter la petite sainte lors des festivités.

Festival Chopin MUSIQUE
(www.festivalchopin.com ; 15-25 € ; août). Tout au long du mois d'août, la Real Cartuja de Valldemossa accueille des concerts de musique classique. Si la plupart des œuvres sont de Chopin, d'autres compositeurs sont également joués.

Où se restaurer

Quelques restaurants agréables bordent les rues, mais peu présentent un grand intérêt culinaire.

Hostal Ca'n Mário ESPAGNOL, MAJORQUIN €€
(☎971 612 122 ; www.hostalcanmario.net ; Carrer d'Uetam 8 ; plats 8,50-12,50 € ; ⌚13h30-15h30 et 20h-22h jeu-dim, 13h30-15h30 lun-mer ; 🚭). Le meilleur établissement de la ville. Si vous parvenez à vous installer à une table près d'une fenêtre, vous pourrez alors voir presque jusqu'à Palma ! La nourriture, simple et locale, comprend un choix de poisson et de viandes, et, parmi les spécialités, de divines aubergines farcies. L'hôtel, hélas, est fermé.

Forn Ca'n Molinas PÂTISSERIE €
(☎971 612 247 ; Carrer de Blanquerna 15 ; coca de patata/ensaïmada 1,15/1,20 € ; ⌚7h30-20h). Cet établissement, dans la rue piétonne principale, confectionne depuis 1920 la *coca de patata*, spécialité locale, ainsi que les fameuses *ensaïmades*. Ferme plus tard en plein été.

Hôtel Valldemossa ESPAGNOL, INTERNATIONAL €€€
(☎971 612 626 ; www.valldemossahotel.com ; Camí Antic de Palma ; plats 23-27 € ; ⌚13h-16h et 19h-23h ; 🚭). De loin l'endroit le plus luxueux de la ville, cet élégant hôtel-restaurant propose toutes sortes de formules, du brunch du dimanche (28 €) au menu du jeudi, axé sur les spécialités majorquines (26 €), en passant par le *menú degustación*, composé de 6 plats (74 €/pers, minimum 2 pers).

HIVER MAUDIT

Valldemossa doit surtout sa renommée au fait qu'en 1838-1839, Frédéric Chopin, alors souffrant, et sa maîtresse George Sand, y passèrent un hiver détestable. Leur séjour au grand **Real Cartuja de Valldemossa** (p. 88) – rien que ça – fut relaté par George Sand dans *Un hiver à Majorque*, roman qui la rendit impopulaire pour longtemps dans l'île. Le mauvais état de santé de Chopin, la pluie et l'humidité constantes, et l'accueil pas toujours très chaleureux des villageois, qui considéraient ces étrangers comme bien trop excentriques, transformèrent cette fuite souhaitée idyllique, loin du climat social pesant de Paris, en un réel cauchemar. Mais le temps sait guérir les blessures et Valldemossa a su tirer parti du passage de ces hôtes peu commodes avec, notamment, le festival Chopin, et des références au couple visibles dans toute la ville.

Parmi les plats à la carte, on retiendra le homard grillé accompagné d'un risotto de potiron et de sa mousse à la citronnelle.

Ca'n Costa ESPAGNOL €€
(☎971 612 263 ; Carretera de Valldemossa-Deià ; plats 12-22 € ; ⌚13h-15h30 et 19h30-22h30 mer-lun ; 🚭). Avec son cadre rustique qui rappelle les fermes majorquines, le Ca'n Costa constitue une halte agréable. Créé en 1975, le restaurant est installé dans un bâtiment du XIIIe siècle. Il doit sa longévité à sa *porcelleta al forn* (cochon de lait) et à d'autres viandes cuisinées à la perfection. Le bus Valldemossa-Deià s'arrête devant.

Où prendre un verre

Aromas CAFÉ
(☎971 616 185 ; aromasdevalldemossa@gmail.com ; Carrer de la Rosa 25 ; ⌚11h-21h ; 📶). Ce charmant petit café se distingue de la plupart des autres établissements de la ville. Sa carte compte 48 sortes de thé et 38 boissons chocolatées différentes. On peut aussi y découvrir des expositions d'artistes reconnus (comme le dessinateur Luis Bermejo). Pour couronner le tout, un jardin odorant se cache à l'arrière. Bref, une adresse à ne pas manquer !

Achats

Le dimanche est jour de marché à Valldemossa.

Es Carreró ARTISANAT
(☎971 616 348 ; vickyvalldemossa@hotmail.com ; Carrer dels Lledoners 6B ; ⌚11h30-20h30 juin-sept, horaires réduits le reste de l'année, fermé nov-fév). Cette formidable boutique, qui a ouvert ses portes en avril 2011, propose des articles pour la maison, des bijoux et des objets design. La plupart sont faits main ou proviennent de produits recyclés par la maîtresse des lieux, Vicky Vidal. Cette dernière propose aussi quelques belles photos. Une adresse qui surpasse de loin les boutiques de souvenirs industriels que vous trouverez ailleurs à Valldemossa.

Renseignements

Office du tourisme (☎971 612 019 ; Avinguda de Palma 7 ; ⌚9h-13h30 et 15h-17h lun-ven, 10h-13h sam). Dans la rue principale, à environ 2 minutes à pied de l'arrêt de bus principal.

Depuis/vers Valldemossa

Le bus n°210 effectue le trajet Palma-Valldemossa (1,50 €, 30 min) 4 à 9 fois par jour. Il continue 3 ou 4 fois jusqu'à Port de Sóller (2,25 €, 1 heure) en passant par Deià.

Port de Valldemossa

À environ 1,5 km à l'ouest de Valldemossa, en direction de Banyalbufar, une route de montagne (la Ma1113) descend sur 6 km jusqu'à Port de Valldemossa. La vue sur la mer et les falaises est à couper le souffle. Lors de la vertigineuse descente, on aperçoit au loin un village en contrebas à travers les arbres. Les conducteurs devront veiller à garder l'œil sur la route, et il n'y a qu'un endroit permettant de s'arrêter pour prendre des photos. Vous trouverez à l'arrivée une plage de galets et d'algues au pied des falaises rouges et quelques maisons, dont l'une abrite le réputé (à juste titre) Restaurant Es Port.

Où se restaurer

Restaurant Es Port POISSON ET FRUITS DE MER €€
(☎971 616 194 ; plats 12,80-23,50 € ; ⌚10h-18h sept-mai, 10h-22h juin-août). Tout semble encore meilleur installé à la terrasse du 1er étage, un soir d'été. Les plats de riz éclipsent tout le reste, tout comme les assiettes de poisson et de fruits de mer (23,50 €). Quant aux *calamares al ajillo con patatas* (calamars et pommes de terre sautées, le tout légèrement épicé), ils frôlent la perfection.

Deià et ses environs

780 HABITANTS / ALTITUDE 222 M

Adopté par une foule d'écrivains, de comédiens et de musiciens venus du monde entier (le plus célèbre d'entre eux étant le poète anglais Robert Graves), Deià est peut-être le village le plus connu de Majorque. Accrochées à la colline, les maisons de pierre se succèdent jusqu'aux vallées voisines dans un décor idyllique avec, pour toile de fond, le **Puig des Teix** (1 062 m). Sur les coteaux abrupts s'étalent jardins potagers, vergers d'agrumes, amandiers, oliviers, et même quelques vignes.

À voir et à faire

La Ma10 traverse le village et devient la rue principale, bordée de bars, de restaurants et de boutiques. Il suffit d'arpenter les rues pavées pour comprendre la fascination qu'ont exercée les lieux sur les artistes, notamment les artistes catalans qui l'ont "découvert" au début du XXe siècle : coquettes maisons de pierre, débauche de bougainvilliers et une vue extraordinaire sur la mer, les cultures en terrasse et les montagnes. Au sommet d'Es Puig, la colline au cœur de Deià, se trouve la modeste **Església de Sant Joan Baptista** (dont le **Museu Parroquial**, avec son attirail d'objets religieux locaux, ouvre rarement et à des horaires toujours fluctuants).

Le **cimetière** est en face. C'est ici qu'est enterré "Robert Graves, Poeta, 24-4-1895 - 7-12-1985 E.P.D" ("*en paz descanse*", ce qui signifie "repose en paix"), figure de la littérature anglaise. Sa deuxième femme, Beryl Pritchard (Beryl Graves), qui décéda en 2003, est enterrée à l'autre bout du cimetière.

Casa Robert Graves ÉDIFICE HISTORIQUE
(Ca N'Alluny ; ☎971 636 185 ; www.lacasaderobertgraves.com ; Carretera Deià-Sóller ; adulte/enfant 5/2,50 € ; ⏲10h-16h20 lun-ven, 10h-14h20 sam mai-oct, 9h-15h20 lun-ven, 9h-13h20 sam nov-avr). À 5 minutes de marche du village, sur la route de Sóller, la Casa Robert Graves rend un bel hommage à l'écrivain anglais. Arrivé à Deià en 1929, il y fit construire trois ans plus tard Ca N'Alluny (maison au loin), cette demeure de pierre sur trois étages. Mobilier d'époque, livres, objets divers, photos et films donnent un aperçu émouvant de sa vie et de son œuvre.

Robert Graves quitta les lieux précipitamment en 1936, alors qu'éclatait la guerre civile, et confia sa maison à un habitant du village. Dix ans plus tard, les autorités espagnoles l'autorisèrent à revenir dans sa demeure, où rien n'avait bougé depuis son départ. "Si j'en avais eu envie, j'aurais pu m'asseoir et... me remettre au travail tout de suite", déclara-t-il plus tard. Aujourd'hui encore, l'endroit est resté intact, comme si l'écrivain était juste sorti faire un tour. Sa voix retentit dans les différentes pièces, grâce aux enregistrements diffusés en boucle, comme à l'infini, d'une lecture qu'il avait faite de son poème *The Face in the Mirror*. Dans chaque pièce, des textes explicatifs en majorquin, espagnol et anglais permettent de mieux comprendre le contexte.

Des œuvres telles que *Moi, Claude*, version romancée de la vie de l'empereur romain, ont fait la renommée de Robert Graves. Il est aussi l'auteur de nombreux poèmes et d'un livre sur sa terre adoptive, *Mallorca Observed* (1965). Le prologue de son roman *La Toison d'or* (Gallimard, 2010) se passe à Deià. Quelques-unes de ses 146 œuvres sont en vente à la billetterie. Demandez aussi la fiche de suggestions de lecture.

CALA DE DEIÀ

À 3 km de Deià en voiture (direction Sóller), un peu moins loin à pied, la **Cala de Deià** est l'une des plus belles criques de la Serra de Tramuntana. Accessible uniquement à pied, la petite plage de galets qui donne sur des eaux cristallines est entourée d'une poignée de maisons. Le parking (5 €/jour), à quelques centaines de mètres au bord de la route, est vite saturé, alors n'arrivez pas trop tard. Pour manger, vous avez le choix entre le Can Lluc, un petit restaurant sans prétention en haut de la plage, et le Ca's Patró March qui sert du poisson frais sur une plate-forme rocheuse au-dessus de l'eau. Plusieurs bons sentiers de randonnée quadrillent la zone, comme le très accessible **chemin côtier de Deià**, qui mène au joli hameau de Lluc Alcari. De mai à octobre, un bus dessert la Cala depuis Deià 3 fois par jour (15 min).

LLUC ALCARI

À 3 kilomètres au nord-est de Deià, ce hameau semble incrusté dans le flanc rocheux de la montagne. Malgré la place occupée par l'hôtel, la vue, depuis la route, sur les toits en tuiles et les palmiers, avec la Méditerranée en toile de fond, est magique.

Où se restaurer

La route principale est bordée de restaurants, en particulier à l'est du village. La qualité est variable, mais certaines adresses ont fait leurs preuves au fil des ans.

Es Racó d'es Teix FUSION €€€
(☎971 639 501 ; www.esracodesteix.es ; Carrer de San Vinya Vella 6 ; plats à partir de 35 €, menú degustación 4/6 plats 72/98 € ; ⏲13h-15h et 19h30-22h30 mer-dim mars à mi-nov ; 🚭). Sorte de légende dans l'île, Josef Sauerschell a une étoile au Michelin, bien méritée. Sa cuisine fait la part belle aux plats à base de viande, à la fois raffinés et copieux comme le chevreuil à l'armagnac ou le carré d'agneau en croûte d'olives et pistaches.

Sebastian MÉDITERRANÉEN €€€
(☎971 639 417 ; Carrer de Felip Bauzà 2 ; plats 26-30 € ; ⏲19h30-22h30 jeu-mar mars à mi-nov ; 🚭). Le décor est épuré : murs de pierre et nappes blanches immaculées. La carte reflète la même subtilité : 3 plats de poisson et 3 plats de viande, accompagnés d'une purée ou d'une sauce délicate. Lors de notre passage, était notamment proposé un blanc de pigeon poêlé à la rhubarbe et au vinaigre balsamique vieilli, mais la carte varie au fil des saisons.

El Barrigón Xelini ESPAGNOL €
(☎971 639 139 ; www.xelini.com ; Avinguda del Arxiduc Lluís Salvador 19 ; tapas à partir de 3,75 € ;

⌚12h30-1h mar-dim sept-mai, 17h-1h tlj juin-août ; ⌚). Ici, on ne sait jamais vraiment à quoi s'attendre, mais les tapas (plus de 50 sortes venues de toute l'Espagne) occupent une place centrale, avec un choix quasi illimité, des dattes au bacon, aux tacos d'agneau à l'origan, en passant par les champignons à l'ail. Les week-ends d'été, vous aurez peut-être la chance d'y écouter un concert de jazz.

Ca's Patró March ESPAGNOL €€
(☎971 639 137 ; Cala Deià ; plats 9-18 € ; ⌚10h-18h avr-oct). Probablement le meilleur des 2 établissements surplombant la mer, pour son point de vue légèrement surélevé, mais le match est serré. Large choix de viandes grillées et de poissons, ainsi que des plats plus légers comme des omelettes. Ce restaurant est tenu par la même famille de pêcheurs depuis trois générations.

Restaurant Deià MAJORQUIN €€
(☎971 639 265 ; info@restaurantdeia.com ; Carrer de Felip Bauzà 1 ; plats 14-21 € ; ⌚12h-16h30 et 19h-23h ; ⌚). Les voyageurs plébiscitent ce restaurant, situé à quelques pas de la route principale, à l'est de la ville. On y sert une cuisine majorquine ponctuée de quelques notes continentales : lapin aux oignons et aux champignons sauvages ou magret de canard accompagné de *sobrassada* et de miel majorquins, le saumon grillé au caviar et risotto de légumes est bien moins typique.

Can Lluc POISSON ET FRUITS MER €€
(☎649 198 618 ; Cala Deià ; plats 10-16,50 € ; ⌚10h30-19h jeu-mar mai-oct). Boissons fraîches, sardines grillées et la mer à côté..., dans ce petit bar-restaurant sans chichis, c'est le bonheur à l'état pur.

Fêtes et festivals

Festival Internacional de Deià MUSIQUE
(☎971 639 178 ; www.dimf.com ; 20 € ; ⌚jeu avr-sept). Aux alentours de Deià, sur la côte de la Serra de Tramuntana, la demeure Son Marroig accueille les concerts de musique classique du Festival Internacional de Deià.

Depuis/vers Deià

Deià est à 15 minutes de Valldemossa sur le trajet du bus n°210 reliant Palma (2,55 €, 45-60 min) à Port de Sóller (1,35 €, 30-40 min).

Sóller

9 380 HABITANTS / ALTITUDE 40 M

Blottie dans une vallée entourée des collines gris-vert de la Serra de Tramuntana, Sóller est probablement la plus belle ville de l'île. Les Arabes avaient bien perçu le potentiel de cette vallée, appelée Vall d'Or ("vallée d'or"). Les vergers d'orangers et de citronniers, irrigués par les sources des collines, dateraient du XIIIe siècle.

Sóller en elle-même vaut largement le détour, mais c'est aussi une base formidable pour visiter les jolis villages alentour comme Port de Sóller, Biniaraix et Fornalutx, ainsi que pour de superbes randonnées dans la Serra de Tramuntana. La gare de Sóller est le terminus de la ligne de train Palma-Sóller, l'une des excursions les plus populaires et spectaculaires à Majorque.

À voir

Le simple fait de se promener dans les rues calmes de Sóller est un plaisir. Où que vous alliez, en quelques minutes, les allées étroites et sinueuses deviennent des routes de campagne bordées de murets derrière lesquels fleurissent citronniers et orangers.

Ca'n Prunera – Museu Modernista MUSÉE, ÉDIFICE HISTORIQUE
(☎971 638 973 ; www.canprunera.com ; Carrer de Sa Lluna 86 et 90 ; adulte/enfant 5 €/gratuit ; ⌚10h30-18h30 avr-oct, fermé lun nov-mars). Ca'n Prunera est l'un des nouveaux musées majorquins les plus importants. Installé dans une demeure moderniste, l'une des rares constructions de ce type à Sóller, il renferme une belle collection d'œuvres d'art : tableaux de Joan Miró, dessins de Toulouse-Lautrec, Picasso, Gauguin, Klimt, Kandinsky, Klee, Man Ray et Cézanne.

On y trouve aussi une galerie consacrée à Juli Ramis (1909-1990), peintre originaire de Sóller qui avait son atelier dans le village voisin de Biniaraix, ainsi que des œuvres de Miquel Barceló, d'Antoni Tapiès et d'Eduardo Chillida. Vous pourrez également admirer à l'arrière l'intéressant *Movement* (2006) de Francesca Martí, un jardin de sculptures, et une exposition de poupées datant du début du XXe siècle.

Élément du musée à part entière, la demeure est un bel exemple d'architecture moderniste, de l'étonnante façade en pierre et fer forgé aux plafonds travaillés et aux meubles du début du XXe siècle.

GRATUIT **Església de Sant Bartomeu** ÉGLISE
(Plaça de la Constitució ; entrée gratuite ; ⌚11h-13h15 et 15h-17h15 lun-jeu, 11h-13h15 ven et sam, 12h-13h dim). Disciple de l'architecte Antoni Gaudí, Joan Rubió, qui a réalisé de nombreuses constructions à Sóller, fut chargé en 1904 de rénover l'Església de Sant Bartomeu du XVIe siècle. Cette

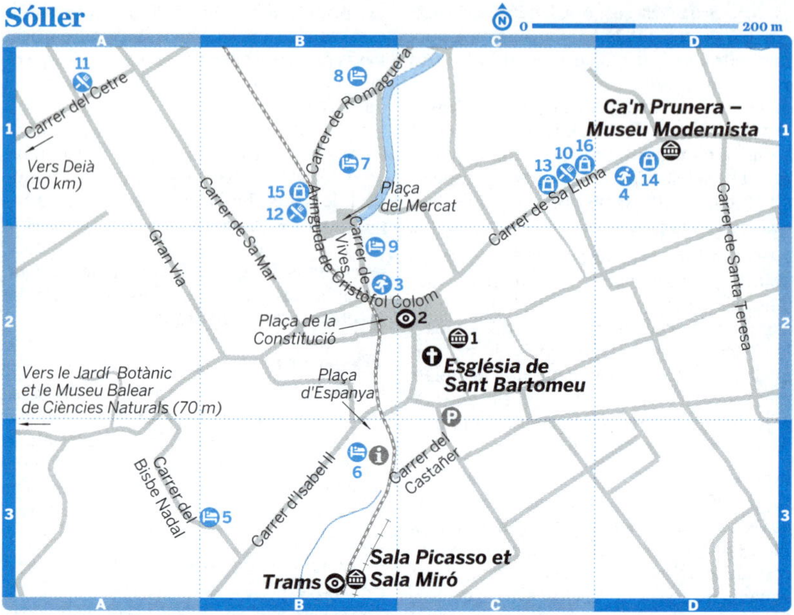

Sóller

Les incontournables
- Ca'n Prunera – Museu Modernista D1
- Església de Sant Bartomeu C2
- Sala Picasso et Sala Miró B3
- Trams B3

À voir
- 1 Banco de Sóller.................................... C2
- 2 Plaça de la Constitució......................... C2

Activités
- 3 Academia Sóller.................................... B2
- 4 Tramuntana Tours D1

Où se loger
- 5 Ca'l Bisbe.. B3
- 6 Ca'n Isabel B3
- 7 Gran Hotel Sóller.................................. B1
- 8 Hostal Nadal B1
- 9 Hotel S'Ardeviu B2

Où se restaurer
- 10 Ca'n Gata C1
- 11 Ca's Carreter A1
- 12 Sa Fàbrica de Gelats B1
- Sacova ....(voir 3)

Achats
- 13 Arte Artesanía C1
- 14 Ben Calçat D1
- 15 Fet a Sóller... B1
- 16 Temps era Temps.................................. C1

église, en grande partie baroque (construite entre 1688 et 1723), a conservé des éléments de son intérieur gothique, plus ancien, mais l'architecte la dota d'une belle (bien qu'inhabituelle) façade moderniste.

L'intérieur est doré mais sombre, et des chapelles faiblement éclairées contrastent avec le retable richement orné. Marchez vers l'autel, faites demi-tour pour admirer le lustre, l'orgue et la rosace lumineuse. La partie supérieure de l'église, en forme de candélabre, est visible de tout le village, alors que la Serra de Tramuntana se dessine en toile de fond.

Banco de Sóller ÉDIFICE HISTORIQUE

(Plaça de la Constitució). Joan Rubió est aussi à l'origine de la façade de la banque de Sóller (aujourd'hui Banco de Santander), de style moderniste, qui jouxte l'Església de Sant Bartomeu. Le projet était audacieux, avec ses deux énormes balcons circulaires collés à la façade et ses fenêtres ornées de grilles en fer forgé semblables à de la dentelle.

Plaça de la Constitució PLACE
(Centre-ville). La Plaça de la Constitució, cœur et âme de la ville, est à 100 m en contrebas de la gare ferroviaire. Elle est bordée de l'hôtel de ville (*ajuntament*) ainsi que de bars et de restaurants. Le soir venu, elle sert de terrain de jeu aux enfants.

GRATUIT **Sala Picasso et Sala Miró** MUSÉE
(Plaça d'Espanya 6 ; ⏲10h-18h30). Le hall de la gare de Sóller abrite, au niveau de la rue, deux étonnantes salles d'exposition, la Sala Picasso et la Sala Miró. La première renferme plus de 50 œuvres en céramique faites par Picasso entre 1948 et 1971. La seconde présente un ensemble de tirages du maître catalan. Le grand-père de Miró était originaire de la ville.

Trams TRAMWAY ANCIEN
(Tranvías ; aller simple 4 € ; ⏲départ toutes les 30 ou 60 min, 7h-21h). Un tramway du bon vieux temps rallie Port de Sóller, à 2 km sur la côte. Il part de l'extérieur de la gare. Horaires à l'office du tourisme.

Jardí Botànic et Museu Balear de Ciències Naturals JARDINS, MUSÉE
(☎971 634 014 ; www.jardibotanicdesoller.org ; Carretera Palma-Port de Sóller ; adulte/enfant 5 €/gratuit ; ⏲10h-18h mar-sam, 10h-14h dim). Une promenade agréable (environ 600 m) vers l'ouest du centre-ville vous mènera au paisible jardin botanique dédié à la flore des Baléares et du bassin méditerranéen. Au bout des jardins, le Museu Balear de Ciències Naturals se trouve dans une ancienne demeure privée, entourée de vergers de citronniers.

Activités

Pour planifier vos randonnées autour et au-delà du bassin de Sóller, procurez-vous la brochure de l'office du tourisme intitulée *Sóller Bon Dia Senderismo*. Pour des randonnées guidées, contactez Tramuntana Tours (ci-dessous).

Tramuntana Tours EXCURSIONS GUIDÉES, LOCATION DE VÉLOS
(☎971 632 423 ; www.tramuntanatours.com ; Carrer de Sa Lluna 72 ; location de vélos 3,50-5 €/heure, 10-30 €/jour ; ⏲9h-13h30 et 15h-19h30 lun-ven, 9h-13h30 sam). Cette agence rodée organise toute une gamme d'excursions guidées autour d'activités diverses, notamment le canyoning (45 €), le kayak de mer (50 €), la randonnée (25 à 45 €) et le VTT (à partir de 40 €) dans la Serra de Tramuntana. Elle loue aussi des vélos (comme neufs) et vend du matériel. Si les portes sont closes, adressez-vous à son antenne de Port de Sóller, dont les horaires d'ouverture sont plus larges.

Cours

Academia Sóller LANGUE
(☎971 634 149 ; www.academiasoller.com ; 2e ét., Plaça de la Constitució 8 ; cours hebdomadaires intensifs 240-450 €). Cette école de langue à côté du restaurant Sacova propose des cours d'espagnol.

Fêtes et festivals

Autour du 2e week-end de mai, Sóller voit s'affronter les *pagesos* (gens de la ville et des campagnes environnantes) et une foule bigarrée de pirates *mauros*. Appelée **Es Firó**, cet événement (auquel participent environ 1 200 habitants) commémore l'assaut des pirates sur la ville, qui fut repoussé le 11 mai 1561. **Ses Valentes Dones** (les femmes courageuses), le moment le plus fort, fait référence à deux sœurs qui parvinrent à tuer plusieurs pirates, participant ainsi à la victoire finale de la ville.

Où se restaurer

Sa Fàbrica de Gelats GLACES €
(☎971 631 708 ; www.gelatsoller.com ; Plaça del Mercat ; 1/2/3/4 boules 1,40/2,50/3,60/4,20 € ; ⏲10h-21h juil et août, horaires réduits le reste de l'année). Une institution à Majorque. Ses glaces sont d'ailleurs en vente dans toute l'île. Parmi la quarantaine de parfums produits sur place, ceux à base d'oranges fraîche et de citron sont exquis. Vous pouvez vous installer dans le petit patio.

Sacova ESPAGNOL €€
(☎971 633 222 ; Plaça de la Constitució 7 ; plats 12-19,50 € ; ⏲tlj ; ⊜). Probablement le meilleur restaurant de la place principale. Les salles sont climatisées et la petite terrasse (bondée) est idéale pour profiter de la fraîcheur du soir... et du bruit quasi permanent des scooters. Les paellas et autres plats à base de riz (13,50-15,80 €) sont irréprochables, l'*alioli* (aïoli) est superbe et les artichauts grillés excellents.

Ca's Carreter MAJORQUIN €€
(☎971 635 133 ; www.cascarreter.net ; Carrer del Cetre 4 ; repas 30-35 €, plats 12,95-15,95 € ; ⏲12h-16h et 19h30-23h mar-sam, 12h-16h dim ; ⊜). Dans un ancien atelier de fabrication de charrettes, Ca's Carreter propose une cuisine majorquine simple, composée notamment

SPÉCIALITÉS RÉGIONALES

Les produits de l'ouest de Majorque sont réputés dans toute l'île, en particulier ceux de Sóller. Vous verrez ainsi les crevettes rouges de la baie de Port de Sóller à la carte de nombreux restaurants de Majorque. Voici quelques adresses où trouver les différentes spécialités de la région :

» **Sa Fàbrica de Gelats** (p. 95) Délicieuses glaces à l'orange de Sóller

» **Fet a Sóller** (ci-dessous) Huiles, vinaigres et autres produits de Sóller

» **Tramuntana Gourmet** (p. 100) Huiles, figues et confitures, à Fornalutx

» **Malvasia de Banyalbufar** (p. 87) Vins de la Serra de Tramuntana

» **Forn Ca'n Molinas** (p. 90) *Coca de patata* et *ensaïmades* dans cette pâtisserie de Valldemossa

de poisson frais local et d'autres produits en grande partie régionaux. La casserole d'agneau au miel, le saumon aux oranges de Sóller et les courgettes farcies au poisson et aux épinards sont particulièrement savoureux. L'accueil est agréable, tout comme le court trajet pour s'y rendre au nord-ouest du centre-ville.

Béns d'Avall POISSON ET FRUITS DE MER €€€

(☎971 632 381 ; info@bensdavall.com ; Urbanització Costa Deià, à côté de la Carretera Sóller-Deià ; menú degustación 54-64 € ; ⏲13h-15h30 et 19h30-22h mer-dim juil et août, horaires réduits le reste de l'année, fermé mi déc-fév ; ⊜). La cuisine de Benet Vicens, l'un des meilleurs chefs de l'île, est un haut lieu de la *nueva cocina balear* (nouvelle cuisine baléare). Inutile de réfléchir longtemps, optez pour le menu dégustation. La carte des vins est remarquable, le service très attentionné, voire un peu trop, et le coucher du soleil magique. Depuis Sóller, parcourez 5 km sur la route de Deià. Au km 57 environ, un panneau vous indiquera le restaurant, situé à 2 km au bout d'une route sinueuse. Surplombant la mer, la terrasse merveilleusement romantique est entourée de verdure.

Ca'n Gata MAJORQUIN €

(☎971 638 634 ; Carrer de Sa Lluna 51 ; plats 15-20 €, menus 9,75-12,50 € ; ⏲9h-18h lun-sam ; ⊜). Endroit agréable dont le sol pavé vous mènera au joli jardin à l'arrière. En cuisine, on utilise presque exclusivement des produits maison et des ingrédients locaux. L'*ensalada de taronges de Sóller* (salade d'oranges de Sóller) est un classique. On y sert aussi des tapas et des jus d'oranges fraîchement pressées. Ca'n Gata porte bien son nom, puisqu'un chat y réside.

Achats

Fet a Sóller ALIMENTATION

(☎971 638 839 ; www.fetasoller.com ; Carrer de Romaguera 12 ; ⏲10h-18h). Voisine de la fameuse Sa Fàbrica de Gelats, Fet a Sóller propose des produits majorquins, provenant pour l'essentiel des environs de Sóller : huile d'olive, vin, amandes, confitures, figues au cognac ou encore un vinaigre balsamique fabriqué à partir des oranges de Sóller.

Arte Artesanía BIJOUX

(☎971 631 732 ; www.arteartesania.com ; Carrer de Sa Lluna 43 ; ⏲10h30-13h30 et 16h30-19h30 lun-sam). Lieu artistique dynamique, Arte Artesania est à la fois chic et avant-garde, avec ses bijoux de créateurs et ses quelques peintures et sculptures. Artisans et designers espagnols et étrangers y présentent leur production. Des expositions sont souvent organisées. Horaires d'ouverture étendus en plein été.

Temps era Temps ARTISANAT

(Carrer de Sa Lluna 67 ; ⏲10h30-13h30 et 17h-19h lun-ven, 10h30-13h30 sam). Cette petite boutique arty renferme une belle sélection d'objets artisanaux venus de Majorque et d'ailleurs (sans trop s'éloigner tout de même). Vous y trouverez céramiques, savons, bijoux, peintures et sacs.

Ben Calçat CHAUSSURES

(☎971 632 874 ; www.bencalcat.es ; Carrer de Sa Lluna 74 ; ⏲9h30-20h30 lun-ven, 9h30-13h30 sam). On vient ici pour les authentiques *porqueras* majorquines faites à la main (chaussures fabriquées à l'origine à partir de pneus de voiture). Le style bowling de certains modèles ne plaira pas à tout le monde, il est pourtant typiquement majorquin. Les prix démarrent à 42 €.

Renseignements

Office du tourisme (☎971 638 008 ; www.viu-soller.com ; Plaça d'Espanya ; ⏲9h45-14h et 15h15-17h lun-ven, 9h15-13h sam mars-oct, 9h30-15h lun-sam nov-fév). L'office du tourisme de Sóller est installé dans un ancien wagon de train, à côté de la gare.

Depuis/vers Sóller

BUS Le bus n°211 suit la Ma11 de Palma à Sóller (2,35 €, 30 min, jusqu'à 5/jour). Le n°210, quant à lui, emprunte la longue voie vers/depuis Palma (3,50 €) en passant par Deià et Valldemossa (1,85 €, 40 à 50 min). Une ligne locale relie Fornalutx à Sóller (1,20 €, 15 min, 2 à 4/jour) via Biniaraix.

VOITURE ET MOTO En venant de Palma, vous avez le choix entre le tunnel (4,55 €/voiture, 1,80 €/moto) et la route sinueuse jusqu'au col, plus longue de 7 km, mais offrant un beau panorama sur Palma en contrebas.

TRAIN Le voyage en train Palma-Sóller est une attraction touristique à lui seul (p. 72).

Port de Sóller

3 000 HABITANTS

Situé dans une grande baie en demi-cercle bien protégée, Port de Sóller représente le nec plus ultra des ports de pêche et de plaisance majorquins. Des millions d'euros furent injectés en 2007 pour lui donner une nouvelle jeunesse, mais certains travaux étant toujours en cours, l'endroit est chic tout en ayant l'air par certains endroits abandonné. L'architecture reflète des influences venues de France et même de Porto Rico, les deux destinations principales de nombreux émigrants majorquins. Certains revinrent au pays avec de l'argent... et de nouveaux goûts.

À voir

La balade est agréable sur l'esplanade piétonne bordée de restaurants, notamment vers l'extrémité nord, où se trouve le cœur de la ville d'origine.

Museu de la Mar MUSÉE
(☎971 632 204 ; www.soller.es/museudelamar/index.ct.html ; Carrer de Santa Caterina d'Alexandria 50 ; 3 € ; ⏲10h-17h mer-sam, 10h-14h dim avr-oct, 10h-13h30 et 15h-18h mar-sam, 10h-14h dim nov-mars). Installé dans l'**Oratori de Santa Caterina d'Alexandria**, une chapelle du XIIIe siècle dressée au-dessus de la mer, le musée de la Mer retrace l'histoire maritime de Sóller.

À l'intérieur, on peut voir des photos anciennes du port (probablement la partie la plus intéressante), des documents, des maquettes de bateaux, ainsi qu'un ingénieux montage audiovisuel. Des petites rues serpentent jusqu'au port depuis le musée, dans le quartier historique (très rénové) de Santa Caterina.

Plages

Les plages sont agréables, mais on trouve mieux dans l'île. La **Platja d'en Repic**, à l'extrémité sud de la baie, est la plus intéressante, en grande partie parce qu'elle se situe à l'écart du flot des passants. On ne peut pas en dire autant de la **Platja d'es Port**, qui se trouve juste à côté de la marina.

Activités

Barcos Azules EXCURSIONS EN BATEAU
(☎971 630 170 ; www.barcosazules.com ; à côté du Passeig Es Travès ; adulte 14-23 €, enfant 6-12 ans 7-12 €, moins de 6 ans gratuit). Balades en mer à Sa Calobra (jusqu'à 4/jour du lundi au samedi) et Cala Tuent (1/jour du lundi au vendredi, de Pâques à juin et en septembre). Billets en vente sur le quai.

Octopus CENTRE DE PLONGÉE
(☎971 633 133 ; www.octopus-mallorca.com ; Carrer del Canonge Oliver 13 ; 1 plongée sans/avec équipement 36/49 € ; ⏲9h30-13h et 14h-18h lun-sam, 11h-14h mai-oct). Ce centre PADI cinq étoiles tenu par des Anglais propose des équipements de très bonne qualité et 30 sites de plongée le long de la côte de la Serra de Tramuntana.

Escola d'Esports Nàutics Port de Sóller VOILE
(☎609 354 132 ; www.nauticsoller.com ; Platja d'en Repic ; kayak de mer 1 pers heure/demi-journée/journée 10/25/40 €, 2 pers 15/35/60 €). Cette école loue des kayaks de mer et éventuellement des bateaux. Elle peut aussi organiser des séances de ski nautique (110 €/heure).

Tramuntana Tours CIRCUITS GUIDÉS, LOCATION DE VÉLOS
(☎649 034 759, 971 632 799 ; www.tramuntanatours.com ; Passeig Es Travès 12 ; location de vélos heure 3,50-5 €, journée 10-30 €, excursion de 3h en kayak de mer 50 € ; ⏲9h-19h30 mars-oct). Cet excellent magasin de matériel, situé sur le front de mer, propose aussi des excursions guidées. C'est la bonne adresse si vous souhaitez faire du kayak de mer ou louer des vélos. On pourra aussi vous organiser des randonnées guidées dans la Serra de Tramuntana, ainsi que des sorties en canyoning, en VTT, en bateau et des parties de pêche en haute mer. Tramuntana Tours possède une autre adresse à Sóller.

DÉPART ANDRATX
ARRIVÉE MONESTIR DE LLUC
DISTANCE 140 KM
DURÉE SIX HEURES

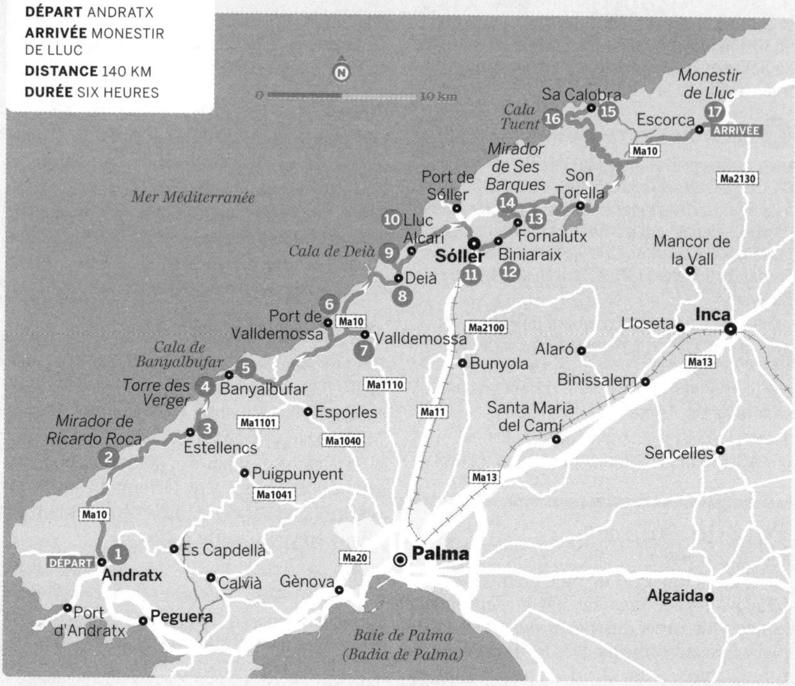

Circuit en voiture

D'Andratx au Monestir de Lluc

Il fait bon s'attarder dans les villes et villages de la côte ouest, mais pour apprécier toute la majesté de ce littoral, l'idéal est de parcourir en voiture les 140 km qui séparent Andratx, au sud, du monastère de Lluc, au nord, en faisant des haltes en chemin. En partant d' 1 **Andratx**, la route grimpe dans les pinèdes pour un premier coup d'œil sur la Méditerranée, loin en contrebas. À 14 km d'Andratx, garez-vous sur le parking en face du Restaurant El Grau et montez jusqu'au 2 **Mirador de Ricardo Roca** pour jouir de l'une des plus belles vues de toute la côte ouest. Roulez 4 km et vous traverserez 3 **Estellencs**, avant de parcourir 5 km de plus jusqu'à la 4 **Torre des Verger**, tour de guet dont l'emplacement est l'un des plus spectaculaires de la Méditerranée. La tour se trouve à l'orée de 5 **Banyalbufar**, autre charmant village côtier, d'où la route s'enfonce dans les terres. Au bout de 7 km, à l'intersection, prenez la route étroite vers le nord (gauche). Elle grimpe à travers les pins et les rochers avant de traverser un haut plateau. Bifurquez à l'ouest vers 6 **Port de Valldemossa**, en suivant la descente vertigineuse jusqu'à la mer, puis remontez jusqu'à la route principale. De là, vous n'êtes plus très loin de 7 **Valldemossa**, très agréable pour une halte. C'est aussi le cas de 8 **Deià**, dont les 9 km qui la séparent de l'intersection pour Valldemossa, sur la Ma10, sont spectaculaires. N'ayez pas peur de vous écarter un peu de la route principale pour découvrir la 9 **Cala de Deià**, une des plus belles criques de Majorque. La vue sur 10 **Lluc Alari** depuis la route principale est exceptionnelle. 11 **Sóller** jouit d'un emplacement fabuleux. C'est aussi la porte d'entrée de 12 **Biniaraix** et de 13 **Fornalutx**, deux des plus jolis villages de l'île. Depuis Fornalutx, la Ma10 monte jusqu'au 14 **Mirador de Ses Barques**, avant de passer à proximité de lacs d'altitude à l'ombre des plus hautes montagnes de l'île. Le temps que vous arriviez à l'intersection pour 15 **Sa Calobra**, les montagnes auront revêtu un aspect dénudé et féerique. Suivez les virages en épingle à cheveux jusqu'à Sa Calobra et le crochet vers 16 **Cala Tuent**, avant de revenir sur la route principale menant au 17 **Monestir de Lluc**.

Où se restaurer

Les restaurants ne manquent pas sur le front de mer de Port de Sóller.

Randemar ESPAGNOL €€
(☎971 634 578 ; www.randemar.com ; Passeig Es Travès 16 ; repas 25-35 €; ⏲12h15-16h et 19h-23h30 mi-mars à nov ;). Ambiance chic à l'intérieur, mais les clients préfèrent la terrasse donnant sur le front de mer. Large choix de viande et de poisson. Goûtez les croquettes au jambon et à la morue, ou la *fideuà* (variante de la paella avec des vermicelles) au homard ; le crumble aux pommes clôturera le repas en beauté.

Ca'n Miquelina POISSON ET FRUITS DE MER €€
(☎971 633 846 ; Carrer de Sant Ramon de Penyafort 25 ; plats 14-25 € ; ⏲12h30-1h ;). Très apprécié des habitants pour ses *calderetas* (ragoûts) de poisson et de fruits de mer, Ca'n Miquelina se démarque des autres restaurants plutôt moyens qui bordent le front de mer. Ragoûts, entre autres, à base de homard, de lotte, ou encore de sèche, pour 2 personnes minimum. Mais aussi dorade grillée et toutes sortes de poissons, rarement accompagnés de sauce, comme il se doit en Espagne.

Lua ESPAGNOL, POISSON ET FRUITS DE MER €€
(☎971 634 745 ; luarestaurant@hotmail.com ; Carrer de Santa Caterina d'Alexandria 1 ; plats 16,90-22 € ; ⏲12h-16h et 19h-23h mar-dim ;). Ce charmant petit restaurant jaune, qui ne déparerait pas à Amsterdam, vous accueille à bras ouvert. Choisissez une table en terrasse ou à l'étage, près de la fenêtre. Les crevettes de Port de Sóller, ainsi que le poisson grillé et l'assiette de fruits de mer sont un bon choix.

Où prendre un verre

Comme dans tout port de plaisance très fréquenté de Majorque, les soirées sont festives en été. On s'installe l'après-midi à la terrasse d'un café ou d'un restaurant, sur le port ou le long du Passeig de Sa Platja, et on n'en repart que très tard dans la nuit. Les bars animés ne manquent pas à Port de Sóller, mais peu parviennent à sortir du lot.

Renseignements

Office du tourisme (☎971 633 042 ; Carrer del Canonge Oliver 10 ; ⏲9h15-13h et 14h45-17h lun-ven mars-oct). Cet office du tourisme, pas très utile, se trouve au cœur de la ville, près du terminus des bus.

Depuis/vers Port de Sóller

La plupart des bus allant à Sóller poussent jusqu'à Port de Sóller. En voiture, vous aurez le choix d'aller dans le centre (par le tunnel) ou du côté de la Platja d'en Repic (suivez les indications). Le tramway (*tranvía*) pour Sóller suit le front de mer. Plusieurs loueurs de voitures sur le Passeig Es Travès.

Biniaraix

Situé à 2 km de Sóller, ce petit village, qui n'était à l'origine qu'une *alquería* (ferme) arabe, est resté authentique. On y arrive par des routes étroites, agréables à parcourir en voiture, à vélo ou à pied. Il n'y a rien de particulier à voir ou à faire ici, si ce n'est arpenter les ruelles et s'imprégner de la vie locale, assis sur un muret de pierre ou sur la Plaça de Sa Concepció bien ombragée.

Le sentier pédestre menant à Biniaraix est bien indiqué depuis le centre de Sóller. La plupart des promeneurs poursuivent leur route jusqu'au village voisin de Fornalutx.

Fornalutx

740 HABITANTS

Construit à l'ombre de hautes montagnes, Fornalutx est l'un des plus beaux villages de pierre de Majorque. On y arrive par le chemin pittoresque qui traverse les champs d'orangers et de citronniers ou, en quittant la Ma10, par une route qui offre une belle vue sur les maisons en pierre et les toits en tuiles du village. Dans les deux cas, le décor est enchanteur. C'est encore plus vrai à mesure que l'on se rapproche du village aux volets verts, aux bacs à fleurs colorés, aux jardins bien tenus et aux vergers de citronniers. La plupart des maisons appartiennent à des expatriés, et l'ambiance qui y règne est loin de l'agitation de Sóller. Comme Biniaraix, Fornalutx était probablement aussi une *alquería* arabe à l'origine.

Flâner dans Fornalutx est un vrai bonheur. Commencez par les ruelles autour de la Plaça d'Espanya, dans le centre, puis faites un saut à l'**ajuntament** (mairie), dont le beau patio est dominé par un palmier. À l'extérieur, l'eau chante dans une rigole d'irrigation. Vous pouvez suivre le cours du ruisseau à l'est, après de belles maisons et une épaisse végétation, ou monter les marches vers le nord, en partant de l'**Església de la Nativitat de Nostra Senyora**.

Où se restaurer

Fornalutx compte de nombreux restaurants et quelques cafés. La plupart sont situés autour de la place centrale Sa Plaça ou occupent des terrasses ombragées en bord de route, à environ 500 mètres du centre sur la Ma2121 qui quitte le village en direction du nord-est.

Ca N'Antuna MAJORQUIN €€
(☎971 633 068 ; Carrer de Arbona Colom 14 ; plats 10-15 € ; ⏲12h30-16h et 19h30-22h30 mar-sam, 12h30-16h dim, fermé mi-nov à mi-déc). Classique de la scène culinaire majorquine, cette table est renommée pour son agneau au four et ses viandes en général, mais les calamars farcis à la viande valent leur pesant d'or. Le jus d'oranges locales est à consommer sans modération. Belle vue sur le village et les montagnes depuis la terrasse.

Achats

Tramuntana Gourmet ALIMENTATION, VIN
(☎638 083 598 ; Carrer de Arbona Colom 4A ; ⏲11h-20h). Cette très bonne petite boutique vend des produits de la Serra de Tramuntana, et, en moindre quantité, du reste des Baléares. Dégustations gratuites d'huile d'olive et grand choix de confitures, de vins et de produits originaux comme le pain aux figues.

Depuis/vers Fornalutx

Une ligne locale dessert Fornalutx depuis Sóller (1,20 €, 15 min, 2 à 4/jour) via Biniaraix.

La route de Sóller à Alaró

Un bel itinéraire routier vous attend au sud de Sóller. Pour commencer, remontez la vallée et enfoncez-vous dans les collines (évitez le tunnel, qui coûte 4,55 € et n'est pas aussi plaisant), puis admirez le panorama sur Palma en suivant les virages en lacets sur l'autre versant.

Avant d'entrer dans Bunyola et les villages qui s'étendent derrière, faites une halte pour visiter deux des plus belles propriétés de Majorque : les Jardins de Alfàbia et Raixa.

À voir

Jardins de Alfàbia ÉDIFICE HISTORIQUE, JARDINS
(☎971 613 123 ; www.jardinesdealfabia.com ; Carretera de Sóller 17 km ; adulte/enfant 5,50 €/gratuit ; ⏲9h30-18h30 lun-sam avr-oct, 9h30-17h30 lun-ven, 9h30-13h sam nov-mars). En descendant de Sóller, ne manquez pas les Jardins de Alfàbia, blottis à l'ombre des montagnes de la Serra de Alfàbia (altitude maximum 1 069 m), qui s'étendent à l'est. La façade baroque de cette fabuleuse *possessió*, dont l'effritement apporte un charme supplémentaire, pourrait être celle d'une basilique florentine. Elle est entourée de jardins, de vergers de citronniers, de palmiers et abrite quelques animaux.

Le murmure de l'eau qui ruisselle dans les canaux d'irrigation rappelle que la demeure fut la résidence d'un *wali* arabe (gouverneur). Il reste peu de choses de la maison d'origine, excepté dans l'entrée le splendide *artesonado* (plafond à caissons) de bois polychrome et pyramidal, encadré d'inscriptions en arabe, dont on estime la fabrication aux alentours de 1170. À droite du patio, où débouche l'entrée, se trouve la *tafona* (grand pressoir à olives). Cette partie de la demeure est un mélange des styles gothique, Renaissance et baroque. Véritable labyrinthe, l'édifice renferme de nombreux meubles d'époque et une bibliothèque de 1 200 manuscrits, parmi lesquels l'original du *Llibre de les Franqueses* (Livre des franchises), écrit par le roi Jacques Ier en tant que base de tous les droits à Majorque après la conquête chrétienne.

GRATUIT **Raixa** ÉDIFICE HISTORIQUE
(☎971 237 636 ; www.raixa.cat ; à côté de la Carretera Palma-Sóller 12,2 km ; ⏲10h-14h sam et dim, sinon sur rdv). Cette superbe demeure aux influences maures, récemment restaurée et ouverte au public, est entourée de vastes jardins et abrite un centre d'informations sur la Serra de Tramuntana. Ne manquez pas de visiter aussi les cloîtres, le manoir, la loggia à arcades, la chapelle et les étonnants pavillons derrière la maison.

Propriété de Nunó Sanç, seigneur du Roussillon qui combattit aux côtés du roi Jacques Ier lors de la conquête chrétienne de l'île en 1229, la demeure passa au cours des siècles suivants entre les mains de familles nobles, avant d'être laissée à l'abandon. C'est un endroit magnifique où aller passer quelques heures le week-end.

BUNYOLA

3 000 HABITANTS

À environ 2,5 km au sud des Jardins de Alfàbia et à l'est de la route de Palma, cette petite ville assoupie, carrefour de circulation, est connue pour son huile d'olive et sa distillerie de *palo* (liqueur aux herbes). Il n'y a pas grand-chose à voir, mais vous pourrez vous imprégner de la vie villageoise majorquine en vous installant à l'unique bar de la place centrale Sa Plaça. Un petit marché s'y tient tous les samedis matin.

À voir

Església de Sant Mateu ÉGLISE
(Carrer de l'Església 2 ; messe). À côté de la place principale, en plein centre, se dresse cette église construite en 1230, mais largement refaite en 1756. Vous ne pourrez y pénétrer que pendant l'office.

Où se restaurer

Restaurant Es Carreró MAJORQUIN, INTERNATIONAL €€
(971 615 440 ; Carrer Major 17 ; plats 9,50-19,50 € ; 13h-16h et 19h-23h sam et dim, 19h-23h mar-ven ;). À quelques mètres à l'est de Sa Plaça, la terrasse romantique installée sur le toit de cet établissement est parfaite pour savourer le poisson du jour ou la *lechona asada crujiente con manzana y morcilla al horno* (cochon de lait rôti croustillant avec pommes et boudin).

ORIENT

La route de 9 km (Ma2100) qui file au nord-est de Bunyola vers le hameau d'Orient est une petite merveille. Agréable à parcourir en voiture, elle est surtout très appréciée des cyclistes (en bonne condition physique). Les cinq premiers kilomètres traversent une vallée verdoyante qui monte doucement vers une sorte de plateau et le Coll de Honor (550 m), avant de dévaler l'autre versant d'une crête boisée. Les 2 km de route en lacets qui suivent s'aplanissent en arrivant à Orient. Sur tout le trajet, vous pourrez admirer la Serra d'Alfàbia au nord.

En arrivant à Orient, l'un des plus beaux petits villages de l'île, vos efforts seront récompensés à la vue des maisons ocre rassemblées légèrement en hauteur. Quelques-unes, construites du côté nord de la route, semblent sur le point de glisser.

Où se restaurer

Mandala FRANÇAIS, ASIATIQUE €€€
(971 615 285 ; Carrer Nou 1 ; plats 16,20-24,60 € ; 13h-15h mar-jeu et dim, 20h-22h30 ven et sam mi-sept à mi-juin, 20h-22h30 mar-dim mi-juin à nov et mi-jan à mi-juin, fermé déc à mi-jan ;). De délicieuses odeurs venues d'Orient s'échappent de cet antre réputé de la cuisine fusion, tenu par des Français. Ici, on fait un peu de tout : crevettes thaïs au curry, saumon au safran, magret de canard, etc. Réservation indispensable. Notez bien les horaires d'ouverture !

Ca'n Jaume ESPAGNOL, INTERNATIONAL €€
(971 615 153 ; Carretera Alaró-Bunyola ; plats 9,70-21,40 € ; 13h-16h et 19h30-23h lun et mer-sam, 13h-16h dim, fermé juil ;). Quelques tables disposées dehors, la radio et la télé à plein volume à l'intérieur, cet endroit loufoque se trouve sur la gauche à l'entrée de la ville en venant de Bunyola. C'est l'opposé parfait du restaurant fusion situé un peu plus loin. La perdrix et sa sauce aux champignons sauvages, ainsi que l'agneau de lait et le chevreau rôtis font partie des classiques.

ALARÓ

En quittant Orient, le long de la Ma2100 entourée de cyprès et de jardins, on se croirait presque en Toscane. La route serpente vers le nord-est sur 4 km environ, avant de contourner en douceur les contreforts du **Puig d'Alaró** (821 m), qui fait face au **Puig de S'Alcadena** (815 m), à l'est. Au sud, on distingue Es Pla (la plaine).

Après avoir parcouru 8 km depuis Orient, vous arriverez à **Alaró**. Moins séduisant au premier abord que son voisin Orient, beaucoup plus petit, il ne manque pourtant pas de charme. Dirigez-vous vers la Plaça de la Vila, flanquée de la Casa de la Vila (mairie), de l'église paroissiale et de quelques cafés, puis vers la zone plus animée à l'intersection de la Carrer Petit et de la Carrer de Jaume Rosselló, avec ses cafés accueillants. Un marché animé se tient le samedi matin sur la Plaça de la Villa.

À voir

Castell d'Alaró CHÂTEAU
(À côté de la Carretera Alaró-Bunyola). Perché sur un éperon rocheux, le Castell d'Alaró est, de tous les châteaux de l'île, celui qui jouit de l'un des plus beaux panoramas. Les ruines sont tout ce qu'il reste de la dernière redoute des guerriers chrétiens chassés par les musulmans autour de 911, soit huit ans après l'invasion de l'île par ces derniers. La vue qui s'étend de Palma à Badia de Alcúdia est unique.

Si les deux heures de marche pour s'y rendre vous rebutent, sachez qu'il est possible de faire la majorité du trajet en voiture. La route est goudronnée sur les 4,2 premiers kilomètres menant au Bar-Restaurant Es Vergé, mais truffée de nids-de-poule. Elle se détériore sur 1,2 km après le restaurant (mais reste praticable s'il n'a pas plu – renseignez-vous sur son état au restaurant) jusqu'à un parking, d'où part le chemin menant aux ruines (15 min de marche). Là-haut, il ne reste que quelques

CANYONING DANS LA SERRA DE TRAMUNTANA

Si vous rêvez de sauter dans les ravins et les cours d'eau, sachez que les meilleurs sites de la Serra de Tramuntana se trouvent dans sa partie centrale, entre Valldemossa et Sa Calobra. De loin le plus difficile (catégorie 5-6, réservé aux experts), le canyon du Gorg Blau-Sa Fosca descend en direction du nord, puis du nord-est depuis la retenue d'eau du même nom. Ce trajet de 2,5 km (aller-retour) est très ardu. Les précipices et les montées sont constamment balayés par des eaux glacées, et un tronçon de 400 m est dans l'obscurité totale. Plutôt que de rebrousser chemin, vous pouvez continuer vers le nord sur 3,3 km en suivant le Torrent de Pareis, partie bien plus accessible, en contrebas de falaises majestueuses. Dans tous les cas, un guide local est indispensable. Parmi les organismes proposant ce genre de services, vous pouvez vous adresser à **Mallorca Canyoning** (☎691 230 291 ; www.mallorcacanyoning.com) et à **Món d'Aventura** (☎606 879 514 ; www.mondaventura.com). **Tramuntana Tours** (p. 95), à Port de Sóller, organise également des excursions.

ouvertures en forme d'arche en ruine et des portions de mur de ce qui fut une forteresse imprenable.

Une toute petite grimpette mène à l'**Ermita de la Mare de Déu del Refugi**, chapelle décrépie du XVIIe siècle où les habitants viennent remercier la Vierge pour les miracles accomplis.

Si vous ne voulez plus repartir, allez dormir au **Refugi S'Hostatgeria** (p. 173).

Où se restaurer

Traffic MAJORQUIN €€

(☎971 879 117 ; www.canxim.com ; Plaça de la Vila 8 ; plats 13,25-25,50 € ; ⏲12h30-16h et 19h30-24h lun, mer-dim, 12h30-16h dim ; 🚭). Meilleure adresse de la Plaça de la Vila, le restaurant de l'Hotel Can Xim sert des spécialités majorquines avec une touche de créativité. Le gigot d'agneau farci à la *sobrassada,* à la *butifarra,* aux dattes et aux pignons est particulièrement bon. La viande est le point fort de l'établissement, mais vous pourrez également opter pour de savoureux poissons, comme la baudroie accompagnée d'une tarte à l'aubergine et d'une sauce aux crevettes.

Bar-Restaurant Es Vergé ESPAGNOL €€

(☎971 182 126 ; Camí des Castell ; plats 7,50-14 € ; ⏲10h-22h ; 🚭). Établissement simple où l'on vient pour les plats copieux (comme le cochon de lait, particulièrement savoureux), la vue agréable et l'odeur réconfortante du feu de bois. On pourra aussi vous concocter salades, escargots et *bocadillos* (petits sandwichs).

Depuis/vers Alaró

Les bus et les trains effectuant le trajet Palma-Sóller s'arrêtent à Bunyola (l'arrêt de bus est à Sa Plaça, et la gare à quelques pas du centre, vers l'ouest). De Bunyola, le bus local n°221 dessert Orient, à l'est, deux fois par jour (1,20 €, 30 min). Le trajet se fait en minibus et vous devez réserver votre siège.

Le train Palma-Inca s'arrête à la gare de Consell-Alaró (20 à 30 min), d'où vous pouvez prendre le bus local n°320 jusqu'à Alaró (15 min).

Cala de Sa Calobra et Cala Tuent

La route Ma10 allant de Sóller au Monestir de Lluc permet de découvrir des paysages pittoresques. Le premier endroit où faire une halte est le **Mirador de Ses Barques**, à environ 6 km de Sóller, avec un beau panorama donnant jusqu'à Port de Sóller. Le café qui se trouve ici sert des jus d'oranges fraîchement pressées. La route part ensuite vers l'est pour traverser les montagnes de la Serra de Son Torrella. À 16 km de Sóller, une route secondaire en direction du nord vous mènera au point culminant de l'île, le Puig Major (1 445 m). Cependant, le sommet n'est pas accessible, car il appartient à l'armée de l'air, qui y a construit une base de communication.

La Ma10 passe ensuite à proximité de deux étendues d'eau bleu vif, les retenues de Cúber et de Gorg Blau. Peu après cette dernière, une route de 12 km part de la Ma10 en direction du nord, jusqu'au petit port de **Sa Calobra**. Achevée en 1935 avec pour seul objectif de permettre aux touristes d'atteindre la plage par la terre, c'est l'une des routes les plus spectaculaires de Majorque. Les virages en lacet ont été découpés dans les étranges formations rocheuses des montagnes, contournant d'étroites crêtes avant de se faufiler vers la côte à travers une suite infinie de tournants en épingle à cheveux.

En été, vous ne serez pas les seuls sur cette route. Des convois de bus et de bateaux de plaisance déversent inlassablement des flots de touristes, de quoi faire pâlir d'envie les plages du débarquement de Normandie. Comme Sa Calobra doit être belle par une matinée dégagée d'hiver... Depuis l'extrémité nord de la route, un court chemin mène autour de la côte vers les gorges du **Torrent de Pareis** et vers une petite crique où vous trouverez des lieux de baignade fabuleux (mais généralement bondés).

Si vous voulez échapper à la foule, 2 km avant d'arriver à Sa Calobra, bifurquez vers l'ouest, et dirigez-vous vers la **Cala Tuent**, une anse isolée aux eaux vert émeraude à l'ombre du Puig Major. Quelques maisons et une belle végétation escaladant le flanc des montagnes bordent cette large plage de galets. À environ 200 m en retrait de la plage, une route mène à Es Vergeret, à 1,5 km.

Où se restaurer

Es Vergeret MAJORQUIN €€

(☎971 517 105 ; www.esvergeret.com ; Camí de Sa Figuera Vial 21 ; plats 10-19 € ; ⌚12h-18h fév-oct) La terrasse ombragée surplombe la baie en contrebas. Cadre idéal pour déguster une paella, un *tumbet* (ragoût de légumes) et d'autres spécialités majorquines. L'établissement est particulièrement réputé pour son poisson grillé. Il est conseillé de réserver, surtout en été.

Depuis/vers Sa Calobra

Une fois par jour, un bus (bus 355, du lundi au samedi, de mai à octobre) part de Ca'n Picafort (9h) et passe par Alcúdia, Cala Sant Vicenç, Pollença et le Monestir de Lluc. Le retour est à 15h. Le trajet total dure 3 heures 50 jusqu'à Sa Calobra (avec un arrêt d'une heure au Monestir de Lluc) et 2 heures 30 au retour. En partant de Ca'n Picafort, vous paierez 8,85 € (16 € aller-retour). Des bateaux font également des excursions à Sa Calobra et Cala Tuent au départ de Port de Sóller.

Monestir de Lluc et ses environs

Au XIIe siècle, un berger du coin déclara avoir vu l'image de la Vierge Marie dans le ciel. Plus tard, une apparition similaire se produisit sur un rocher. Autre version, une statuette de la Vierge aurait été trouvée ici et amenée jusqu'à Escorca, le hameau le plus proche. Le jour suivant, elle était revenue à l'endroit où on l'avait trouvée la veille. L'événement se reproduisit trois fois de suite. Tout le monde cria au miracle et une chapelle fut construite à côté du site, peut-être autour de 1268. Le sanctuaire religieux vint après. Depuis, des centaines de pèlerins viennent chaque année pour rendre hommage à la **statue de la Vierge de Lluc** du XIVe siècle (qui n'est donc pas l'original), appelée "la Moreneta" en raison de son teint mat.

À voir

Monestir de Lluc MONASTÈRE, JARDINS

(☎971 871 525 ; www.lluc.net ; Plaça dels Peregrins ; monastère et jardins gratuits, musée 4 € ; ⌚8h30-20h, musée 10h-13h30 et 14h30-17h, jardins 10h-13h et 15h-18h). Le monastère actuel, un immense ensemble austère, date principalement des XVIIe et XVIIIe siècles. Il comprend un musée et de modestes jardins. Avec un peu de chance, vous entendrez peut-être Els Escolanets (aussi appelés Els Blauets, "les Petits Bleus", en référence à la couleur de leur soutane), la chorale des garçons du pensionnat qui existe depuis le début du XVIe siècle.

La statuette de la Vierge se trouve dans la Basílica de la Mare de Déu (entrée près du cloître), qui date de la fin de la Renaissance (elle fut construite entre 1622 et 1691 et ses décors sont en majorité de style baroque). L'église, assez sombre, renferme un beau retable (1629) de Jaume Blanquer.

Le Jardí Botànic (jardin botanique) ne manque pas d'intérêt, tout comme l'ascension jusqu'au **Pujol dels Misteris**, colline surmontée d'un crucifix. Admirez la vallée qui s'étend derrière.

Activités

Deux bons sentiers de randonnée partent du monastère. Le circuit de quatre heures autour du **Puig de Massanella** (1 365 m), vous coûtera 4 € de participation auprès des propriétaires. L'autre circuit est une marche de sept heures autour du **Puig Roig** (1 002 m), avec alternance de montées et de descentes (mais sans atteindre le sommet du Puig). Les randonnées ne sont possibles que le dimanche, lorsque les propriétaires ouvrent les barrières. Renseignements à la billetterie du monastère.

Où se restaurer

Vous trouverez sur place plusieurs restaurants et cafétérias.

Ca s'Amitger MAJORQUIN €€

(☎971 517 046 ; www.casamitger.es ; Plaça dels Peregrins 6 ; plats 8-14 € ; ⏲9h-23h ; 🚭). La spécialité maison est la viande, notamment le lapin ou l'agneau rôti, qui s'accordent particulièrement bien avec les vins locaux.

Depuis/vers le Monestir de Lluc

BUS Jusqu'à 2 bus par jour (de mai à octobre) desservent le monastère de Lluc depuis Ca'n Picafort (5,50 €, 1 heure 45) en allant à Sóller et Port de Sóller. Le week-end seulement, au départ de Palma, 2 bus (n°330) marquant tous les arrêts jusqu'à Inca poussent jusqu'à Lluc en passant par Caimari (sinon, prenez le train jusqu'à Inca, puis le bus n°332).

Nord de Majorque

Dans ce chapitre »

Le top des restaurants

» Restaurante Mirador de La Victòria (p. 119)
» Manzanas y Peras (p. 110)
» S'Arc (p. 116)
» Restaurante Jardín (p. 117)
» Cal Patró (p. 112)

Le top des hébergements

» Ermita de La Victòria (p. 175)
» Hotel Desbrull (p. 174)
» Petit Hotel Ca'n Simó (p. 175)
» Hostal Bahia (p. 174)
» Hostal Los Pinos (p. 174)

Pourquoi y aller

Le nord de Majorque est sans doute la plus belle partie de l'île. La Serra de Tramuntana y est spectaculaire quand elle culmine en plongeant dans la mer au Cap de Formentor. Le Cap des Pinar, une péninsule couverte de pins, et les jolies baies de Pollença et d'Alcúdia ajoutent aux charmes du nord de l'île.

L'impact humain sur la région est resté plus discret que sur les côtes est et sud. Cala Sant Vicenç est ainsi l'une des plus jolies villes du littoral majorquin. Même les stations balnéaires le long des deux grandes baies présentent plus d'attraits qu'ailleurs à Majorque. Et dans l'arrière-pays, Pollença et Alcúdia, avec leur petit air médiéval, font sans aucun doute partie des villes les plus séduisantes de l'île.

Quand partir

Certaines stations balnéaires sont très peu animées avant mai ou après octobre (telle la Cala Sant Vicenç), et la période la plus agréable pour profiter de la plage se situe de juin à août. Le printemps et l'automne sont toutefois les deux meilleures saisons pour visiter la région : les oiseaux migrateurs affluent alors dans le Parc Natural de S'Albufera, les routes sont plus tranquilles (en particulier au Cap de Formentor), le Vendredi saint à Pollença est célébré de manière impressionnante et, début octobre, Alcúdia accueille une foire traditionnelle à ne pas manquer.

À ne pas manquer

1 Une balade à vélo ou en voiture au **Cap de Formentor** (p. 114), où la côte est absolument superbe

2 L'ascension de 365 marches pour contempler **Pollença** (p. 108) d'en haut

3 Une journée au bord des eaux turquoise de **Cala Sant Vincenç** (p. 111), avec un repas de fruits de mer

4 Les oiseaux du paisible **Parc natural de S'Albufera** (p. 120)

5 La descente à pied vers la secrète **Platja des Coll Baix** (p. 119)

6 Les profondeurs parfaitement translucides de la **Cala Figuera** (p. 113)

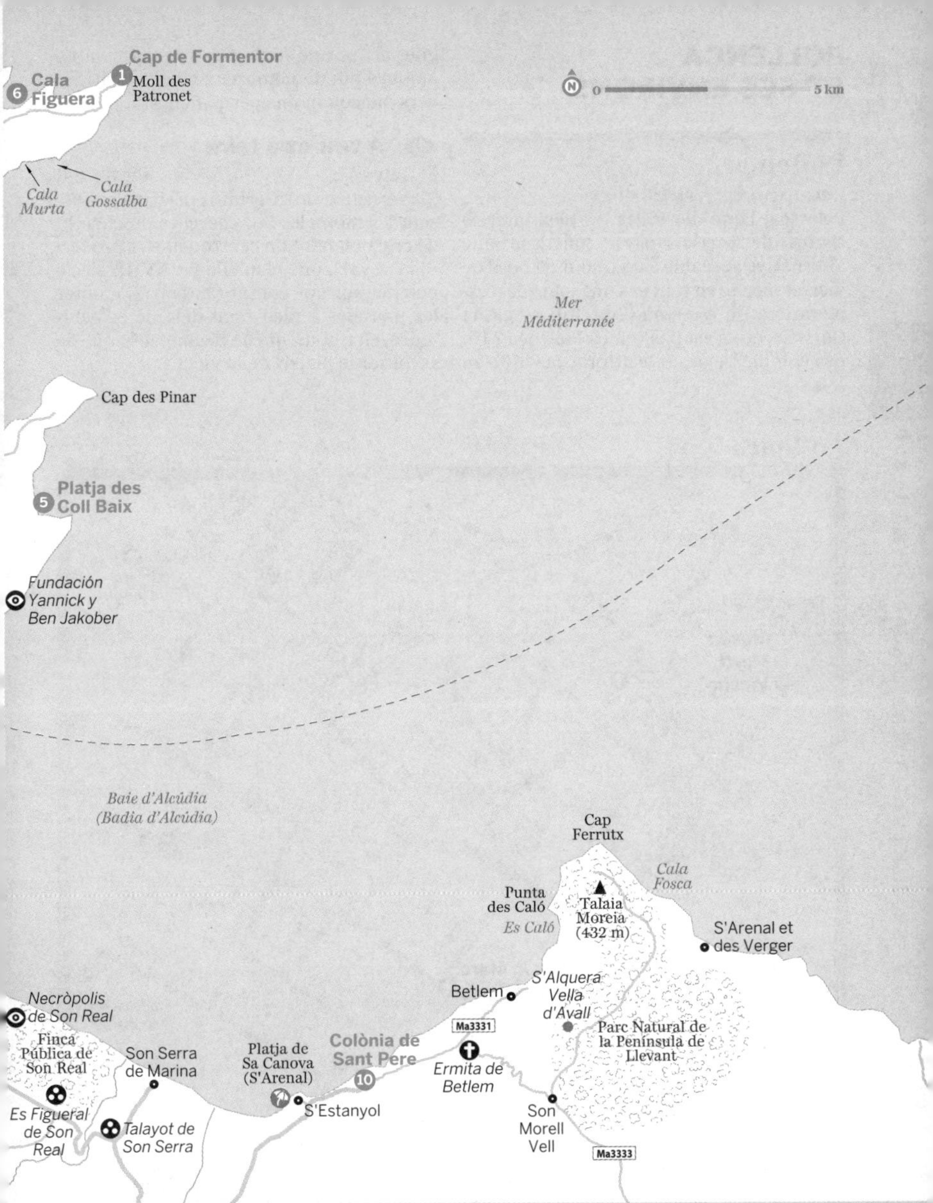

7 Les vestiges romains et les remparts de la cité médiévale d'**Alcúdia** (p. 114)

8 Un dîner avec vue sur le Cap des Pinar au **Restaurante Mirador de La Victòria** (p. 119)

9 Une promenade en bateau de **Port d'Alcúdia** (p. 117) à **Cala Sant Vicenç** (p. 111), l'occasion de découvrir une bonne partie de la côte nord de Majorque

10 Les charmes de la vie majorquine, loin des complexes hôteliers, à **Colònia de Sant Pere** (p. 121)

POLLENÇA ET SES ENVIRONS

Pollença

11 800 HABITANTS / 41 M D'ALTITUDE

Pollença, l'une des villes les plus intéressantes de l'arrière-pays, constitue une alternative agréable à un séjour en bord de mer, et mérite en tout cas une journée d'exploration. De Winston Churchill à Agatha Christie, qui n'est pas venu à Pollença ? Un peu comme Deià, sur le littoral, la ville a en effet attiré une foule d'artistes et compte aujourd'hui de nombreux résidents étrangers plus ou moins permanents.

À voir et à faire

El Calvari SITE RELIGIEUX

(Carrer del Calvari). Certains pèlerins gravissent à genoux les 365 marches du chemin de croix menant du centre-ville à l'**Oratori del Calvari**, une chapelle du XVIIIe siècle perchée sur une colline (330 m). Si monter les marches à pied tient déjà de la pénitence, en retour, quelle récompense que de savourer le plaisir de la vue !

Pollença

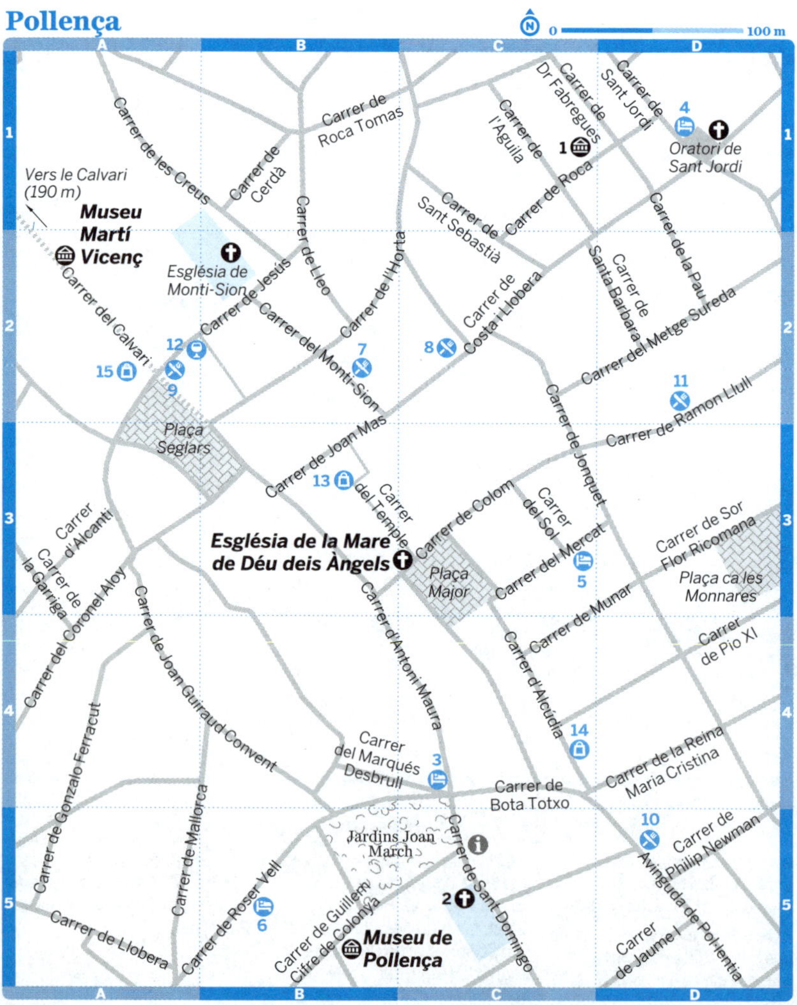

Església de la Mare de Déu deis Àngels ÉGLISE
(Plaça Major ; don à l'entrée ; ⏲11h-13h et 15h-17h juin-août, 11h-13h mars-mai et sept-oct). Une église fut élevée sur ce site peu après la conquête, en 1229. L'édifice actuel date du XVIIIe siècle. Sa sobre façade en grès brut constitue une belle toile de fond pour la Plaça Major. À l'intérieur, notez les fresques du plafond en voûte en berceau – parfois restaurées avec maladresse.

Museu de Pollença MUSÉE
(☎971 531 166 ; www.ajpollenca.net ; Carrer de Guillem Cifre de Colonya ; 1,50 € ; ⏲10h30-13h mar-ven, 11h-13h sam-dim). Logé dans le couvent de Sant Domingo, ce musée a pour principaux attraits son cloître baroque du XVIIe siècle et un impressionnant mandala de Kalachakra offert par le dalaï lama en 1990. Il conserve aussi des objets archéologiques provenant de la région et quelques retables gothiques.

Església de Santa Maria de Déu de Roser ÉGLISE
(Centre-ville ; ⏲messe). L'église du couvent jouxtant le Museu de Pollença est de style baroque, avec voûte en berceau, retable aux couleurs vibrantes et médaillons au plafond. Elle accueille des manifestations lors de la fête de la ville.

Pollença

Les incontournables
- Església de la Mare de Déu deis Àngels ... C3
- Museu de Pollença ... B5
- Museu Martí Vicenç ... A2

À voir
- 1 Casa-Museu Dionís Bennàssar ... C1
- 2 Església de Santa Maria de Déu de Roser ... C5

Où se loger
- 3 Hotel Desbrull ... C4
- 4 Hotel Son Sant Jordi ... D1
- 5 L'Hostal ... C3
- 6 Posada de Lluc ... B5

Où se restaurer
- 7 La Font del Gall ... B2
- 8 Latitud N ... C2
- 9 Manzanas y Peras ... A2
- 10 Restaurant Clivia ... D5
- 11 Restaurant Trencadora ... D2

Où prendre un verre
- 12 U Gallet ... A2

Achats
- 13 Artesania ... B3
- 14 Enseñat ... C4
- 15 Rocaia Complements ... A2

GRATUIT **Museu Martí Vicenç** MUSÉE
(☎971 532 867 ; www.martivicens.org ; Carrer del Calvari 10 ; ⏲10h30-14h lun-ven, 10h30-13h sam, 11h-13h dim). Le Museu Martí Vicenç se dresse au tout début des marches montant vers le Calvari. L'édifice faisait jadis partie d'un immense monastère franciscain comprenant l'ancienne Església de Monti-Sion voisine. Il fut racheté, dans les années 1950, par le tisserand et artiste Martí Vicenç Alemany (né en 1926) dont les œuvres – peintures et tissus avant tout – sont exposées dans plusieurs salles.

Casa-Museu Dionís Bennàssar MUSÉE
(☎971 530 997 ; www.museudionisbennassar.com ; Carrer de Roca 14 ; 2 € ; ⏲10h30-13h30 mar-dim avr-oct, sur r-v nov-mars). La maison de Dionís Bennàssar (1904-1967), artiste originaire de l'île, conserve une collection permanente de ses œuvres. Au rez-de-chaussée, ses premières gravures, aquarelles et huiles représentent le plus souvent des scènes de la vie locale. Aux autres étages, vous découvrirez notamment une série sur les poissons, qui rappelle le travail de Miquel Barceló dans la cathédrale de Palma, et une autre série de nus et de danseuses.

GRATUIT **Santuari de la Mare de Déu des Puig** MONASTÈRE
(⏲10h-20h). Au sud de Pollença, la Ma2200, l'une des routes les plus sinueuses de Majorque, vous mène après 1,5 km de virages à ce monastère perché sur une colline (333 m). Ses bâtiments furent édifiés aux XIVe et XVe siècles. La chapelle gothique et le réfectoire méritent en particulier la visite. Le site offre une vue superbe sur la baie de Pollença et celle d'Alcúdia. De là, les formations déchiquetées de la péninsule de Formentor ressemblent à de gigantesques vagues : impressionnant !

Fêtes et festivals

Davallament PÂQUES
(Vendredi saint). La procession des pénitents transportant symboliquement le corps du Christ et descendant les marches du Calvari est l'une des célébrations de Pâques les plus émouvantes de toute l'île.

Festes de la Patrona FÊTE HISTORIQUE
(Fin juil-déb août). La plus grande fête de la ville, avec reconstitution de la bataille entre Maures et chrétiens, culmine le 2 août.

Festival de Pollença FESTIVAL DE MUSIQUE
(www.festivalpollenca.org ; juil et août). Le cloître de Sant Domingo accueille des concerts de différents genres musicaux.

La Fira FOIRE
(2e dim de nov). Une immense foire se tient dans le couvent de Sant Domingo et ailleurs dans la ville.

Où se restaurer

La Plaça Major est entourée de cafés-bars et de restaurants plutôt plaisants où l'on peut se restaurer matin, midi et soir, mais les meilleurs se trouvent souvent un peu plus loin.

Manzanas y Peras INTERNATIONAL €
(☎971 533 835 ; www.manzanasyperas.es ; Carrer de Jesús 38 ; plats 3-7 € ; ⌚10h-16h et 19h-23h lun-ven, 10h-16h dim). Minuscule mais génial : une sorte d'oasis, créée par deux jeunes anglais, Paul et Caroline, près des marches du Calvari. La longue liste de formules spéciales proposées au déjeuner inclut le délicieux "hamburger au porc, à la pomme et à la sauge". Le soir est dédié aux tapas, depuis les gâteaux de poisson thaïs jusqu'à la bruschetta au chèvre chaud, avec gelée de myrtilles et noix.

Latitud N ESPAGNOL, INTERNATIONAL €
(☎971 531 294 ; Carrer de Costa i Llobera 11 ; plats 20-25 € ; ⌚19h-23h lun-sam ; 🚭). Ce vénérable bâtiment vit naître le poète Miquel Costa i Llobera et abrita par la suite le premier cinéma de la ville. Il accueille aujourd'hui un restaurant à la déco et à l'ambiance chic – on dîne au milieu des antiquités. La carte propose un choix limité de plats, tous préparés à la perfection (notamment le chateaubriand).

Restaurant Clivia MAJORQUIN, POISSON ET FRUITS DE MER €€
(☎971 533 635 ; Avinguda de Pollentia 7 ; plats 12-23 € ; ⌚13h-15h et 19h-22h30 jeu-mar). Dans une ancienne maison particulière, ce restaurant sert une excellente cuisine (en particulier le poisson), préparée et présentée avec panache. Service attentif et ambiance tranquille. Goûtez les crevettes de la baie de Sóller, à l'ouest de l'île, ou le loup de mer au vin blanc, la spécialité maison.

La Font del Gall FUSION €€
(☎971 530 396 ; lafontdelgall@hotmail.com ; Carrer del Monti-Sion 4 ; plats 8-15 € ; ⌚11h30-15h et 18h30-22h dim-ven mars-oct). Tenue par des Écossais, cette adresse propose "une cuisine contemporaine fraîche revisitée à l'écossaise, du brunch aux haggis". Promesse tenue. Choix de menus au déjeuner (à partir de 9,95 €) et, ce qui est plus rare, au dîner (à partir de 15,95 €). Notre plat favori : la poitrine de porc, rôtie à feu doux et croustillante.

Restaurant Trencadora MÉDITERRANÉEN €€
(☎971 531 859 ; Carrer de Ramon Llull 17 ; plats 11-18 € ; ⌚12h30-15h et 18h30-23h tlj avr-sept, fermé mar oct et mars, fermé nov-fév). Cette trattoria moderne mérite le détour (à 5 min à pied à l'est du centre) pour son jardin ombragé. Elle sert pizzas, pâtes, produits de la mer et steaks.

Où prendre un verre

U Gallet BAR
(☎971 534 879 ; Carrer de Jesús 40 ; ⌚10h30-14h30 et 19h30-3h30 mar-dim, 19h30-3h30 lun). Loin de la foule (largement étrangère) et de la folie de la place centrale, c'est là que les gens du pays se retrouvent : un bar étroit ouvrant sur une salle toute simple, avec des tables en bois dans la rue.

MAURES ET CHRÉTIENS : DU GRAND SPECTACLE

En août, l'une des fêtes les plus pittoresques de Majorque se déroule à Pollença. Elle commémore la célèbre victoire remportée en 1550 par les habitants de la ville (les chrétiens, *cristians* en majorquin) contre la bande de pirates maures du terrible turc Dragut (1500-1565). La "bataille" est le point culminant des **Festes de la Patrona** (fête de la sainte patronne de la ville, la Vierge Marie). L'après-midi du 2 août, des habitants déguisés en Maures (*moros* en majorquin) maniant le cimeterre, et en villageois armés de perches, se répandent à travers la ville, à grand renfort de tambours et de tromblons. La reconstitution des affrontements se déroule à 19h dans plusieurs endroits de la ville. La veille au soir, la foule afflue dans les bars et sur les places du centre-ville, l'alcool coule à flot et des musiciens jouent toute la nuit.

Achats

Pollença compte d'innombrables petites boutiques très attirantes, et son marché du dimanche est l'un des plus animés de Majorque.

Marché du dimanche MARCHÉ
Ce marché, qui a lieu toute l'année, envahit la ville en été. Fruits et légumes se concentrent sur la Plaça Major, tandis qu'artisanat et autres étals gagnent de plus en plus les rues alentour.

Enseñat ALIMENTATION, VIN
(☎971 533 618 ; www.ensenyat.com ; Carrer d'Alcúdia 5 ; ⏲8h30-14h et 16h30-20h30 lun-sam, 8h30-14h dim). Fondé dans les années 1940, c'est le rendez-vous des gourmets, qui apprécient son épicerie fine, ses vins majorquins, ses fromages et ses viandes, dont la *sobrassada* maison.

Artesania ARTISANAT
(☎971 531 381 ; www.artesania-mallorca.com ; Carrer del Temple 6 ; ⏲10h30-14h et 16h-20h30 mai-sept, horaires réduits le reste de l'année). Cachée derrière l'Església de la Mare de Déu deis Àngels, cette charmante petite boutique vend de l'artisanat de grande qualité, fait à la main généralement par de petits artisans majorquins : verrerie, savons, céramiques, articles en papier ou en fer forgé... La propriétaire anglaise de la boutique, Lynn Hazelhurst, pourra vous parler de l'artisan qui se cache derrière chaque pièce.

Rocaia Complements VÊTEMENTS, ACCESSOIRES
(☎971 531 102 ; www.rocaia.com ; Carrer del Calvari ; ⏲10h30-19h lun-sam). Pratiquement au pied des marches du Calvari, ce bric-à-brac stylé vend aussi bien des articles pour la maison et des carillons que des T-shirts, des bijoux et des photos noir et blanc : impossible d'en sortir sans avoir acheté quelque chose. La boutique possède deux autres adresses en ville : **Tao** et **Dada**.

Teixits Vicens TEXTILES
(☎971 530 450 ; www.teixitsvicens.com ; Ronda Can Berenguer ; ⏲10h-14h et 17h-20h lun-ven, 10h-14h sam). Dans cette entreprise familiale, les artisans fabriquent depuis 1854 ces tissus majorquins rayés appelés *robes de llengües*, en restant fidèles aux motifs traditionnels. Certaines de leurs réalisations sont exposées au Museu Martí Vicenç.

Renseignements

Pollensa Guide (www.thepollensaguide.com). Ce site publie des informations utiles sur Pollença, Port de Pollença et Cala Sant Vicenç.

Office du tourisme (☎971 535 077 ; www.pollensa.com ; Carrer de Sant Domingo 17 ; ⏲8h-20h lun-ven, 10h-13h dim mai-oct, 9h-16h lun-ven et 10h-13h dim nov-avr)

> **À VÉLO !**
>
> Les cyclistes apprécieront les **Ecovies**, un réseau de pistes cyclables de quelque 45 km en tout qui s'étend entre Pollença et Artà, et rayonne dans les environs. Pour tout renseignement sur ces pistes cyclables, prélude à un réseau qui sillonnera un jour toute l'île, adressez-vous aux offices du tourisme de Pollença, d'Alcúdia, de Port d'Alcúdia, de Ca'n Picafort ou d'Artà.

Depuis/vers Pollença

BUS Le bus n°340 se rend directement de Palma à Pollença (4,90 €, 45 min, jusqu'à 12 bus/jour). Il continue sur Sant Vicenç (1,10 €, 20 min, 6/jour) et Port de Pollença (1,10 €, 20 min, jusqu'à 30/jour).

VOITURE ET MOTO Depuis Palma, suivez l'autoroute Ma13 jusqu'au bout et prenez l'embranchement vers le nord quand elle se transforme en une route normale à deux voies. Pour une approche plus pittoresque, prenez à Inca la Ma2130 direction nord, puis la Ma10 direction est.

Cala Sant Vicenç

290 HABITANTS

L'un des plus jolis endroits de la côte nord majorquine, Cala Sant Vicenç s'étend autour de quatre merveilleuses *cales* (criques) dans une brèche de la Serra de Tramuntana. Les vues sur les eaux turquoise et, au nord-ouest, sur le Cap de Formentor y sont superbes. Le village ne s'anime vraiment que de mai à octobre.

À voir

La première des plages, **Cala Barques**, est sablonneuse jusqu'à ce qu'on entre dans l'eau : il faut ensuite marcher sur des rochers pour se baigner et nager. La jolie (mais, elles sont toutes jolies !) **Cala Clara** lui ressemble. La **Cala Molins**, la plus grande des quatre, est une crique tranquille bordée par une vaste plage de sable dont les eaux scintillantes sont faciles d'accès. La **Cala Carbó**, vers la pointe, est la plus petite et la moins visitée. Aller de la première à la quatrième ne prend pas plus de 20 minutes.

En marchant 15 minutes le long de la Carrer Temporal, qui part de Cala Clara, puis en prenant la Carrer de Dionìs Bennàssar, on arrive aux **Coves de L'Alzineret**, sept grottes funéraires creusées à l'époque prétalayotique (vers 1600 av. J.-C.). Si vous êtes fatigué, sachez que là, en hauteur, se trouvent des bancs publics.

Où se restaurer

Cal Patró POISSON ET FRUITS DE MER, RIZ €€
(☎971 533 899 ; Cala Barques ; plats 13-25 € ; ⏲12h30-15h30 et 19h30-22h30 mer-lun Pâques-juin, sept, oct, tlj juil-août). Les habitants du coin amateurs de poisson vont directement à la "Maison du capitaine" déguster la pêche du jour. Bons plats de riz, savoureuse seiche à la majorquine (dans une sauce riche) et ragoût de homard. Joli cadre (sur les marches menant à la plage) et service sympathique.

Bar-restaurant Cala Barques POISSON ET FRUITS DE MER €€
(☎971 530 691 ; Cala Barques ; plats 14-25 € ; ⏲12h30-15h30 et 19h30-22h30 mar-dim mai-oct). L'emplacement, avec vue sur la plage, est idéal. Au menu : poisson grillé et fruits de mer. Barbecue le soir.

Renseignements

Office du tourisme (☎971 533 264 ; Plaça de Cala Sant Vicenç ; ⏲9h-14h et 14h30-16h lun-ven, 10h-13h sam mai-oct). À 50 m en retrait de Cala Clara.

Depuis/vers Cala Sant Vicenç

Cala Sant Vicenç se trouve à 6,5 km au nord-est de Pollença, près de la route menant à Port de Pollença. Le bus n°340 Palma-Port de Pollença dessert Cala Sant Vicenç (1,10 €, 20 min, jusqu'à 6/jour) depuis Pollença et Port de Pollença.

Port de Pollença

6 000 HABITANTS

Au nord de la baie de Pollença, cette station balnéaire est très fréquentée par une clientèle familiale britannique, appréciant les *fish and chips* et la bière, et qui vient surtout lézarder au soleil. On peut y louer planche à voile et bateau de plaisance.

À voir et à faire

Les plages juste au sud du secteur principal du port sont vastes, sablonneuses et en pente douce. Celles qui bordent la promenade ombragée tout au nord de la ville figurent parmi les plus jolis sites de Port de Pollença. Au sud, le long de la baie en direction d'Alcúdia, les plages présentent un mélange de gravier gris, où se déposent souvent des herbiers de posidonies. À la pointe de cette étendue peu engageante, le **Ca'n Cap de Bou** et **Sa Marina** (juste avant l'entrée d'Alcúdia) sont fréquentés par les amateurs de planche à voile et de kitesurf.

Pour la plongée, la baie de Pollença est un des meilleurs sites de l'île. Le flanc sud de la péninsule de Formentor comporte en effet quantité de tombants et de grottes, et une vie marine assez riche (raies, poulpes, barracudas, etc.). Vous trouverez aussi des spots plus populaires le long de la pointe sud de la baie menant au Cap des Pinar.

Un marché se tient le mercredi sur la Plaça Miguel Capllonch, au nord-ouest de la marina, deux rues vers l'intérieur.

Promenades en bateau EXCURSIONS EN BATEAU
(☎971 864 014 ; marina ; adulte/enfant Platja de Formentor 10,50/5,25 €, Cap de Formentor 21/10,50 €, Cala Sant Vicenç 26/13 € ; ⏲mai-sept). À la marina, le petit kiosque voisin de l'entrée du parking vend des billets de bateau pour Platja de Formentor (jusqu'à 5 départs/jour en été), Cap de Formentor et Cala Sant Vicenç.

Scuba Mallorca CENTRE DE PLONGÉE
(☎971 868 087 ; www.scubamallorca.com ; Carrer d'El Cano 23 ; forfait 2 plongées 80 €, suppl équipement 10 € ; ⏲9h30-19h30 lun-jeu, 9h30-18h30 ven et sam, 9h-18h dim juin-sept, fermé dim mars-mai et oct, fermé nov-fév). La ville compte deux écoles de plongée, dont ce centre PADI cinq étoiles.

L'HERBE DE POSÉIDON

Dans le nord de Majorque, les amateurs de plage hésitent parfois à se baigner dans les eaux où flottent ce qu'ils prennent pour des algues. Il s'agit en fait d'une herbe marine, la posidonie (*Posidonia*), qui joue un rôle important dans la protection des fonds marins contre l'érosion. L'oxygène qu'elle dégage, qui attire une faune marine abondante, contribue en effet à purifier l'eau et à ralentir le réchauffement climatique en absorbant le gaz carbonique. Elle forme à certains endroits de denses herbiers, dont l'odeur iodée peut déplaire à certains, mais qui jouent un rôle précieux pour l'écosystème marin.

LES CHEMINS DE RANDONNÉE DU CAP DE FORMENTOR

La péninsule de Formentor est jalonnée de sentiers menant à des plages de galets et à des criques. Le chemin qui conduit de **Port de Pollença** à la **Cala Bóquer** est signalé à partir d'un rond-point sur la route principale menant au Cap de Formentor. Cette promenade facile de 3 km reste dans la vallée, avec sur le versant ouest la paroi rocheuse de la Serra del Cavall Bernat.

À environ 11 km de Port de Pollença, sur la péninsule, deux sentiers partent à droite et à gauche de la route (stationnement possible), l'un vers la **Cala Figuera** sur le flanc nord et l'autre vers la **Cala Murta** au sud. Le premier descend par un ravin dénudé jusqu'à une étroite plage de galets baignée d'une eau aux couleurs incroyables. Le second traverse un terrain en grande partie boisé jusqu'à une crique rocheuse. La descente de l'un comme de l'autre prend environ 40 minutes. Près de la Cala Murta, mais plus difficilement accessible par la terre, se trouve la **Cala Gossalba**. Dans tous les cas, emportez ravitaillement et boisson.

Deux autres petites criques ponctuent le littoral : la **Cala des Caló** et la **Cala En Feliu**. Les marcheurs peuvent aussi gagner le cap ou en revenir par le **Camí Vell del Cap**, un sentier mal balisé qui zigzague et suit parfois la route principale. À Port de Pollença, on peut rallier le GR221, qui suit la Serra de Tramuntana sur sa longueur.

Les offices du tourisme de Pollença et de Port de Pollença vous fourniront des brochures comportant des cartes approximatives des sentiers qui devraient suffire pour ces randonnées.

Sail & Surf Pollença VOILE, WINDSURF
(☎971 865 346 ; www.sailsurf.eu ; Passeig de Saralegui 134 ; stages 90-210 € ; ⏲9h-18h lun-sam avr-oct, 9h30-14h30 lun-sam nov-mars). C'est là qu'il faut aller pour suivre des stages de 2 à 6 jours de voile ou de windsurf. Ceux qui ont déjà de l'expérience peuvent y louer l'équipement.

Kayak Mallorca KAYAK
(☎648 111 618 ; www.kayakmallorca.com ; La Gola ; 3 h de kayak transport compris 40 €/pers). Sur la plage au sud de la marina, Kayak Mallorca organise des sorties autour de l'île pour tous les niveaux.

Rent March LOCATION DE VÉLOS
(☎971 864 784 ; www.rentmarch.com ; Carrer de Joan XXIII 89 ; ⏲9h-13h et 16h-20h lun-sam, 9h-12h30 dim). Loue toutes sortes de vélos, depuis les modèles simples sans changement de vitesse (7 €/jour) ou les VTT (9 €/jour) jusqu'aux vélos Onix Obrea à 27 vitesses (20 €/jour). Location également de scooters et de motos.

Où se restaurer

Celler La Parra MAJORQUIN €€
(☎971 865 041 ; www.cellerlaparra.com ; Carrer de Joan XXIII 84 ; plats 10-16,50 € ; ⏲13h-15h et 19h15-22h15). Ouvert dans les années 1960, ce restaurant de style traditionnel majorquin fait l'effet d'une rareté dans le coin. On y sert une authentique cuisine de l'île : poisson frais, *frito mallorquín* (abats d'agneau sautés), *lechona* (agneau rôti) et *tumbet* (ratatouille majorquine). Déco style cave à vin et four à feu de bois sans la moindre pizza en vue : on est immédiatement séduit !

Ca'n Cuarassa ESPAGNOL, MAJORQUIN €€
(☎971 864 266 ; www.cancuarassa.com ; Carretera Port de Pollença-Alcúdia ; plats 14,10-29,20 € ; ⏲13h-15h30 et 19h30-23h). À 3 km au sud du centre de Port de Pollença, cet établissement propose un vaste espace jardin où dîner, une aire de jeu pour les enfants et une longue carte de cuisine majorquine et espagnole. Un carpaccio de poulpe fera une bonne entrée, suivi d'un filet de turbot à la sauce *cava*. Un peu excentré, mais le détour en vaut la peine.

Stay ESPAGNOL, INTERNATIONAL €€
(☎971 864 013 ; www.stayrestaurant.com ; Moll Nou ; plats 15-32 € ; ⏲9h-23h). La famille Gassó, qui tient aussi la Ca'n Cuarassa, a joué ici le style bord de mer chic, avec une vaste terrasse sur la jetée. Une clientèle dans le genre yachting vient savourer ici des assortiments de fruits de mer grillés ou des tapas. Entre luxe et décontraction, à des prix élevés mais presque toujours justifiés.

La Llonja & La Cantina ESPAGNOL, INTERNATIONAL €€€
(☎971 868 430 ; www.restaurantllallonja.com ; Carrer del Moll Vell ; plats 13,60-67 € ; ⏲La Llonja 13h-15h30 et 19h30-22h30 lun-sam, La Cantina 8h30-23h). En étage avec vue sur la mer, La Llonja propose de savoureux plats de

viande et de produits de la mer, aux accents inventifs (comme le carpaccio de poisson), mais son ragoût de homard (67 €) est cher payé. Au rez-de-chaussée, La Cantina sert petits-déjeuners, en-cas et sandwichs à des prix nettement plus doux.

Où prendre un verre

Port de Pollença n'est pas vraiment un lieu festif. Ayez une pensée pour ces adolescents qui errent tard dans la nuit en rêvant aux clubs d'Ibiza et en regrettant que des parents insensibles les aient traînés ici !

Renseignements

Office du tourisme (☎971 865 467 ; www.puertopollensa.com ; Passeig Saralegui ; ⌚8h-20h lun-ven, 10h-17h sam, 10h-13h dim mai-sept, 8h-15h lun-ven oct-avr). Sur le front de mer, devant la marina.

Depuis/vers Port de Pollença

Le bus n°340 reliant Palma à Pollença continue jusqu'à Port de Pollença (20 min direct ou 30 min via Cala Sant Vicenç). Le bus n°352 circule entre Port de Pollença et Ca'n Picafort (2,35 €, 1 heure), en s'arrêtant à Alcúdia et à Port d'Alcúdia.

CAP DE FORMENTOR

Des falaises vertigineuses et des pics déchiquetés qui avancent loin dans la mer, le Cap de Formentor constitue sans doute la partie la plus spectaculaire du littoral de Majorque (et la concurrence est rude). Le paysage est celui d'un autre monde. De loin, on dirait une énorme ligne de vagues sur le point de se briser.

La route du cap grimpe raide depuis Port de Pollença, en offrant des vues à couper le souffle sur la baie. Le plus époustouflant est le **Mirador de Sa Creueta** (232 m), 3 km au nord-est de Port de Pollença. De là, des falaises abruptes plongent dans les profondeurs de la côte nord de la péninsule. À l'est, un peu au large, se détache un îlot rocheux, l'**Illot del Colomer**. Depuis le mirador, on peut encore grimper 2-3 km par une petite route jusqu'à la tour de guet **Talaia d'Albercuix** (380 m). Construite pour surveiller l'arrivée des pirates, elle jouit d'une vue extrêmement étendue sur la mer.

De là, la Ma2210 plonge à travers bois sur 4 km jusqu'à la **Platja de Formentor** (Platja del Pi). Le parking coûte 4 €/jour. La route serpente encore sur 11 km entre l'Hotel Formentor et le **phare** du cap. Là, vous attendent un snack, un panorama sur le Cap Ferrutx au sud, et un court sentier pédestre (le Camí del Moll del Patronet), vers le sud, menant à un autre point de vue.

Depuis/vers le Cap de Formentor

Pour parcourir les 18 km qui séparent Port de Pollença du cap (via la Ma2210), le mieux est de disposer de son propre véhicule, d'un vélo ou de marcher ; toutefois, le bus n°353 circule entre Ca'n Picafort et Cap de Formentor (3,10 €, 1 heure 20, 2 bus/jour mai-oct) en passant par Port d'Alcúdia, Alcúdia et Port de Pollença. Deux services supplémentaires relient Port de Pollença et Cap de Formentor.

BAIE D'ALCÚDIA

Alcúdia

À quelques kilomètres en retrait de la côte, Alcúdia possède un charme tranquille et un caractère qui manque à beaucoup de localités du littoral. Sa jolie vieille ville entourée de remparts médiévaux et des vestiges de ce qui fut la première colonie romaine de l'île sera le point d'orgue de votre visite. Cela dit, ses bons hôtels et restaurants peuvent aussi en faire une base agréable d'où découvrir le nord de l'île.

À voir

Le marché d'Alcúdia se tient le mardi et le dimanche dans le Passeig de la Victòria et ses alentours.

Pol·lèntia SITE ARCHÉOLOGIQUE

(☎971 897 102 ; www.pollentia.net ; Avinguda dels Prínceps d'Espanya ; adulte/étudiant et senior musée compris 3/2 € ; ⌚9h30-20h30 mar-sam, 10h-15h dim mai-sept, 10h-15h30 mar-ven, 10h-13h30 sam et dim oct-avr). Les ruines de la cité romaine de Pol·lèntia se situent juste à l'extérieur des remparts d'Alcúdia (l'entrée se trouve dans l'Avinguda dels Prínceps d'Espanya). Fondée vers 70 av. J.-C., ce fut la principale ville romaine de Majorque. C'est aujourd'hui le site archéologique le plus important de l'île. Le théâtre à lui seul justifie la visite.

Pol·lèntia atteignit son apogée aux Ier et IIe siècles. Elle s'étendait alors sur 20 hectares (dont l'essentiel n'a pas encore été fouillé), une superficie qui en dit déjà long sur son importance.

Alcúdia

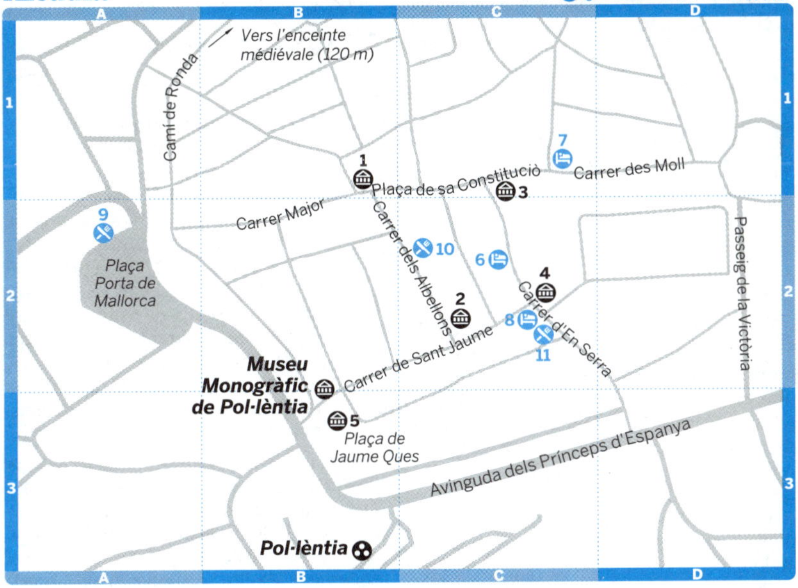

Dans l'angle nord-ouest du site s'étend la zone résidentielle de Portella. Le vestige le plus intéressant en est la **Casa dels Dos Tresors** (maison des Deux Trésors), une maison romaine typique agencée autour de son atrium, qui se dressa ici du Ier au Ve siècle. Non loin de là se trouvait le **Forum**, avec ses trois temples et ses rangées de *tabernae* (boutiques). En parcourant encore quelques centaines de mètres, on atteint le **Teatre Romà** (théâtre romain), du Ier siècle, petit mais évocateur, et qui semble retourner au rocher dans lequel il a été taillé. Au mois d'août, il accueille des pièces de théâtre.

Museu Monogràfic de Pol·lèntia MUSÉE

(☎971 547 004 ; www.pollentia.net ; Carrer de Sant Jaume 30 ; adulte/enfant Pol·lentia compris 3/2 € ; ⏲11h-14h et 16h-19h mar-dim mai-sept, 10h-16h mar-ven, 10h-14h sam et dim oct-avr). Ce musée conserve, dans son unique salle, fragments de statues, monnaies, bijoux, figurines de divinités domestiques, maquettes de la Casa dels Dos Tresors et du théâtre et autres vestiges retrouvés dans les ruines de la cité romaine de Pol·lèntia. Les pièces sont bien présentées, mais uniquement légendées en catalan. Demandez, au besoin, la brochure en anglais.

Alcúdia

Les incontournables

	Museu Monogràfic de Pol·lèntia	B2
	Pol·lèntia	B3

À voir

1	Ca'n Canta	B1
2	Ca'n Domènech	C2
3	Ca'n Fondo	C1
4	Ca'n Torró	C2
5	Museu de Sant Jaume	B3

Où se loger

6	Ca'n Pere	C2
7	Fonda Llabres	C1
8	Petit Hotel Ca'n Simó	C2

Où se restaurer

	Ca'n Pere	(voir 6)
9	Genestar	A2
10	L'Arca d'en Peter	C2
11	S'Arc	C2

Museu de Sant Jaume MUSÉE

(☎971 548 665 ; Plaça de Jaume Ques ; adulte/enfant 1 €/gratuit ; ⏲10h-13h lun-sam). Aménagé dans l'église éponyme, ce musée renferme essentiellement des vêtements sacerdotaux et autres objets religieux.

CHEZ LES SEIGNEURS D'ALCÚDIA...

Il y a dans la vieille ville d'Alcúdia de superbes demeures historiques. Parmi les plus belles :

» **Ca'n Canta** (Carrer Major 18)

» **Ca'n Domènech** (Carrer dels Albellons 7)

» **Ca'n Fondo** (Carrer d'En Serra 13)

» **Ca'n Torró** (Carrer d'En Serra 15)

GRATUIT **Enceinte médiévale** REMPARTS

En grande partie reconstruits, les remparts d'Alcúdia n'en sont pas moins impressionnants. Côté nord, ils datent encore essentiellement du Moyen Âge. Près de la Porta Roja (porte Rouge) subsistent les vestiges d'un pont du XVIIIe siècle. Du pont, on peut marcher sur 250 m au sommet des remparts jusqu'au Carrer del Progres pour profiter de la vue sur les toits et les collines au loin.

Par-delà le pont, au nord-est, la Plaça de Toros (arènes) a été construite dans un bastion fortifié d'époque Renaissance.

Fundación Yannick y Ben Jakober MUSÉE, JARDINS

(Museo Sa Bassa Blanca ; ☎971 549 880 ; www.fundacionjakober.org ; Camí de Coll Baix ; entrée libre mar et jeu, entrée avec visite guidée mer, ven et sam 9-15 € ; ⏲9h30-12h30 et 14h30-17h30 mar, 10h-12h jeu, visites guidées 11h et 15h mer, ven et sam). Environ 4,5 km à l'est d'Alcúdia, la Fundació Yannick i Ben Jakober, une institution culturelle aux activités multiples, restaure notamment des œuvres d'art, et tout particulièrement des portraits d'enfants du XVIe au XIXe siècle. Elle abrite aussi un espace d'exposition dédié aux artistes contemporains.

Des sculptures de Ben Jakober et de Yannick Vu, le couple d'artistes britanniques qui vit là une partie du temps, émaillent le jardin. Pour vous y rendre, suivez les panneaux Fundació et Bonaire. Au restaurant Bodega del Sol, tournez à droite et continuez sur cette route qui se transforme en une piste défoncée. La fondation se trouve sur la droite. Les prix d'entrée varient en fonction du nombre d'espaces visités.

Activités

Demandez à l'office du tourisme sa brochure *10 Excursions*, qui décrit en détail des balades à faire à pied ou à vélo dans la région d'Alcúdia.

Fêtes et festivals

Fira d'Alcúdia FOIRE

(1er week-end d'oct). La grande foire annuelle, la Fira d'Alcúdia, réunit marché alimentaire, danses traditionnelles, musique et défilés.

Où se restaurer

S'Arc MÉDITERRANÉEN €€

(☎971 539 178 ; Carrer d'En Serra 22 ; plats 9-14 € ; ⏲12h30-15h30 et 18h-23h30). Dépendant du Petit Hotel Ca'n Simó, ce charmant restaurant de la vieille ville, avec cour intérieure et murs en pierre apparente, revisite avec créativité les saveurs méditerranéennes, notamment le risotto au poisson et aux fruits de mer avec des champignons parfumés au safran.

Genestar INTERNATIONAL €€

(☎971 549 157 ; www.genestarestaurant.com ; Plaça Porta de Mallorca 1 ; menu fixe 25 €, boisson en suppl ; ⏲13h-15h30 et 20h-23h30 lun, mar, jeu-sam, 20h-23h30 dim). Ce restaurant moderne et design se trouve juste à l'extérieur des remparts (guettez les cannes de bambous à l'extérieur) et ne compte que 8 tables. Son menu, composé de 5 plats d'inspiration méditerranéenne et internationale (et qui change toutes les semaines), attire une clientèle enthousiaste. Réservez.

Ca'n Pere MÉDITERRANÉEN €€

(☎971 545 243 ; www.hotelcanpere.com ; Carrer d'En Serra 12 ; plats 9-15 € ; ⏲12h30-15h30 et 19h-22h30). Autre joli restaurant possédant une cour en pierre apparente, le Ca'n Pere (dans l'hôtel éponyme) prépare des recettes méditerranéennes à partir de produits frais, comme les raviolis noirs farcis aux crevettes et saumon. Le service peut être lent lors du coup de feu.

L'Arca d'en Peter MÉDITERRANÉEN €€

(☎971 539 178 ; www.larcadenpeter.com ; Placeta de ses Verdures 1 ; plats 9-15 € ; ⏲12h-15h30 et 18h-23h30 ; 🚭). Tenu par les mêmes propriétaires que le Ca'n Pere, il affiche une carte similaire, dans un décor plus moderne, avec d'agréables tables en terrasse sur la place et un service plus rapide.

Depuis/vers Alcúdia

Le bus n°351 Palma-Platja de Muro s'arrête à Alcúdia (4,80 €, 45 min, jusqu'à 16 bus/jour). De mai à octobre, le bus n°352 assure la liaison Ca'n Picafort-Port de Pollença (1,60 €, 45 min) au mieux toutes les 15 minutes. Le bus local n°356 relie Alcúdia à Port d'Alcúdia et à Platja d'Alcúdia (1,25 €, 15 min, toutes les 15 min de mai à octobre).

Port d'Alcúdia

1 900 HABITANTS

Nichée au nord-est de la baie d'Alcúdia, Port d'Alcúdia est une station balnéaire animée. Le front de mer, la marina et le port de pêche sont plutôt plus attrayants que d'autres sur cette côte. Plus au sud, d'agréables plages se détachent sur fond de bâtiments en béton moins esthétiques.

À voir et à faire

Le point fort de Port d'Alcúdia est surtout le large éventail d'activités proposées. L'office du tourisme pourra aussi vous renseigner sur la **Cova de Sant Martí** (à 1,6 km de là au sud-ouest, dans la Carretera d'Artà) : un sanctuaire religieux du XIIIe siècle niché dans une grotte à 15 m de profondeur. Le site était fermé pour raison de sécurité lors de notre passage.

Transportes Marítimos Brisa EXCURSIONS EN BATEAU
(☎971 545 811 ; www.tmbrisa.com ; adulte 18-55 €, enfant 9-27,50 € ; ⏲promenades mai-oct). Cette agence organise des promenades en catamaran (adulte/enfant 55/27,50 €, 5 heures), des excursions à Platja de Formentor (23/11,50 €, 4 heures) et à Cala Sant Vicenç (27/13,50 €, 3 heures) et des circuits en bateau à fond de verre (18/9 €, 2 heures).

5 Oceanos CENTRE DE PLONGÉE
(☎971 549 957 ; www.5oceanos.com ; Avinguda del Mal Pas 1 ; ⏲sorties mai-oct). Ce centre de plongée, situé dans l'un des faubourgs nord face à la baie, propose des sorties aux abords du Cap de Formentor.

Parapente Alfabia PARAPENTE
(☎622 600 900 ; www.parapentealfabia.com). Parapente en individuel ou en tandem pour les débutants.

Wind & Friends SPORTS NAUTIQUES
(☎971 549 835, 627 086 950 ; www.windfriends.com ; Carrer de Neptú ; ⏲avr-oct). Sur le front de mer, à côté de l'Hotel Sunwing, ce centre nautique propose voile, windsurf et kitesurf. Un stage de windsurf de 4 jours pour débutants coûte 190 €.

Hidropark PARC AQUATIQUE
(☎971 891 672 ; www.hidropark.com ; Avinguda del Tucá ; adulte/3-11 ans/moins de 3 ans 20/10 €/gratuit ; ⏲10h30-18h mai-oct). À 600 m en retrait de la plage, ce parc aquatique typique comporte des toboggans, une piscine à vagues et une aire de jeux aquatiques pour les petits.

Fêtes et festivals

Fête de Sant Pere FÊTE RELIGIEUSE
(29 juin). Cette fête en l'honneur du saint patron du port est précédée d'une semaine de concerts, de spectacles pour enfants et autres manifestations. Le jour même, une statue de Sant Pere est portée en procession sur terre et sur mer.

Où se restaurer

À Port d'Alcúdia, l'important semble être plutôt la quantité que la qualité, mais certains établissements réussissent à conjuguer les deux.

Restaurante Jardín MÉDITERRANÉEN, FUSION €€€
(☎971 892 391 ; www.restaurantejardin.com ; Carrer dels Tritons ; menú degustación 70 € ; ⏲13h30-15h30 et 20h-23h ven et sam, 13h30-15h30 dim mi-mars/déc). Ici, on revisite avec art les classiques méditerranéens : un trésor dans cette ville qui ne brille guère par la qualité de ses restaurants. Pas de plats à la carte, mais un savoureux menu-dégustation.

Miramar POISSON ET FRUITS DE LA MER €€
(☎971 545 293 ; Passeig Marítim 2 ; plats 12,90-35 € ; ⏲13h-15h30 et 19h-23h, fermé janv). Installé sur la vaste terrasse de ce vénérable restaurant du front de mer, fondé en 1871, jetez votre dévolu sur l'une des nombreuses paellas ou *fideuà* (sorte de paella aux nouilles). Les poissons classiques (sole, brème, etc.) sont bien préparés et le plateau de fruits de mer en impose par sa taille et son prix (65 €/pers).

Steak House Carabela VIANDE, POISSON ET FRUITS DE MER €€
(☎971 547 704 ; Carretera d'Artà 14 ; plats 14-23 € ; ⏲12h-24h). Dans un espace tout en verre, à un pâté de maison de la mer, légèrement à l'ouest du port principal, le Carabela fait le bonheur des amateurs de viande. On y sert aussi des fruits de mer, mais c'est surtout pour la viande qu'il faut y aller : une cuisson parfaite, avec juste un léger parfum de grillade au charbon de bois. Les sauces sont en option et la côte de bœuf (22,30 €) est gargantuesque.

Renseignements

Office du tourisme principal (☎971 547 257 ; www.alcudiamallorca.com ; Passeig Marítim ; ⏲9h30-20h30 Pâques-oct). Dans un kiosque derrière la marina.

DÉPART/ARRIVÉE PORT D'ALCÚDIA
DISTANCE 32 KM
DIFFICULTÉ FACILE À MOYENNE
VÉLO VTC OU VTT

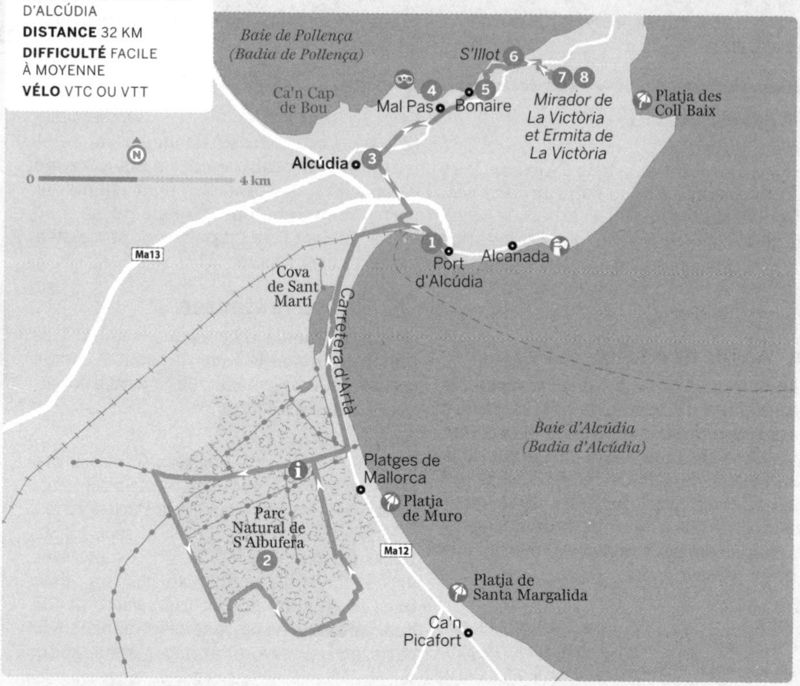

Balade à vélo

Port d'Alcúdia et ses environs

Au programme de cette balade, agréable et tranquille : la traversée de marais, un petit tour dans une vieille ville et la baie.

Au départ du Passeig Marítim à 1 **Port d'Alcúdia**, prenez vers le sud en direction de C'an Picafort, signalé sur la gauche au premier rond-point. De là, la Carretera d'Artà s'étire sur 4,5 km sans rien de très notable avant de franchir un canal, après lequel il faut tourner immédiatement à droite. Une route chaotique mène au 2 **Parc Natural de S'Albufera** et à son centre d'information. Là, la route 3 s'avère la meilleure option pour les cyclistes : elle passe en lisière des marais et permet de pédaler tranquillement. Malgré les nids-de-poule, le cadre paisible et le chœur des oiseaux en font une jolie balade.

Revenez sur vos pas jusqu'à Port d'Alcúdia mais en suivant la route (Carrer del Coral) qui fait le tour sur la gauche au lieu de suivre le front de mer. Continuez jusqu'à une grand-route que vous prendrez vers la gauche. Après 2 km, vous arriverez à la Plaça de Carles V à 3 **Alcúdia** et à l'une des portes de la ville. De la Plaça de Carles V, suivez la route menant à la Carrer de la Creu (indiquée) et prenez la première à droite possible. Arrivé sur la route principale, tournez à gauche. Après 2 km, la route commence à onduler en passant par 4 **Mal Pas** et 5 **Bonaire**, des quartiers chics où les yachts se balancent doucement dans le port, avant de grimper au-dessus de la baie le long du Cap des Pinar. Tout simple mais superbement situé avec sa terrasse qui domine la baie, le 6 **S'Illot** invite à la pause. S'il vous reste de l'énergie, suivez les panneaux vers le 7 **Mirador de La Victòria** et admirez les montagnes sur la droite et la magnifique baie de Pollença sur la gauche.

Vous pourrez faire une pause bien méritée à l' 8 **Ermita de La Victòria**, où vous trouverez un snack-bar, un restaurant et même des chambres. Une fois vos batteries bien rechargées, filez nez au vent jusqu'à Alcúdia puis, en suivant les indications, jusqu'à Port d'Alcúdia.

Office du tourisme (☎971 892 615 ; Carretera d'Artà 68 ; ⌚9h30-15h lun-ven avr-oct). Au sud du port principal.

Depuis/vers Port d'Alcúdia

BUS Des bus relient Alcúdia à Port d'Alcúdia.

BATEAU Du terminal des ferries, des bateaux desservent Ciutadella, sur l'île de Minorque.

Cap des Pinar

Le Cap des Pinar, qui s'avance profondément dans la mer depuis Alcúdia et Port d'Alcúdia, forme avec le Cap de Formentor, plus au nord, une baie large et profonde ouverte vers l'est : la baie de Pollença. Pas aussi spectaculaire que son voisin du nord, le Cap des Pinar n'en est pas moins superbe avec ses forêts de pins d'Alep et ses falaises vertigineuses à l'extrémité est, où il culmine. Malheureusement, le cap lui-même est une zone militaire interdite d'accès. Le reste vaut toutefois le détour.

À voir

Depuis Alcúdia, dirigez-vous vers le nord-est à travers les résidentiels Mal Pas et Bonaire pour rejoindre une route pittoresque conduisant au Cap des Pinar. À l'est de Bonaire, la route côtière tournicote sur 1,5 km avant d'atteindre la plage et le bar-restaurant S'Illot. Un peu plus loin, des embranchements mènent vers l'Albergue La Victòria et l'Ermita de La Victoria.

De l'Ermita de La Victòria, comptez 40 minutes par un sentier balisé pour grimper jusqu'à **Sa Talaia**, une tour de guet du XVIe siècle offrant une vue sur le nord, l'est et le sud. De retour sur la route principale, marchez sur environ 1,5 km vers l'est, de l'embranchement jusqu'à l'endroit où la route est barrée : vous continuerez ainsi à savourer les changements de paysage.

Platja des Coll Baix PLAGE

Rejoindre la Platja des Coll Baix constitue une balade jolie et tranquille sur la péninsule. Une petite flottille de voiliers et l'occasionnel bateau touristique affluant souvent dans la baie, l'idéal est de venir tôt le matin (au lever du soleil !) pour visiter cette ravissante petite plage de sable et de galets baignée par des eaux translucides.

Depuis Alcúdia, comptez environ 8 km jusqu'à une clairière où vous pouvez laisser voiture ou vélo. Suivez la direction de la Fundació Yannick i Ben Jakober, puis continuez sur 2 km. De là, vous pouvez prendre le sentier sud qui grimpe à Sa Talaia. Suivez ensuite les panneaux indiquant Coll Baix, une descente facile d'une demi-heure. Le sentier principal vous mènera aux rochers au sud de la plage, qu'il vous faudra escalader pour rejoindre la plage elle-même.

Où se restaurer

Au Cap des Pinar se trouvent deux tables particulièrement agréables (avec vue).

Restaurante Mirador de La Victòria ESPAGNOL, MAJORQUIN €€

(☎971 547 173 ; Carretera Cap des Pinar ; plats 11-23 € ; ⌚13h-15h45 et 19h-23h mai-oct, fermé lun nov et fév-avr, fermé déc-janv). L'une de nos adresses favorites dans le nord de Majorque pour sa cuisine majorquine soignée et ses vues sur le Cap de Formentor par-delà les cimes des arbres. Le restaurant est situé sur la colline derrière l'Ermita de La Victòria. Outre des plats locaux tels que les aubergines farcies à la viande ou le *pescado a la mallorquina* (poisson au four servi avec des légumes), on y prépare d'excellentes recettes à base de riz et l'un des meilleurs *aliolis* (mayonnaise à l'ail) de l'île.

S'Illot POISSON ET FRUITS DE MER, RIZ €€

(☎971 897 218 ; Carretera Cap des Pinar ; plats 15-22 € ; ⌚10h-23h30 ; 🚭). Au bord de l'eau, à côté d'une jolie plage de galets et avec vue sur le Cap des Formentor, ce bar-restaurant rustique sert d'excellents *fideuà* et plats de riz. L'endroit donne aussi envie de s'y installer pour siroter un verre ou deux par un long après-midi d'été.

LA CHÈVRE SAUVAGE DE MAJORQUE

Si vous vous promenez le long du Cap des Pinar, guettez la chèvre sauvage de Majorque (*Capra ageagrus hircus*). Elle ne vit plus que dans la Serra de Tramuntana, dans les environs d'Artà et au Cap des Pinar. Plus petite que les chèvres domestiques, cette espèce majorquine possède un pelage roux et un dos noir. Mâle et femelle portent tous deux des cornes. Bien que leur habitat soit limité, leur population est actuellement suffisante pour qu'il soit permis de les chasser au Cap des Pinar de septembre à mi-juillet.

Parc Natural de S'Albufera

S'étendant sur 688 ha, à l'ouest de la Ma12 entre Port d'Alcúdia et Ca'n Picafort, le Parc Natural de S'Albufera est un territoire privilégié pour l'observation des oiseaux. Pas moins de 303 espèces ont été recensées (soit plus de 80% des espèces recensées dans les Baléares), dont 64 se reproduisent au sein du parc. Plus de 10 000 oiseaux passent l'hiver ici, qu'ils soient résidents permanents ou migrateurs.

Ces zones humides existent depuis près de 100 000 ans et le parc tire son nom d'un vieux toponyme arabe, Albuhayra (lagune). Au XIXe siècle, notamment, on a tenté avec plus ou moins de bonheur d'assécher ces zones où se mélangent eau douce et eau salée afin de créer des terres cultivables et de combattre la malaria. Ce qu'on appelle le Gran Canal, au cœur du parc, fut conçu pour drainer l'eau vers la mer. Le **Pont de Sa Roca**, à cinq arches, fut construit sur ce canal à la fin du XIXe siècle pour faciliter la circulation entre Santa Margalida et Alcúdia. Nombre des *marjales* (parcelles de terre arable récupérées sur les zones humides) datent de la même époque. Le gouvernement des Baléares a racheté une partie des terres en 1985 pour créer ce parc, qui relève de la convention de Ramsar destinée à protéger les zones humides d'importance internationale. Outre les espèces d'oiseaux, on y a recensé quelque 400 espèces de plantes.

Le parc est bien aménagé pour les visiteurs. L'entrée est libre à condition de demander un permis au Centro de Recepción de Sa Roca (voir ci-contre). De là, partent 14 km de sentiers balisés, soit quatre itinéraires s'échelonnant de 725 m (30 min) à 11,5 km (3 heures 30). Deux d'entre eux peuvent se parcourir à vélo. Il existe six *aguaits* (cabanons en bois d'où observer les oiseaux – entrez et observez en silence), certains sont mieux que d'autres. Vous verrez quantité d'échassiers en action depuis les *aguaits* Bishop I et II, du côté nord du Gran Canal. Le parc compte aussi six plates-formes d'observation. Les possesseurs de la Targeta Verda peuvent utiliser gratuitement les bicyclettes et les jumelles du parc.

En face de l'entrée du parc, côté mer, s'étend la **Platja de Muro**, qui fait partie du parc naturel. Adossée sur 3 km à **Es Comú de Muro**, un dense enchevêtrement de pins d'Alep et de végétation dunaire, cette plage a un côté sauvage rare dans la région.

Renseignements

Office du tourisme (☎971 892 250 ; www.mallorcaweb.net/salbufera ; ⌚centre des visiteurs 9h-16h, parc 9h-18h avr-sept, 9h-17h oct-mars). Le Centro de Recepción de Sa Roca, à 1 km environ de l'entrée du parc peut fournir aux visiteurs des renseignements sur le site et sur son avifaune.

Depuis/vers le Parc Natural de S'Albufera

Les bus reliant Ca'n Picafort et Alcúdia s'arrêtent près d'un petit parking non loin de l'entrée du parc.

SUD D'ALCÚDIA

Ca'n Picafort et ses environs

Version réduite de Port d'Alcúdia, Ca'n Picafort (à 7 km plus au sud-est sur la baie) et son extension sud, **Son Bauló**, forment une agglomération sans charme pour touristes en voyage organisé. Mais les plages sont agréables et plusieurs sites archéologiques méritent la visite.

À voir et à faire

Le gros de la ville forme un damier de rues sans caractère face à la **Platja de Santa Margalida**, une plage bondée aux eaux turquoise. Au nord-ouest (marchez le long de la plage depuis le centre de Ca'n Picafort), la plage de **Ses Casetes dels Capellans** (signalée depuis la Ma12 au rond-point quand on arrive à Ca'n Picafort en venant du nord) est vaste et bordée par plusieurs restaurants et bars de plage.

Au sud-ouest, là où s'achève la ceinture d'hôtels et d'appartements de Son Bauló, vous trouverez la **Platja de Son Bauló** et, par-delà le filet d'eau du Torrent de Son Bauló, la **Platja de Son Real**, plus sauvage. Cette étendue côtière de près de 5 km, où des petits bancs de sable se cachent entre les rochers, n'est adossée qu'à des dunes basses, des broussailles et des arbustes auxquels se mêlent des pins d'Alep.

GRATUIT **Finca Pública de Son Real** ÉDIFICE HISTORIQUE
(☎971 185 363 ; sonreal@balears-sostenible.com ; ⌚10h-19h avr-sept, 10h-17h oct-mars). La Finca Pública de Son Real occupe désormais une bonne partie du littoral entre la côte et la Ma12. L'entrée principale se situe un peu au sud de la borne km 18 sur la Ma12. Les anciens bâtiments de ferme abritent un centre d'information qui renseigne les

VAUT LE DÉTOUR

BETLEM

À 3 km au nord-est de Colònia de Sant Pere, par la Ma3331 qui longe le littoral, **Betlem** est un lieu de villégiature des plus tranquilles. Il ne s'y passe pas grand-chose : raison de plus pour s'y rendre. Une piste pour 4x4 longe le littoral frangé de pins d'Alep sur 3 km jusqu'à une minuscule baie protégée, **Es Caló**. Quelques voiliers y mouillent à l'occasion et une poignée de vacanciers se prélassent sur la plage de galets et se baignent dans les eaux turquoise. Derrière se dressent de spectaculaires collines calcaires, au maigre tapis d'herbe pour certaines. Dépourvu de sentiers, **Cap Ferrutx**, le cap venteux situé au nord d'Es Caló, est plus difficile à explorer. Le Parc Natural de la Península de Llevant (p. 142), voisin, offre quelques possibilités de randonnée.

randonneurs sur les différents sentiers du domaine. On peut y voir aussi une présentation multimédia (adulte/enfant 5/2,50 €) sur la vie rurale traditionnelle majorquine.

Es Figueral de Son Real SITE ARCHÉOLOGIQUE
Depuis la Finca Pública de Son Real, un sentier, qui traverse une plantation de figuiers en grande partie abandonnée, mène aux ruines tayalotiques d'Es Figueral de Son Real, envahies par la végétation. Ce site qui date au moins du Xe siècle av. J.-C. comporte les vestiges de plusieurs édifices… qui ne parleront qu'aux imaginations fertiles.

Necròpolis de Son Real SITE ARCHÉOLOGIQUE
En bordure de mer, à 10 minutes à pied au sud-est de la Platja de Son Bauló, cette impressionnante nécropole talayotique rassemble 110 tombes (dans lesquelles ont été retrouvés des restes de plus de 300 personnes). Ces tombes, qui ont la forme de mini-*talayots* (anciennes tours de guet), remontent pour les plus anciennes au VIIe siècle av. J.-C.

Illot dels Porros SITE ARCHÉOLOGIQUE
À quelques centaines de mètres au sud-est de la Necròpolis de Son Real, l'Illot dels Porros abrite aussi les vestiges d'une ancienne nécropole. Gagner cet îlot à la nage ne présente pas de difficulté si vous êtes en bonne condition physique.

Où se restaurer

Restaurants, bars et pubs (difficiles à distinguer les uns des autres) jalonnent le front de mer et l'Avinguda de Josep Trias. Mais si vous n'avez pas envie de grignoter un pudding du Yorkshire, vous trouverez dans la Ma12 des endroits plus couleur locale.

Renseignements

Office du tourisme (971 850 310 ; Plaça de Gabriel Roca ; 9h-13h et 17h-19h30 lun-ven Pâques-oct). À l'extrémité sud de Ca'n Picafort.

Depuis/vers Ca'n Picafort

Le bus n°390 relie Palma à Ca'n Picafort (4,95 €, 1 heure 10, 4-7 bus/jour). Le bus n°352 assure la principale liaison entre Ca'n Picafort et Port de Pollença (2,35 €, 1 heure), via Port d'Alcúdia et Alcúdia.

Son Serra de Marina

Ce lotissement de résidences secondaires s'étire le long de la côte, 5 km à l'est de Son Bauló. Majorquins et Allemands affluent à sa lisière sud-est, car c'est là que commence la **Platja de Sa Canova** (ou S'Arenal, ou Platja de Son Serra), une plage vierge, bordée de dunes, qui s'étend sur 2 km. C'est à l'endroit où la plage rejoint l'agglomération que la plupart des gens se rassemblent, dont les mordus de surf et de kitesurf.

La plupart des gens fréquentent **El Sol Sunshine Bar** (971 854 029 ; www.sunshine-bar.net ; Carrer de Joan Frontera ; plats 8-18 € ; 12h-24h ; @) au petit-déjeuner, déjeuner, dîner ou pour un cocktail. Avec ses sièges en rotin, son point Internet et son ambiance décontractée, il dégage une ambiance à la Malibu (si ce n'est que les accents rappellent plutôt Munich). Le vendredi est le jour des pizzas et le dimanche celui du brunch (10h-15h). Musique live le vendredi à 20h, et parfois le dimanche.

Certains des bus Palma-Ca'n Picafort continuent jusqu'à Son Serra de Marina.

Colònia de Sant Pere

Paisible, cet ancien village de pêcheurs constitue un antidote aux stations touristiques de l'ouest. Le noyau initial de maisons s'est étendu au-delà de la place centrale et de l'église pour accueillir une petite communauté de perpétuels vacanciers. Au centre du bourg et bien ombragé, le Passeig del Mar borde une plage de sable protégée, la **Platja de la Colònia de Sant Pere** qui fait la joie de certains baigneurs. La petite marina et le port de pêche se situent à deux pas. À 2,5 km à l'ouest, après la zone résidentielle de **S'Estanyol** (ou S'Estany des Bisbe), commence la **Platja de Sa Canova**. Depuis S'Estanyol, on ne peut rejoindre Sa Canova qu'à pied.

En longeant le front de mer vers l'est, vous trouverez tout au bout **Sa Xarxa** (☎971 589 251 ; www.sa-xarxa.com ; Passeig del Mar ; plats 12-20 € ; ⏲10h-23h mar-dim mi-fév à mi-janv). Ce restaurant sert de la sole de l'Atlantique et toutes sortes de viandes, mais rien ne vaut la pêche du jour préparée tout simplement en croûte de sel. Une touche délicate caractérise tous les plats tel ce soupçon d'huile de truffe sur le carpaccio.

Le taxi-bus n°481 (pour 4 personnes maximum) relie Artà et Colònia de Sant Pere (1,90 €, 30 min, jusqu'à 6/jour). Il faut réserver sa place au ☎650 233 957 avant 19h la veille.

Le centre de Majorque

Dans ce chapitre »

Le top des restaurants

» Bacchus (p. 126)

» Celler Ca'n Amer (p. 129)

» Celler Es Grop (p. 132)

» Restaurante Sa Boveda (p. 132)

» Es Celler (p. 135)

Le top des hébergements

» Hotel León de Sineu (p. 176)

» Read's Hotel (p. 175)

» Petit Hotel Hostatgería San Salvador (p. 177)

» Es Castell (p. 176)

» Can Joan Capo Hotel (p. 176)

Pourquoi y aller

Le centre de Majorque respire un charme tranquille, qui vaut largement les côtes plus fréquentées de l'île, recherchées pour le soleil, le surf et les fruits de mer. Les plages sont rarement à plus d'une heure de route et, pourtant, l'intérieur de l'île est un monde à part : une terre de généreux vignobles, de monastères perchés au sommet des collines, de beaux villages en pierre et d'anciennes maisons de campagne reconverties en hôtels intimes au calme inébranlable, ou en restaurants où les secrets de cuisine se transmettent de génération en génération. Si le tourisme de masse se fait souvent pesant sur les côtes, de nombreuses traditions ont été préservées à l'intérieur des terres. Dans des villes comme Sineu, Petra et Binibona, vous aurez l'impression rassurante que le temps s'est arrêté et découvrirez une facette de Majorque qui n'a survécu nulle part ailleurs.

Quand partir

Contrairement aux commerces de la côte, ceux de l'intérieur des terres restent généralement ouverts toute l'année. En hiver, les habitants de Palma n'ont pas de plus grand plaisir que de quitter la vie urbaine pour se retirer dans les terres le temps d'un repas réconfortant ou d'une nuit au calme. Les manifestations dans la région figurent parmi les plus traditionnelles de l'île, du S'Encuentro de Montuïri (dimanche de Pâques) aux marchés aux bestiaux, qui se tiennent depuis 700 ans à Sineu, en mai, sans oublier la fête des vendanges, qui a lieu tous les ans en septembre à Binissalem.

À ne pas manquer

1 La route des vins, pendant plusieurs jours ; première étape : les **Bodegas Castell Miquel** (p. 130)

2 Un séjour à **Petra**, pour flâner encore et encore entre les maisons de pierre (p. 134)

3 Le marché aux bestiaux de **Sineu** (p. 132), en mai, et juste le merveilleux charme de cette petite bourgade tous les autres mois de l'année

4 Une nuit dans le calme absolu d'un hôtel de campagne à **Binibona** (p. 130)

5 Les Festes de la Verema fin septembre à **Binissalem** (p. 127), pour fêter les vendanges

6 Le panorama, sublime, depuis le **Santuari de Sant Salvador** (p. 137)

7 La visite d'**Els Calderers** (p. 134), une propriété majorquine typique transformée en musée

8 Les boutiques de cuir d'**Inca** (p. 129), puis un festin dans un *celler* traditionnel

9 Le monde souterrain, peuplé de stalagmites et de stalactites des **Coves de Campanet** (p. 131)

10 La quête de la perle rare dans les magasins spécialisés de **Manacor** (p. 136)

LE NORD-OUEST

La plupart des voyageurs traversent rapidement le cœur géographique de l'île par l'autoroute Ma13. Pourtant, l'ancienne route (la Ma13a) permet de découvrir des lieux qui ne manquent pas d'intérêt. Vous pourrez faire halte dans de luxueux gîtes et d'excellents vignobles – parmi les meilleurs de l'île –, découvrir de jolis petits villages comme Binibona, en contrefort de la Serra de Tramuntana, ou encore Sineu, plus au sud. Il y a ainsi de bonnes raisons de freiner sa course vers la côte.

Si vous allez vers l'ouest, la Ma2130, au nord de Caimari, est une route spectaculaire qui vous mènera au **Monestir de Lluc** (p. 103) et à la Ma10, qui longe la côte vers le sud.

Santa Maria del Camí et ses environs

Juste après la banlieue de Palma, en expansion constante, Santa Maria del Camí est l'une des portes d'entrée de la région viticole majorquine. Elle abrite l'un des hôtels-restaurants les plus réputés de l'île et un établissement vinicole nom moins prestigieux. Le village en lui-même ne présente pas grand intérêt, si ce n'est quelques jolies places.

À voir

En arrivant de Palma, on entre dans le centre-ville par la Ma13a, qui s'élargit pour devenir la Plaça dels Hostals, entourée de bars. Du côté sud de la place, au n° 30, se dresse l'**Antic Monestir de Nostra Senyora de Soledad**, alias Can Conrado, datant du XVIIe siècle. Si la porte principale est ouverte, jetez un œil à la magnifique cour intérieure. Au coin de la Carrer Llarg, vous apercevrez les jardins donnant sur l'arrière du bâtiment. Cette rue mène au cœur historique de la ville, la tranquille Plaça de la Vila, place médiévale dominée par la **Casa de la Vila** (hôtel de ville), datant elle aussi du XVIIe siècle.

Bodegas Macià Batle DOMAINE VINICOLE
(☎971 140 014 ; www.maciabatle.com ; Camí Coanegra ; ⏲9h-19h lun-ven). Les Bodegas Macià Batle, l'un des plus grands noms du vignoble majorquin, se trouvent juste à la lisière de Santa Maria. En plus de la visite de la propriété et des dégustations, admirez les étiquettes des bouteilles, toutes conçues par des artistes contemporains de renom.

Fêtes et festivals

Festes de Santa Margalida FÊTE DE LA VILLE
(Juillet). Durant trois semaines, concerts, danses traditionnelles et repas collectifs animent les rues de la ville. Le jour le plus important est le 20 juillet.

Où se restaurer

Bacchus ESPAGNOL, INTERNATIONAL €€€
(Read's Hotel ; ☎971 140 262 ; www.readshotel.com ; plats 25-27 €). Le restaurant du Read's Hotel, qui s'est vu décerner une étoile au guide Michelin et compte parmi les meilleures tables de l'île, propose le nec plus ultra en matière de cuisine fusion, le tout servi dans une élégante salle du XVIe siècle. Il appartient au célèbre chef Marc Fosh. Un choix idéal pour une grande occasion.

Depuis/vers Santa Maria del Camí

Santa Maria se trouve à peu près à mi-parcours sur la ligne ferroviaire Palma-Inca. Le trajet, dans les deux directions, coûte 1 € et dure 18-23 minutes.

Binissalem

6 200 HABITANTS / 131 M D'ALTITUDE

Binissalem se trouve au cœur du vignoble majorquin, et c'est là son principal attrait. Comme beaucoup de villes de l'intérieur de l'île, l'endroit a conservé son nom arabe.

À voir

La plupart des bâtiments de Binissalem sont faits d'une pierre blanche locale. La superbe **Església de Nostra Senyora de les Robines** ne fait pas exception à la règle.

Si vous voulez faire des courses, sachez qu'un **marché** a lieu tous les vendredis.

José Luis Ferrer DOMAINE VINICOLE
(☎971 511 050 ; www.vinosferrer.com ; Carrer del Conquistador 103 ; visite guidée 6 € ; ⏲visites 11h et 16h30 lun-ven, boutique 9h-19h lun-ven, 10h-14h sam). Situé à l'extrémité ouest de la ville, le domaine José Luis Ferrer, l'un des plus grands de Majorque, existe depuis 1931. Téléphonez pour faire la visite guidée.

Celler Tianna Negre DOMAINE VINICOLE
(☎971 886 826 ; www.tiannanegre.com ; Camí d'es Mitjans ; ⏲9h-16h lun-ven, visites guidées 10h et 14h). Les bâtiments de ce domaine de 20 ha ont été conçus par un architecte (remarquez la clôture en bouchons de liège). La gamme de blancs,

LES VINS MAJORQUINS

Majorque produit du vin depuis l'époque romaine. L'intérieur de l'île compte deux vignobles réputés, qui répondent aux exigeantes normes de qualité définies par la DO (Denominación de Orígen).

Le plus petit des deux, Binissalem, ne s'étend pas beaucoup au-delà du village du même nom. Pla i Llevant, beaucoup plus vaste, couvre presque toute la moitié est de l'île. Environ la moitié des vins rouges produits dans ces deux régions d'appellation d'origine contrôlée provient du cépage local Manto Negro, tandis que les deux tiers des vins blancs sont issus du cépage Moll.

De nombreuses propriétés vinicoles de ces régions sont ouvertes aux visiteurs, parmi lesquelles :

» **Bodegas Castell Miquel** (p. 130)

» **Bodegas Crestatx** (p. 132)

» **Bodegas Macià Batle** (ci-contre)

» **Bodegas Miquel Oliver** (p. 135)

» **Celler Tianna Negre** (ci-contre)

» **Vignoble Jaume Mesquida** (p. 134)

» **José Luis Ferrer** (ci-contre)

» **Toni Gelabert** (p. 136)

rouges et rosés est produite selon une démarche de développement durable.

GRATUIT **Casa-Museu Llorenç Villalonga** MUSÉE

(☎971 886 014 ; www.cmvillalonga.org ; Carrer de Bonaire 25 ; ⏲10h-14h lun et ven, 10h-14h et 16h-20h mar et jeu, 10h-13h sam). Du milieu du XVIIIe siècle au début du XIXe siècle, plusieurs belles demeures furent construites à Binissalem, reflet de la prospérité que la ville tirait de sa production vinicole. La bâtisse du nom de Can Sabater a été bien conservée. Résidence secondaire de l'écrivain Llorenç Villalonga (1897-1980), elle abrite aujourd'hui la Casa-Museu Llorenç Villalonga.

À l'intérieur, remarquez les cuves datant du XVIIIe siècle, ainsi que l'endroit où l'on foulait le raisin au pied. En été, des concerts sont organisés dans le jardin.

Ca'n Novell DOMAINE VINICOLE

(☎971 511 310 ; Carrer de Bonaire 17 ; ⏲8h-13h et 15h-20h lun-ven, 8h30-14h sam). Ca'n Novell fait revivre au visiteur l'époque où les villageois venaient remplir leur propre bouteille directement aux immenses cuves. Faits de bois d'olivier et tenus par de solides cernes de chêne, ces grands tonneaux, qui datent du XVIIIe siècle, étaient monnaie courante dans la plupart des caves et des propriétés de cette partie de l'île.

Fêtes et festivals

Festes de la Verema FÊTE DES VENDANGES

(22-30 sept). Également appelé Festa d'es Vermar, cette fête célèbre les vendanges de l'année par des danses folkloriques, des marchés artisanaux, des expositions et la dégustation de nombreuses boissons. Le point d'orgue est le grand repas collectif, où est servie la *fideuà de vermar* – plat à base de nouilles, de lapin, d'escargots et de *sobrassada* (saucisse fumée majorquine).

Où se restaurer

Singló ESPAGNOL, INTERNATIONAL €€

(☎971 870 599 ; Plaça de l'Església 5 ; plats 8-15 €). Un bon établissement qui, malgré des airs de cantine, prépare des plats appétissants, comme la *porcella rostida* (cochon de lait rôti) ou la *bacallà a la mallorquina* (morue préparée avec des tomates et des pommes de terre). Carte des vins bien fournie.

Depuis/vers Binissalem

Binissalem se trouve sur la ligne ferroviaire Inca-Palma (1,35 €).

Santa Eugènia

Perchée sur une colline au milieu des routes de campagne tranquilles du sud de Binissalem, le village de Santa Eugènia permet de voir quelques moulins à vent pittoresques et de beaux panoramas.

Le **Natura Parc** (☎971 144 078 ; www.naturaparc.net ; Carretera de Sineu 15,4 km ; adulte/enfant 3-12 ans/moins de 3 ans 9/6 €/gratuit ; ⏲10h-18h) fera le bonheur des enfants. Ils y observeront toutes sortes d'animaux, des kangourous aux flamants roses. Le zoo se trouve à environ 2 kilomètres au sud-ouest de Santa Eugènia, sur la Ma3011 en direction de Palma.

Le restaurant **L'Escargot** (☎971 144 535 ; www.watoo.net/lescargot ; Carrer Major 48 ; plats 9-17 € ; ⏲19h30-23h mer-lun) prépare une délicieuse cuisine française. Cette oasis gauloise occupe une maison de deux étages avec jardin, où l'on sert, entre autres, de l'onglet de bœuf et un délicieux crumble acidulé aux fruits.

Le bus n°311 au départ de Santa Maria del Camí dessert Santa Eugènia, mais il ne circule que 3 ou 4 fois par jour (0,90 €, 15 min).

Inca

23 400 HABITANTS / 130 M D'ALTITUDE

Le visiteur se rend généralement à Inca pour deux raisons. La première est que l'on y trouve les meilleurs *cellers* traditionnels (restaurants) de l'île. La seconde est que la ville est au centre de l'industrie du cuir majorquine. C'est ici, en effet, que tout a commencé pour les marques de chaussures espagnoles Camper et Farrutx. Inca ne présente pas grand intérêt par ailleurs.

À voir

En entrant dans Inca et la ville nouvelle sans grand charme, on a l'impression qu'il fait plus chaud et le trafic semble incessant. Cela dit, une balade agréable consiste à descendre la Carrer Major jusqu'à la Plaça de Santa Maria Major, dominée par l'**église** du même nom et bordée de cafés animés. Sur la Plaça de Sant Domingo, le **Claustre**

Inca

Les incontournables

Claustre de Sant Domingo A1

Où se restaurer

1 Celler Ca'n Amer B1
2 Celler Ca'n Ripoll A1
3 Celler Sa Travessa B2

Achats

4 Ballco B3
5 Carmina D1
6 Lottusse D1
7 Munper D1

Inca

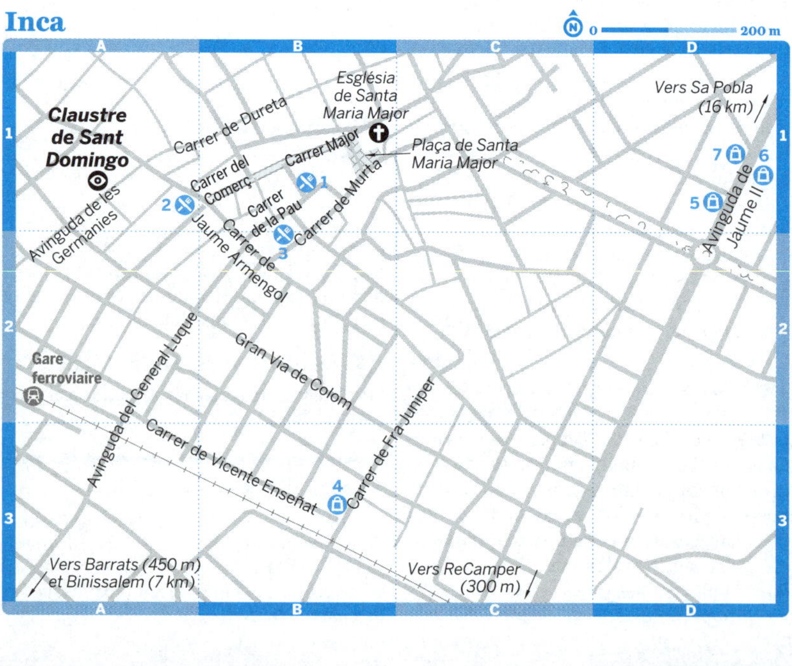

de Sant Domingo, de style baroque, vaut également le coup d'œil.

Pour admirer des panoramas extraordinaires, sortez d'Inca direction est sur 2 km, puis bifurquez vers l'**Ermita de Santa Magdalena**. Dirigez-vous ensuite vers le sud sur 2,5 km, puis continuez jusqu'au **Puig de Santa Magdalena** (307 m) pour atteindre l'*ermita* (chapelle), site privilégié d'où vous pourrez embrasser du regard les vastes plaines et voir jusqu'à la Serra de Tramuntana et les baies d'Alcúdia et de Pollença.

Fêtes et festivals

Dijous Bo FÊTE DE LA VILLE
(Jeudi saint ; 3e jeu de nov). Il s'agit de la principale fête de la ville, dont les rues vibrent alors au rythme des processions, concours de bétail, événements sportifs et concerts.

Où se restaurer

Les *cellers* (restaurants occupant le sous-sol de certains bâtiments anciens du centre-ville) sont l'une des particularités d'Inca. On y sert généralement une nourriture régionale copieuse arrosée de vins locaux. Ces derniers étaient autrefois stockés dans les énormes tonneaux du XVIIIe siècle qui s'alignent toujours le long des murs des *cellers*.

Celler Ca'n Amer ESPAGNOL, MAJORQUIN €€
(☎971 501 261 ; www.celler-canamer.com ; Carrer de la Pau 139 ; plats 9-17 € ; ⏲13h-16h et 19h30-23h lun-sam, 13h-16h dim). La cuisine majorquine traditionnelle est à l'honneur dans cette vieille bâtisse qui paraît hors du temps au milieu des constructions plus modernes et impersonnelles qui l'entourent. Spécialité de la maison : l'épaule d'agneau farcie aux aubergines et à la *sobrassada*.

Celler Ca'n Ripoll ESPAGNOL, MAJORQUIN €€
(☎971 507 639 ; www.cellercanripoll.com ; Carrer de Jaume Armengol 4 ; plats 9,35-17,55 € ; ⏲12h-16h et 19h30-23h30 lun-ven, 12h-16h et 20h-24h sam et dim). Cette cave monumentale du XVIIIe siècle est dotée de plafonds hauts à poutres apparentes reposant sur une enfilade d'arches en pierre. On y sert une nourriture copieuse, notamment des spécialités comme le cochon de lait rôti et les œufs au plat accompagnés de *sobrassada* et de frites. Ici, pas de voiturier, mais on vous trouvera toujours une place pour garer votre vélo.

Celler Sa Travessa ESPAGNOL, MAJORQUIN €€
(☎971 500 049 ; Carrer de Murta 16 ; plats 9,50-19,50 € ; ⏲13h-16h30 et 19h-23h30 sam-jeu). Dans la même veine que le Celler Ca'n Ripoll, le chef concocte des recettes traditionnelles comme le lapin à l'oignon ou la *llengua amb tàperes* (langue aux câpres). Comme dans la plupart des *cellers* d'Inca, il y règne une ambiance chaleureuse.

Achats

Les marchés, qui ont lieu les jeudis, vendredis et dimanches, investissent une grande partie du centre-ville. La campagne s'invite à Inca pour le grand marché du jeudi, et les étals de cuirs des fabricants locaux sont légion. Ce sont d'ailleurs les articles de cuir, notamment les chaussures, qui font la renommée de la ville. Vous trouverez de quoi faire dans la Gran Via de Colom, l'Avinguda de Jaume II et l'Avinguda del General Luque.

ReCamper CHAUSSURES
(☎902 364 598 ; www.camper.com ; Polígon Industrial ; ⏲10h-20h lun-sam). Magasin d'usine de la marque.

Lottusse CHAUSSURES, ACCESSOIRES
(☎971 507 988 ; www.lottusse.com ; Avinguda de Jaume II ; ⏲10h-20h30 lun-sam). Chaussures et accessoires haut de gamme.

Carmina CHAUSSURES
(☎971 880 938 ; www.carminashoemaker.com ; Avinguda de Jaume II ; ⏲10h-20h lun-ven, 10h-14h sam) L'un des plus gros fabricants de chaussures de Majorque.

Munper ARTICLES EN CUIR
(☎971 881 000 ; www.munper.com ; Avinguda de Jaume II ; ⏲9h30-19h lun-ven, 9h30-14h sam) Articles de cuir de marques diverses.

Ballco CHAUSSURES
(☎971 500 810 ; www.ballco.com ; Carrer de Vicente Enseñat 87 ; ⏲10h-20h lun-ven, 10h-14h sam). Un autre fabricant de chaussures établi de longue date.

Barrats CHAUSSURES
(☎971 500 803 ; www.barrats1890.com ; Avinguda del General Luque 480 ; ⏲10h-20h lun-ven, 10h-14h sam). Modèles classiques pour les hommes, vifs et colorés pour les femmes.

Depuis/vers Inca

En voiture, prenez la Ma13 depuis Palma. Sinon, la voie de chemin de fer suit le même trajet et les départs sont fréquents (1,80 €, 35-40 min).

Environs d'Inca

Les villages et hameaux sont nombreux sur les contreforts de la Serra de Tramuntana et constituent autant d'invitation à des excursions tranquilles.

LLOSETA ET SES ENVIRONS

À trois kilomètres à l'ouest d'Inca, **Lloseta** est aussi réputé pour ses fabriques de chaussures. La foire qui se tient début juin sur la Plaça d'Espanya réunit les créateurs locaux. Vous trouverez à Lloseta une bonne adresse pour dormir, une autre pour vous restaurer et un bon vignoble… que demander de plus ?

À voir

Bodegas Castell Miquel DOMAINE VINICOLE
(☎971 510 698 ; www.castellmiquel.com ; Carretera Alaró-Lloseta km 8,7 ; ⏲16h-20h lun-ven). Environ 1,5 km à l'ouest de Lloseta, sur la route d'Alaró, se trouvent les Bodegas Castell Miquel, dont la production a été primée. Difficile de passer à côté de ce bâtiment blanc aux allures de château. Outre la production de vin, le propriétaire allemand, Michael Popp, professeur en pharmacie, a créé un comprimé au vin rouge, le Resveroxan, censé contribuer à une vie plus longue et plus saine.

Oli Caimari FABRIQUE D'HUILE D'OLIVE
(☎971 873 577 ; www.aceites-olicaimari.com ; Carretera Inca-Lluc 6 km ; ⏲9h-20h lun-sam, 10h-14h dim). Caimari, au nord de Lloseta, est réputée pour son huile d'olive. Ne manquez pas la visite de la fabrique et du magasin de la marque Oli Caimari. L'huile est fabriquée en novembre et en décembre, les meilleurs mois donc pour découvrir ce savoir-faire.

Où se restaurer

Celler Ca'n Carrossa ESPAGNOL, MAJORQUIN €€
(☎971 514 023 ; Carrer Nou 28 ; plats 9-17 € ; ⏲13h-15h30 et 19h-23h mar-dim). Au cœur de Lloseta, installez-vous dans la salle aux murs en pierres apparentes ou dans le jardin. L'établissement se trouve dans les terres, mais sa carte de poisson est particulièrement réputée. Pensez à réserver.

BINIBONA

Au nord-est de Caimari, une route étroite mène au magnifique hameau de Binibona. Adossé à la Serra de Tramuntana, accessible uniquement par de petites routes de campagne et bercé par le bêlement des moutons et les cloches des vaches, ce lieu à la fois rural et coquet est devenu très prisé des promeneurs en quête de tranquillité.

CAMPANET

En quittant Binibona direction sud, roulez sur 3 km jusqu'à Moscari et, de là, prenez vers l'est sur 2,5 km. Vous arriverez alors à Campanet, le plus charmant de tous les villages des environs. Accrochée à une crête escarpée, la place centrale (Plaça Major) est dominée par une église gothique un peu lugubre… Les cafés alentour attirent d'ailleurs plus de monde que la messe quelque peu délaissée par les fidèles ! À environ 3 km au nord de Campanet, au beau milieu des champs, se dresse une petite chapelle de campagne murée, l'**Oratori de Sant Miquel**. Juste après, on arrive aux Coves de Campanet.

TOURISME RURAL

Autrefois, les familles majorquines les plus riches et les plus puissantes étaient propriétaires de grandes fermes. Du temps des Arabes, on parlait d'"*alqueries*", mais une fois que les chrétiens eurent pris le contrôle de l'île après 1229, le terme employé fut celui de "*possessions*". Les plus anciennes, qui datent du XIVe voire du XIIIe siècle, avaient un caractère défensif bien marqué, avec des tours de guet et des murs intimidants s'ouvrant sur une *clastra* (cour intérieure). Au fil des siècles, ces corps de ferme devinrent de plus en plus sophistiqués. Les *señors* (seigneurs) de la propriété (souvent absents) résidaient dans le bâtiment principal. Les dépendances – *ses cases* (les maisons) – abritaient le domicile de l'*amo* (principal paysan résident et chef local), la *tafona* (pressoir à olives), le *celler* (cave), le moulin et d'autres bâtiments agricoles.
À partir des années 1960, avec le déclin rapide de l'agriculture majorquine, de nombreuses *possessions* (propriétés) furent abandonnées. Le tourisme, qui les a détournées de leur fonction originale, pourrait aujourd'hui bien parvenir à les sauver de la destruction. En effet, ces corps de ferme sont de plus en plus transformés en gîtes ruraux ou en lieux de visite touristique. Voici trois coups de cœur où passer l'après-midi :

» **Raixa** (p. 100)

» **La Granja** (p. 88)

» **Els Calderers** (p. 134)

À voir

Coves de Campanet GROTTES

(☎971 516 130 ; www.covesdecampanet.com ; Camí de ses Coves ; adulte/enfant plus de 10 ans 11/5 € ; ⏲10h-19h avr-sept, 10h-18h oct-mars). À un peu plus de 3 km de Campanet, ces grottes sont certes moins impressionnantes que les Coves del Drac de Porto Cristo, mais elles constituent tout de même un magnifique ensemble de stalactites et de stalagmites. Des visites guidées d'un peu moins d'une heure débutent toutes les 45 minutes. Pour les scientifiques, ces grottes sont particulièrement intéressantes, car elles abritent une espèce indigène de scarabée aveugle et carnivore.

Posada de Biniatró MUSÉE

(☎971 509 530 ; Carrer de Miquel 20 ; ⏲10h-13h et 19h30-21h30 mar, 10h-13h mer-ven, 19h30-21h30 sam). Au pied de la Plaça Major de Campanet, la Posada de Biniatró est une maison de trois étages où sont exposées des œuvres d'artistes insulaires nés de 1950 à nos jours, dont Miquel Barceló.

Où se restaurer

Can Calco MAJORQUIN €€€

(☎971 515 260 ; www.cancalco.com ; Carrer Campanet 1 ; menus 26-32 € ; ⏲13h-15h30 et 19h-22h30 mar-sam). Dans l'hôtel du même nom, le restaurant, au bord de la piscine, propose des plats à la présentation recherchée. L'accent est mis sur les produits de la mer (même si la carte comprend également des viandes) et tout est préparé selon la tradition majorquine. Le Can Calco possède son propre bateau dans la baie d'Alcúdia : les prises peuvent être difficilement plus fraîches.

AU SUD D'INCA

Une petite boucle juste au sud d'Inca vous conduira à la ville de Sineu. Suivez la Ma3440 vers le sud-est sur 8 km, avant de gagner d'abord **Llubí**. Ce village vaut surtout le détour lors de la **Festa del Siurell**, qui a lieu le samedi précédant Mardi gras. Les habitants de la ville se déguisent et, après la tombée de la nuit, un grand *siurell* (sifflet) est brûlé sur la Plaça de l'Església, dominée par l'immense **Església de Sant Feliu**.

Sineu

2 800 HABITANTS / 151 M D'ALTITUDE

À 7 km au sud-est d'Inca, sur la Ma3240, on aperçoit à l'horizon la masse compacte aux tons ocre de la ville de Sineu, adossée à une crête. C'est sans aucun doute l'une des localités les plus plaisantes du centre de l'île. Et aussi l'une des plus anciennes : selon une légende locale, elle remonterait à la Sinium de l'époque romaine… son lien avec le village arabe de Sixneu est encore plus certain.

À voir

Au cœur de Sineu, Sa Plaça est une place animée bordée de plusieurs bars et de l'**Església de Santa Maria**. Cette dernière date du XVIe siècle (selon certains historiens locaux, ses origines remonteraient au XIIIe siècle) et sa façade de grès délabrée est de style gothique tardif. Il y a d'autres édifices historiques à voir.

Sur la Plaça des Fossar se dresse une **statue** à l'effigie de Francisco Alomar, cycliste professionnel originaire de Sineu, décédé en 1955. Un monument culte pour les cyclistes de passage !

Sineu est réputée dans toute l'île pour ses marchés. C'est sur la Plaça des Fossar, en contrebas au sud-est de la ville, que se tiennent les grands marchés. Le marché du mercredi s'installe, quant à lui, sur Sa Plaça, dans la vieille ville.

Convent dels Mínims ÉDIFICE HISTORIQUE

(Ajuntament ; Carrer de Sant Francesc). Situé au nord de Sa Plaça, ce couvent baroque du XVIIe siècle abrite l'hôtel de ville. Il est généralement possible d'y pénétrer n'importe quand pour admirer le cloître, aujourd'hui un peu à l'abandon. Une rue plus à l'ouest, on peut voir un bel exemple de croix d'orientation datant de 1585, portant le nom de **Creu dels Morts** (croix des morts).

Convent de la Concepció ÉDIFICE HISTORIQUE

(Carrer del Palau 17). À 2 minutes à pied au sud-ouest de Sa Plaça, ce couvent du XVIIe siècle est une adaptation de l'*al-qasr* (château) musulman qui se tenait là à l'origine. Il est doté d'un *torno*, petite porte à tambour au travers de laquelle, contre quelques euros, vous pourrez vous procurer des pâtisseries confectionnées par les religieuses cloîtrées. C'est dans ce couvent que le roi Jacques II établit sa résidence de l'intérieur de l'île, faisant ainsi de Sineu la capitale du Majorque rural.

Musée d'art contemporain de S'Estació MUSÉE

(☎971 520 750 ; www.sineuestacio.com ; Carrer de S'Estació 2 ; ⏲9h30-14h et 16h-19h lun-ven, 10h-13h sam). À une centaine de mètres à l'est de la Plaça des Fossar, ce musée insolite, tenu par des Allemands, expose sur trois étages les œuvres d'artistes contemporains locaux ou étrangers résidant à Majorque.

Fêtes et festivals

Les défilés des fêtes de Pâques se déroulant ici comptent parmi les plus importants de toute l'île.

Sa Fira MARCHÉ AUX BESTIAUX
(Plaça des Fossar ; 1er dim de mai). Ce grand marché, dont la première édition date de 1318, se tient chaque premier dimanche du mois de mai.

Fira de Sant Tomás FÊTE DE LA VILLE
(2e dim de déc). Au cœur de l'hiver, la Fira de Sant Tomás est l'occasion de procéder à la *matanza* annuelle (abattage du cochon). Âmes sensibles, s'abstenir.

Où se restaurer

Celler Es Grop MAJORQUIN €€
(☎971 520 187 ; Carrer Major 18 ; plats 7,80-18,60 € ; ⏲9h30-16h et 19h-23h mar-jeu, 11h-16h et 19h-24h ven-dim). Soyez prudent dans les escaliers qui mènent à cette vieille cave aux murs blanchis à la chaux, renfermant d'immenses cuves anciennes. L'ambiance y est enjouée, et l'agneau de printemps rôti et les plats à base de riz rivalisent de saveurs. À une centaine de mètres au nord-est de Sa Plaça.

Restaurante Sa Boveda ESPAGNOL, MÉDITERRANÉEN €€
(☎971 520 211 ; www.hotel-leondesineu.com ; Carrer dels Bous 129 ; plats 8,50-16 € ; ⏲13h-15h30 et 19h-22h30). Le restaurant de l'Hotel León de Sineu, en sous-sol, associe un cadre ravissant à une cuisine novatrice. Une fois n'est pas coutume, on vous propose aussi des menus le soir d'un excellent rapport qualité/prix (16,90 €).

Celler Ca'n Font ESPAGNOL, MAJORQUIN €€
(☎971 520 313 ; www.canfont.com ; Sa Plaça 18 ; plats 11,50-19,90 € ; ⏲8h30-15h et 19h30-23h mer, 11h-16h et 19h30-23h ven-mar). Dans l'une des plus anciennes caves de Majorque, le Ca'n Font propose des mets typiquement majorquins comme le *frito mallorquín* (abats d'agneau frits), les aubergines farcies et l'agneau ou le cochon de lait rôtis, qu'on déguste au milieu des vieux tonneaux de chêne.

Soultapas TAPAS €
(☎971 520 508 ; Carrer Creu 2 ; tapas 2,50-14,50 €, 5 tapas 19,90 € ; ⏲18h-24h mar et jeu-sam, 9h-15h et 18h-24h mer, 14h-24h dim). À la carte de ce bar à tapas vaguement branché, on trouve des plats créatifs qui constituent de bonnes alternatives à la nourriture des *cellers*, le tout servi dans un cadre moderne et lumineux. La *pa amb oli entrecote de Argentina* (pain local, tomate et steak argentin en fine tranche ; 14,50 €) est un repas complet.

Depuis/vers Sineu

La ligne de train Palma-Manacor dessert Sineu (depuis Palma 1,75 €, 50 minutes). La gare se trouve à une centaine de mètres de la Plaça des Fossar.

Sa Pobla et Muro

Sa Pobla, village rural quadrillé de rues, au bout de la ligne ferroviaire en provenance de Palma, se trouve au cœur des terres agricoles majorquines. À 5 km au sud, de l'autre côté des champs de pommes de terre de Sa Pobla, Muro s'enorgueillit de son Església de Sant Joan Baptista, imposant édifice de grès de style gothique rappelant l'église principale de Sineu.

À voir et à faire

Sa Pobla accueille un marché dominical très animé.

Bodegas Crestatx DOMAINE VINICOLE
(☎971 540 741 ; www.bodegascrestatx.com ; Carrer de Joan Sindic ; ⏲9h-13h). Ce domaine, l'un des plus anciens de l'île, mérite amplement une visite.

GRATUIT **Can Planes** MUSÉE
(☎971 542 389 ; www.ajsapobla.net ; Carrer d'Antoni Maura 6 ; ⏲10h-14h et 16h-20h mar-sam, 10h-14h dim et jours fériés). Cet édifice abrite deux musées. Le **Museu d'Art Contemporani** exposent des œuvres d'artistes majorquins et étrangers résidant sur l'île – l'exposition est régulièrement renouvelée. À l'étage, le **Museu de Sa Jugueta Antiga** conserve une collection de jouets anciens, dont certains sur le thème de la corrida.

Fêtes et festivals

Festival de jazz de Majorque MUSIQUE
(www.jazzinmallorca.com ; août). Tous les ans, Sa Pobla s'enflamme lors du festival annuel de jazz de Majorque.

Festes de Sant Antoni Abat FÊTE DE LA VILLE
(16-17 jan). Cette fête, qui connaît son temps fort la nuit du 16 janvier, est prétexte à peu près à tout : défilés, feux d'artifice, musique folklorique, danses ou encore bénédiction des animaux.

Depuis/vers Sa Pobla et Muro

Sa Pobla est à une heure en train de Palma (2,40 €, 57 min) via Inca. La gare ferroviaire, qui fait également office de gare routière, se trouve à environ 1 km au sud-est de la Plaça de la Constitució, dans le centre-ville. Muro est desservie par la même ligne.

LE SUD-EST

Cette partie du centre de Majorque est parsemée de petits hameaux. Si peu d'entre eux méritent plus qu'un coup d'œil en passant, ils jouxtent de nombreux domaines vinicoles et sont parfois situés en contrebas d'anciens monastères perchés sur les collines. Outre des vins, vous pourrez rapporter en souvenir perles, objets en bois ou encore verrerie. Les deux principales villes de la région, Manacor et Felanitx, sont pratiques pour s'orienter, mais elles présentent peu d'intérêt par ailleurs.

Algaida

3 780 HABITANTS / 201 M D'ALTITUDE

Cette petite localité agricole entoure une église gothique, l'**Església de Sant Pere i Sant Pau**. C'est lors des **Festes de Sant Honorat** (16 janvier) et de la **Festa de Sant Jaume** (25 juillet) que la ville est la plus animée. Les *cossiers* dansent alors pour le plus grand plaisir de la population locale. Il s'agit d'un groupe de danseurs (six hommes et une femme) accompagné d'un démon, qui effectue différentes chorégraphies qui s'achèvent par la défaite de ce dernier. L'origine des *cossiers* et de leurs danses ne fait pas l'unanimité.

À voir

GRATUIT **Museu de Gordiola** VERRERIE, MUSÉE

(☎971 665 046 ; www.gordiola.com ; Carretera Palma-Manacor km 19 ; 9h-19h lun-sam, 9h30-13h30 dim). La principale curiosité d'Algaida se trouve à 2,5 km à l'ouest de la ville, sur la Ma15. Dans les ateliers de la verrerie Gordiola, au rez-de-chaussée d'une imitation de château gothique, vous pourrez observer des artisans à l'œuvre. À l'étage, le musée renferme une curieuse collection d'objets en verre venus du monde entier. La boutique propose quelques jolies pièces.

Où se restaurer

Can Mateu MAJORQUIN €€

(☎971 665 036 ; www.can-mateu.com ; Carretera Vella de Manacor km 21 ; plats 10,50-19,50 € ; 13h-16h30 et 19h-23h30 mer-lun mars-janv). À environ 1 km d'Algaida sur la Ma3131 en direction de Pina, ce vaste restaurant en bord de route propose des classiques majorquins, comme le *frit Mallorquín* (abats d'agneau frits), les *cargols* (escargots), l'*arros brut* ("riz sale", un plat traditionnel) et le *conejo con cebolla y gambas* (lapin aux oignons et aux crevettes).

Depuis/vers Algaida

Plusieurs bus partant de Palma en direction de la côte est s'arrêtent à Algaida (1,85 €, 20-25 min). La ligne la plus régulière est la 490 reliant Palma à Felanitx (5-9 trajets/jour).

Montuïri et ses environs

Montuïri, sur une crête escarpée à 8 km au nord-est de Randa sur la Ma5017, est réputé pour ses abricots. Aux premières heures du matin, la couleur de ce fruit envahit la place d'une douce lueur. L'**Església de Sant Bartomeu**, bâtie en grès, domine la Plaça Major, qui est traversée par la Carrer Major, bordée de quelques maisons et cafés.

À quelques kilomètres au sud, **Porreres** est une ville typique de l'intérieur des terres. Ce centre agricole doit sa prospérité de longue date au blé, aux figues, aux caroubes et à son vignoble, principal attrait du lieu.

Pina est située à 5,5 km au nord-ouest de Montuïri. Faites une halte à **Sa Font**, l'un des derniers vestiges de la présence arabe sur l'île. Ce *qanawat* complexe (puits et système de distribution d'eau) est difficile

MERCI MURANO !

L'art de la fabrication du verre aurait été introduit à Majorque par les Phéniciens au IIe siècle av. J.-C. C'est toutefois sur l'île de Murano, à Venise, que se trouvaient les plus grands souffleurs de verre européens au Moyen Âge. La légende dit que l'un de ces artisans, du nom de Domenico Barrovier, se réfugia à Majorque où il transmit son savoir-faire. Au XVIIe siècle, la verrerie majorquine occupait une bonne place sur les marchés européens. En 1719, la famille Gordiola créa sa fabrique. Les Gordiola se firent un nom après des dizaines d'années difficiles et, depuis, la famille est quasiment la seule à faire perdurer la tradition du verre soufflé sur l'île.

VAUT LE DÉTOUR

LE SANTUARI DE NOSTRA SENYORA DE CURA

Au sud-ouest d'Algaida se dresse la colline du Puig de Randa (548 m), au sommet de laquelle trône un beau monastère, le **Santuari de Nostra Senyora de Cura**. Comme la plupart des monastères de ce type, sa construction avait en partie un but défensif. Raymond Lulle (voir l'encadré p. 190) y vécut en ermite, passant son temps à prier dans une grotte (aujourd'hui fermée aux visiteurs). Au XVIe siècle, l'Estudi General (université) de Palma créa ici le Col·legi de Gramàtica. Durant des siècles, des étudiants résidant dans ses murs ont ainsi tenté de venir à bout des complexités de la grammaire latine, de la rhétorique et d'autres disciplines classiques.

Vous trouverez un bar-restaurant correct dans l'enceinte du monastère.

Le Santuari, indiqué "Santuari de Cura" ou simplement "Cura" sur les panneaux, est situé à 5 km après le petit village de Randa.

à dater, mais les chrétiens s'en emparèrent lorsqu'ils succédèrent aux musulmans, après 1229. Il se trouve à 50 m au sud de l'**Església de Sants Cosme i Damià**, sur la route menant à Lloret de Vistalegre.

À voir

Museu Arqueològic de Son Fornés MUSÉE ARCHÉOLOGIQUE
(☎971 644 169 ; www.sonfornes.mallorca.museum ; Carrer d'Emili Pou ; adulte/étudiant 3/1,80 € ; ⏲10h-14h et 16h-20h mar-dim mars-oct, 10h-14h mar-dim nov-fév). On atteint ce musée en quittant la ville par l'est en direction de Lloret de Vistalegre (Ma3220). Installé dans un ancien moulin entouré de cactus, il retrace l'histoire du *talayot* (tour de guet) de Son Fornés, qui fut habité du Xe siècle av. J.-C. au IVe siècle de notre ère.

Il s'agit de l'un des *talayots* les plus importants de l'île et il est facile d'accès. Sortez de Montuïri et roulez sur 2,5 km vers le nord-ouest sur la Ma3200 en direction de Pina ; vous apercevrez le moulin sur le côté droit (est) de la route.

Jaume Mesquida DOMAINE VINICOLE
(☎971 647 106 ; www.jaumemesquida.com ; Carrer de la Vileta 7 ; ⏲sur r-v). Cette exploitation relativement récente sur la scène vinicole majorquine propose une gamme de vins blancs, rouges et rosés produits selon des critères de développement durable. La visite vaut le détour, et l'on pourra vous organiser des dégustations, des promenades à vélo et même des repas autour du vin.

Els Calderers ÉDIFICE HISTORIQUE, MUSÉE
(☎971 526 069 ; www.elscalderers.com ; adulte/enfant 8/4 € ; ⏲10h-18h avr-sept, 10h-17h oct-mars). À environ 4 km au sud-est de Sant Joan, sur une jolie route de campagne, cette grande demeure a été restaurée dans le style de l'époque. Sa construction date du milieu du XVIIIe siècle, mais le domaine fut occupé dès le XIIIe siècle. L'édifice n'a peut-être pas la grandeur ni le charme désuet d'autres propriétés majorquines, mais il vaut tout de même largement le détour.

Au rez-de-chaussée du bâtiment principal, les salons, les salles de réception, la chapelle familiale et la cave à vin (dont chaque *finca* (propriété agricole) digne de ce nom était dotée) s'articulent autour d'une cour arborée. Vous pourrez goûter un petit vin de la maison. Une lettre datant de 1895 (exposée dans la maison) décrivait le vin d'Els Calderers comme *muy flojito* (très moyen), ce qui semble être encore vrai aujourd'hui.

Fêtes et festivals

Festa de Sant Bartomeu FÊTE DE LA VILLE
(24 août). L'événement principal de cette fête en l'honneur du saint patron de Montuïri est le spectacle de danse traditionnelle donné par les *cossiers* (les 23 et 24 août).

S'Encuentro FÊTE RELIGIEUSE
(Dim de Pâques). Le dimanche de Pâques, un personnage représentant le Christ ressuscité défile, rejoint par une Vierge Marie qui bondit de joie devant la résurrection de son fils.

Petra

2 000 HABITANTS / 120 M D'ALTITUDE

Si Petra ne dévoile pas ses charmes au premier abord, ses longues rues rectilignes et étroites, ainsi que ses maisons de pierre finiront sans aucun doute par vous séduire. Avec son vignoble dans la ville-même, ses deux excellents restaurants et son intéressant petit musée, c'est le genre d'endroit où l'on reste plus longtemps que prévu.

À voir

La grande fierté historique de Petra est son enfant prodige, Juníper Serra, né ici en 1713. Ce missionnaire franciscain devint l'un des fondateurs de ce qui est aujourd'hui l'État de Californie. Il était probablement loin d'imaginer, enfant, qu'un tel destin l'attendait ! La rue où se trouve le musée consacré à sa vie est absolument magnifique.

Ermita de la Mare de Déu de Bonany MONASTÈRE

À 4 km au sud-ouest de Petra, sur une colline boisée, se trouve l'ermitage où Juníper Serra a prononcé son dernier sermon à Majorque avant de partir pour le Nouveau Monde. Certains éléments de l'église actuelle datent du XVIIIe siècle, mais le bâtiment fut refait en 1925. La vue sur la plaine est magnifique.

Museu Fra Juníper Serra MUSÉE

(971 561 028 ; www.frayjuniperoserra.org ; Carrer des Barracar Alt 6 ; sur r-v). Le Museu Fra Juníper Serra conserve des souvenirs de la vie de Juníper Serra alors qu'il était missionnaire. La maison où il est né se tient juste à côté, au n°4. Rendez-vous Carrer des Barracar Baix 2 et sonnez. Avec un peu de chance, vous pourrez accéder à la maison et au musée. Vous verrez des représentations en céramique des événements qui ont marqué la vie du missionnaire un peu partout dans le quartier.

Bodegas Miquel Oliver DOMAINE VINICOLE

(971 561 117 ; www.miqueloliver.com ; Carrer de Sa Font 26 ; 10h-14h et 15h30-18h30 lun-ven). Les Bodegas Miquel Oliver sont l'un des vignobles les plus prestigieux de l'île.

Où se restaurer

Es Celler MAJORQUIN €

(971 561 056 ; escellerdepetra.blogspot.com ; Carrer de l'Hospital 46 ; plats 7,40-12,75 € ; 12h-24h mar-dim). Quittez la rue et engouffrez-vous dans cette superbe cave, surplombée d'un immense plafond et décoré d'anciens tonneaux à vin. Les spécialités – viandes grillées au feu de bois, agneau et cochon de lait rôtis – attirent en masse aussi bien les habitants que les touristes.

Ca N'Oms ESPAGNOL, MAJORQUIN €€

(971 561 920 ; www.canoms.com ; Carrer de Caparrot de Ca N'Oms 7 ; plats 6,50-12 € ; 8h-1h). Un endroit charmant où déguster de bonnes déclinaisons du *pa amb oli*, préparé notamment avec des seiches. L'intérieur design et les concerts organisés certains soirs en font aussi un excellent lieu de détente. Le jardin ombragé est idéal les chaudes soirées d'été.

Depuis/vers Petra

Petra est à un arrêt de Manacor (9 min) sur la ligne ferroviaire Palma-Manacor. Au moins un train par jour circule dans chaque direction. De Palma, le voyage prend un peu moins d'une heure et coûte 2,25 €.

Manacor

32 200 HABITANTS / 128 M D'ALTITUDE

Manacor, deuxième ville de l'île, est avant tout connue comme le lieu de naissance du grand joueur de tennis Rafael Nadal et pour son industrie du bois et des perles artificielles. Si on peut y faire des emplettes intéressantes, son église vaut également le détour.

À voir

GRATUIT **Església de Nostra Senyora Verge dels Dolors** ÉGLISE

(971 554 348 ; Plaça del General Weyler ; 8h30-12h45 et 17h30-19h30). La massive Església de Nostra Senyora Verge dels Dolors règne majestueusement sur l'horizon de Manacor. Elle fut érigée à l'emplacement de l'ancienne mosquée de la ville. Sa construction commença au XIVe siècle pour ne s'achever que cinq siècles plus tard, comme en témoigne son style à la fois gothique et néogothique.

Torre del Palau ÉDIFICE HISTORIQUE

(En retrait de la Plaça del General Weyler). Un peu au nord de l'église principale, dans la cour intérieure d'un immeuble d'habitation, se trouve la Torre del Palau, en assez mauvais état. C'est le seul vestige d'un palais royal dont Jacques II entreprit la construction à la fin du XIIIe siècle.

GRATUIT **Església de Sant Vicenç Ferrer** ÉGLISE, CLOÎTRE

(Carrer de Muntaner ; 8h-14h et 17h-20h lun-ven). Au coin de la Carrer de Muntaner, l'Església de Sant Vicenç Ferrer, de style baroque, a ouvert ses portes aux fidèles en 1617. Elle jouxte un joli cloître du XVIIIe siècle, qui abrite aujourd'hui des bureaux de l'administration locale.

Manacor

Manacor

À voir

1 Església de Nostra Senyora Verge dels Dolors D1
2 Església de Sant Vicenç Ferrer C1
3 Torre de Ses Puntes C2
4 Torre del Palau D1

Où se restaurer

5 Ca'n March C2

Achats

6 Majorica A1
7 Oliv-Art A1
8 Orquidea A1

GRATUIT **Torre de Ses Puntes** MUSÉE, ÉDIFICE HISTORIQUE
(971 844 741 ; Plaça de Gabriel Fuster Historiador ; 18h30-20h30). Aujourd'hui un lieu d'exposition, cette tour du XIVe siècle faisait autrefois partie des ouvrages défensifs de la ville.

Toni Gelabert DOMAINE VINICOLE
(971 552 409 ; www.vinstonigelabert.com ; Camí dels Horts de Llodrà 1,3 km ; sur r-v). Ce vignoble familial produit de fantastiques vins blancs. Prenez la Ma14 au sud de Manacor ; après 2 km, vous verrez un petit panneau sur la droite indiquant la propriété.

Où se restaurer

Ca'n March MAJORQUIN, INTERNATIONAL €€
(971 550 002 ; www.canmarch.com ; Carrer de València 7 ; plats 9-14 € ; 13h-15h30 et 20h30-23h ven et sam, 13h-15h30 dim et mar-jeu ;). Le poisson est le point fort de la maison. Il est préparé avec un minimum de fioritures et assaisonné au sel d'Es Trenc et à l'huile d'olive de Majorque. Si vous cherchez plus aventureux, essayez l'agneau et sa sauce aux dattes ou un plat asiatique légèrement épicé. Le restaurant se trouve à une rue au nord de la Torre de Ses Puntes.

Achats

Si Manacor est mondialement connue pour sa production de perles, on y trouve aussi de très beaux objets en bois. Le samedi matin, un **marché artisanal** se tient sur la Plaça Sa Bassa.

Majorica PERLES
(971 550 900 ; www.majorica.com ; Carretera Palma-Artà km 47 ; 9h-20h lun-ven, 9h-19h sam et dim). Majorica est la marque de perles la plus célèbre de Manacor. Elle fut créée en 1902 par l'Allemand Eduard Heusch, et dispose maintenant d'un magasin-salle d'exposition sur deux niveaux en bordure de la ville, sur la route de Palma. À l'étage, vous verrez des personnes travaillant sur des perles, mais la véritable usine se trouve ailleurs et n'est pas ouverte aux visiteurs.

Orquidea PERLES
(971 644 144 ; www.perlasorquidea.com ; Carretera Palma-Artà km 47 ; 9h-19h lun-ven, 9h-13h sam et dim). Orquidea, légèrement plus proche du centre-ville que son concurrent Majorica, est un autre fabricant de perles.

Oliv-Art OBJETS EN BOIS
(971 847 232 ; Carretera Palma-Artà km 47 ; 9h-19h lun-ven, 9h-18h sam et dim). Ce grand magasin style entrepôt est rempli d'articles en bois d'olivier ; on y trouve aussi bien

À NE PAS MANQUER

LE SANTUARI DE SANT SALVADOR

Le **Santuari de Sant Salvador**, juché sur une colline à 5 km au sud-est de Felanitx, offre l'un des panoramas les plus spectaculaires du centre de l'île. Il fut construit en 1348, année où s'abattit sur Majorque l'une des épidémies de peste les plus dévastatrices de l'Histoire. Loin des ports et des villes, les religieux trouvèrent peut-être ici un abri contre ce fléau. Par la suite, l'endroit subit plusieurs modifications. L'**église** principale (8h-23h) consiste en un étrange mélange : des colonnes tape-à-l'œil et une grotte de la Nativité élaborée, qui contrastent avec le retable en pierre finement sculpté et la simplicité du plafond voûté en berceau. Outre le monastère, une grande croix (construite en 1957) s'élève sur un sommet voisin. Le parking, quant à lui, est dominé par une énorme statue du Christ-Roi. Quelle que soit la direction dans laquelle on regarde, les paysages sont paradisiaques.

En plus de l'hébergement, vous trouverez un petit **café** (8h-19h) et un **restaurant** (18h30-21h) sur place.

des babioles pour touristes que des objets sensationnels. Du lundi au vendredi, on peut regarder les artisans à l'œuvre par la fenêtre. En arrivant en ville depuis Palma, près de Majorica.

Renseignements

Office du tourisme (971 847 241 ; www.visitmanacor.com ; Plaça de Ramon Llull ; 9h30-14h lun, 9h30-13h30 mar-ven). En centre-ville.

Depuis/vers Manacor

Un train part de Palma toutes les heures (2,40 €, 1 heure). Plusieurs bus traversant l'île passent également par Manacor. Ils s'arrêtent devant la gare ferroviaire, à 10 minutes à pied de la Plaça del General Weyler.

Felanitx

18 000 HABITANTS

Felanitx est un centre régional important, réputé pour ses céramiques, son vin blanc et ses câpres. La ville constitue une étape intéressante à elle seule ou comme point de départ pour la visite de deux monuments perchés sur les collines voisines : le Castell de Santueri et le Santuari de Sant Salvador (voir l'encadré ci-dessus).

À voir

Castell de Santueri CHÂTEAU

Ce bastion défensif se dresse à environ 7 km au sud de Felanitx. L'édifice fut construit par les musulmans et resta en leur possession jusqu'en 1231, soit deux ans après la conquête du reste de l'île par les chrétiens.

Pour vous y rendre, prenez la Ma14 sur 2 km, puis suivez les panneaux vers la gauche (est). La route serpente sur 5 km avant d'arriver au pied des remparts blancs du château. Vous pouvez grimper tant bien que mal jusqu'à l'entrée (fermée), d'où la vue, côté sud-est, s'étend jusqu'à la mer.

Església de Sant Miquel ÉGLISE

(Plaça de Sa Font de Santa Margalida). Cette église à la façade baroque domine le cœur de la ville. Son aspect actuel date de 1762. Au-dessus du portail Renaissance, on peut voir un bas-relief représentant saint Michel piétinant un démon. De l'autre côté de la rue, une volée de marches vous mènera aux fonts baptismaux, autrefois principal point d'eau de la ville.

Est de Majorque

Dans ce chapitre »

Le top des restaurants

» Porxada de Sa Torre (p. 148)

» Bar Parisien (p. 142)

» Ca'n Pere (p. 147)

» Restaurant Sa Sinia (p. 153)

» Mar de Vins (p. 142)

Le top des hébergements

» Cases de Son Barbassa (p. 177)

» Hostal Porto Colom (p. 178)

» Agroturisme S'Horta (p. 178)

» Hotel Casal d'Artà (p. 177)

» Residence - The Sea Club (p. 178)

Pourquoi y aller

Chaque année, les touristes se pressent par centaines de milliers à l'est de Majorque, l'une des plus jolies côtes du monde méditerranéen. Certes, certaines parties représentent tout ce que le tourisme balnéaire a de plus détestable autour de la Méditerranée. Mais les parois rocheuses de l'est de l'île n'en abritent pas moins de superbes grottes, criques et petites anses, dont certaines ne sont accessibles qu'à pied (et parmi elles, les plus belles de Majorque, avec leurs eaux turquoise et pas l'ombre d'un hôtel à l'horizon). Certaines stations blanéaires sont même plutôt jolies, comme Cala Ratjada, avec son port pittoresque et ses plages sauvages à proximité, ou encore Artà la médiévale, l'une des villes les mieux conservées de l'intérieur de l'île.

Quand partir

On pourrait facilement penser que l'est de Majorque hiberne tout l'hiver et ne revient à la vie que d'avril à octobre. En effet, nombre de restaurants, d'hôtels et de commerces ne sont ouverts qu'à cette période – certains restent même fermés jusqu'à mai. Cela dit, les hivers sont relativement doux et la beauté des criques de l'est de l'île prend un tout autre charme sans la foule. Le tout est de ne pas vouloir se baigner ! Et la fête de Sant Antoni, célébrée avec fastes dans la plupart des villes et des villages à la mi-janvier, vaut bien un séjour hivernal.

À ne pas manquer

1. Les collines boisées du **Parc Natural de la Península de Llevant** (p. 142), à traverser pour rejoindre des criques isolées
2. Un bain de soleil sur la **Platja de Cala Agulla** (p. 144), à Cala Ratjada
3. Un dîner en ville avant de grimper jusqu'au sommet d'**Artà** (p. 140)
4. Les **Coves del Drac** (p. 149), les grottes les plus spectaculaires de Majorque
5. Un repas traditionnel majorquin à la **Porxada de Sa Torre** (p. 148)
6. La découverte de l'histoire de Majorque à **Ses Païsses** (p. 141), au son des chants d'oiseaux
7. Une balade de crique en crique à **Cala Magraner** (p. 151)
8. L'ambiance médiévale du **Castell de Capdepera** (p. 143)
9. Le luxe des **Cases de Son Barbassa** (p. 177)
10. Une plongée à **Portocolom** (p. 151), à la découverte du monde sous-marin

ARTÀ ET SES ENVIRONS

Le Nord-Est est le premier endroit de l'île à profiter des rayons du soleil le matin. Cette région aussi tranquille qu'agréable compte des collines verdoyantes, un beau littoral avec des plages calmes adossées à des forêts de pins – plusieurs ne sont accessibles qu'à pied, à cheval ou en bateau. Les monuments historiques et les nombreuses possibilités de randonnée sont d'autres bonnes raisons de visiter la région, d'autant plus que c'est justement ici que se trouve l'une des plus belles stations balnéaires de la côte est.

Artà

6 900 HABITANTS

Antithèse de la surexploitation touristique que l'on trouve à quelques kilomètres seulement, la paisible localité d'Artà ne manque pas de séduire avec ses ruelles étroites, ses cafés sympathiques et son architecture médiévale, notamment sa forteresse du XIVe siècle qui domine le centre-ville.

À voir

Partez de la Carrer de la Ciutat, la plus jolie rue de la ville, longée de boutiques, de restaurants et de places bordées de cafés.

Artà

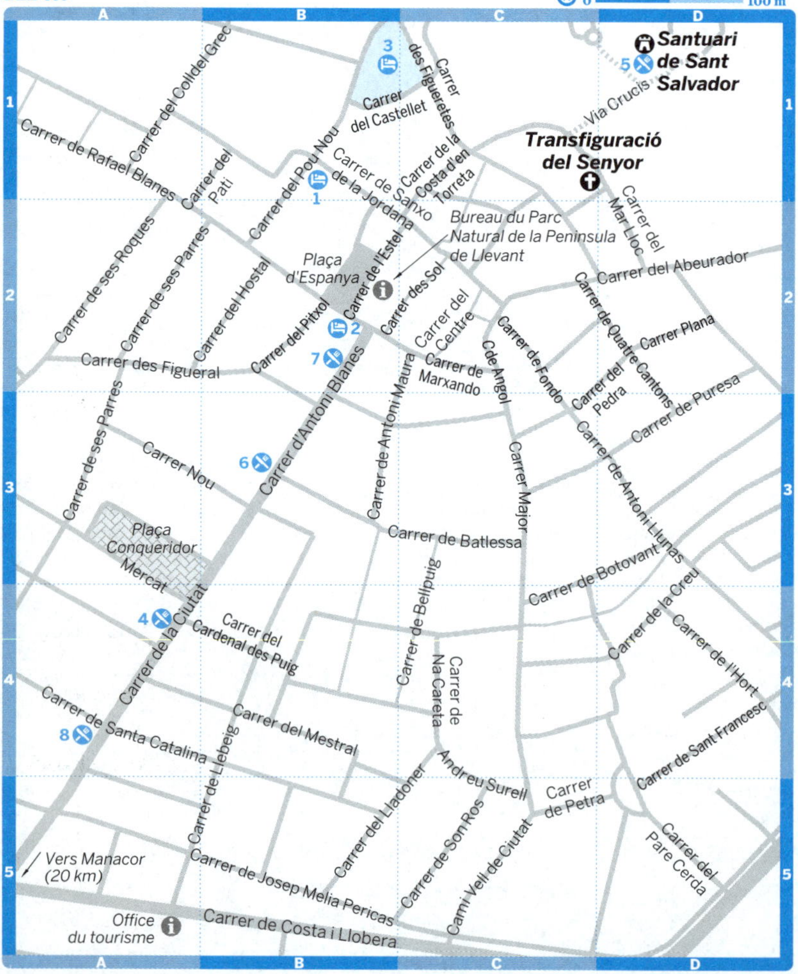

Montez vers la vieille ville historique, avec en son centre la Plaça d'Espanya, ombragée, où trône le joli Ajuntament (hôtel de ville). Le mardi, un marché s'installe sur la Plaça Conqueridor.

Santuari de Sant Salvador CHÂTEAU, ÉGLISE
(Via Crucis ; ⌚8h-20h avr-oct, 8h-18h nov-mars). Perchée au sommet de la colline dominant Artà, cette forteresse a été bâtie sur une ancienne enclave maure. Elle comprend une petite église et offre un point de vue superbe.

Cet ensemble architectural bien restauré, de 4 000 m², possède tous les éléments d'une forteresse médiévale, par exemple les tourelles couronnant le sommet et les remparts épais d'un mètre. La vue est belle, s'étendant des toits de la ville à ceux des fermes alentour et, au-delà, jusqu'aux sommets de la Serra de Llevant.

Les remparts furent bâtis au XIVe siècle pour protéger la ville des pirates et des envahisseurs. Aujourd'hui, on peut s'y promener, faire une pause dans un café et visiter l'église couleur saumon, de style néoclassique assez quelconque. Elle fut construite en 1832 après l'incendie volontaire de la modeste chapelle qui la précédait suite à une épidémie de choléra.

Depuis l'église de la Transfiguració del Senyor, un escalier de 180 marches mène au Santuari de Sant Salvador, via la majestueuse Via Crucis (chemin de croix), bordée de cyprès. Il est également possible de rejoindre Sant Salvador par la route.

Transfiguració del Senyor ÉGLISE, MUSÉE
(Carrer del Mar Lloc ; 2 € ; ⌚10h-14h et 15h-18h lun-sam). Cette église, bâtie sur les fondations d'une mosquée, se trouve au point de départ de l'ascension pour le Santuari de Sant Salvador. Elle fut construite peu de temps après la reconquête chrétienne et la façade date du XVIe siècle. À l'intérieur, remarquez la grande rosace, la chaire de bois ornée de sculptures et l'autel dépeignant le Christ sur le mont Thabor.

Artà

Les incontournables
- Santuari de Sant Salvador D1
- Transfiguració del Senyor C1

Où se loger
1. Can Moragues B1
2. Hotel Casal d'Artà B2
3. Hotel Sant Salvador B1

Où se restaurer
4. Bar Parisien A4
5. Cafeteria Sant Salvador D1
6. Mar de Vins B3
7. Pedra i Flor B2
8. Salvad'or A4

À NE PAS MANQUER

LE TOP DES PLAGES DE L'EST DE MAJORQUE

- » **Cala Magraner** (p. 151)
- » **Cala Sa Nau** (p. 151)
- » **Cala Mitjana** (p. 145)
- » **Cala Marçal** (p. 151)
- » **Platja de Cala Agulla** (p. 144)
- » **Cala Matzoc** (p. 145)

Ses Païsses SITE ARCHÉOLOGIQUE
(☎619 070 010 ; par la Carretera Artà-Capdepera ; 2 € ; ⌚10h-17h lun-ven, 10h-14h sam). Juste après Artà, les vestiges d'un village vieux de 3 000 ans constituent le site talayotique le plus important du côté est de Majorque. L'imposante porte de pierre ouvre sur un monde préhistorique encore entouré de mystère.

Soucieux de leur sécurité, les habitants, dont les mœurs sociales et religieuses restent une énigme, vivaient derrière une double rangée de remparts de pierre, construits entre 650 et 540 av. J.-C. À l'intérieur, de petites maisons de pierre formaient un cercle autour d'un *talayot,* ou tour de guet, central. L'ensemble était de grande taille : le périmètre total des remparts atteint 320 m. Le site fut abandonné après l'arrivée des Romains au IIe siècle av. J.-C.

On pourrait facilement passer une heure ou deux à visiter l'endroit, agréablement ombragé et bercé par le chant des oiseaux. Pour profiter au mieux de votre visite, achetez le guide en vente sur place.

Ce site est facilement accessible depuis Artà. Au grand rond-point à l'est de l'office du tourisme, suivez les panneaux indiquant "Ses Païsses". Si vous êtes à pied ou à vélo, sachez que le site est à moins de 1 km de la route principale.

Activités

L'office du tourisme distribue une excellente brochure détaillant une dizaine d'itinéraires à effectuer dans la région à pied ou à vélo. La balade (environ 7 km) d'Artà à l'Ermita de Betlem est particulièrement plaisante.

Artà Move CIRCUITS, LOCATION DE VÉLOS
(☎654 399 262 ; www.artamove.com ; vélo demi-journée/journée complète à partir de 12/20 €). Cette agence loue des vélos et propose des randonnées pédestres et cyclistes (VTT) guidées dans le Parc Natural de la Península de Llevant.

Fêtes et festivals

Festes de Sant Antoni Abat FÊTE DE LA VILLE
(16-17 janv). À cette occasion, les habitants de la ville revêtent des costumes traditionnels et se rassemblent au Santuari de Sant Salvador. Là, on danse, on joue de la musique et on assiste aux défilés en l'honneur de saint Antoine.

Où se restaurer

On mange très bien à Artà. Plusieurs restaurants agréables (beaucoup avec terrasse) sont installés le long de la Carrer de la Ciutat. Il y en a d'autres, éparpillés dans toute la ville.

Bar Parisien ESPAGNOL, MÉDITERRANÉEN €€
(☎971 835 440 ; cafeparisien@hotmail.com ; Carrer de la Ciutat 18 ; plats 11-19 € ; 10h-24h lun-sam). Un mélange intéressant d'ancien et de nouveau attire une clientèle sophistiquée dans cet élégant restaurant, réputé pour sa cuisine du marché. Les fauteuils en rotin blanc et les œuvres d'art contemporain sur les murs créent une ambiance détendue mais chic, et la cuisine est excellente – essayez le *cordero con ciruelas* (agneau aux prunes), le *tumbet* (ratatouille majorquine) ou l'un des poissons exposés à l'entrée. La cuisine est ouverte de 12h à 16h et de 19h à 22h.

Mar de Vins ESPAGNOL €
(☎662 030 460 ; lamardevins@hotmail.com ; Carrer d'Antoni Blanes 34 ; plats 6-11 € ; 10h-24h lun-sam). Les grands classiques de la cuisine familiale espagnole sont à l'honneur dans ce restaurant où Carlos, le sympathique propriétaire, change quotidiennement le menu en fonction de ce qu'il trouve sur le marché. La *tortilla de patatas* (omelette aux pommes de terre) et le *bacalao con alioli* (morue à l'aïoli) figurent en revanche toujours sur la carte. Des œuvres d'art contemporain sont exposées à l'intérieur et dans le jardin ombragé à l'arrière.

Salvad'or FUSION MÉDITERRANÉEN €
(☎971 829 275 ; Carrer de la Ciutat 22 ; plats 11-15 € ; 13h-15h30 et 19h-22h30 lun-sam). À base d'ingrédients frais, la cuisine servie ici est toujours d'inspiration méditerranéenne, mais avec une petite touche fusion. Essayez les raviolis maison aux crevettes et asperges sauvages ou les cannellonis au fromage de chèvre. Ambiance raffinée.

Pedra i Flor CAFÉ €
(☎971 829 536 ; Carrer d'Antoni Blanes 4 ; snacks à partir de 5 € ; 10h-13h et 17h-20h lun-ven, 17h-20h sam). Un ravissant café-fleuriste avec de petites tables sur le trottoir, où sont servis café, thé, vin et sandwichs.

Cafeteria Sant Salvador CAFÉ €
(☎971 836 136 ; Carrer Costa Sant Salvador ; plats 6-12 € ; 8h-20h mar-dim avr-oct, 8h-17h30 nov-mars). Située derrière le Santuari de Sant Salvador, cette cafétéria simple propose des sandwichs, quelques *platos combinados* (menu express) avec viande, légumes et salade, ainsi que des desserts maison. Plutôt pour une pause après l'ascension de la forteresse que pour déjeuner.

Renseignements

Office du tourisme (☎971 836 981 ; Carrer de Costa i Llobera ; 10h-14h lun-ven). Dans l'ancienne gare ferroviaire, aux bureaux récemment rénovés.

Bureau du Parc Natural de la Península de Llevant (☎971 836 828 ; Carrer de l'Estel 2 ; 9h-14h lun-ven). Le bureau du parc (quasiment sur la Plaça d'Espanya) fournit des cartes avec des itinéraires et organise des promenades guidées, généralement en catalan ou en espagnol.

Depuis/vers Artà

Plusieurs bus depuis/vers la Carrer de Costa i Llobera, dont le n°411 pour Palma (9 €, 1 heure 20, 3 à 5/jour) via Manacor (2,55 €, 25 min) et le n°446 pour Alcúdia (5,10 €, 50 min, 6/jour lun-sam) et Port de Pollença (6 €, 1/heure).

La gare ferroviaire était en cours de restauration lors de notre passage, dans le cadre de l'extension de la ligne Palma-Manacor jusqu'à Artà.

Parc Natural de la Península de Llevant

Cette belle zone protégée, qui commence à 5 km environ au nord d'Artà, fait partie des plus jolis coins de l'est de l'île. C'est un parc montagneux, dominé par la Serra de Llevant, qui culmine au **Cap Ferrutx**, l'une des nombreuses et spectaculaires bandes de terre qui plongent dans la Méditerranée le long des côtes nord et est. Si certaines parties du parc sont accessibles en voiture, il n'en est pas moins très prisé des randonneurs, des cyclistes et des amateurs d'ornithologie, ces derniers étant particulièrement attirés par les nombreux cormorans et goélands d'Audouin.

À voir et à faire

Randonnée

Les randonneurs apprécient ce coin de Majorque qui, bien que relativement petit, offre de multiples possibilités. L'un des itinéraires les plus empruntés traverse le cœur même du parc depuis **S'Alquera Vella d'Avall**, où vous pourrez garer votre voiture. Prenez la Ma3333 au nord d'Artà en direction d'Ermita de Betlem et suivez le panneau vers la droite à l'embranchement du km 4,7. Le parking est à 600 m. Cet itinéraire va jusqu'à la petite plage de **S'Arenal des Verger**. Comptez 2 heures de marche.

Pour rejoindre le même point depuis l'est en longeant la côte, vous pouvez partir de **Cala Estreta** (où il est également possible de se garer). Ce second itinéraire suit la côte jusqu'à **Cala Matzoc**, puis passe par une tour de guet médiévale, la **Torre d'Albarca**, et continue vers l'ouest. Il faut encore 1 heure pour rejoindre S'Arenal des Verger. Ensuite, il devient plus difficile de suivre la côte. Au parking principal, près de S'Arenal des Verger, vous trouverez une carte proposant 9 sentiers, pour un total de 25 km, à travers le parc. Il y a également un petit bureau d'information, mais il est rarement ouvert.

Voiture et vélo

Une route goudronnée étroite (la Ma3333) part d'Artà et serpente sur environ 5 km à travers champs et pinèdes avant une montée escarpée menant au sommet de la crête, à 7 km environ. La vue dont on jouit depuis cet endroit est splendide, en particulier lorsque la route s'éloigne du sommet vers le nord. La route descend ensuite sur 2 km jusqu'à l'**Ermita de Betlem**, monastère du XIXe siècle, qui accueille encore quelques moines. Il possède une petite église – aux horaires d'ouverture irréguliers – dont le ravissant extérieur de pierres contraste avec l'intérieur moderne et entièrement blanc. La promenade sur les hauteurs alentour offre de très belles vues.

Renseignements

Le parc possède un bureau (ci-contre) à Artà.

Capdepera

11 200 HABITANTS

Cette petite ville poussiéreuse couronnée par une forteresse médiévale se trouve à 8 km seulement à l'est d'Artà. Malheureusement, c'est le seul intérêt des lieux.

À voir

Castell de Capdepera CHÂTEAU

(☎971 818 746 ; www.castellcapdepera.com ; adulte/enfant 3 €/gratuit, audioguide 2 € ; ⏲9h-20h). La plupart des personnes qui visitent Capdepera rejoignent directement le sommet de la colline où se dresse ce château du début du XIVe siècle. Bâti sur les ruines d'une forteresse maure, c'est l'un des mieux préservés de l'île.

Le château fut construit à la demande de Jacques II (fils de Jacques Ier le Conquérant) pour défendre la ville. À l'intérieur du château, l'église de pierre, toute simple, renferme un crucifix précieux du XIVe siècle, mais présente peu d'intérêt en dehors de cela. La tour de guet, la **Torre Miquel Nunis**, est antérieure au reste du château puisqu'elle date sans doute des Maures. Dans les années 1800, une tour ronde fut construite à l'intérieur de celle d'origine, rectangulaire.

Où se restaurer

Cases de Son Barbassa MÉDITERRANÉEN €€

(☎971 565 776 ; www.sonbarbassa.com ; Camí de Son Barbassa ; plats 13-24 € ; ⏲fév-nov).

LES GREENS DU NORD-EST DE MAJORQUE

Vous trouverez plusieurs parcours de golf à proximité d'Artà, Capdepera, Cala Ratjada et Cala Millor. Les golfs ci-dessous possèdent des parcours bien entretenus et offrent de superbes vues :

» **Pula Golf** (☎971 817 034 ; www.pulagolf.com ; Carretera Son Servera-Capdepera km 3 ; 9/18 trous 45/80 € ; ⏲8h-19h)

» **Canyamel Golf** (☎971 841 313 ; www.canyamelgolf.com ; Avinguda d'es Cap Vermell ; 9/18 trous 54/88 € ; ⏲8h-20h)

» **Capdepera Golf** (☎971 818 500 ; www.golfcapdepera.com ; Carretera Artá-Capdepera km 3,5 ; 18 trous 49,50-79 € ; ⏲8h-19h)

Installé dans l'hôtel du même nom, ce restaurant est exceptionnel. Le filet de turbot au champagne, sauce aux clams et aux huîtres, et le filet d'agneau au miel et au romarin sont divins. Le service est excellent et le cadre superbe.

Fêtes et festivals

Festes de Sant Antoni FÊTE RELIGIEUSE
(Saint-Antoine ; 17 janv). Cérémonie traditionnelle de bénédiction des animaux.

Mercat Medieval FOIRE
(3e week-end de mai). Marché médiéval en costumes.

Festa de Sant Bartomeu FÊTE DE LA VILLE
(18-25 août). Une semaine entière de fête, avec expositions, concerts, défilés et feu d'artifice.

Renseignements

Office du tourisme (☎971 556 479 ; informacio@ajcapdepera.net ; Carrer de la Ciutat 22 ; ⏲10h-13h et 16h-19h lun-ven). En plein centre-ville.

Depuis/vers Capdepera

Le bus n°411 relie Capdepera à Palma (9,50 €, 1 heure 30, jusqu'à 5/jour), via Artà (1,15 €, 10 min) et Manacor (3,45 €, 35 min). Le bus n°441 longe la côte est et s'arrête dans les principales stations balnéaires, dont Porto Cristo (2,90 €, 55 min, jusqu'à 10/jour) et Cala d'Or (8,15 €, 1 heure 25).

Cala Ratjada

6 100 HABITANTS

Dans la lumière scintillante d'un début de soirée estivale, le joli port de Cala Ratjada ressemble à s'y méprendre à un petit village de pêcheurs italiens. Et l'ambiance y est bien plus intime que dans toutes les autres stations balnéaires de la côte est. Trois bonnes plages, une agréable et longue promenade en front de mer qui suit les contours de la côte, de bons restaurants et une foule d'activités nautiques : Cala Ratjada est sans aucun doute assez proche de la station balnéaire majorquine idéale... Les touristes allemands s'en sont d'ailleurs rendu compte bien avant les autres – si bien que l'on y entend désormais plus souvent parler allemand qu'espagnol.

À voir

Platja de Cala Agulla PLAGE
(Cala Agulla). Située à l'extrémité nord de la ville, cette jolie plage entoure une crique paisible baignée d'eaux turquoise et adossée à des collines tapissées de pinèdes. On voit assez peu de constructions depuis la plage, qui est toutefois littéralement envahie par les parasols en location. Si vous prenez la voiture jusqu'à l'extrémité ouest de la plage, plus calme, sachez que le parking y coûte 4 €/jour.

Au nord de Cala Agulla, vous trouverez la Platja de ses Covasses, plus calme. Elle est relativement étroite, ce qui semble déplaire aux foules.

Sa Torre Cega MUSÉE, ÉDIFICE HISTORIQUE
(☎971 563 033 ; www.fundacionbmarch.es ; en retrait de la Carrer de Elionor Servera ; adulte/enfant 3,60 €/gratuit ; ⏲visites 9h30, 11h et 12h30 mer-ven, 9h30, 11h, 12h30, 16h30 et 18h sam). Perché sur une hauteur à l'ouest du port, cet ensemble fut ainsi baptisé en référence à la “tour aveugle” (c'est-à-dire sans fenêtres) du XVe siècle qui se dresse en son centre. Le beau jardin méditerranéen accueille 70 sculptures environ de grands artistes tels que Josep Maria Sert, Eduardo Chillida, Henry Moore ou encore Auguste Rodin. Toutes les visites sont guidées et doivent être réservées auprès de l'office du tourisme.

Far de Capdepera PHARE
Installé à la pointe la plus orientale de Majorque, ce phare est le point d'arrivée d'une ravissante promenade à travers les pinèdes, à faire en voiture, à pied ou à vélo. Il est situé à 1,5 km environ à l'est de Sa Torre Cega. Perché à 76 m au-dessus de la mer, le phare est en activité depuis 1861 et les vues qu'il offre sont magnifiques (on peut voir jusqu'à Minorque par temps clair).

Font de Sa Cala PLAGE
(Font de Sa Cala). Au sud de Cala Ratjada, la plage paisible de Font de Sa Cala (accessible par le petit train) est idéale pour le snorkeling tant ses eaux sont cristallines. Pour ceux qui resteront sur le sable : la côte rocheuse alentour est de toute beauté.

Cala Gat PLAGE
(Cala Gat). À l'est du port, derrière Sa Torre Cega, cette belle petite crique possède une jolie plage située contre une forêt de pins. Et elle a l'avantage d'être bien moins fréquentée que les autres plages de la ville.

Platja de Son Moll PLAGE
C'est la plage la plus accessible de Cala Ratjada. Très fréquentée, elle est située juste en face du Passeig Marítim, en plein centre-ville.

QUELQUES CRIQUES TRANQUILLES AUTOUR DE CALA RATJADA

En partant vers le nord depuis Cala Ratjada, vous découvrirez une partie de littoral merveilleusement sauvage et parsemée de plages. Ces petites criques éloignées sont loin d'être secrètes, mais comme il n'y a que très peu de constructions, elles sont restées très calmes et plutôt confidentielles.

Entourée de dunes de sable et de quelques résidences, **Cala Mesquida** est la plus accessible, avec son parking gratuit et le service de bus (n°471) qui la dessert régulièrement depuis Cala Ratjada (25 min, jusqu'à 15/jour).

Il faut un peu plus de volonté pour accéder aux criques sauvages tout à l'ouest. **Cala Torta**, **Cala Mitjana** et **Cala Estreta** (sans plage) se trouvent toutes à l'extrémité d'une route étroite qui part dans les collines depuis Artà. Toutefois, le moyen le plus intéressant d'y parvenir est de prendre le sentier pédestre (1 heure) partant de Cala Mesquida. Sur la route descendant vers Cala Torta, un embranchement rejoint le **Bar-Restaurante Sa Duaia** (☎651 826 416 ; www.saduaia.com ; ⌚13h-15h30 et 19h-22h mar-dim), qui propose une cuisine majorquine très correcte, et offre de belles vues et des possibilités d'hébergement.

Plus à l'ouest, au bout d'un sentier longeant la côte depuis Cala Estreta (20 min) se trouve **Cala Matzoc**. La plage, spacieuse et sablonneuse, est située au pied d'une colline où se dressent les ruines d'un *talayot* (tour de guet), jadis utilisé pour protéger la côte des pirates.

Train touristique TRAIN TOURISTIQUE
(adulte/enfant 3,90/1,90 € ; ⌚avr-oct). Ce petit train dessert de nombreux endroits en ville, dont la Platja de Cala Agulla, la Platja de Son Moll et Font de Sa Cala, jusqu'à 7 fois par jour.

Activités

Promenades en bateau

Illa Balear EXCURSION EN BATEAU
(☎971 810 600 ; www.illabalear.com ; adulte aller simple/aller-retour à partir de 15/20 €, enfant 8 € ; ⌚avr-oct). Excursions en bateau à fond de verre jusqu'à Porto Cristo, Sa Coma, Cala Millor et Cala Bona. Il y a 1 à 2 départs quotidiens du dimanche au vendredi, d'avril à octobre.

Randonnée

L'office du tourisme distribue une brochure détaillant 21 promenades dans la région. Pour éviter la foule, prenez le **sentier de randonnée** qui part de l'extrémité nord de Cala Agulla (ou Cala Nau) et traverse une pinède dans une zone naturelle protégée avant de rejoindre la magnifique **Cala Mesquida**, une plage dans les dunes. La boucle complète fait 10 km. En chemin, un sentier plus petit part vers la droite au niveau du panneau indiquant la "Torre", c'est-à-dire la tour de guet **Talaia de Son Jaume II**. Le sentier (7 km aller-retour depuis Cala Agulla) est balisé par des points rouges. Les superbes vues panoramiques récompenseront les courageux qui seront allés juqu'à la tour.

Vélo

L'office du tourisme distribue également une brochure avec des descriptions et des cartes de 18 itinéraires à vélo dans la région (de 9 à 56 km).

Alquiler Cristobal LOCATION DE VÉLOS ET DE MOTOS
(☎971 819 661 ; Carrer de Nereides ; location de vélos 8-20 €/jour, 42-112 €/semaine, moto 50cc/125cc à partir de 25-30 €/jour ; ⌚9h-12h et 17h-19h avr-oct). Un bon établissement où louer vélos et motos.

M Bike CIRCUITS ET LOCATION DE VÉLOS
(☎639 417 796 ; www.m-bike.com ; Carrer de L'Agulla 95 ; location de vélos 10-32 €/jour, 60-119 €/semaine, circuits à vélo de 1/3/5 jours 53/149/225 € ; ⌚9h-12h30 et 16h-18h lun-ven, 9h-11h et 18h pour les retours uniquement sam, 10-11h et 17h-18h dim). Les VTT sont la spécialité maison. Tous les jours, promenades à vélo le long des pistes côtières et jusqu'à l'Ermita de Betlem ; départ à 10h.

Équitation

Rancho Bonanza ÉQUITATION
(☎619 680 688 ; www.ranchobonanza.com ; Carrer de Ca'n Patilla ; 1 heure/2 heures 15/25 €, excursion de 2 jours 150 € ; ⌚8h-20h lun-sam, 8h-13h dim). Ce centre propose 4 à 5 excursions quotidiennes en poneys pour les enfants jusqu'à 6 ans, ainsi que des cours d'équitation. Ici, il peut être utile de parler allemand !

Cala Ratjada

Eddi's Reitstall ÉQUITATION
(☎630 150 551 ; hipicocalaratjada.oyla.de ; Carrer de Ca'n Patilla ; 1 heure/2 heures/5 heures 16/27/60 € ; ⏲11h-13h et 16h-19h lun-sam). Tenu par des Allemands, ce club recommandé propose balades à cheval, tours de poney pour les enfants (8 €/demi-heure) et promenades nocturnes de 2 heures (40 €).

Plongée sous-marine

Mero Diving PLONGÉE
(☎971 565 467 ; www.mero-diving.com ; Carrer de Na Lliteres ; baptême de plongée 79 €, forfait

Cala Ratjada

5 plongées 179 €, cours PADI open-water 599 € ; ⏲9h-18h mai-oct). Les plongeurs pourront organiser leurs sorties dans ce club de la jolie Cala Lliteres.

Dive & Fun PLONGÉE
(☎971 818 036 ; www.mallorcadiving.de ; Font de Sa Cala ; baptême de plongée 38 € ; ⏲9h-18h avr-nov). Un club de plongée installé au Beach Club Hotel de Font de Sa Cala.

Fêtes et festivals

Festes del Carme FÊTE RELIGIEUSE
(15-16 juil). La principale fête de Cala Ratjada célèbre la Verge del Carme, sainte patronne des pêcheurs. Elle comprend une procession maritime, un feu d'artifice et toutes sortes d'autres manifestations.

Feste de Sant Roc FÊTE RELIGIEUSE
(16 août). Fête en l'honneur du saint patron de la ville, Sant Roc, avec concerts et feu d'artifice.

Où se restaurer

Ca'n Pere POISSON ET FRUITS DE MER €€
(☎971 563 005 ; Avinguda América 34 ; plats 9-29 € ; ⏲11h-1h avr-oct). L'un des quatre meilleurs établissements du front de mer. Excellents poissons grillés et autres plats délicieux à base de produits de la mer. Préférez les grillades servies sans sauce. Les fromages de chèvre grillés à l'ail, au persil, au vinaigre balsamique et au miel sont aussi très bons. L'ambiance est mémorable, que l'on soit à l'intérieur ou perché au-dessus de l'eau.

Ca'n Maya POISSON ET FRUITS DE MER €
(☎971 564 035 ; www.canmaya.com ; Carrer de Elionor Servera 80 ; plats 9-20 € ; ⏲12h-16h et 19h-24h mar-dim fév-déc). Au menu : poisson et fruits de mer, par exemple calmars frits, saumon grillé, espadon et *arròs de granca* (riz à l'araignée de mer), à déguster sur une terrasse près du port, où règne une ambiance bon enfant. Sans doute le meilleur restaurant de poisson de Cala Ratjada.

La Bodeguita ESPAGNOL, INTERNATIONAL €€
(☎971 819 062 ; www.labodeguita.es ; Avinguda América 14 ; plats 8,50-21,50 € ; ⏲9h-24h). Son décor élégant et moderne distingue La Bodeguita des autres restaurants, généralement plus simples, installés sur le front de mer. Les 5 tapas à 8,50 € sont d'un bon rapport qualité/prix, mais l'établissement prépare aussi d'excellents plats : par exemple l'entrecôte d'Argentine sur un lit d'épinards à la feta, servie avec un gratin de pommes de terre.

Sa Cova ESPAGNOL, INTERNATIONAL €
(☎660 462 627 ; www.sa-cova.es ; Cala Lliteres ; plats 9,80-16,50 € ; ⏲9h-1h). Lové dans une ravissante crique rocheuse, Sa Cova est un lieu “très cool”. C'est l'endroit idéal pour un long petit-déjeuner le matin ou un concert le lundi soir. La cuisine est assez classique, avec des grillades ainsi que des poissons et des fruits de mer. On y sert aussi des *bocadillos* (sandwichs), des salades et des cocktails.

Où prendre un verre

Sa Fonda 74 BAR, CAFE
(☎971 818 222 ; www.safonda74.es ; Carrer de Elionor Servera 74 ; ⏲9h30-1h). Surplombant le port, cet établissement est l'un des meilleurs de la ville. La terrasse est aussi jolie que l'intérieur. Comme si cela n'était pas assez, il y a des concerts (jazz, swing, soul) à 21h le samedi.

Café Noah's BAR, CAFÉ
(☎971 818 125 ; www.cafenoahs.com ; Avinguda América 2 ; cocktails 4,50-7,50 € ; ⏲9h30-tard). Un café-bar sophistiqué, avec une longue liste de cocktails à prix corrects, parfait pour observer les passants, puisqu'il enjambe la promenade du front de mer. À l'intérieur sont installés de confortables canapés de

cuir pour une soirée plus intime. Les DJ font danser la foule tous les soirs en été.

Sinai Café LOUNGE, BAR

(☎971 566 117 ; Passeig Colón 10 ; cocktails 5-8 €, narguilhés 8 € ; ⏲20h-4h). Sobre et raffiné, le Sinai Café a changé de propriétaires et promet toutes sortes de soirées DJ, concerts, voire des strip-teases chics. Ses cocktails, whiskys et gins haut de gamme attirent une clientèle jeune et aisée.

Renseignements

Office du tourisme (☎971 819 467 ; www.ajcapdepera.net ; Carrer de Hernan Cortés ; ⏲10h-13h et 16h-20h lun-ven). Dans le bâtiment blanc de l'hôtel de ville. Wi-Fi gratuit sur la place en face.

Depuis/vers Cala Ratjada

Le bus n°411 relie Palma de Mallorca à Cala Ratjada, via Artá, avec jusqu'à 5 trajets quotidiens dans chaque sens (10,15 € aller-retour, 2 heures).

Depuis le port, un hydrofoil rallie quotidiennement Ciutadella (Minorque).

Coves d'Artà et Platja de Canyamel

La paisible station balnéaire de Canyamel est une bonne alternative aux stations plus fréquentées de la côte est. La **Platja de Canyamel** est agréable et il y a aussi une belle tour médiévale à visiter, un restaurant et surtout un impressionnant ensemble de grottes. Ces dernières attirent beaucoup moins de monde que les autres grottes du même type sur la côte est.

À voir

Coves d'Artà GROTTES

(☎971 841 293 ; www.cuevasdearta.com ; 11 € ; ⏲10h-19h). Ce spectaculaire ensemble de grottes naturelles est situé à 1 km au nord de Canyamel. Elles sont moins impressionnantes que les Coves del Drac de Porto Cristo mais sont aussi moins éloignées ; et la sortie de la grotte, avec vue sur la Méditerranée, est vraiment étonnante.

Des visites guidées d'environ 40 minutes ont lieu toutes les demi-heures, en français, espagnol, anglais et allemand.

On entre par une fissure dans la paroi rocheuse qui donne sur la côte, puis on se retrouve rapidement dans un grand couloir, marchant sur une passerelle surélevée, pour passer à côté de la "reine des colonnes", haute de 22 m. On traverse plusieurs salles, dont la "salle du Purgatoire" et la "salle de l'Enfer".

Les grottes étant situées à mi-hauteur d'une falaise escarpée (elles servirent d'ailleurs de refuge aux habitants des environs durant les périodes de guerre et d'invasion), le chemin qui permet de s'y rendre est lui-même impressionnant.

Torre de Canyamel CHÂTEAU

(☎971 841 134 ; Carretera Artà-Canyamel ; 3 € ; ⏲10h-15h et 17h-20h mar-sam, 10h-14h dim). Indiquée à 3 km seulement de la plage depuis la route côtière principale, la célèbre Torre de Canyamel mérite le détour. Il s'agit d'une tour de défense maure haute de 23 m et datant du XIIIe siècle.

Claper des Gegant RUINES

(2 € ; ⏲9h-18h lun-sam, 9h-12h dim). Sur un petit chemin de terre près du golf de Canyamel, les ruines de Claper des Gegant se composent d'un *talayot* circulaire, de remparts défensifs et de plusieurs salles en ruines.

Où se restaurer

Porxada de Sa Torre MAJORQUIN €€

(☎971841310 ; www.restauranteporxadadesatorre.com ; Carretera Artà-Canyamel km 5 ; plats 8,40-17 € ; ⏲13h-15h30 et 19h-23h mar-dim, fermé mi-déc-janv). Ce restaurant installé sur les terrains de la Torre de Canyamel est l'un des meilleurs de l'île. Ce haut lieu de la cuisine majorquine propose tout un choix de plats traditionnels, dont un *tumbet* (ratatouille majorquine) préparé à merveille, de l'agneau rôti, des aubergines farcies, des viandes grillées et de la *sobrassada* (soubressade) de Majorque. Les clients peuvent même assister à la préparation des plats en cuisine. L'architecture, en bois et en pierre, les vieux outils agricoles et le service sympathique en font une adresse incontournable.

DE CALA MILLOR À PORTOCOLOM

Pour les millions de touristes qui descendent chaque année sur ses plages sablonneuses, barbotent dans ses vagues et dorment dans ses hôtels-clubs, la partie du littoral allant de Cala Millor a Portocolom est un paradis. Mais pour tous ceux qui pleurent la disparition du littoral sauvage majorquin, c'est une horreur !

Si vous cherchez un séjour au calme, typiquement majorquin, ne désespérez pas. Si cet endroit est aussi prisé, c'est qu'il est, incontestablement, de toute beauté. La solution ? Choisir un gîte un peu à l'écart et prendre la voiture ou le vélo pour rejoindre des plages peu fréquentées telles que Cala Romántica ou Cala Varques.

Cala Millor et ses environs

Au coucher du soleil, lorsque le ciel devient violet et la mer bleu marine, on aurait presque l'impression que la jungle de béton de Cala Millor n'était qu'un mirage... L'avantage de Cala Millor est que sa plage, longue de près de 2 km et bordant une promenade, est assez large pour absorber les foules qui s'y pressent durant les chaudes journées d'été. Pour s'en éloigner, il faut se lancer dans une randonnée éprouvante en bord de mer jusqu'au **Castell de n'Amer**, qui domine la mer.

À voir

Safari-Zoo ZOO

(☎971 810 909 ; www.safari-zoo.com ; Carretera Portocristo-Son Servera km 5 ; adulte/enfant jusqu'à 12 ans 17/11 € ; 9h15-18h15). Derrière la station balnéaire elle-même s'étire ce "safari-zoo" où l'on peut voir des animaux sauvages (dont des rhinocéros, des hippopotames, des zèbres, des girafes, des babouins, des gnous et quantité d'espèces d'antilopes) depuis une voiture ou un petit train ouvert. Ces animaux bénéficient de grands espaces, contrairement à ceux qui sont enfermés dans les tristes enclos du zoo, plus traditionnel, qui forme le reste du parc.

Renseignements

Office du tourisme (☎971 585 864 ; www.visitcalamillor.com ; Passeig Marítim ; 9h-17h lun-ven, 9h-16h sam). Dans un kiosque situé sur la promenade.

Depuis/vers Cala Millor et ses environs

Les lignes de bus n°441, 446, 447, etc. longent la côte est, reliant Cala Millor aux autres stations balnéaires comme Cala d'Or (7,30 €, 1 heure 15). Les bus n°412 dessert Palma (9,10 €, 1 heure 30, jusqu'à 15/jour).

Porto Cristo

6 700 HABITANTS

Avec ses grottes magnifiques, les plus belles de Majorque, Porto Cristo est une destination prisée pour des excursions d'une journée et attire les spéléologues amateurs. Il est vrai que la ville manque du clinquant qu'offrent les st[...] de la côte, mais [...] mal, et Porto Crist[...] par un charme disc[...]

À voir

L'animation se concent[...] long du **Passeig de la** [...] La petite plage bondée [...] idéal pour observer les [...] des bateaux de pêche et [...] dans la marina. Près de la plage [...] trouvent les modestes **Coves Blanques**, petites grottes qui furent habitées durant la période talayotique et utilisées plus tard par les pêcheurs en quête d'abri.

Un vaste marché vendant aliments, artisanat et souvenirs divers se tient dans le Passeig de la Sirena le dimanche matin.

Coves del Drac GROTTES

(Grottes du Dragon ; ☎971 820 753 ; www.cuevasdeldrach.com ; Carretera de Cuevas ; adulte/enfant 11,50 €/gratuit ; 10h-17h). Si Majorque possède de superbes réseaux de grottes, les Coves del Drac, du côté sud de la ville, sont indéniablement les plus spectaculaires. Après avoir piétiné sur 1,2 km, en compagnie de l'inévitable foule avec un commentaire en plusieurs langues, on arrive dans un vaste amphithéâtre où se trouve un petit lac et où on peut écouter un bref récital de musique classique. Les circuits d'une heure partent à l'heure pile.

Il est difficile de rendre la magie de l'endroit. Par moments, cela revient à errer dans une immense cathédrale souterraine dotée d'orgues. Ailleurs, on a l'impression de jouir d'une vue aérienne sur une forêt pétrifiée. Les salles, magnifiques et superbement illuminées de couleurs vives, présentent d'impressionnantes stalactites et stalagmites. La visite permet d'explorer les coins les plus splendides de ce tunnel de calcaire de 2 km de long. Un court trajet en bateau sur le lac est possible après le concert.

Coves dels Hams GROTTES

(☎971 820 988 ; www.cuevas-hams.com ; Carretera Manacor-Portocristo km 11 ; adulte/enfant 4-12 ans /moins de 4 ans 19 €/9,50 €/gratuit ; 10h-17h). Du côté nord de la ville, sur la route de Manacor, ce labyrinthe souterrain n'est pas aussi impressionnant que les Coves del Drac, mais il est moins fréquenté et renferme quelques belles formations. Les 30 premières minutes de la visite incluent une vidéo sur Jules Verne (qui mourut le 2 mars 1905, jour de la découverte des grottes) et d'intéressantes projections

Porto Cristo

Les incontournables
Coves del Drac A4

Activités
1 Illa Balear C1
2 Skualo Adventure Sports & Dive Centre B1

Où se loger
3 Felip Hotel C1

Où se restaurer
4 Sa Pedra B2
5 Siroco C2

La musique de Mozart accompagne la fin de la visite dans la salle souterraine proche du lac. Ici, les photos sont autorisées à l'intérieur (sans flash), même si les barrières gâchent la plupart des clichés. Un *moscatel* (boisson pour les enfants) est offert lors de la visite. Petit bémol : le prix d'entrée.

Méfiez-vous : les grands panneaux que l'on voit dans toute la ville indiquant les “Coves” sont un peu trompeurs, car ils mènent ici et non aux Coves del Drac.

SUD DE PORTO CRISTO

La côte qui s'étire au sud de Porto Cristo est jalonnée de superbes criques bien préservées. La plupart sont indiquées depuis la Ma4014 qui relie Porto Cristo à Portocolom. La plus vaste – et aussi la plus construite de toutes – est **Cala Romántica**. Ses quelques hôtels forment l'une des stations balnéaires les plus tranquilles de Majorque. Un sentier rudimentaire parcourt la falaise qui longe la mer.

Après Cala Romántica, vous pourrez explorer d'autres criques et grottes, telles que **Cala Varques** (connue pour la grotte située sur la falaise qui surplombe la crique), **Cala Sequer**, **Cova del Pilar** et

Cala Magraner. Aucune n'est directement accessible en voiture : vous devrez marcher au moins quelques minutes.

Activités

Skualo Adventure Sports & Dive Centre PLONGÉE
(☎971 815 094 ; www.mallorcadiving.com ; Passeig del Cap d'Es Toll 11 ; 1re plongée 39 €, supp matériel 10 € ; ⌚9h-18h lun-sam). Le meilleur de la ville. Propose aussi du snorkeling et du kayak de mer.

Illa Balear EXCURSIONS EN BATEAU
(☎971 810 600 ; www.illabalear.com ; 18-24 €/pers, aller jusqu'à Cala Ratjada 15 €). Excursions en bateau (la majorité en catamaran à fond de verre) entre Porto Cristo et d'autres stations balnéaires de la côte est, comme Cala Ratjada, Cala Romántica et Cala Millor. Jusqu'à 4 départs par jour en été.

Fêtes

Festes de Sant Antoni FÊTE RELIGIEUSE
(16-17 jan). La veille de la Sant Antoni, traditionnelle bénédiction des animaux, tout Porto Cristo s'anime : on allume des feux de joie et on se lance avec ferveur dans la "danse des démons".

Verge del Carme FÊTE RELIGIEUSE
(16 juil). La fête de la patronne des pêcheurs est célébrée en fanfare tout le long de la côte.

Où se restaurer

Siroco POISSON ET FRUITS DE MER €€
(☎971 822 444 ; Carrer del Verí ; plats 13,90 €-23,50 € ; ⌚13h-15h30 et 19h-22h30 mai-oct). Une excellente adresse, sur le front de mer, où l'on sert des plats de poisson et de fruits de mer inventifs, ainsi que des spécialités majorquines. La maison est particulièrement fière, et non sans raison, de son riz aux fruits de mer et homard, de sa paella au homard, plus sèche, et de son homard *fideuà* (variante de la paella faite avec de gros vermicelles).

Sa Pedra POISSON ET FRUITS DE MER €€
(☎971 820 932 ; Carrer del Verí ; plats 14-21 € ; ⌚13h-15h30 et 19h-22h30 mai-oct). La carte variée de ce restaurant haut de gamme fait la part belle aux plats de poisson, présentés avec soin, comme la lotte à la sauce au persil. L'assortiment de fruits de mer grillés (38,50 €) est un régal.

Renseignements

Office du tourisme (☎971 815 103 ; Carrer del Moll ; ⌚9h-16h lun-ven). Au bout du quai.

Depuis/vers le sud de Porto Cristo

Plusieurs lignes de bus desservent Porto Cristo, dont les n°412 et 414 à destination de Palma (aller/aller-retour 7,70/12 €, 1 €heure 30, 2-7/jour) via Manacor (1,70 €). Les bus n°441, 442 et 443 rallient les stations balnéaires de la côte est (prix variables, bus nombreux). D'autres bus partent pour Cala Ratjada (3,90 €, 30 min, 3-11/jour) et un bus par semaine, le mercredi, va à Sineu (5 €, 40 min).

Portocolom

3 900 HABITANTS

Localité assoupie… selon les standards des stations balnéaires de la côte est, Portocolom a résisté vaillamment à l'invasion touristique. Elle abrite un port naturel (l'un des rares de l'île) et attire des familles allemandes, britanniques et espagnoles. Bateaux de pêche, voiliers et quelques yachts de luxe se balancent sur les eaux calmes de cette vaste baie en forme de fer à cheval, moins intime certes que les petites criques. D'imposantes villas bordent les rues ombragées de la ville.

À voir

À proximité du centre-ville se tiennent quelques jolies plages, comme la petite crique immaculée de **Cala Marçal** et, à l'extrémité nord de la ville, **Cala s'Arenal**, la préférée de la population locale. Sur le promontoire est, à l'embouchure de la baie, se dresse un phare, le **Far de sa Punta de ses Crestes**, d'où l'on a une belle vue sur la ville.

Activités

Les randonneurs et les cyclistes auront l'embarras du choix dans les environs de Portocolom. Au sud de la ville, partant de Cala Marçal, un sentier de randonnée de 8 km rejoint une demi-douzaine de criques, dont la plupart ne sont accessibles qu'à pied ou en bateau. Il prend fin à Cala Ferrera. L'office du tourisme distribue une brochure sur les excursions autour de Felanitx, dans laquelle se trouvent une carte et une description de cet itinéraire (et d'autres randonnées). La brochure inclut des randonnées dans l'arrière-pays jusqu'au Castell de Santueri (p. 137) et vers certaines des plus belles plages de l'est de Majorque, notamment **Cala Sa Nau** (à mi-chemin en direction de Cala Ferrera), une longue et ravissante crique de sable

DÉPART/ARRIVÉE
FINCA CAN ROIG
DISTANCE 13 KM
DURÉE 2 HEURES 30

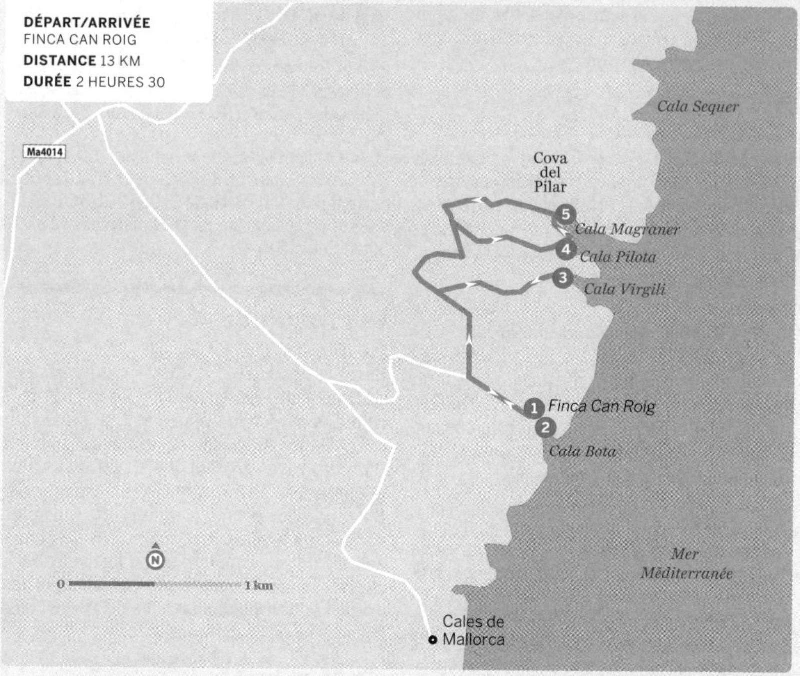

Promenade à pied

Les quatre criques

L'effervescence qui règne dans les stations balnéaires au nord de Cales de Mallorca s'atténue et la nature finit par reprendre le dessus. Les 6 km entre Cales de Mallorca et Cala Romántica ne sont que criques rocheuses émaillées de pins, falaises et eaux turquoise. La promenade commence à la 1 **Finca Can Roig**, une propriété agricole proche de Cales de Mallorca. Pour vous y rendre, suivez la Carretera Porto Cristo-Portocolom (Ma4014) et, au km 6, tournez vers l'est en direction de Cales de Mallorca. Continuez pendant 2,2 km, puis prenez à gauche. Après 200 m, vous arriverez à l'entrée de Can Roig.

Laissez votre voiture ici et partez le long du sentier large et rocailleux qui suit la côte. Après une quinzaine de minutes, un sentier un peu plus étroit part vers la droite. Prenez-le ; vous devrez suivre une petite ravine et traverser des bosquets pour atteindre 2 **Cala Bota**, une crique abritée bordée d'une étroite plage sablonneuse. Un chemin raide sinue autour et en amont de cette belle crique et permet d'en admirer toute la beauté.

De Cala Bota, revenez sur vos pas et tournez à droite vers la crique suivante, 3 **Cala Virgili**. Le sentier conduit à un chemin plus petit, qui démarre juste au pied de cette étroite crique, où un abri renferme un canot. Comptez environ 10 minutes pour la descente.

Revenez sur le sentier principal et continuez sur votre droite. Ignorez le chemin qui part vers la droite et continuez tout droit jusqu'à un second chemin. Il rejoint la troisième crique, 4 **Cala Pilota**, entourée d'impressionnantes falaises.

Faites demi-tour pour rejoindre le sentier principal et marchez quelques minutes jusqu'à un embranchement. Le chemin de gauche descend jusqu'à la dernière crique, 5 **Cala Magraner**, la plus vaste et la plus belle de toutes. Le chemin est large au début mais se termine dans une clairière ; un autre chemin, plus étroit, conduit à destination en quelques minutes. Après une baignade dans les eaux cristallines et après avoir exploré les petites grottes qui émaillent la falaise, il ne reste plus qu'à faire demi-tour pour retourner à la Finca Can Roig.

blanc baigné d'eaux turquoise, et la tout aussi belle **Cala Mitjana**.

L'office du tourisme vous renseignera sur les excursions en bateaux à fond de verre (19-27 €, 2-6 heures) qui vont à Cala d'Or et à d'autres endroits de la côte.

Bahia Azul Dive Center CENTRE DE PLONGÉE
(☎971 825 280 ; www.bahia-azul.de ; Ronda de Creuer Balear 78 ; plongée unique 27-39 € ; ⏲avr-oct). Dans l'Hostal Bahia Azul. Cours, baptêmes de plongée et location de matériel.

Skualo Adventure Sports Centre CENTRE DE PLONGÉE, KAYAK
(☎971 834 197 ; www.mallorcadiving.com ; Carrer de Llampuga ; plongée unique 39€ ; ⏲avr-oct). Autre centre de plongée réputé. Snorkeling (30-38 €) et kayak de mer (excursion de 2-3 heures, 38 €).

Moto Sprint LOCATION DE VÉLOS
(☎667 735 414, 971 824 858 ; Avinguda de Cala Marçal ; à partir de 12 €/jour ; ⏲8h30-13h et 16h-21h avr-oct). En face de l'office du tourisme.

Où se restaurer

Restaurant Sa Sinia POISSON ET FRUITS DE MER €€
(☎971 824 323 ; cellersasinia@gmail.com ; Carrer dels Pescadors 25 ; plats 15-25 € ; ⏲13h-15h30 et 19h30-22h30 mar-dim fév-oct). Avec ses menus conçus par l'artiste Miquel Barceló et ses sièges où est inscrit le nom des clients célèbres, ce restaurant de poisson très classique est le plus réputé de la ville. Poissons frais de toutes sortes, ragoût de homard et desserts maison sont les spécialités de la maison, comme le service à l'ancienne.

Restaurant Sa Llotja ESPAGNOL €€
(☎971825165 ; www.restaurantsallotjaportocolom.com ; Carrer dels Pescadors ; plats 14,50-30,90 € ; ⏲13h-15h30 et 19h-22h mar-dim fév-oct). Établissement moderne doté d'une fantastique terrasse donnant sur le port, Sa Llotja ravit les clients avec ses plats, notamment la lotte, le ragoût de homard, l'agneau en croûte d'herbes et des mariages étranges, comme le carpaccio de crevettes aux tomates, coriandre et sorbet d'agrumes. Il propose également un menu au déjeuner (34 €), ainsi qu'une restauration rapide moins chers (comme les sandwichs et le foie gras grillé).

Restaurante HPC ESPAGNOL, MÉDITERRANÉEN €€
(☎971 825 323 ; www.hostalportocolom.com ; Carrer de Cristòfol Colom 5 ; plats 10-23 € ; ⏲13h-15h30 et 19h-23h). Ce restaurant élégant et haut de plafond, situé sous l'Hostal Portocolom, propose une carte variée, allant des pizzas maison à la paella en passant par le poisson grillé, le cochon de lait majorquin et le magret de canard. L'atmosphère est chic sans être guindée, surtout aux tables en terrasse. Notre principal reproche est d'avoir dû payer un apéritif que nous n'avions pas commandé.

Renseignements

Office du tourisme (☎971 826 084 ; turisme@felanitx.org ; Avinguda de Cala Marçal 15 ; ⏲9h-14h lun-ven avr-oct). À l'extrémité sud de la ville, sur la route vers Cala Marçal.

Depuis/vers Portocolom

Dix lignes de bus desservent Portocolom, dont les services côtiers n°441, 442 et 443 (prix variables, plusieurs par jour). Jusqu'à 7 bus par jour rallient Palma (5,50 €, 1 heure 30).

Sud de Majorque

Dans ce chapitre »

Le top des restaurants

» Port Petit (p. 165)
» Varadero (p. 164)
» Restaurante Petite Iglesia (p. 163)
» Bodega Barahona (p. 160)
» Restaurante-Bar Pep Serra (p. 158)

Le top des hébergements

» Blau PortoPetro (p. 179)
» Can Canals (p. 179)
» Hotel Cala Santanyí (p. 179)
» Hotel Ca'n Bonico (p. 179)
» Ca'n Bessol (p. 179)

Pourquoi y aller

Située entre la baie de Palma et la Colònia de Sant Jordi, cette région est l'une des plus sauvages de l'île. La côte est en effet en grande partie protégée par de hautes falaises pratiquement impénétrables sur lesquelles viennent s'échouer les vagues saphir de la Méditerranée. Difficile d'accès, la côte est ici d'une fascinante beauté.

Les falaises dissimulent des criques isolées et de longues plages, véritables merveilles de la nature. Qu'elles soient flanquées de parois tels des fjords ou adossées à des forêts de pins et de genévriers, ces plages comptent parmi les plus belles de Majorque.

L'existence de parcs et de zones naturelles ainsi que les nombreuses fermes et propriétés rurales ont également contribué à préserver cette partie de l'île des excès du tourisme. Bref, ici, vous aurez un aperçu de ce à quoi Majorque ressemblait autrefois.

Quand partir

Il est difficile de trouver quelque chose d'ouvert avant Pâques ou après octobre. Mais ceux qui visiteront la région en dehors de la saison estivale auront souvent les sites pour eux tout seuls, notamment les stations balnéaires, quasi désertes, avec seulement quelques boutiques, restaurants et hôtels ouverts. L'été reste donc sans hésitation la meilleure période pour visiter le Sud, mais mieux vaut chercher les endroits sans station balnéaire et hôtel-club pour en profiter au mieux.

À ne pas manquer

1 Une journée sur l'**Illa de Cabrera** (p. 158), qui abrite le seul parc national de Majorque

2 Une randonnée dans les petites criques autour du **Cap de Ses Salines** (p. 160)

3 Une balade entre les vieilles maisons de **Capocorb Vell** (p. 156)

4 La découverte des oiseaux du superbe **Parc Natural de Mondragó** (p. 163)

5 L'ambiance décontractée de **Ses Salines** (p. 159)

6 Le farniente sur le sable de la **Platja des Trenc** (p. 159) pour imaginer ce qu'était l'île avant le boom touristique

7 La quiétude de la jolie **Cala Pi** (p. 156), particulièrement bien préservée

8 Une promenade le long de la passerelle de **Cala Figuera** (p. 165)

9 Une soirée estivale au **Varadero** (p. 164), à Portopetro

10 Un dîner dans l'un des élégants restaurants de Port Petit à **Cala d'Or** (p. 164)

DU CAP ENDERROCAT À SA RÀPITA

La partie de littoral la plus au sud de l'île est restée sauvage. Elle donne une idée de ce à quoi pouvait ressembler Majorque avant le grand boom touristique. Cette zone est d'autant plus appréciable qu'elle est située entre les complexes hôteliers de la côte est et l'activité de la baie de Palma.

Cala Pi et ses environs

Cette station au charme discret, prisé des retraités, domine une belle plage de sable doré. Accessible par un escalier abrupt, elle n'est large que de 50 m, mais s'étire sur plus de 100 m dans les terres. Protégée de chaque côté par des falaises escarpées, l'eau de la crique est aussi calme que celle d'un lac. Il n'y a absolument rien sur place, donc mieux vaut apporter son pique-nique.

Sur le côté, une tour de défense circulaire du XVIIe siècle rappelle le temps où les pirates représentaient une menace constante pour l'île.

À voir

Capocorb Vell SITE ARCHÉOLOGIQUE

(971 180 155 ; www.talaiotscapocorbvell.com ; Carretera Arenal-Cap Blanc km 23 ; 2 € ; 10h-17h ven-mer). Un grand village talayotique aux voies pavées dont les structures de pierre remontent à 1 000 av. J.-C. Le site, qui comptait 28 habitations et 5 *talayots* (tours de pierre), fut probablement habité durant toute l'époque romaine.

Où se restaurer

Restaurante Miquel ESPAGNOL, MAJORQUIN €€

(971 123 000 ; Torre de Cala Pi 13 ; plats 9-26 € ; 13h-15h30 et 19h30-22h30 mar-dim mars-oct).

Installé dans une ferme de style majorquin dotée d'un immense patio, le Restaurante Miquel est chaudement recommandé pour son fabuleux menu servi au déjeuner (15 €). Il inclut des plats tels que paella, moules marinières ou mérou sauce citron. L'établissement propose également une longue liste de spécialités majorquines (dont du lapin aux champignons), la plupart à moins de 10 €.

Depuis/vers Cala Pi

Le bus n°520 relie Cala Pi et Palma une fois le matin et une fois le soir (5,10 €, 1 heure 30).

À NE PAS MANQUER

LE TOP DES PLAGES DU SUD DE MAJORQUE

» **Platja des Trenc** (p. 159)
» **Sa Plageta et S'Espalmador sur l'Illa de Cabrera** (p. 158)
» **Platja de Ses Roquetes** (p. 162)
» **Cala Mondragó** (p. 163)
» **Cala Esmerelda** (p. 165)
» **Cala Pi** (ci-dessus)
» **Cala Santanyí** (p. 161)
» **Cala Llombards** (p. 161)

Sa Ràpita et ses environs

En venant de l'ouest, la Ma6014 suit la côte, croisant les oliviers noueux des vieilles propriétés rurales et les murs anciens qui les délimitent. Sa Ràpita, principale localité de cette partie du littoral, est un paisible village de bord de mer, dont le rivage rocheux léché par les vagues constitue la principale attraction. Vallgornera, la localité voisine, possède la plus longue grotte de l'île !

Passé Sa Ràpita, en restant sur la Ma6030, vous arriverez au petit hameau de **Ses Covetes**. Le parking à 5 € (douche après la plage incluse dans le prix) permet de laisser sa voiture pour traverser le village, entre bars et restaurants sans prétention, jusqu'à rejoindre la longue **Platja de Ses Covetes**. Cette plage préservée (mais fréquentée) fait partie de la **Reserva Marina del Migjorn de Mallorca**, une réserve marine protégée où aucune construction ne vient gâcher le cadre de dunes et de pinèdes auquel elle est adossée. En suivant la plage à pied vers l'est on rejoint la **Platja des Trenc** (p. 159).

À voir

GRATUIT **Cova des Pas de Vallgornera** GROTTES

Vallgornera (à 3 km à l'est de Cala Pi) compte une demi-douzaine de grottes. Certaines sont particulièrement impressionnantes, avec des rivières et des lacs souterrains, sans parler des spectaculaires stalactites et stalagmites. La plus célèbre, la Cova des Pas de Vallgornera, est aussi la plus longue des Baléares (6 435 m).

La plupart des grottes peuvent être visitées, mais il faut être accompagné d'un guide ou d'un expert local. Vous pouvez contacter **Jose Antonio Encinas** (609 372 888).

VAUT LE DÉTOUR

CAP BLANC

Si vous circulez sur la route côtière allant de Palma à Capocorb Vell et Cala Pi, il serait dommage de ne pas faire un détour par le Cap Blanc. Prenez la Ma6014 vers le sud depuis S'Arenal et tournez à droite au panneau indiquant le cap. Vous arriverez rapidement à un phare et à ce qui ressemble à un bâtiment militaire abandonné. Garez-vous à côté de la barrière.

Il est impossible d'atteindre le phare mais une promenade de 5 minutes à travers les buissons vous conduira à une falaise abrupte. La vue sur la Méditerranée est magique, avec les falaises rouges et les oiseaux marins qui tournoient dans le ciel. À la fois frais et ensoleillé, l'endroit est idéal pour un pique-nique, mais attention si vous avez des enfants ou un chien, car il n'y a pas de barrières et l'endroit peut donc être dangereux.

Où se restaurer

Restaurant Ca'n Pep POISSON ET FRUITS DE MER €€
(☎971 640 102 ; canpep2larapita@hotmail.com ; Avinguda Miramar 30 ; plats 9-24 € ; ⌚11h-23h mar-dim déc-oct). Parmi les nombreux restaurants de poisson de Sa Ràpita, cette véritable institution locale est célèbre à juste titre pour sa cuisine savoureuse. Le décor est, on s'en doute, marin, et la carte présente une photo des poissons servis, même si certains, comme le *cap roig* ("tête rouge") sont tellement laids, que l'on préférerait ne pas savoir ce que l'on mange !

Depuis/vers Sa Ràpita

Le bus n°515 assure des trajets depuis/vers Palma (5,15 €, 1 heure, jusqu'à 5/jour).

COLÒNIA DE SANT JORDI ET SES ENVIRONS

De toutes les régions touristiques de Majorque, la pointe sud-est de l'île est celle où la nature est le plus protégée. À l'ouest de la station familiale de Colònia de Sant Jordi s'étirent les 7 km sauvages de la Platja des Trenc. Au sud-est, une vaste réserve naturelle préserve une large portion de littoral rocheux, adouci çà et là par de superbes plages. Au large se situe le seul parc national des Baléares, le Parc Nacional Marítim-Terrestre de l'Arxipèlag de Cabrera (généralement simplifié en "Illa de Cabrera"). À l'intérieur des terres, un petit nombre de sites talayotiques viennent interrompre la monotonie tranquille de la campagne.

Colònia de Sant Jordi

2 410 HABITANTS

Principale station balnéaire de la côte sud, Colònia de Sant Jordi est depuis longtemps la destination estivale préférée des habitants de Palma. Ville coquette, dont les rues bien dessinées forment un damier sur le paysage vallonné, la Colònia est une station on ne peut plus familiale, qu'entourent certaines des plus belles et des plus sauvages plages de Majorque. C'est toutefois surtout en tant que porte d'accès à l'Illa de Cabrera qu'on l'appréciera... Une promenade piétonnière suit la côte rocheuse tout autour de la Colònia.

À voir

L'intérêt principal de Colònia de Sant Jordi réside dans ses merveilleuses plages, en centre-ville et aux environs. La plus célèbre est la Platja des Trenc, à 20 minutes à pied de l'extrémité nord-ouest de la ville.

GRATUIT **Centro de Visitantes Ses Salines** AQUARIUM
(☎971 656 282 ; angle Carrer de Gabriel Roca et Plaça del Dolç ; ⌚9h30-14h30 et 15h30-18h). À l'extrémité nord-est de la ville et à une rue de la Platja Es Port, ce fantastique lieu fait à la fois fonction d'aquarium et de centre d'information sur le Parc Nacional Marítim-Terrestre de l'Arxipèlag de Cabrera. Sa visite s'achève par l'ascension d'une rampe en spirale, ornée d'une extraordinaire fresque de Miguel Mansanet. Ce dernier s'est inspiré d'une carte majorquine de la Méditerranée datant du XVIe siècle.

Ouvert en 2008, l'aquarium attend encore les panneaux explicatifs correspondant aux différents bassins... En dehors de cela, c'est un endroit exceptionnel.

Activités

Team Double J LOCATION DE VÉLOS
(☎971 655 765 ; www.teamdoublej.com ; Avinguda de la Primavera 9 ; à partir de 7,50-15 €/jour,

VISITER L'ILLA DE CABRERA

Dix-neuf îles et îlots inhabités constituent le seul parc national des îles Baléares, le **Parc Nacional Marítim-Terrestre de l'Arxipèlag de Cabrera** (☎971 725 010 ; reddeparquesnacionales.mma.es/parques/cabrera ; ⊙Pâques-oct). Les îles arides et vallonnées de cet archipel sont connues pour leurs oiseaux, leur environnement maritime riche et leur importante population de lézards. À seulement 16 km de la côte de Colònia de Sant Jordi, l'**Illa de Cabrera**, la plus grande île de l'archipel, est la seule qu'il soit possible de visiter. Les autres sont réservées à l'observation scientifique de la faune et de la flore. Seules 200 personnes par jour (300 en août) sont admises dans cette zone naturelle hautement protégée, et il faut donc réserver sa place au moins un jour à l'avance. Les bateaux sont autorisés à venir à Cabrera s'ils ont obtenu les autorisations préalables auprès de l'administration du parc, mais la quasi-totalité des visiteurs arrivent par les bateaux de croisière. **Excursions a Cabrera** (☎971 649 034 ; www.excursionsacabrera.es ; Carrer de l'Explanada del Port ; adulte/enfant 38/25 € ; ⊙bateau normal 10h-17h30, rapide 12h-14h30 Pâques-oct) propose des bateaux lents et rapides au départ de Colònia de Sant Jordi. **Mar Cabrera** (☎971 656 403 ; www.marcabrera.com ; Carrer de l'Explanada del Port ; adulte/enfant à partir de 38/30 € ; ⊙9h-19h Pâques-oct) dispose de bateaux rapides.

Le trajet le plus long permet de découvrir plusieurs petites îles peuplées d'oiseaux avant d'arriver à Cabrera, où l'on trouve un petit bureau d'information, des toilettes publiques, un restaurant et une aire de pique-nique couverte. Excursions a Cabrera propose un déjeuner à 8 €, mais mieux vaut apporter son propre casse-croûte.

Dans la journée, les visiteurs sont libres de faire ce qu'ils veulent. La plupart profitent simplement du calme merveilleux des plages, **Sa Plageta** et **S'Espalmador**. L'écosystème étant extrêmement fragile, peu de sentiers sont ouverts au public et, pour la plupart, les emprunter nécessite d'être accompagné d'un guide ou de demander la permission auprès des autorités du parc.

35-95 €/semaine ; ⊙9h30-13h et 15h-18h fév-oct). Location de vélos et informations sur les itinéraires dans la région.

Piraguas Mix KAYAK
(☎971 652 474 ; www.piraguasmixkayaks.com ; S'Alqueria Rotje ; kayak de mer à partir de 30 €/jour, excursions guidées 30 €/pers ; ⊙10h-13h et 16h-19h avr-oct). L'un des spécialistes du kayak de mer les plus réputés de l'île.

Où se restaurer

Restaurante-Bar Pep Serra POISSON ET FRUITS DE MER €€
(☎971 655 399 ; Carrer de l'Enginier Gabriel Roca 87 ; plats 14,50-26,50 € ; ⊙13h-15h30 et 19h30-22h30 mar-dim juil-sept, horaires réduits le reste de l'année). Célèbre pour sa paella et ses poissons grillés (l'établissement possède son propre bateau de pêche), ce restaurant du front de mer, agréablement simple quoique onéreux, a installé plusieurs tables sur le trottoir et possède une zone lounge. Comme toujours avec les paellas et les plats de riz, il faut être au moins deux pour passer commande.

Heladería Colonial GLACES €
(☎971 655 256 ; Carrer de l'Enginier Gabriel Roca 9 ; glaces à partir de 3,50 € ; ⊙11h-22h mars-nov). Les amateurs de glaces de l'île connaissent cette merveilleuse entreprise familiale située dans le centre-ville. L'établissement possède également un bar-restaurant.

Marisol ESPAGNOL, INTERNATIONAL €
(☎971 655 070 ; Carrer de l'Enginier Gabriel Roca ; plats 8,50-20 € ; ⊙13h-15h30 et 19h-23h jeu-mar fév-oct). Au menu : pâtes et pizza, poisson et crustacés, plats de riz et ragoût, servis sur une spacieuse terrasse couverte, au bord de l'eau. La cuisine est assez classique pour un restaurant de port, mais le cadre est assez agréable.

Office du tourisme

Office du tourisme (☎971 656 073 ; www.mallorcainfo.com ; Carrer del Doctor

L'itinéraire le plus connu rejoint un château restauré du XIVe siècle, autrefois utilisé pour tenir les pirates à distance. Plus tard, il servit de prison aux soldats napoléoniens capturés durant la guerre d'indépendance espagnole – beaucoup moururent après avoir été abandonnés. Cette promenade de 30 minutes serpente du côté nord de l'île, avant de déboucher sur un promontoire haut de 80 m, où se dresse le château.

Des visites guidées de 20 minutes mènent à Es Celler, une ferme tenue par la famille Feliu, propriétaire de la totalité de l'île au début du XXe siècle. C'est aujourd'hui un petit musée à vocation historique et culturelle. À proximité se dresse un monument aux prisonniers français morts à Cabrera.

D'autres itinéraires permettent de rejoindre le phare de N'Ensiola (4 heures, permission requise), la partie sud de la Serra de Ses Figueres (2 heures 30, autorisation requise) ou le point culminant de l'île, le Picamosques (172 m, 3 heures, autorisation requise).

L'île est idéale pour le snorkeling. Il faut une permission spéciale pour plonger, mais rien ne vous empêche de partir de la plage avec palmes et tuba. En juillet et en août, les guides du parc proposent des sorties snorkeling.

Paradis pour les oiseaux, l'île héberge oiseaux marins, oiseaux de proie et oiseaux migrateurs présents sur place au moins une partie de l'année. Parmi les espèces les plus fréquemment repérées : l'aigle pêcheur, le puffin des Baléares (menacé), le goéland d'Audouin, le puffin cendré, des cormorans, des balbuzards pêcheurs, des faucons d'Éléonore et des faucons pèlerins, ainsi que 130 espèces d'oiseaux migrateurs environ.

Parmi les autres animaux, nombreux dans l'île, le lézard des Baléares est l'espèce la plus connue. En effet, ce petit lézard a peu de prédateurs dans l'archipel, et 80% de la population de l'espèce vit sur l'île.

Sur le trajet du retour à Colònia de Sant Jordi, le bateau s'arrête à la **Sa Cova Blava** (grotte bleue), belle grotte aux eaux cristallines, où les passagers peuvent se baigner. Les bateaux rapides s'y arrêtent également.

Barraquer 5 ; ⏲10h-14h lun-ven). Sur le front de mer, à l'extrémité sud-ouest du port.

Depuis/vers Colònia de Sant Jordi

Le bus n°502 relie la ville à Palma (6,15 €, jusqu'à 8/jour, 1 heure 15).

Platja des Trenc

La plus grande plage sauvage de Majorque s'étire sur 3 km au nord-ouest de Colònia de Sant Jordi. Les longues étendues de sable blanc et le cadre idyllique, pinèdes et dunes, donnent une idée de la beauté de la côte majorquine avant qu'elle ne souffre de la surexploitation touristique.

C'est toutefois grâce au touristime que la plage est demeurée intacte. Révoltés par les jungles de béton qui ont envahi des endroits comme S'Arenal et Cales de Mallorca, les habitants se sont en effet battus, empêchant dans les années 1980 les projets qui prévoyaient de transformer l'endroit en golf et station balnéaire ; des graffitis sur les murs de plusieurs villas inachevées en témoignent. Des Trenc est aujourd'hui considérée "zone naturelle d'intérêt spécial". Officiellement, c'est une plage nudiste, mais elle plaît également aux "textiles".

Pour rejoindre le parking (6 €/véhicule), prenez l'embranchement signalé vers l'ouest au départ de la Ma6040. La route, étroite et goudronnée, croise les monticules de sel jaune des Salines de Llevant, puis elle longe des champs parsemés de fleurs sauvages avant de rejoindre une zone de marécages située près de la plage.

Ses Salines

Fournissant du sel depuis l'époque romaine, la modeste bourgade agricole de Ses Salines ("les salines") est en passe de devenir l'une des villes les plus séduisantes et les plus prisées du centre de l'île. Avec ses bars et ses restaurants agréables, son joli hôtel et ses boutiques de sel local, elle est en train de passer du statut "d'étape" à celui de

L'ÉPOPÉE DE JOAN MARCH

La famille March possède près de 3% du territoire majorquin, une bonne partie des plus belles demeures de l'île, ses plus importantes collections d'œuvres d'art et sa plus grande banque. Parti de rien, le patriarche, Joan March, homme d'affaires rusé autant adoré que détesté et à qui l'on reproche l'origine peut-être douteuse de son argent, fonda la prospère Banca March et investit beaucoup à Majorque. Au moment de sa mort en 1962, il était la 7e fortune du monde.

Aujourd'hui, ses héritiers gèrent d'ambitieuses fondations culturelles dédiées à l'art, l'éducation, l'archéologie, le théâtre ou encore la musique. Propriétaires de plus de 100 km² de terres sur l'île, ils ont su préserver la grande majorité des forêts et des terres agricoles. La plus grande *possessió* (propriété), Sa Vall, est un vaste territoire naturel, vierge, près de Ses Salines.

Pour en savoir plus, consultez www.march.es et www.fundacionbmarch.es.

"destination" à part entière. C'est aussi la porte d'accès à une superbe région, pleine de sentiers de randonnée pédestres et cyclistes, où la nature est reine.

À voir

Les centres d'intérêt étant assez éloignés les uns des autres, il est nécessaire d'être motorisé pour les rejoindre.

Cap de Ses Salines PHARE
(Carretera de Cap de Ses Salines). Suivez la Ma6110 sur 9 km au sud de Llombards pour rejoindre le cap de Ses Salines, un joli promontoire de la pointe la plus au sud de Majorque, avec un phare datant de 1863. Il n'y a pas grand-chose à voir, mais on trouve de chaque côté de belles plages, protégées par la **Reserva Marina del Migjorn de Mallorca**. Les plages de l'est semblent taillées dans les falaises côtières qui plongent vers de jolies petites criques comme la **Caló des Màrmols**, des plages comme la **Platja d'Almunia** et des grottes comme la **Cova de Sa Plana**. Un sentier côtier de 6 km les relie.

Botanicactus JARDIN
(☎971 649 494 ; www.botanicactus.com ; Carretera Ses Salines-Santanyí ; adulte/enfant 8/4,20 € ; ⏲9h-18h30). À l'extérieur de la ville, le vaste jardin Botanicactus prétend être le plus grand jardin botanique d'Europe. Il compte plus de 1 000 espèces de plantes méditerranéennes et exotiques.

Poblat Talaiòtic dels Antigors SITE ARCHÉOLOGIQUE
À 1 km de Ses Salines, en allant vers Colònia de Sant Jordi, suivez les panneaux indiquant ce site archéologique abandonné où seuls subsistent quelques pans de murs de pierre et des plaques rouillées à peine lisibles. Il n'y a pas de bureau d'information, la porte est toujours ouverte.

Activités

Artestruz Mallorca ÉLEVAGE D'AUTRUCHES
(☎971 650 562 ; www.artestruzmallorca.com ; Ma6014 ; adulte/enfant 3/2 € ; ⏲10h-20h). Indiquée depuis la Ma6014, à 3 km au nord-ouest de Ses Salines, cet élevage d'autruches est pour le moins original. Les enfants seront ravis d'avoir la possibilité de chevaucher ces grands oiseaux. Des repas (avec viande d'autruche, œufs d'autruche et vin majorquin) sont préparés sur commande et il y a une boutique sur place, qui vend de la maroquinerie en cuir d'autruche et d'autres produits, tels que des plumeaux en plumes d'autruche.

Où se restaurer

Bodega Barahona POISSON ET FRUITS DE MER €€
(☎971 649 130 ; www.bodegabarahona.com ; Plaça Sant Bartomeu 2 ; plats 8-16 € ; ⏲13h-16h et 19h30-23h mar-dim). Populaire depuis son ouverture en 1945, ce bar de quartier propose des plats à base de riz, de poisson et de fruits de mer. Pas de "fusion" ici, uniquement des recettes qui n'ont jamais changé depuis des décennies. Les spécialités maison sont le ragoût de homard et l'*arròs notari*, plat de riz au poisson, nageant dans une sauce à l'encre de seiche. Sur la route principale, à côté de l'église.

Cassai Grand Café & Restaurant TAPAS, INTERNATIONAL €
(☎971 649 721 ; www.cassai.es ; Carrer de Sitjar 5 ; plats et tapas 4,50-14,50 € ; ⏲11h-24h mar-dim). Décoration soignée et ambiance romantique, dehors comme dedans. Au menu : croquettes de poisson, brochettes de filet de porc au brie et un plat du jour à prix intéressant (8,50 €). Les propriétaires possèdent aussi une boutique proposant des articles pour la maison dans un décor rustique-chic.

Asador Es Teatre GRILLADES €€
(☎971 649 540 ; www.asadoresteatre.com ; Plaça Sant Bartomeu 4 ; plats 11,90-21,80 € ; ⏲11h-23h jeu-mar). Tenu par les mêmes personnes que la Bodega Barahona adjacente, Asador Es Teatre est un établissement très différent, spécialisé dans la viande et les grillades. Le bâtiment date du XIXe siècle. On appréciera surtout la terrasse.

Où prendre un verre

Bodega Llum de Sal BAR, CAFÉ
(☎971 649 773 ; www.llumdesal.es ; Carrer Burguera Mut 14 ; ⏲9h-24h). Cet établissement tendance, installé sur deux étages dans l'artère principale de la ville, est l'un des plus jolis bars de l'île et convient aussi bien pour prendre son café le matin qu'un cocktail le soir. Il propose également à la vente des produits d'épicerie fine, notamment du sel local préparé avec différentes épices.

Achats

À l'instar de Cassai Gourmet, la Bodega Llum de Sal vend aussi toutes sortes de sels de Majorque.

Cassai Gourmet ALIMENTATION ET VIN
(☎971 642 861 ; Plaça Sant Bartomeu 9 ; ⏲10h-13h15 et 16h30-20h). Point de vente officiel de la Flor de Sal d'Es Trenc, le sel que l'on trouve en vente partout à Majorque, cette boutique propose aussi bien la variété nature que d'autres formes, assaisonnées aux herbes méditerranéennes, à l'hibiscus, aux olives noires, etc. Vous y trouverez également du vin, des huiles d'olive et autres spécialités gastronomiques locales.

Depuis/vers Ses Salines

Mieux vaut être motorisé pour se rendre sur place, notamment pour visiter les sites environnants. Quelques rares bus circulent depuis/vers Campos et Santanyí.

DE SANTANYÍ À CALA D'OR

Les stations installées sur la côte est de l'île forment une bande presque ininterrompue d'hôtels, de restaurants de poisson et de plages tapissées de parasols. Seule exception au développement impitoyable sur la partie la plus animée du sud de Majorque : le Parc Natural de Mondragó, qui abrite des plages immaculées entourées de roche rouge et de genévriers.

Santanyí et ses environs

La charmante ville de Santanyí se distingue de la plupart des localités touristiques voisines. Ville historique, elle est devenue le point de rendez-vous de tous ceux qui vivent sur la côte et dans la campagne environnante. Si l'animation bat son plein les jours de marché (mercredi et samedi), les terrasses de la place principale sont prises d'assaut tous les après-midi.

À voir

Cala Santanyí PLAGE
Seul véritable accès à la mer de Santanyí, la Cala Santanyí est assez prisée, sans être bondée. La plage est spacieuse et occupe une jolie crique entre falaises et eaux couleur cobalt. On peut se garer dans un parking sablonneux (mieux vaut avoir de bonnes jambes pour rentrer à pied ou à vélo en ville).

Un petit sentier longe la côte depuis la Cala Santanyí jusqu'à l'arche rocheuse naturelle d'**El Pontàs** qui se dresse dans la mer. C'est un spot apprécié pour le snorkeling.

Cala Llombards PLAGE
Petite crique entourée de falaises plantées de pins, la Cala Llombards est vraiment un bel endroit. Il y a bien une petite paillotte sur la plage et des vacanciers allongés sous les parasols en feuilles de palmiers, mais c'est tout. La principale attraction est la vue sur les eaux turquoise, le sable et les rochers rouges.

Pour rejoindre la Cala Llombards, suivez les indications depuis la Ma6102, bordée de murs de pierre et de prairies où viennent paître les moutons.

Où se restaurer

Es Coc MAJORQUIN FUSION €€
(☎971 641 631 ; www.restaurantescoc.com ; Carrer de Aljub 37 ; plats 16,50-24,50 €, menú degustación 39,50 € ; ⏲13h-15h30 et 19h30-22h30 lun-sam). Tout en bois et pierres apparentes, l'Es Coc marie traditions locales et touches exotiques. Essayez par exemple la *lubina, tumbet y espuma de tumbet* (bar, ratatouille majorquine et mousse de ratatouille).

Office du tourisme

Bureau du Parc Natural de Mondragò (☎971 642 067 ; Carrer de Can Llaneres 8 ; ⏲10h-15h lun-ven). Pour obtenir des renseignements sur les visites possibles dans cette zone côtière protégée.

DÉPART CAP DE SES SALINES
ARRIVÉE COLÒNIA DE SANT JORDI
DISTANCE 9 KM
DURÉE 3 HEURES

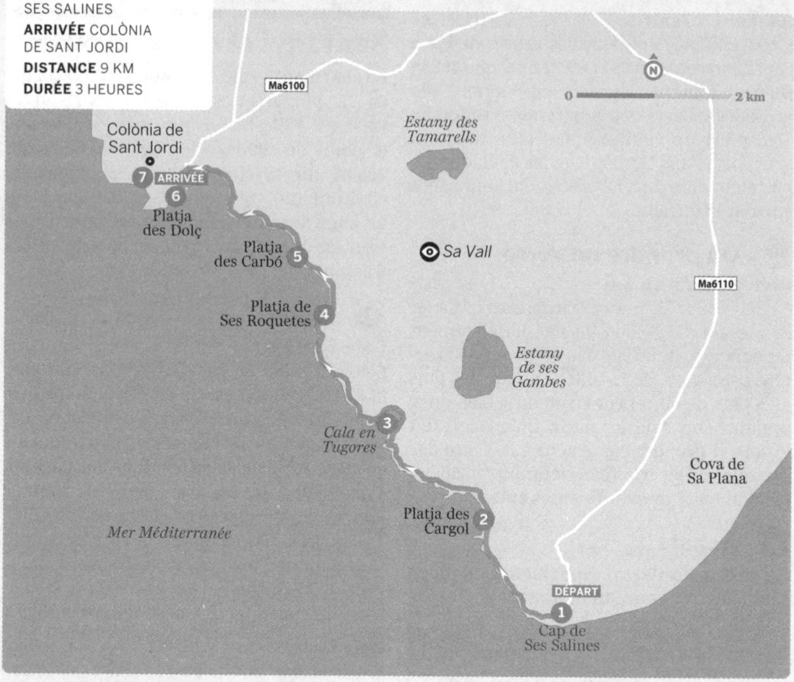

Promenade à pied

Du Cap de Ses Salines à Colònia de Sant Jordi

› S'il est parfois difficile de trouver des parties de littoral encore sauvages à Majorque, cette promenade n'en manque pas ! Ce sentier côtier relie le Cap de Ses Salines à la Colònia de Sant Jordi. Sans relief mais rocheux, il passe par des affleurements déchiquetés et des plages de sable désertes, idéales pour la baignade. Prévoyez de l'eau en quantité ; il n'y a aucune source d'eau en chemin et les coins d'ombre sont très rares. Vous pourrez voir diverses plantes, notamment des asperges sauvages et de l'*azucena de mar* (pourpier de mer), dont les fleurs blanches très odorantes fleurissent en juillet et en août.

Laissez votre voiture sur le bord de la route au ❶ **Cap de Ses Salines**, signalé depuis la route principale. De là, allez vers la mer et tournez à droite (en direction de l'ouest). Vous pourrez voir la Méditerranée scintiller sur votre gauche, avec l'Illa de Cabrera au loin, et le vaste domaine de Sa Vall, propriété de la famille March, sur votre droite. Cet immense domaine abrite deux importantes zones de marécage.

Après une demi-heure de marche sur les rochers rougeâtres qui dominent la côte (ceux-là même qui ont servi à la construction de la cathédrale de Palma), vous atteindrez la première plage "vierge" de la promenade, la ❷ **Platja des Cargol**, protégée par une jetée naturelle de pierres. En été, l'endroit peut devenir particulièrement fréquenté, aussi bien sur terre qu'en mer.

Continuez le long de la côte pour rejoindre d'autres criques et plages : la ❸ **Cala en Tugores** (1 heure plus loin), la ❹ **Platja de Ses Roquetes**, la ❺ **Platja des Carbó** (après 2 heures 15) et, enfin, la ❻ **Platja des Dolç** (au bout de 3 heures). Ces plages, avec leur sable très fin et leurs douces vagues turquoise, sont tout simplement magnifiques. Même avec la foule des estivants, le cadre idyllique (genévriers, cri des mouettes...) fait que l'on s'y sent toujours loin.

L'arrivée à ❼ **Colònia de Sant Jordi** marque la fin de la promenade.

Depuis/vers Santanyí

On compte jusqu'à 6 bus quotidiens à destination de Palma (6,35 €, 1 heure 30).

Cala Figuera

Avec ses constructions basses et ses pinèdes, ses rues bordées de restaurants, Cala Figuera est un petit port romantique, l'un des plus jolis de la côte est. Si quelques bateaux de plaisance côtoient les bateaux de pêche colorés, le lieu est resté authentique. Ici, pas d'animation ni de vie nocturne trépidante, mais le spectacle des pêcheurs rentrant au port avant l'aube vaut bien une fête.

Où se restaurer

Restaurante Petite Iglesia FRANÇAIS €

(☎971 645 009 ; www.la-petite-iglesia.com ; Carrer de la Marina 11 ; plats 13,50-17,50 ; ⏲19h-23h). Situé à deux rues de la plage, cet établissement n'a pas la vue sur la mer, mais il ne jouit pas moins de l'un des plus beaux cadres de la ville. Installé dans ce qui fut une petite église de pierre, avec des tables sous les arbres, il propose une cuisine française, notamment une bonne estouffade de bœuf à la provençale.

Mistral Restaurante MAJORQUIN, INTERNATIONAL €

(☎971 645 118 ; www.mistral-restaurante.com ; Carrer de la Verge del Carme 42 ; plats 14,50-18 € ; ⏲18h-23h de mi-avr à oct). Au menu de cet établissement élégant, à deux pas du port, des tapas savoureuses et des plats plus élaborés, tels que la sole grillée à la pâte de persil ou le *tumbet* (ratatouille majorquine) à la viande ou au poisson.

L'Arcada MAJORQUIN, INTERNATIONAL €

(Carrer de la Verge del Carme 80 ; plats 12-18,50 € ; ⏲13h-15h30 et 19h30-22h30 avr-oct). L'adresse idéale pour se régaler de plats typiquement majorquins, tels que le lapin aux oignons ou les courgettes farcies au poisson et aux fruits de mer. Les amateurs de pizzas ne sont pas oubliés. Assez jolie vue sur le port.

Où prendre un verre

Bon Bar BAR, CAFÉ

(☎971 645 206 ; Carrer de la Verge del Carme 27 ; ⏲10h30-24h). Surplombant la crique, avec un panorama superbe, c'est l'endroit idéal pour prendre un verre. On y vend également des glaces et des pizzas.

Depuis/vers Cala Figuera

Le bus n°502 assure le trajet depuis Palma (6 €, 1 heure 30) via Colònia de Sant Jordi et Santanyí 3 fois par jour, du lundi au samedi.

Parc Natural de Mondragó

Avec ses plages, ses dunes, ses marais, ses falaises côtières et ses terres agricoles, le Parc Natural de Mondragó (766 ha) est un parc naturel magnifique qui comblera les amateurs de baignade ou de randonnée, et surtout les passionnés d'ornithologie. La **Cala Mondragó** est l'une des plus belles criques de la côte est. Protégée par des falaises et entourée de pinèdes, elle comprend trois plages de sable abritées, reliées entre elles par des sentiers.

Le parc héberge plusieurs espèces d'oiseaux, et vous pourrez notamment observer en parcourant les sentiers des faucons pèlerins et des goélands d'Audouin. Vous croiserez peut-être aussi des hérissons d'Algérie, des tortues d'Hermann et des crapauds des Baléares.

La Cala Mondragó est à 2 km au sud de Portopetro. Le bus n°507 relie Mondragó à la Cala d'Or (1,40 €, 30 min, 7 fois/jour du lundi au vendredi) et à d'autres stations balnéaires.

Office du tourisme

Office du parc (☎971 181 022, 971 642 067 ; Carretera de Cala Mondragó ; ⏲9h-16h). Le petit bureau du parc est situé à proximité du parking. Autre adresse à Santanyí.

Portopetro

Il règne dans les rues ombragées et escarpées de Portopetro une décontraction immédiatement perceptible. Ce petit port tranquille situé dans une crique n'est en fait qu'un ensemble de propriétés résidentielles, de bars et de restaurants, avec quelques petites plages à proximité.

Où se restaurer

Restaurant Celler Ca'n Xina ESPAGNOL, MAJORQUIN €€

(☎971 658 559 ; Passeig del Port 52 ; plats 11,95-21,30 € ; ⏲12h-15h30 et 19h30-22h30 jeu-mar mai-oct). Cette adresse sympathique se distingue par sa terrasse ombragée près du port, ainsi que par ses délicieuses spécialités locales, comme le *trampó* (salade à base de tomates et de poivrons), la paella, les aubergines farcies ou le poisson grillé du jour.

La Caracola MAJORQUIN, INTERNATIONAL €
(971 657 013 ; Avinguda del Port 40 ; plats 9-12 € ; 13h-15h30 et 19h30-22h30). Cette table très appréciée régale ses clients depuis vingt ans avec ses calmars farcis (*calamares rellenos*), ses soupes maison et son *tumbet* (ratatouille majorquine), même si l'établissement propose aussi pâtes et paellas. Ce n'est pas l'établissement le plus branché, mais c'est généralement le plus bondé.

Varadero FUSION €€
(971 657 428 ; www.varadero-portopetro.com ; Passeig de la Aduana 5 ; plats 14-26 € ; 11h-23h mars-nov ;). Cette adresse chic n'a pas tardé à devenir le quartier général de la jeunesse dorée. La carte est cosmopolite et surprenante (mêlant influences méditerranéennes et indonésiennes, ainsi que de grands classiques comme le homard grillé). Le lounge est agréable pour traîner après le dîner, lorsque la douce musique envahit la terrasse à l'ambiance tropicale ; les vagues viendraient presque vous lécher les pieds. L'intérieur est idéal pour prendre un cocktail.

Depuis/vers Portopetro

On compte jusqu'à 5 bus par jour au départ de Portopetro pour Palma (6,75 €, 1 heure 30) et Cala d'Or (1,40 €, 10 min).

Cala d'Or

3 800 HABITANTS

Les jolies petites criques aux eaux calmes et azur sont bien là, mais il faut savoir les dénicher au milieu de cette grande station balnéaire tapageuse. Chaque *cala* a son artère principale, où les bars, les restaurants et les magasins de souvenirs abondent, ce qui fait qu'il est très difficile de vraiment apprécier l'endroit.

À voir

D'ouest en est, les principales *calas* sont : **Cala Egos**, avec sa petite plage bondée ; **Cala Llonga** (Port Petit), le port de plaisance ; **Cala d'Or** (Cala Petita) et ses arbres ;

Cala d'Or

Activités

1 Moto Sprint B2
2 Sea Riders A2

Où se loger

3 Hotel Cala D'Or C2

Où se restaurer

4 Fernando Café C2
5 Port Petit A2

Cala d'Or

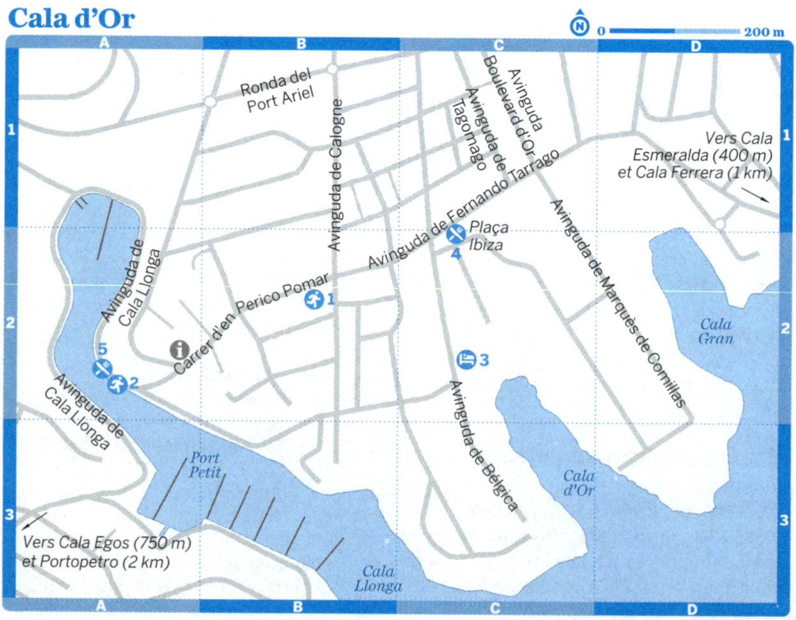

Cala Gran qui possède la plus grande plage ; **Cala Esmeralda**, considérée comme la plus jolie ; et **Cala Ferrera**, longue plage très fréquentée, bordée d'hôtels.

Principal atout de la station, le port de plaisance, **Port Petit**, est l'un des plus glamours de Majorque, ce qui explique pourquoi ce coin de Cala d'Or est en train de devenir l'un des plus huppés de l'île.

Activités

Xplore Mallorca CANOË, KAYAK
(☎971 659 007 ; www.xploremallorca.com ; Carrer de Alga ; excursion d'une journée 15-50 € ; ⏲mai-oct). Excursions en VTT (18 €), à pied (15 €), à vélo (19 €) ou en kayak de mer(18 €) de durée variable. Les enfants paient moitié prix.

Sea Riders EXCURSIONS EN BATEAU
(☎615 998 732 ; www.searidersweb.com ; Cala Llonga ; circuits adulte/enfant à partir de 22/16 € ; ⏲avr-oct). Établi à Cala Llonga, Sea Riders propose des circuits en bateau adaptés aux enfants, ainsi que des circuits plus rapides convenant mieux aux accros à l'adrénaline (37 €). Jusqu'à 3 départs par jour en juillet et août.

Moto Sprint LOCATION DE VÉLOS ET DE MOTOS
(☎971 659 007 ; www.moto-sprint.com ; Carrer d'en Perico Pomar 5 ; vélo 7,50-16 €/jour, moto 29-93 € ; ⏲8h-13h et 16h30-20h). Des vélos, des motos... et même un scooter.

Où se restaurer

Cala d'Or est envahie par les restaurants et les pizzerias quelconques. Port Petit est en revanche un bon endroit pour trouver des restaurants de poisson de qualité et une bonne ambiance.

Port Petit ESPAGNOL €€€
(☎971 643 039 ; www.portpetit.com ; Avinguda de Cala Llonga ; menu déj 21,50 €, plats 23-29 €, menu dîner 37,50-65 € ; ⏲13h-15h30 et 19h-23h mer-lun avr-oct). Parmi les meilleures tables de l'île, ce restaurant haut de gamme revisite de manière innovante les produits traditionnels majorquins. Les plats sont servis sur la belle terrasse couverte qui domine le port de plaisance. Service attentionné et cuisine succulente, avec des plats appétissants, par exemple la pintade aux herbes aromatiques.

Fernando Café INTERNATIONAL €
(☎971 657 011 ; Plaça Ibiza 31 ; plats 6,50-16,70 € ; ⏲12h-24h). Une réelle trouvaille, au milieu des bars à musique et des restaurants tex-mex. La cuisine – pizzas, pâtes et plats de poisson – vaut celle des établissements voisins, mais les prix sont raisonnables. L'ambiance romantique (nappes blanches, bougies et jardin) fait aussi qu'il se démarque du lot.

Office du tourisme

Office du tourisme (☎971 826 084 ; Avinguda de Cala Llonga ; ⏲8h30-14h lun-ven, 9h-13h sam). Sur la route qui part du centre-ville pour rejoindre Port Petit.

Depuis/vers Cala d'Or

Le bus n°501 dessert Portopetro (1,40 €, 10 min, 5/jour), puis Palma (7,80 €, 1 heure 20, jusqu'à 6/jour). Le bus n°441 longe la côte est en s'arrêtant à tous les grands complexes touristiques.

Hébergement

Dans ce chapitre »

Le top des hôtels

» La Posada del Marqués (p. 170)

» Puro Oasis Urbano (p. 169)

» Es Petit Hotel (p. 171)

» S'Alquería Blanca (p. 173)

Le top des gîtes

» S'Alquería Blanca (p. 173)

» Finca Son Palou (p. 173)

» Cases de Son Barbassa (p. 177)

Le top des petits budgets

» Hostal-Residencia Catalina Vera (p. 169)

» Hostal-Restaurante C'an Jordi (p. 179)

» Hostal Porto Colom (p. 178)

Où se loger

L'hébergement est généralement de qualité supérieure à l'intérieur de l'île et dans l'arrière-pays côtier. Sans vue sur la mer, les hôtels doivent en effet travailler plus dur pour attirer le client, si bien que les établissements de l'intérieur ont souvent beaucoup de charme et de personnalité. C'est un peu différent dans l'ouest de l'île, où l'on trouve de merveilleux hébergements d'Estellencs à Sóller – tout endroit de la côte accessible par la Ma10 est une bonne base pour explorer l'Ouest. Palma, la capitale, représente également un bon choix : on peut profiter de ses sites, bars et restaurants, tout en ayant la possibilité d'accéder rapidement et facilement au reste de l'île. Sur le littoral nord, est et sud, les grands complexes hôteliers tendent à dominer, mais l'on y trouve quand même d'extraordinaires options.

En dehors de la haute saison (de mai à début septembre), il est habituellement possible de trouver une chambre à Palma et dans la plupart des sites importants sans réserver à l'avance. En haute saison, en revanche, il est beaucoup plus important de réserver.

Hors saison (en particulier de novembre à Pâques), de nombreux établissements de la côte (hormis à Palma) ferment. Palma devenant de plus en plus une destination pour un week-end, il peut être nécessaire de réserver même en basse saison. Les prix peuvent atteindre des sommets en haute saison (généralement de mai à octobre). Hors saison, il est possible de trouver des offres très intéressantes.

Prix

Les établissements sont listés dans l'ordre de préférence de l'auteur. Le symbole € indique le prix d'une chambre double avec salle de bains particulière :

CATÉGORIE	PRIX
€ petits budgets	< 75 €
€€ catégorie moyenne	75-175 €
€€€ catégorie supérieure	> 175 €

Camping et auberges de jeunesse

Il n'y a plus de camping sur l'île (le dernier a fermé en 2006), mais il est possible de planter sa tente au Monestir de Lluc. L'île compte deux auberges de jeunesse (*albergues juveniles* en espagnol, *albergs socials* en catalan) : l'une à Platja de Palma, près de la capitale, et l'autre au Cap des Pinar, au nord. Pour plus d'informations, consultez www.reaj.com, le site officiel des auberges de jeunesse espagnoles.

"Hoteles" et "hostales"

Officiellement, les hébergements sont classés en *hoteles* (hôtels de une à cinq étoiles) et en *hostales* (une, deux et, très rarement, trois étoiles). Un *hostal* (parfois appelé *pensión*) est un petit hôtel, souvent géré en famille. Les meilleurs peuvent offrir des chambres lumineuses et impeccables, avec salles de bains attenantes. Les *hoteles* couvrent toute la gamme, des plus simples aux hôtels de luxe, en passant par les hôtels de charme.

Dans la catégorie petits budgets, les prix varient en fonction de la présence ou non d'un lavabo, d'une douche (*ducha*) ou d'un *baño completo* (salle de bains complète, c'est-à-dire baignoire/douche, lavabo et toilettes). Dans les hôtels haut de gamme, vous paierez plus cher pour une chambre sur l'extérieur (*exterior*) du bâtiment ou avec un balcon (*balcón*), et il est souvent possible de louer une suite. Les chambres avec vue sur la mer sont habituellement plus onéreuses. Il faut généralement libérer la chambre à midi.

Quelques sites utiles pour réserver un hébergement :

» **Federación Hotelera de Mallorca** (www.mallorcahotelguide.com). Site de réservation d'hôtels, géré par la principale association hôtelière de l'île.

» **Asociación Hotelera de Palma** (☎971 283 625 ; www.visit-palma.com). Un guide des hôtels de la capitale.

» **Reis de Mallorca** (www.reisdemallorca.com). Pour des hôtels de caractère.

» **First Sun Mallorca** (www.firstsunmallorca.com). Hôtels dans les environs de Cala Ratjada et de Canyamel.

Refuges

Situés principalement, mais pas uniquement, dans la Serra de Tramuntana, les refuges pour randonneurs (*refugis*) constituent une alternative bon marché aux hôtels. Certains sont installés de façon stratégique sur les itinéraires les plus empruntés. Beaucoup sont gérés par le service chargé des questions d'environnement au **Consell de Mallorca** (☎971 173 700 ; www.conselldemallorca.net/refugis) et les autres par l'**Institut Balear de la Naturalesa** (Ibanat ; ☎971 517 070 ; ⌚réservation 10h-14h lun-ven). Les lits en dortoir coûtent environ 12 € ; certains refuges proposent même quelques chambres doubles et un service de restauration. Appelez avant pour éviter de trouver l'établissement fermé en arrivant.

Gîtes ruraux

Beaucoup d'anciennes propriétés agricoles et de villas traditionnelles – dans la campagne ou en montagne – ont été transformées en chambres d'hôtes haut de gamme. Ce sont sans conteste les endroits les plus sympathiques où loger. Ces établissements sont dotées d'excellentes infrastructures telles que piscines et courts de tennis, et proposent des activités et des excursions. Les autorités touristiques locales les divisent en trois catégories : *agroturisme* (hébergement dans des fermes que les revenus du tourisme aident parfois à vivre), *turisme de interior* (maisons particulières converties en hôtels de charme dans les petites villes de campagne) et *hotel rural* (généralement une grande propriété agricole – ou *possessiò* – transformée en hôtel de luxe).

Quelques sites pratiques pour réserver un gîte :

» **Agroturismo Balear** (☎971 717 122 ; www.fincasinmallorca.com)

» **Associació Agroturisme Balear** (☎971 721 508 ; www.topfincas.com)

» **Finca Turismo** (www.fincaturismo.com)

» **Fincas 4 You** (www.fincas4you.com)

» **Guías Casas Rurales** (www.guiascasasrurales.com)

» **Rustic Rent** (☎971 768 040 ; www.rusticrent.com)

» **Secret Places** (www.secretplaces.com)

» **Top Rural** (www.toprural.com)

PALMA

Le choix de l'emplacement de l'hôtel dépend de vos attentes. Si vous logez dans un des hôtels de charme du centre-ville (notamment ceux proches du Passeig d'es Born et aux environs de la Plaça Major), vous serez aux premières loges pour faire du shopping dans les boutiques, tester les restaurants et les bars de la capitale. Si vous préférez avoir une belle vue, préférez le Passeig Marítim ou le Passeig de Mallorca.

DORMIR COMME UN MOINE

Envie de dormir au calme ? Plusieurs monastères ouvrent leurs portes aux touristes et proposent des chambres. Dans la plupart des cas, il s'agit des anciennes cellules des moines, reconverties en chambres simples mais confortables, souvent avec une vue spectaculaire. Les meilleures adresses :

» **Hospedería del Santuari de Lluc** (p. 173)

» **Santuari de la Mare de Déu des Puig** (p. 174)

» **Petit Hotel Hostatgería Sant Salvador** (p. 177)

» **Santuari de Monti-Sion** (p. 177)

» **Hospedería Santuario de Cura** (p. 177)

VIEILLE VILLE

Hotel Santa Clara HÔTEL DE CHARME €€€
(Carte p. 44 ; ☎971 729 231 ; www.santaclarahotel.es ; Carrer de Sant Alonso 16 ; s/d à partir de 136/187 € ;) Le design se mêle à l'histoire dans cette demeure historique respectueusement reconvertie, où le gris discret, l'acier et les tons crème se mêlent harmonieusement aux murs de pierre, aux vastes espaces et aux hauts plafonds du bâtiment d'origine.

Hostal Brondo HOSTAL €
(Carte p. 44 ; ☎971 719 043 ; www.hostalbrondo.com ; Carrer de Ca'n Brondo 1 ; d 65 €, s/d/tr sans sdb 40/55/65 € ; ; 3, 15). Grimpez les escaliers de la cour pour arriver dans un salon confortable dominant l'étroite rue. Sur les 10 chambres, hautes de plafond (la n°6 possède deux balcons-vérandas), 6 ont une salle de bains individuelle. Elles sont toutes meublées dans des styles différents, allant du majorquin à un style aux accents marocains. L'établissement était fermé pour rénovation lors de nos recherches, mais nul doute qu'il aura encore gagné en élégance à sa réouverture.

Hotel Palacio Ca Sa Galesa HÔTEL DE CHARME €€€
(Carte p. 44 ; ☎971 715 400 ; www.palaciocasagalesa.com ; Carrer del Miramar 8 ; s/d à partir de 202/256 € ; ; 2). Cette ravissante demeure du XVIe siècle, dont les chambres entourent un joli patio-jardin, est l'une des adresses les plus chics de la ville. Portant chacune le nom d'un compositeur célèbre, toutes sont décorées d'antiquités, d'œuvres d'art et de jetés de lit en soie. Des vélos sont mis gratuitement à la disposition des clients.

Hotel Dalt Murada HÔTEL DE CHARME €€
(Carte p. 44 ; ☎971 425 300 ; www.daltmurada.com ; Carrer de l'Almudaina 6A ; ch 95-200 € ; ; 2). Agencée autour d'une cour médiévale, cette ancienne maison de ville datant de 1500 et soigneusement restaurée compte 14 chambres. L'adresse est magnifique, décorée d'antiquités (lustres, lits à baldaquin...) et d'œuvres d'art, dont beaucoup appartiennent à la sympathique famille qui possède encore les lieux. La suite en penthouse résolument XXIe siècle offre une vue incroyable sur la cathédrale.

PLAÇA MAJOR ET SES ALENTOURS

Misión de San Miguel HOTEL DE CHARME €€
(Carte p. 52 ; ☎971 214 848 ; youarehotels.com ; Carrer de Can Maçanet 1 ; ch 85-150 € ;). Cet hôtel de charme de 32 chambres design, élégantes et à prix serrés, est une véritable affaire. Les détails sont soignés : matelas fermes et douches tropicales, mais certaines chambres donnent sur des espaces publics un peu bruyants. Marque de distinction, le restaurant fait désormais partie de l'empire du chef étoilé au Michelin, Marc Fosh. Service sympathique et professionnel.

Hotel Born HÔTEL DE CHARME €€
(Carte p. 44 ; ☎971 712 942 ; www.hotelborn.com ; Carrer de Sant Jaume 3 ; s 52-68 €, d 76-97 €, ste 108 € ; ; 1, 3, 15). Ce manoir du XVIe siècle de la famille Ca'n Maroto est un voyage dans le temps. Depuis la réception, digne d'un palais, prenez l'escalier en colimaçon pour rejoindre un large couloir tapissé de rouge. Là, des portes en bois sculptées s'ouvrent en grinçant sur des chambres décorées avec simplicité, où les meubles anciens paraissent tout petits sous les hauts plafonds.

Convent de la Missió HÔTEL DE CHARME €€€
(Carte p. 52 ; ☎971 227 347 ; www.conventdelamissio.com ; Carrer de la Missió 7 ; ch avec petit-déj 225-390 € ; P ; 3, 7, 15 et 50). Cet ancien couvent (en activité du XVIIe siècle à 2003) est aujourd'hui un hôtel

de charme de 14 chambres tout de blanc vêtues, aux jolis volumes et aux rideaux fins. Ici, l'ambiance est zen. Il n'y a pas de piscine, mais le Jacuzzi et le sauna à l'orientale, installés dans le cellier aux murs de pierre, sont très agréables.

ES PUIG DE SANT PERE

Puro Oasis Urbano HÔTEL DE CHARME €€
(Carte p. 44 ; ☎971 425 450 ; www.purohotel.com ; Carrer del Mont Negre 12 ; s/d/ste à partir de 119/128/170 € ;). Terriblement chic avec sa déco mêlant minimalisme à la Ibiza et son ambiance orientale, ce palais du XIVe siècle transformé en hôtel de charme de 26 chambres est devenu l'endroit où il faut être vu. Le jour, flânez dans les lits à baldaquin du patio ou plongez dans la piscine ; la nuit, joignez-vous le temps d'un cocktail à la clientèle chic du bar. Les clients de l'hôtel ont également accès au Puro Beach club.

Hotel San Lorenzo HÔTEL DE CHARME €€€
(Carte p. 44 ; ☎971 728 200 ; www.hotelsanlorenzo.com ; Carrer de Sant Llorenç 14 ; s 145-185 €, d 155-195 €, ste à partir de 235 € ;). Situé dans le vieux quartier, cet hôtel occupe un édifice du XVIIe siècle joliment restauré. L'établissement possède une cour majorquine parfumée, son propre bar, un toit-terrasse avec vue sur la cathédrale et un ravissant petit jardin avec piscine. Les chambres déclinent des styles différents : mobilier ancien, salle de bains avec des carrelages typiques, lumineuses chambres bleues décorées de tissus majorquins.

Hotel Tres HÔTEL DE CHARME €€€
(Carte p. 44 ; ☎971 717 333 ; www.hoteltres.com ; Carrer dels Apuntadors 3 ; s/d à partir de 160/170 € ;). Lits king-size, lecteur DVD, mules et peignoirs dans chaque chambre… pas de doute, voilà un hôtel haut de gamme. La décoration mêle ambiance urbaine et "éco-chic", ardoise dans les douches, bancs recouverts de peau de vache et bambous dans les salles de bains. Pour une terrasse, demandez les chambres 101, 201 ou 206. Le Wi-Fi dans toutes les chambres et le personnel jeune et sympathique ne gâchent rien.

Hostal Apuntadores HOSTAL €
(Carte p. 44 ; ☎971 713 491 ; www.palma-hostales.com ; Carrer dels Apuntadors 8 ; s/d 55/68 €, sans sdb 35/55 € ;). En retrait de l'artère principale (gare au bruit), cet établissement sans prétention compense l'exiguïté de ses chambres et la qualité moyenne de ses lits par ses balcons, dont certains donnent sur la Plaça de la Reina. Il y a en plus un toit en terrasse où l'on peut prendre un verre en contemplant la cathédrale.

Hotel Palau Sa Font HÔTEL €€€
(Carte p. 44 ; ☎971 712 277 ; www.palausafont.com ; Carrer dels Apuntadors 38 ; s 95 €, d 155-203 €, ste 220 € ; ; 1, 6 et 15). Situé dans une rue tranquille, cet ancien palais du XVIe siècle compte 19 chambres décorées dans un style minimaliste et épuré. Les lits en fer forgé, les colonnes en pierres apparentes et les quelques notes de couleur (une tête de lit vert pâle ou une simple chaise rouge) donnent aux chambres une sérénité presque monastique, alliée à un style méditerranéen contemporain.

PASSEIG MARÍTIM ET OUEST DE PALMA

Hotel Mirador HÔTEL €€
(Carte p. 57 ; ☎971 732 046 ; www.hotelmirador.es ; Avinguda de Gabriel Roca 10 ; s/d 90/108 €, avec vue sur la mer 114/156 € ; P). Le Mirador se dit hôtel "classique", mais le minimalisme nordique n'est pas loin : chambres lumineuses avec des grandes baies vitrées, sol en marbre, mobilier design, fonctionnel et confortable en bois clair (bureau, poutres au plafond), ce qui apporte une note chaleureuse. Le double vitrage est appréciable, car la route voisine peut être très fréquentée. Mieux vaut cependant prendre une chambre donnant sur la mer pour compenser l'éloignement du centre (à 20 min à pied).

ES PORTITXOL, ES MOLINAR ET CIUTAT JARDÍ

Hotel Portixol HOTEL DE CHARME €€€
(☎971 271 800 ; www.portixol.com ; Carrer de la Sirena 27 ; s 145 €, s/d avec vue sur le port à partir de 225/240 €, avec vue sur la mer à partir de 275/290 € ;). À 2 km au sud du centre de Palma, le très branché Hotel Portixol est une merveille dans un ancien village de pêcheurs. Donnant sur le port et mêlant agréablement styles méditerranéen et scandinave, il ravit sa clientèle depuis plus de cinquante ans.

OUEST DE MAJORQUE

PORT D'ANDRATX

Hostal-Residencia Catalina Vera HOSTAL €
(☎971 671 918 ; www.hostalcatalinavera.es ; Carrer Isaac Peral 63 ; s/d 39/59 €, s sans sdb 29 €, app à partir de 100 € ; P). Situé à une rue de la plage, cet établissement est l'un des plus agréables de cette partie de l'île. Chambres simples mais impeccables, décorées parfois

de meubles anciens, et surtout, installées dans un jardin verdoyant, véritable havre de paix. Pablo et sa famille sont des hôtes particulièrement accueillants.

ESTELLENCS

Petit Hotel Sa Plana HÔTEL €€
(971 618 666 ; www.saplana.com ; Carrer de Eusebi Pascual ; ch 90-110 € ; mi-jan à nov ;). Portant des noms de vents méditerranéens, les 5 chambres de cette ravissante maison ancienne en pierre affichent chacune un style différent, mais toutes sont agréables, avec leur carrelage en terre cuite et leur mobilier en bois. Le jardin et l'ambiance familiale ne gâchent rien. L'établissement est situé à l'entrée ouest de la ville, joliment caché au-dessus de la route principale.

Hotel Nord HOTEL DE CHARME €€
(971 149 006 ; www.hotelruralnord.com ; Plaça Triquet 4 ; s 77-107 €, d 98-130 € ; fév-oct ;). Situé juste en bas de la colline depuis la route principale, dans une vieille maison en pierre, ce charmant hôtel offre des chambres alliant bois, pierre et carreaux de terre cuite, avec poutres modernes au plafond et pierres apparentes sur les murs. Certaines sont équipées de lits à baldaquin et toutes sont de dimension correcte. La plus onéreuse dispose d'un balcon et offre une jolie vue. Une adresse chaudement recommandée.

Finca S'Olivar GÎTE €€
(971 618 593, 629 266 035 ; www.fincaolivar.org ; Carretera C-710 km 93,5 ; ch 84-138 €, d/tr à partir de 109/195 € ;). Situé à 1 km environ à l'est de la ville, cet ensemble de petites maisons en pierre rénovées s'étend sur une vaste propriété, dans une vallée en terrasses couvertes d'oliviers. C'est l'endroit idéal pour les voyageurs en quête de sérénité. Les chambres sont simples, mais c'est l'emplacement qui fait tout le charme des lieux. La piscine semble suspendue au bord du vide.

BANYALBUFAR

Ca Madò Paula GÎTE €€
(971 148 717 ; www.camadopaula.com ; Carrer de la Constitució 11 ; s/d à partir de 80/100 € ;). À mi-chemin sur la route menant à la crique du village, les 4 chambres de ce joli gîte en pierre offrent une déco toute simple consistant en quelques touches rétro. Certaines ont vue sur la mer. Une ambiance familiale règne dans cet établissement tranquille et bien tenu. Séjour minimum de 3 nuits ; tarifs dégressifs en fonction de la durée du séjour.

Son Borguny HÔTEL DE CHARME €€
(971 148 706 ; www.sonborguny.com ; Carrer de Borguny 1 ; s/d/ste 75/95/120 € ;). Charmant petit hôtel à une rue de la route principale, le Son Borguny occupe une demeure du XVe siècle. Les chambres, séduisantes, ne font jamais dans l'excès et présentent parfois des murs en pierre et des poutres. Certaines ont également partiellement vue sur la mer. Un endroit ravissant pour passer une semaine, histoire de profiter de l'offre “une nuit gratuite pour 7 nuits payées”.

Hotel Sa Baronia HÔTEL €
(971 618 146 ; www.hbaronia.com ; Carrer de Baronia 16 ; s/d/tr 55/72/95 €, demi-pension 65/94/135 € ; Pâques-oct ;). Vaste bâtiment où flotte une ambiance désuète, le Baronia a été construit sur les ruines d'un fort de l'époque musulmane – il reste une partie de la tour centrale. Les chambres sont simples, la déco de style espagnol années 1950, un peu fatiguée, mais les balcons offrent pour la plupart une vue exceptionnelle, sur la mer ou sur le village. La piscine, en bord de falaise, est entourée d'une terrasse, et des concerts de jazz sont organisés dans la cour en été.

ESPORLES ET LE CIRCUIT INTÉRIEUR

Scott's Galilea HÔTEL €€
(971 870 100 ; www.scottsgalilea.com ; Sa Costa d'En Mandons 3 ; app studio à partir de 110/140 €, villas à partir de 200 € ; fév-oct ;). La vue dont on jouit ici compte parmi les plus belles de la Serra de Tramuntana. La direction accorde beaucoup d'attention aux détails. Les lits, par exemple, sont extrêmement confortables. Les chambres sont spacieuses et tenues avec amour. Chaudement recommandé.

La Posada del Marqués HÔTEL DE CHARME €€€
(971 611 230 ; www.posada-marques.com ; Es Verger ; d 204-225 €, ste 270-310 € ;). Enfoncée dans la montagne près d'Esporles, dans un cadre spectaculaire, La Posada del Marqués offre un havre de paix luxueux loin du vacarme du monde moderne. La vue caresse les vallées jusqu'aux plaines lointaines… Ce manoir du XVIe siècle loue des chambre à la décoration baroque et majestueuse. TV, lecteurs DVD et accès Internet sont quelques-unes des concessions faites à la modernité.

Gran Hotel Son Net HÔTEL €€€
(☎971 147 000 ; www.sonnet.es ; Carrer del Castell de Son Net ; ch à partir de 415 € ; P ⊖ ❄ @ ☰ ≋). À l'ordre du jour ici : se faire chouchouter. Cette demeure du XVIIe siècle abrite une importante collection d'œuvres d'art, un restaurant réputé dans une grande salle aux murs en pierre, ainsi que des chambres et suites spacieuses et confortables. Un séjour minimum de 4 nuits est requis de mai à octobre.

VALLDEMOSSA

Es Petit Hotel HÔTEL DE CHARME €€
(Carte p. 89 ; ☎971 612 479 ; www.espetithotel-valldemossa.com ; Carrer d'Uetam 1 ; ch 127-172 € mars-nov, 102-138 € déc-fév ; ⊖ ❄ @ ☰). Une sympathique maison familiale (les propriétaires habitent sur place), qui a été transformée en un joli hôtel de charme. Que ce soit dans le jardin ombragé ou sur la terrasse avec vue sur la campagne, on se croirait sur une île, à l'écart du flot des visiteurs de la chartreuse, qui défilent à l'extérieur.

Hotel Valldemossa HÔTEL DE CHARME €€€
(☎971 612 626 ; www.valldemossahotel.com ; Camí Antic de Palma ; s/d/ste 256/380/500 € avr-oct, 216/326/419 € nov-mars ; P ⊖ ❄ @ ☰ ≋). Composé de deux bâtiments en pierre du XIXe siècle, qui appartenaient jadis au monastère, cet hôtel propose 12 chambres d'une propreté impeccable. Le luxe est au rendez-vous, avec un mélange de meubles anciens et d'œuvres d'art, mais le confort est on ne peut plus moderne. Il y a de grands lits, une piscine intérieure et une extérieure. Le service est aussi irréprochable que les jardins sont soigneusement entretenus.

Cases de Ca's Garriguer GÎTE €€
(☎971 612 300 ; www.vistamarhotel.es ; près de la Carretera Valldemossa-Banyalbufar ; s 90-110 €, d 115-150 € ; ⊙avr-oct ; P ⊖ ❄ ≋). Cette ravissante propriété en pierre se dressant sur un plateau qui s'élève 3 km à l'ouest de Valldemossa offre l'un des meilleurs rapports qualité/prix de sa catégorie à Majorque. Les chambres sont vastes, extrêmement confortables, et les plus chères disposent d'une terrasse privative. Des offres combinant hébergement et location de voitures sont proposées.

DEIÀ ET SES ENVIRONS

S'Hotel des Puig HÔTEL DE CHARME €€€
(☎971 639 409 ; www.hoteldespuig.com ; Carrer des Puig 4 ; s 78-92 €, d 125-140 €, d avec terrasse 134-160 €, ste 199-222 € ; ⊙fév-nov ; ❄ ☰ ≋). Ambiance moderne et tranquille à l'intérieur des murs anciens de ce petit bijou de la vieille ville, qui compte 8 chambres. L'arrière du bâtiment réserve de belles surprises, impossibles à deviner depuis la rue, comme la piscine et la ravissante terrasse. Une adresse publiée dans plusieurs guides sur Majorque.

Hostal Villaverde HOSTAL €
(☎971 639 037 ; www.hostalvillaverde.com ; Carrer de Ramon Llull 19 ; s/d 46/74 €, d avec terrasse 88 € ; ⊖ ❄ ☰). Un ravissant *hostal* situé en plein cœur du village (sur le versant sud). Les chambres sont confortables et le panorama splendide depuis la terrasse ensoleillée et verdoyante. Quelques doubles ont leur propre terrasse et une vue magnifique.

Sa Pedrissa HÔTEL DE CHARME €€€
(☎971 639 111 ; www.sapedrissa.com ; Carretera de Valldemossa-Deià ; s 180-350 €, d 190-380 €, ste 250-650 € ; ⊙fév-nov ; P ⊖ ❄ @ ☰ ≋). Sublime. Dominant depuis un promontoire rocheux la côte et l'intérieur des terres jusqu'à Deià, cette superbe demeure ravira les amateurs de luxe. Elle surplombait autrefois une oliveraie et daterait du XVIIe siècle. La vue depuis la terrasse de la piscine et certaines chambres est somptueuse. Les chambres en général respirent la classe et le raffinement. Quant au service, il est irréprochable.

Hostal Miramar HOSTAL €€
(☎971 639 084 ; www.pensionmiramar.com ; Carrer de Ca'n Oliver ; s/d 75/95 €, s sans sdb 39 € ; ⊙mars à mi-nov ; P). Cachée dans la végétation luxuriante au-dessus de la route principale, cette maison en pierre du XIXe siècle bénéficie d'une vue s'étendant jusqu'à l'église de Deià et la mer au-delà. Elle possède 9 chambres et un jardin. Divers artistes (dont les œuvres couvrent presque entièrement les murs de la salle du petit-déjeuner) y ont séjourné au fil des ans. Ce sont les chambres avec salle de bains commune qui ont la plus belle vue ; les autres donnent sur le jardin.

La Residencia HÔTEL €€€
(☎971 639 011 ; www.hotel-laresidencia.com ; Son Canals ; s/d à partir de 316/519 € ; P ⊖ ❄ @ ☰ ≋). "La Res", pour les habitués, est l'adresse idéale où côtoyer les "pipoles". Située à deux pas du centre du village, cette ancienne demeure du XVIe siècle est désormais un grand hôtel de luxe, entouré par 12 ha de jardins soigneusement entretenus. Un séjour minimum de 2 à 3 nuits est requis de juin à septembre.

LLUC ALCARI

Hotel Costa d'Or
HÔTEL €€

(☎971 639 025 ; www.hoposa.com ; Lluc Alcari ; s/d avec petit-déj à partir de 99/171 € ; ⊙avr-oct ; P ⊖ ❄ @ ≋). Cette adresse agréablement isolée propose des chambres design dans un bâtiment en pierre adossé à la forêt, au-dessus de la Méditerranée. Les chambres avec vue sur la mer sont beaucoup plus chères, mais le restaurant, la terrasse et la piscine offrent la même vue. Une promenade de 15 minutes à travers la pinède conduit à une petite plage de galets aux eaux cristallines.

SÓLLER

Ca'n Isabel
CHAMBRE D'HÔTES €€

(Carte p. 94 ; ☎971 638 097 ; www.canisabel.com ; Carrer de d'Isabel II 13 ; s 99,50-131,50 €, d 124,50-156,50 € ; ⊙mi-fév à mi-nov ; ❄ @ ≋). Avec 6 chambres seulement, cette maison du XIXe siècle constitue un refuge à la déco étudiée, avec un beau jardin à l'arrière. Le décor ne sera peut-être pas du goût de tous, mais les propriétaires ont impeccablement restitué le style de l'époque ; la baignoire ancienne de la chambre "Romantica" est superbe. Les meilleures chambres (les plus chères) possèdent une ravissante terrasse privative.

Ca'l Bisbe
HÔTEL €€

(Carte p. 94 ; ☎971 631 228 ; www.hotelcalbisbe.com ; Carrer del Bisbe Nadal 10 ; s 75-110 €, d sans balcon 105-115 €, avec balcon 127-137 €, ste 142-170 € ; ⊙mars-oct ; P ⊖ ❄ @ ≋). Autrefois la résidence d'un évêque, le bâtiment a été joliment restauré et une piscine a été créée. Les chambres, agréables et spacieuses, sont décorées dans un style moderne, mais certains détails (comme les arches et les cheminées en pierre) sont restés intacts dans les espaces communs.

Ca N'Aí
GÎTE €€€

(☎971 632 494 ; www.canai.com ; Camí de Son Sales 50 ; s ste 150 €, d ste 237-275 € ; P ⊖ ❄ @ ≋). Cette ancienne propriété agricole incroyablement romantique, nichée au cœur d'une orangeraie (de plus de 5 000 arbres, nous a-t-on dit), est un petit paradis sur terre. Ses suites spacieuses disposent toutes de leur propre terrasse. Les chambres sont sobres et élégantes. Le restaurant a bonne réputation. À environ 1 km au nord-ouest du centre-ville.

Hotel S'Ardeviu
HÔTEL €€

(Carte p. 94 ; ☎971 638 326 ; www.sollernet.com/sardeviu ; Carrer de Vives 14 ; s 85-95 €, d 100-120 € ; ⊙fév-oct ; ⊖ ❄ ≋). Au fond d'une ruelle en plein cœur de la vieille ville, cet hôtel est installé dans une maison en pierre du milieu du XIXe siècle. Les 7 chambres sont différentes, avec murs en pierre brute ou murs blanchis à la chaux. L'une d'elles dispose d'un balcon avec une belle vue sur Sóller, trois autres donnent sur le jardin et les dernières sur la petite rue tranquille.

Ca's Curial
HOTEL DE CHARME €€

(☎971 633 332 ; www.cascurial.com ; Carrer de La Villalonga 23 ; d 130-183 €, ste 160-225 € ; P ⊖ ❄ @ ≋). Légèrement en dehors du centre, cet hôtel au cadre idyllique propose 8 chambres, dont 3 suites. On se plaît à se promener dans la propriété pour profiter du parfum des orangers ou se baigner dans la piscine. Il est finalement bien difficile de quitter cette ancienne ferme en pierre pour visiter les environs !

Gran Hotel Sóller
HÔTEL €€€

(Carte p. 94 ; ☎971 638 686 ; www.granhotelsoller.com ; Carrer de Romaguera 18 ; s 135-170 €, d 225-500 €, ste 500-1 350 € ; P ⊖ ❄ @ ≋). Ce très chic cinq-étoiles installé dans un bâtiment de la fin du XIXe siècle loue des chambres agréablement luxueuses sans donner dans le tape-à-l'œil. On appréciera surtout tous les "extras", tels que le restaurant gastronomique, la salle de gym ou encore les massages chinois sur le toit.

Hostal Nadal
HOSTAL €

(Carte p. 94 ; ☎971 631 180 ; Carrer de Romaguera 20 ; s/d/tr 24/37/48 €, sans sdb 20/29/39 € ; ⊖). Toute simple mais accueillante, cette adresse est sans doute l'une des moins chères qu'il soit possible de trouver à Majorque. Les chambres sont basiques, propres, et la cour à l'arrière permet de se détendre après une journée de randonnée.

PORT DE SÓLLER

♥ Hotel Citric Sóller
HÔTEL €

(☎971 631 352 ; www.citrichotels.com ; Camí del Far 15 ; s/d avec vue sur la montagne 30/37 €, avec vue sur la mer 34/42 € ; ⊖ @ ≋). Dès le réveil, vous verrez le soleil inonder la baie depuis votre chambre. Ce qui n'est pas mal pour un hôtel petits budgets récemment rénové (c'était jadis l'Hostal Brisas), en plein sur le front de mer, à la pointe sud de la baie, donc plus au calme. Dans les chambres toutes simples, des murs blanchis à la chaux et quelques notes de couleur vert citron. N'hésitez pas à payer le (petit) supplément pour disposer d'un balcon donnant sur la mer. La Platja d'en Repic se trouve à quelques pas de là.

Muleta de Ca S'Hereu HÔTEL €€
(☎971 186 018 ; www.muletadecashereu.es ; Camp de Sa Mar ; s/d/ste 90/140/165 € ;). Votre voiture ne vous remerciera pas pour les 1,8 km de piste menant à cet hôtel, mais l'établissement, superbe, en vaut largement la peine. Cette demeure datant de 1672 a beaucoup de charme. Les 8 vastes chambres et les quelques appartements, certains avec vue sur la mer au loin, sont remplis d'antiquités, les couleurs claires de la déco leur évitent de paraître surchargés. Offrez-vous une promenade dans l'oliveraie ou sur les terrasses. Vous serez peut-être réveillé par le braiement des ânes.

Espléndido Hotel HÔTEL €€
(☎971 631 850 ; www.esplendidohotel.com ; Passeig Es Travès 5 ; s/d avec vue sur le jardin à partir de 135/160 €, ch avec vue sur la mer à partir de 195 € ;). Tenu par le personnel dynamique de l'Hotel Portixol de Palma, cette fantastique "carcasse" de 1954 a été entièrement rénovée pour devenir un quatre-étoiles luxueux du front de mer. Les meilleures chambres disposent d'un balcon donnant directement sur la mer. Spa et salle de gym.

FORNALUTX

Fornalutx Petit Hotel HÔTEL DE CHARME €€
(☎971 631 997 ; www.fornalutxpetithotel.com ; Carrer de l'Alba 22 ; s 70-110 €, d 100-165 €, ste 180-240 € ; ⏲mi-fév à mi-nov ;). Cet ancien couvent situé un peu en contrebas de la place principale a été reconverti avec goût et tient aujourd'hui presque autant de la galerie d'art que de l'établissement hôtelier. Chacune des 8 chambres porte le nom d'un artiste contemporain majorquin dont les toiles y sont exposées. Sauna et Jacuzzi gratuits pour les clients. Superbe terrasse, avec vue sur la vallée.

Ca'n Reus HÔTEL DE CHARME €€
(☎971 631 174 ; www.canreushotel.com ; Carrer de l'Alba 26 ; s 100 €, d 120-150 €, ste 170 € ;). Voici une adresse bien tentante pour une escapade romantique. Aujourd'hui propriété de Britanniques, cette demeure rurale fut construite par un certain M. Reus, qui fit fortune dans le commerce des oranges avec la France. Assez différentes les unes des autres, les 8 chambres ont toutes une vue ; elles sont toutes belles et lumineuses, avec un mobilier ancien et des pierres apparentes. Les enfants de moins de 5 ans ne sont pas les bienvenus.

SUR LA ROUTE DE SÓLLER À ALARÓ

S'Alqueria Blanca GÎTE €€
(☎971 148 400 ; www.alqueria-blanca.com ; près de la Carretera Palma-Sóller km 13,6, Bunyola ; ch 130-180 €, ste à partir de 200 € ; ⏲janv-nov ;). Une majestueuse résidence de campagne sur une vaste propriété, à 2 km environ à l'ouest de Bunyola, comptant 6 chambres (3 doubles et 3 suites). Le bâtiment où se trouvent les chambres, le plus ancien, correspond à l'ancienne *alquería* arabe (corps de ferme de l'époque musulmane). Un bâtiment moderniste fantaisiste fut ajouté en 1906. Si vous allez vers le nord depuis Palma, l'embranchement vers l'ouest se trouve au km 13,6 ; prenez ensuite le chemin sur 700 m.

Finca Son Palou GÎTE €€
(☎971 148 282 ; www.sonpalou.com ; Plaça de l'Església, Orient ; ch 120-155 €, avec terrasse 165-211 €, ste 185-230 € ; ⏲fermé de mi-déc à mi-janv ;). Remontez la Carrer de Sant Jordi pour rejoindre l'église portant le même nom que cet établissement tranquille, superbe propriété rurale typique de 100 ha. Les chambres affichent une simplicité toute rustique, avec carreaux en terre cuite et poutres apparentes.

Hotel Can Xim HÔTEL €€
(☎971 518 680 ; www.canxim.com ; Plaça de la Vila 8, Alaró ; s 60-80 €, d 80-100 € ;). Cette adresse tenue en famille jouit d'une situation idéale sur la place. Les chambres sont spacieuses et lumineuses, avec des poutres apparentes modernes, mais elles manquent peut-être un peu d'âme. Bon rapport qualité/prix pour Majorque.

Refugi S'Hostatgeria REFUGE €
(☎971 182 112 ; Alaró, 12 €/pers ; ⏲mai-sept). Le Refugi S'Hostatgeria a enfin ouvert ses portes pour tous ceux qui souhaitent passer la nuit à proximité du Castell d'Alaró. Une grande partie des matériaux de construction a été apportée sur place par hélicoptère – comment firent les Majorquins au Moyen Âge pour construire leur grande forteresse en pierre ? Les 3 chambres possèdent 4 lits chacune (apportez votre sac de couchage). Sandwichs et boissons sont servis de 9h à 23h au snack-bar situé sur place.

MONESTIR DE LLUC ET SES ENVIRONS

Hospedería del Santuari de Lluc MONASTÈRE €
(☎971 871 525 ; www.lluc.net ; Plaça dels Peregrins ; d/app à partir de 41/58,50 € ;). La partie hébergement du monastère compte 31 chambres et 39 appartements, qui

diffèrent en taille et en équipements (on peut avoir accès aux cuisines). Certains donnent sur la cour, mais les meilleurs sont ceux qui ont vue sur la montagne. Mieux vaut en revanche éviter les chambres sombres de l'étage inférieur. Une adresse fréquentée par les groupes scolaires, les randonneurs et les pèlerins.

NORD DE MAJORQUE

POLLENÇA

Hotel Desbrull HÔTEL DE CHARME €€

(Carte p. 108 ; ☎971 535 055 ; www.desbrull.com ; Carrer del Marqués Desbrull 7 ; s 65-80 €, d 70-90 € ;). C'est la meilleure affaire de la ville avec ses 6 doubles pimpantes, quoiqu'un peu petites, dans une maison en pierre modernisée. Le blanc qui domine la déco des chambres et des salles de bains contraste avec des notes de couleur vive. Et si vous aimez les œuvres d'art contemporain qui ornent les murs, il vous est possible de les acheter. L'établissement est tenu par un sympathique duo frère-soeur.

Posada de Lluc HÔTEL DE CHARME €€

(Carte p. 108 ; ☎971 535 220 ; www.posadadelluc.com ; Carrer del Roser Vell 11 ; s 110-134 €, d 115-170 €, avec terrasse 144-210 € ;). Située dans le centre de Pollenca, cette maison sur deux étages date du XVe siècle. Elle fut ensuite attribuée aux moines du Monestir de Lluc pour servir de lieu de repos aux pèlerins. C'est désormais un charmant hôtel proposant différentes chambres. Les plus simples sont les doubles à l'étage, qui donnent sur la rue. Celles qui ouvrent sur la piscine, avec leur propre terrasse, sont plus séduisantes.

Santuari de la Mare de Déu des Puig MONASTÈRE €

(☎971 184 132 ; 22 €/pers). Si vous recherchez une expérience quasi ascétique, les anciennes cellules monastiques de ce monastère feront parfaitement l'affaire.

L'Hostal HÔTEL €€

(Carte p. 108 ; ☎971 535 282 ; www.hostalpollensa.com ; Carrer del Mercat 18 ; s 65-104 €, d 86-120 € ;). Vous trouverez ici des chambres simples aux lignes sobres, avec des murs en pierre apparente, des sols carrelés blancs, quelques touches de couleur et des œuvres d'art moderne aux murs. C'est une option confortable et peu onéreuse, en plein cœur de la ville.

Hotel Son Sant Jordi HÔTEL €€

(Carte p. 108 ; ☎971 530 389 ; www.hotelsonsantjordi.com ; Carrer de Sant Jordi 29 ; s 62-125 €, d 86-155 €, ste 120-192 € ;). Occupant une belle maison ancienne qui se partage en partie la place avec la chapelle de l'Oratori de Sant Jordi (XVIe siècle), cet hôtel possède des chambres hautes de plafond, avec sol en terre cuite (de différents styles), lits à baldaquin et beaucoup de lumière. À l'arrière, un grand jardin encadre une piscine.

CALA DE SANT VINCENÇ

Hostal Los Pinos HOSTAL €

(☎971 531 210 ; www.hostal-lospinos.com ; Urbanització Can Botana ; s 39-49 €, d 66-86 € ; mai à mi-oct ;). À l'écart de la route entre Cala Molins et Cala Carbó, l'Hostal Los Pinos se compose de deux belles villas blanches à flanc de colline. Les doubles supérieures ont partiellement la vue sur la mer et sont merveilleusement spacieuses, avec chambre, salon et balcons particuliers. Les simples, plus petites, sont décorées dans le style majorquin traditionnel.

PORT DE POLLENÇA

Hostal Bahia HÔTEL €€

(☎971 866 562 ; www.hoposa.com ; Passeig Voramar ; s/d à partir de 50/62 € ; avr-oct ;). Villa du XIXe siècle transformée en hôtel, le Bahia est installé sur le front de mer, sur une esplanade piétonnière ombragée. Les chambres sont simples, avec parquet au sol. Celles dotées d'un balcon donnant sur la mer sortent de l'ordinaire. Les tarifs changent presque quotidiennement ! L'emplacement est idéal, à deux pas de l'animation tout en restant à l'écart du bruit.

Hotel Sis Pins HÔTEL €€

(☎971 867 050 ; www.hotelsispins.com ; Passeig d'Anglada Camarasa 77 ; s 33-66 €, d 56-110 €, d avec vue sur la mer 70-144 € ; fév-oct ;). En activité depuis 1952, ce pionnier du boom touristique sur les côtes espagnoles possède un certain charme rétro. Les chambres n'ont rien de particulier, mais les prix sont intéressants. Les plus belles sont celles qui donnent sur la mer.

CAP DE FORMENTOR

Hotel Formentor HÔTEL DE CHARME €€€

(☎971 899 100 ; www.barceloformentor.com ; Platja de Formentor 3 ; d 145-419 € ; avr-oct ;). Célèbre adresse majorquine, cet hôtel est un véritable petit bijou datant de l'entre-deux-guerres. Depuis son ouverture en 1929, cet élégant établissement a reçu des célébrités telles que Winston Churchill, Grace Kelly, John Wayne, Mikhaïl Gorbatchev ou encore le dalaï lama. Les chambres sont agréables, sans étaler un luxe tapageur. Les simples sont un peu petites, mais les doubles et les suites donnant sur la mer ont un goût de paradis.

ALCÚDIA

Petit Hotel Ca'n Simó HÔTEL DE CHARME €€

(Carte p. 115 ; ☎971 549 260 ; www.cansimo.com ; Carrer de Sant Jaume 1 ; s 75-80 €, d 98-128 € ;). Situé en plein cœur de la vieille ville, cet hôtel élégant occupe une demeure rénovée du XIXe siècle et compte 7 chambres doubles. Tous les éléments de la décoration traditionnelle majorquine sont présents : pierres apparentes, fer forgé... Une petite piscine, un spa et une salle de gym ont même été casés à l'intérieur : on s'émerveille devant tant d'ingéniosité !

Ca'n Pere HÔTEL DE CHARME €€

(Carte p. 115 ; ☎971 545 243 ; www.hotelcanpere.com ; Carrer d'en Serra 12 ; s 70-75 €, d 90-105 €, d avec Jacuzzi et terrasse 110-120 € ;). Belle adresse de charme dans la vieille ville, le Ca'n Pere séduit par ses murs en pierre apparente et son mobilier blanc. Certaines chambres sont équipées de l'équivalent moderne de lits à baldaquin. Celles avec Jacuzzi et balcon privatif présentent un excellent rapport qualité/prix.

Fonda Llabres HÔTEL €

(Carte p. 115 ; ☎971 545 000 ; www.fondallabres.com ; Plaça de sa Constitució 6 ; s/d 32/38 €, sans sdb 22/32 € ;). Cet hôtel propose un hébergement bon marché et confortable, en plein centre-ville. Les chambres sont simples et assez exiguës, mais bien tenues et d'un bon rapport qualité/prix. La réception se trouve au bar à l'étage inférieur.

PORT D'ALCÚDIA

Botel Alcúdia Mar HÔTEL-CLUB €€€

(☎971 897 215 ; www.botelalcudiamar.es ; Passeig Marítim 1 ; s 103-193 €, d 142-266 € ; mars-oct ; P). Ce n'est pas souvent que nous mentionnons des hôtels-clubs – ils se ressemblent tous –, mais celui-ci se distingue des autres par sa situation privilégiée à l'écart des foules, tout en restant dans le centre-ville. Il est très bien équipé et l'ambiance y est excellente.

Hostal Vista Alegre HOSTAL €

(☎971 547 347 ; www.hvista-alegre.com ; Passeig Marítim 10 ; s 15-20 €, d 30-40 €, tr 45-55 € ;). Il y a quelque chose de rassurant à trouver un bon vieil *hostal* espagnol parmi tous ces complexes hôteliers ! Ici, rien de particulier, si ce ne sont des prix bon marché et des chambres basiques et propres. Les 17 doubles donnent sur l'arrière et sont climatisées. Les 3 grandes triples s'ouvrent sur le port et possèdent un petit balcon : pas de climatisation mais la brise de mer devrait suffire.

CAP DES PINAR

Ermita de La Victòria MONASTÈRE €

(Hostatgeria Ermita de la Victoria ; ☎971 549 912 ; www.lavictoriahotel.com ; Carretera Cap des Pinar ; s/d 45/68 €, petit-déj 8 € ;). À 600 m environ à l'est de S'Illot, une route serpente jusqu'à un magnifique point de vue et à ce monastère du début du XVe siècle. Les 12 chambres rénovées respirent la fraîcheur avec leurs murs blancs, leurs draps écrus et leurs poutres apparentes. Les imposants murs de pierre et les carreaux de terre cuite au sol lui donnent un air méditerranéen, et l'emplacement est parfait.

Albergue La Victòria AUBERGE DE JEUNESSE €

(☎971 545 395 ; www.reaj.com ; Carretera Cap des Pinar km 4,9 ; dort/pension complète 16/28 €, serviettes 1,75 € ; mars-nov ;). Cet établissement, que l'on rejoint après 1,5 km d'une route sinueuse à l'est de Bonaire, résume à lui seul l'urbanisation de la côte majorquine : une horreur de béton dans un cadre superbe. C'est une adresse basique mais d'un bon rapport qualité/prix si vous acceptez de dormir en dortoir. Comme dans la plupart des établissements de ce type, on se croirait dans un internat, mais le cadre rattrape largement ce désagrément.

COLÒNIA DE SANT PERE

Hotel Rocamar HÔTEL €€

(☎971 828 503 ; www.hotelrocamar.net ; Carrer de Sant Mateu 9 ; s 60-70 €, d 90-105 € ;). Cet hôtel rénové est à quelques pas seulement de la place centrale et de la plage. Les tons écrus, beiges et bruns dominent. Les chambres, spacieuses et lumineuses, ont du parquet et des meubles blancs qui forment un joli ensemble. Du toit en terrasse (avec Jacuzzi), le regard plonge dans le bleu profond de la mer. Si vous ne supportez plus les complexes hôteliers de l'Ouest, voilà peut-être la solution.

LE CENTRE DE MAJORQUE

SANTA MARIA DEL CAMÍ

Read's Hotel HÔTEL €€€

(☎971 140 26 ; www.readshotel.com ; Ca'n Moragues ; d à partir de 395 €, ste 470-790 € ;

). Au nord-est du centre de Santa Maria se trouve l'une des plus ravissantes adresses de l'île. Installée au milieu de jardins plantés de palmiers, cette chaleureuse demeure en pierre compte 23 chambres. Les meilleures possèdent leur propre terrasse, et aucun compromis n'a été fait sur les équipements, comme, par exemple, les télévisions Bang & Olufsen. Piscines intérieure et extérieure et Jacuzzi. Depuis la Plaça dels Hostals, roulez 2 km sur des routes de campagne en suivant les panneaux indiquant l'établissement

SUD DE BINISSALEM

Sa Torre GÎTE €€
(971 144 011 ; www.sa-torre.com ; Carrer de les Alqueries 70 ; app 135 € ;). Situé à 1 km environ à l'ouest de Biniali, ce formidable havre de paix se tient à la limite même du petit hameau de Ses Alqueries (où résident aujourd'hui principalement des personnes travaillant à Palma). Dans la même famille depuis 1560, cette somptueuse *finca* propose 5 appartements spacieux.

NORD D'INCA

Es Castell GÎTE €€
(971 875 154 ; www.fincaescastell.com ; Carrer de Binibona ; s 100-120 €, d 130-170 €, ste 170-190 € ;). Vous êtes venus à Binibona en quête de calme ? Il suffit de pousser un tout petit peu plus loin pour trouver encore mieux. Perché sur une saillie à l'ombre des montagnes, l'Es Castell est un ancien domaine agricole du XIe siècle, composé d'un ensemble de maisons en pierres rustiques et de 300 ha de terres où poussent des oliviers. En bref, l'escapade champêtre idéale.

Agroturisme Monnàber Vell GÎTE €€
(971 516 131 ; www.monnabervell.com ; s 99-128 €, d 116-152 €, ste 123-194 € ; fermé de mi-déc à mi-fév ;). À quelques centaines de mètres au sud de l'Oratori de Sant Miquel, l'Agroturisme Monnàber Vell se trouve à l'extrémité d'un chemin qui serpente à travers les bois et les champs. Les doubles standards sont confortables, mais un peu quelconques, les suites ont beaucoup de caractère.

Hotel Can Furiós GÎTE €€€
(971 515 751 ; www.can-furios.com ; Camí Vell de Binibona 11 ; d 170-225 €, ste 195-310 € ;). Cette maison en pierre du XVIe siècle abrite plusieurs chambres et suites. Elle s'attire régulièrement les éloges des voyageurs et occupe le plus beau bâtiment en pierre d'un village qui en compte beaucoup. Les chambres mêlent tradition et confort moderne, couleurs chaudes et éclairages tamisés. Vous trouverez aussi sur place un bon restaurant.

Finca Ets Abellons CHAMBRES D'HÔTES €€€
(971 875 069 ; www.albellons.es ; Caimari ; s 120 €, d 160-200 €, ste 220-240 € ;). Nichée dans les collines, à 1 km au nord de Binibona, cette ferme en pierre se prête elle aussi parfaitement à une escapade. Les 12 chambres (la moitié avec leur propre terrasse) possèdent des sols en terre cuite, des plafonds avec poutres apparentes et de beaux meubles anciens rustiques. Les propriétaires gèrent un autre établissement, l'**Hotel Binibona** (www.binibona.es), dans le village même, qui offre un confort similaire.

SINEU

Hotel León de Sineu HÔTEL €€
(971 520 211 ; www.hotel-leondesineu.com ; Carrer dels Bous 129 ; s/d/ste 81/108/126 € ;). Installé dans une demeure du XVe siècle, qui servit longtemps de cellier à vin, le León de Sineu a gardé en grande partie son aspect originel. L'irrégularité des sols carrelés, par exemple, ne fait qu'ajouter à son charme. À l'arrière, les jardins descendent en terrasses, avec fontaines, palmiers et d'immenses tournesols, pour mener à la piscine. Le service sympathique et le petit-déjeuner servi avec beaucoup d'attention parachèvent ce beau tableau.

Can Joan Capo Hotel HÔTEL DE CHARME €€€
(971 855 075 ; www.canjoancapo.com ; Carrer de Degà Joan Rotger 4 ; ch 160-220 € ;). L'hôtel le plus chic de Sineu ne compte que 7 chambres, chacune ayant son style – la décoration laisse une large place au bois ou joue au contraire sur la légèreté du fer forgé, mais les plafonds sont tous ornés de poutres apparentes. Les aires communes sont une belle réussite en matière de conversion d'un vieux bâtiment de pierre en espace design et intimiste, avec d'anciens outils agricoles stratégiquement placés, de jolies petites alcôves et d'agréables voûtes.

Hotel Celler de Ca'n Font HÔTEL €
(971 520 295 ; www.canfont.com ; Sa Plaça 18 ; s/d 40/52 € ;). Installé au-dessus du très réputé restaurant du même nom, sur la place principale, le Ca'n Font est la seule option bon marché de la ville. Les chambres n'ont rien d'extraordinaire, mais elles sont propres, fonctionnelles et d'un excellent rapport qualité/prix.

SANTUARI DE NOSTRA SENYORA DE CURA

Hospedería Santuario de Cura MONASTÈRE €

(971 120 260 ; Santuario de Cura ; s/d 38/54 € ; P). Située sur la propriété du monastère, cette *hospedería* deux-étoiles renferme 31 doubles et 4 suites juniors, simples mais impeccables. Les lieux retrouvent calme et sérénité dès que les excursionnistes ont gagné la montagne pour la journée. Spécialités majorquines servies au bar-restaurant.

PETRA

Hotel Sa Plaça HÔTEL €€

(971 561 646 ; Plaça de Ramón Llull 4 ; s/d 90/110 € ; fermé nov ;). La seule adresse où passer la nuit à Petra est, heureusement, très recommandable. Les nuits sont calmes dans cette demeure en pierre des années 1840. Il n'y a ici que 3 chambres et un restaurant populaire donnant sur une jolie place où murmure une fontaine.

DE PALMA À FELANITX

Petit Hotel Hostatgería Sant Salvador MONASTÈRE €

(971 581 952 ; www.santsalvadorhotel.com ; Santuari de Sant Salvador ; s/d 45/68 €, app de 6 lits 112-140 € ; fév-oct ;). Haut perché au-dessus des plaines, ce monastère aux allures de forteresse n'accueille plus de moines depuis longtemps, mais leurs anciennes cellules ont été reconverties en chambres simples, chacune avec vue panoramique et salle de bains privative. Comme c'est souvent le cas dans les établissements de ce type, on apprécie les lieux tôt le matin ou une fois que les groupes de touristes l'ont déserté.

Santuari de Monti-Sion MONASTÈRE €

(971 647 185 ; par la Carretera Felanitx-Portocolom ; sur don ;). Ancien monastère, le Santuari de Monti-Sion fut construit au XIVe siècle et possède une curiosité : son cloître pentagonal. Les vues sur la plaine sont belles et les cellules des moines ont été modernisées. Pour des raisons de licence, l'établissement ne peut pratiquer des tarifs hôteliers – renseignez-vous au bar pour connaître le montant du "don" à effectuer.

EST DE MAJORQUE

ARTÀ

Hotel Sant Salvador HÔTEL DE CHARME €€

(Carte p. 140 ; 971 829 555 ; www.santsalvador.com ; Carrer del Castellet 7 ; s 105-175 €, d 120-190 € ; P). Une hôtel de charme luxueux, installé dans un ancien manoir. Les 8 chambres possèdent lits à baldaquin et meubles anciens. Des œuvres d'art contemporain sont exposées dans l'hôtel. Entouré d'un jardin luxuriant, il dispose également d'un bar chic et de deux restaurants.

Hotel Casal d'Artà HÔTEL €€

(Carte p. 140 ; 971 829 163 ; www.casaldarta.de ; Carrer de Rafael Blanes 19 ; s/d 55/91 € ;). Le Casal d'Artà occupe une magnifique demeure ancienne en plein cœur de la ville. La décoration peut paraître insolite, mais elle apporte lumière et espace aux lieux. Vous trouverez des fruits frais dans votre chambre à votre arrivée et des fleurs coupées sur votre table au petit-déjeuner. Le toit-terrasse, rempli de fleurs, est agrémenté d'une fontaine et jouit d'une vue icomparable sur le village. Demandez la chambre 4 ou la 8, qui possèdent un superbe espace bains niché dans une petite alcôve.

Can Moragues HÔTEL €€

(Carte p. 140 ; 971 829 509 ; www.canmoragues.com ; Carrer del Pou Nou 12 ; s/d 87/127 €, ste s/d 106/160 € ; P). Sympathique maison de campagne jaune pimpant reconvertie en hôtel, le Can Moragues loue des chambres confortables, immaculées, qui respectent l'architecture originale du bâtiment, notamment grâce aux pierres et aux poutres apparentes. Elles ont été décorées dans un style à la fois ancien et contemporain. Les tarifs baissent de 10% de novembre à mars.

ENVIRONS D'ARTÀ

Cases de Son Barbassa HÔTEL DE CHARME €€€

(971 565 776 ; www.sonbarbassa.com ; Camí de Son Barbassa ; s 115-193 €, d 154-250 €, ste s/d 144/246 € ; fév-nov ; P). Une superbe propriété rurale plantée d'oliviers et d'amandiers, que domine une tour en pierre du XVIe siècle. L'hôtel lui-même compte 12 chambres, toutes décorées dans un style rustique-chic qui a conservé les éléments architecturaux d'origine du bâtiment. En bref, c'est l'une des meilleures adresses à Majorque, qui compte pourtant de nombreuses adresses de qualité. Le restaurant est exceptionnel. L'hôtel, situé en retrait de la route menant à Cala Mesquida, est indiqué depuis la route principale Artà–Cala Ratjada.

CALA RATJADA

Residence – The Sea Club HÔTEL, PENSION €€

(Carte p. 146 ; ☎971 563 310 ; www.theseaclub.es ; Avinguda de América 27 ; s 60-150 €, d 100-250 € ; ⊙avr-oct ;). Cet ancien bâtiment de style colonial sur la promenade du front de mer, aujourd'hui tenu par des Britanniques, est une vraie merveille. Rénovées avec soin, les chambres ont été décorées dans des couleurs apaisantes. Les prix augmentent en juillet et en août, mais le rapport qualité/prix est excellent le reste du temps. C'est le type d'établissement qui permet de profiter de vacances en bord de mer sans subir le service impersonnel qui caractérise les complexes hôteliers

Agroturisme S'Horta GÎTE €€

(☎600 232 627 ; www.agroturisme-shorta.com ; Camí na Ferrera ; ch 74-130 € ; ⊙mars-oct ;). Vieux murs en pierre, sols en terre cuite et mobilier en bois s'harmonisent merveilleusement dans cette paisible maison rurale. Tenu par une famille, cet établissement entourée d'arbres est situé à la lisière de Cala Ratjada. C'est une occasion fabuleuse de goûter la tranquillité de la vie rurale majorquine sans payer une fortune. L'hébergement proposé va des studios aux appartements pouvant accueillir jusqu'à 4 personnes.

Hotel Cala Gat HÔTEL €€

(☎971 563 166 ; www.hotelcalagat.com ; Carretera del Faro ; s 49-72 €, d 78-114 € ; ⊙avr-oct ;). Installé au milieu d'une belle forêt sur la route du phare, donc à l'écart du centre bruyant, le Cala Gat donne sur une ravissante petite plage presque pour lui tout seul. Les chambres, agréables et modernes, manquent un peu de cachet. Dans l'ensemble, c'est une excellente affaire pour le calme et le confort qu'il offre. De tous les hôtels de la plage, c'est certainement le meilleur.

Hostal Gami HOSTAL €

(Carte p. 146 ; ☎971 563 605 ; www.hostalgami.com ; Carrer de Bustamante 19 ; s 16-29 €, d 23-44 € ; ⊙avr-nov ;). D'un excellent rapport qualité/prix, cet *hostal* une-étoile tout simple et bien tenu est situé en pleine ville et constitue sans aucun doute la meilleure adresse pour les estivants à petit budget. La plupart des balcons donnent sur la place et la plage se trouve à deux pas.

PORTO CRISTO

Felip Hotel HÔTEL €€

(Carte p. 150 ; ☎971 820 750 ; www.thbhotels.com ; Carrer de Burdils 41 ; s 42-92 €, d 49-133 € ;). Cet hôtel autrefois majestueux domine Porto Cristo depuis 1890. Il n'est plus ce qu'il était mais a gardé de l'élégance. Les chambres sont relativement exiguës, mais les miroirs soigneusement placés leur donnent de la perspective. Bois sombre, lampes en bronze, salle de bains en marbre et œuvres d'art sur le thème de la tauromachie soulignent le côté désuet des lieux.

SUD DE PORTO CRISTO

Es Picot HÔTEL €€

(☎667 735 276 ; www.espicot.com ; Camí de Sa Mola km 3 ; 85-115 € ;). Un hôtel rural charmant, à quelques kilomètres de Cala Varques. Les 6 chambres à la décoration simple sont équipées d'une terrasse avec une vue superbe. Le restaurant propose une "cuisine majorquine authentique" absolument succulente. L'Es Picot se trouve à 5 km au nord-ouest de Cales de Mallorca, non loin de la PM401.

PORTOCOLOM

Hostal Porto Colom HOSTAL €

(☎971 825 323 ; www.hostalportocolom.com ; Carrer d'en Cristòfol Colom 5 ; s 35-55 €, d 50-90 € ;). En plein sur le front de mer, l'Hostal Porto Colom possède des chambres décorées dans des jaunes et des bleus éclatants (un peu fatigants à la longue), avec parquet au sol et grands lits. Restaurant et bar-lounge au rez-de-chaussée.

Hostal Bahia Azul HOSTAL €

(☎971 825 280 ; www.bahia-azul.de ; Ronda del Creuer Balear 78 ; s/d 45/65 € ; ⊙avr-oct ;). Tenu par un couple germano-majorquin, cet *hostal* loue 15 chambres spacieuses, décorées sur le thème de la Méditerranée (demandez-en une avec vue sur la mer). Des services sont proposés aux plongeurs et aux cyclistes. Échange de livres, sauna et patio intime avec transats.

SUD DE MAJORQUE

CALA PI

Sa Bassa Plana GÎTE €€

(☎971 123 003 ; www.sabassaplana.com ; Carretera Cap Blanc km 25,4 ; s 58-74 €, d 71-98 €, ste 106-135 € ;). Dans une ferme en activité, le Sa Bassa Plana propose 10 doubles et 12 suites (avec kitchenette). Si elles n'ont rien de luxueux, elles sont spacieuses et confortables. Les meubles anciens qui équipent certaines leur donnent un charme rétro. Demi-pension possible ; 90% des produits servis sont cultivés sur place.

SA RÀPITA ET SES ENVIRONS

Can Canals GÎTE €€

(971 640 757 ; www.cancanals.es ; Carretera Campos-Sa Ràpita km 7 ; s 80-105 €, d 120-163 € ; fév-déc ;). Un fantastique gîte à proximité de Ses Covetes. Installées dans un superbe corps de ferme, les 12 chambres, bien aménagées, possèdent un charme typiquement majorquin. Le Can Canals possède aussi un spa et deux piscines – d'eau salée et d'eau douce.

COLÒNIA DE SANT JORDI

Hostal Restaurante Playa HOSTAL €

(971 655 256 ; www.restauranteplaya.com ; Carrer Major 25 ; s 30-38 €, d 48-62 € ;). Tissus majorquins traditionnels, meubles en bois rustiques et ambiance méditerranéenne font de ce petit hôtel tout simple, au bord de l'eau, une option excellente. Quatre des 7 chambres ont vue sur la mer et profitent de l'agréable brise marine. En bas, le restaurant en bord de mer sert des spécialités majorquines.

SES SALINES

Hotel Ca'n Bonico HÔTEL DE CHARME €€€

(971 649 022 ; www.hotelcanbonico.com ; Plaça Sant Bartomeu 2 ; s 124-139 €, d 168-198 € ; fév-oct ;). Cette belle demeure qui date du XIIIe siècle a conservé de nombreux éléments d'origine, dont la tour de défense (qui abrite une bibliothèque). La famille qui tient l'hôtel descend elle aussi des anciens propriétaires. Les chambres, modernes, affichent des couleurs claires, peut-être pour compenser la forte charge historique des aires communes.

SANTANYÍ ET SES ENVIRONS

Hotel Cala Santanyí HÔTEL €€

(971 165 505 ; www.hotelcalasantanyi.com ; Carrer de Sa Costa dels Etics ; s 95-110 €, d 130-160 €, ste 154-204 €, app 106-201 € ; mi-avr à début nov ;). De l'extérieur, cet hôtel ressemble à beaucoup d'autres sur la côte, il est pourtant à recommander. Le fait qu'il soit géré en famille se sent dans la chaleur de l'accueil et dans l'attention portée aux détails.

CALA FIGUERA

Hotel Villa Sirena HÔTEL €€

(971 645 303 ; www.hotelvillasirena.com ; Carrer de la Verge del Carme 37 ; s 49-60 €, d 68-78 €, app 2 pers 61-81 €, app 4 pers 102-130 € ; hôtel avr-oct, app tte l'année ;). Perché sur un promontoire à la limite de la station balnéaire, cet agréable deux-étoiles jouit d'une vue exceptionnelle sur la mer. Les chambres sont ordinaires, mais certains détails, comme la terrasse en bord de mer caressée par la brise, en font un excellent choix.

Hostal-Restaurant Ca'n Jordi HOSTAL €

(971 645 035 ; www.hostalcanjordi.webs.com ; Carrer de la Verge del Carme 58 ; s/d 31/43 €, studio 45-57 €, app 58-83 € ;). Les chambres avec balcon, simples et spacieuses, bénéficient d'une vue superbe. Les propriétaires louent également quelques appartements et villas. Si l'hôtel n'a rien d'exceptionnel, il bénéficie d'un bon emplacement et les chambres sont propres – certaines sont un peu petites.

PORTOPETRO

Blau PortoPetro HÔTEL €€€

(971 648 282 ; www.blau-hotels.com ; Avinguda des Far 12 ; s 150-200 €, d 200-250 € ; mars-nov ;). Seul cinq-étoiles des environs, le Blau a fait sensation lors de son ouverture en 2005. S'il n'a rien de l'adresse de charme, cet hôtel-spa très chic est doté de tout le confort moderne, et ses quelque 300 chambres atteignent des sommets d'élégance et de confort. Sans doute le meilleur des établissements de ce type sur la côte sud de l'île.

CALA D'OR

Hotel Cala D'Or HÔTEL €€

(Carte p. 164 ; 971 657 249 ; www.hotelcalador.com ; Avinguda de Bélgica 48 ; s avec vue sur le jardin 51-90 €, avec vue sur la mer 81-130 €, d avec vue sur le jardin 82-135 €, avec vue sur la mer 102-160 € ; avr-oct ;). Construit en 1932, puis utilisé comme baraquement militaire, ce quatre-étoiles a connu une belle renaissance lorsqu'il a rouvert en tant qu'hôtel, fort de 95 chambres donnant sur la Cala d'Or. Impeccables, toutes possèdent un balcon et ont vue sur le jardin ou sur la mer.

Ca'n Bessol GÎTE €€

(639 694 910 ; www.canbessol.com ; Carrer de la Sisena Volta 287 ; s 80-92 €, d 94-112 € ; mars-nov ;). Non loin de la route reliant S'Horta à Cala Ferrera, à la périphérie de Cala d'Or, se dresse cet immense gîte tenu en famille. Merveilleuse alternative aux tours que l'on trouve plus près de la station balnéaire, il compte 4 chambres romantiques meublées à l'ancienne, qui dominent un jardin luxuriant et une piscine.

Comprendre Majorque

Population au km²

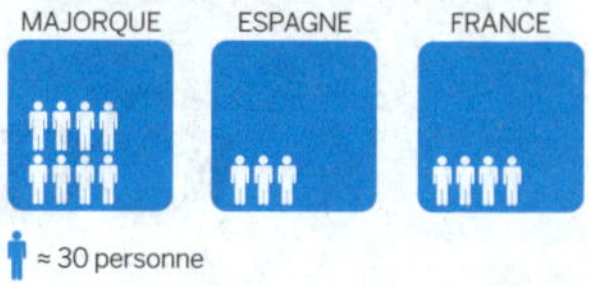

Majorque aujourd'hui

Une âme à préserver

Majorque se trouve dans une situation paradoxale. L'île est devenue l'une des premières destinations touristiques pour les habitants des pays d'Europe du Nord, ce qui est évidemment une aubaine économique. Trois Majorquins sur quatre vivent aujourd'hui du tourisme. Et sans le tourisme, Majorque serait très certainement une région espagnole pauvre et coupée du reste du monde. Évidemment, ce passage en quelques décennies seulement d'une société majoritairement agricole à une société de services a radicalement transformé la vie de l'île, dans tous ses aspects. Et c'est aussi ce qui pose problème maintenant.

Le bétonnage massif et irréfléchi du littoral, processus qui, depuis, a même été baptisé "baléarisation", a gâché de larges étendues de côte. Pour pouvoir accueillir la manne touristique, les entrepreneurs et les autorités locales ont souvent ignoré allègrement les réglementations relatives à l'urbanisation. Les Espagnols du continent et les Européens sont également arrivés en nombre à Majorque pour acquérir des propriétés (20 % des habitants de Majorque sont des étrangers). Cela a provoqué l'envolée des prix des biens immobiliers, rendant ces derniers inaccessibles pour beaucoup de Majorquins et déchaînant par là même un débat sur l'identité insulaire. Certains craignent en effet que la langue et la culture locales soient balayées par cet afflux de personnes extérieures à l'île. La question de savoir comment préserver l'environnement et ce qu'il reste du passé de l'île occupe donc une place centrale aujourd'hui.

La question de la langue

La langue est un bon exemple d'affirmation de la culture majorquine. Le majorquin est une variante du catalan. Sous Franco, le majorquin fut interdit. Aujourd'hui, il est devenu symbole de fierté pour beaucoup d'insulaires. Où que vous alliez à Majorque, vous entendrez parler majorquin. Beaucoup de Majorquins voient en effet la conservation de leur langue comme un moyen d'affirmer leur indépendance culturelle

À lire

» *Le Goût des Baléares* (de Jacques Barozzi, Mercure de France, 2011). Sur les traces des auteurs français tombés amoureux des Baléares.

» *La Chartreuse de Valldemosa : George Sand et Chopin à Majorque* (de Bernadette Chovelon, Petite Bibliothèque Payot, 2011). Le fameux hiver des deux artistes français à Majorque, par une spécialiste de George Sand.

» *Histoire de l'île de Majorque* (de Gabriel Janer Manilla, Illador, 2011). Un des rares ouvrages consacrés à l'histoire de la plus grande île des Baléares.

À voir

» *La Femme de paille* (1964). Avec Sean Connery et Artà en toile de fond.

» *Jeux pervers* (1968). Avec Anthony Quinn ; Majorque sert de décor à une île grecque.

» *Meurtre au soleil* (1982). Une enquête d'Hercule Poirot à Majorque.

Religions
(en % de la population)

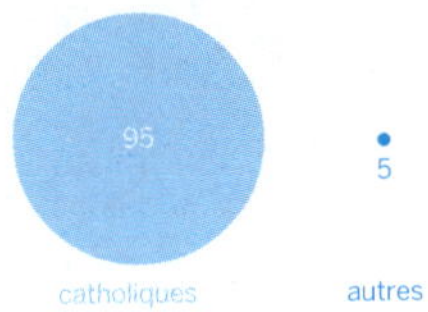

Sur 100 personnes à Majorque

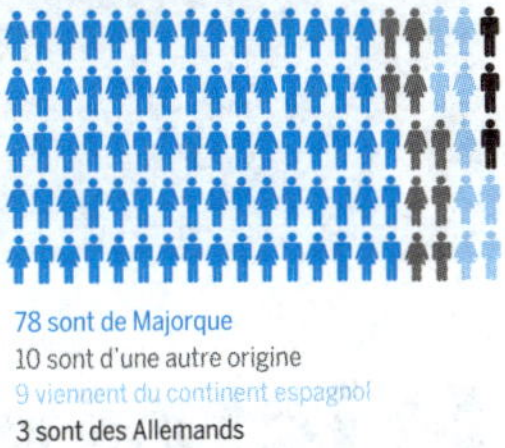

par rapport au continent, faisant ainsi un pied de nez à la fois aux nationalistes espagnols de Madrid et aux nationalistes catalans de Barcelone. Ces derniers font campagne pour revendiquer, protéger et promouvoir l'identité catalane par le biais de la langue catalane, ce que contestent nombre de Majorquins. En effet, ces nationalistes catalans défendent l'existence d'*els països catalans* ("les terres catalanes") et certains insistent sur le fait que le "catalan standard" doit être le seul vecteur de communication au sein de cette entité, en grande partie fictive.

Un autre tourisme

Depuis quelques années, une autre forme de tourisme se développe à Majorque, loin du modèle qui a fait le succès de l'île. Beaucoup d'anciennes propriétés agricoles, longtemps abandonnées, ont ainsi été transformées en *agroturisme*. Des gîtes ruraux qui ont été aménagés dans le respect de l'architecture traditionnelle locale et du patrimoine naturel environnant. Là, pas de forfait tout compris ni de buffet à volonté comme dans la plupart des stations balnéaires. Mais un échange possible entre touristes et habitants de l'île et, dans les assiettes, des spécialités locales. Rien de révolutionnaire donc, mais une solution que beaucoup d'insulaires pensaient impossible tant l'aveuglement de certains acteurs du tourisme fut fort dans cette course vers toujours plus de profit. Côté environnement, les écologistes mènent une lutte perpétuelle pour faire changer les comportements et aller à l'encontre d'un développement effréné. Ils ont d'ailleurs vu leurs efforts plusieurs fois récompensés, notamment avec la création et l'amélioration de plusieurs parcs naturels. Certains projets de développement touristique, comme ceux autour de la Platja des Trenc, ont aussi été interrompus.

Si la prise de conscience est bien là, le passage de la "quantité" à la "qualité" en matière de tourisme met du temps à être instauré. Mais des décisions auront toutefois été prises suffisamment à temps pour sauver les derniers vestiges de cette beauté naturelle éblouissante qui caractérise Majorque, cette beauté même qui attira les premiers touristes sur l'île.

» Nombre d'habitants : 870 000

» PIB par habitant (Espagne) : 22 511 €

» PIB par habitant (îles Baléares) : 21 070 €

» Taux de chômage (îles Baléares) : 21 %

» Nombre de passagers à l'aéroport de Majorque (2010) : 21 117 417

À écouter

» Les préludes et sonates pour piano de Chopin, notamment le *Prélude opus 28 n°15*, dit "la goutte d'eau".

» *Terra Secreta*, Maria del Mar Bonet (2008)

» *Mi Niña Lola*, Concha Buika (2007)

» *Nada es Igual*, Chenoa (2005)

» *Lamparetes*, Antonia Font (2011)

Brèves de comptoir

» **Tourisme** Nous sommes en train de vendre notre âme au diable.

» **Identité** Espagnols quand il s'agit de football, Majorquins dans tous les autres cas !

» **Écologie** Il faut préserver les dernières zones sauvages de l'île.

Histoire

Majorque, située au cœur de la mer la plus convoitée d'Europe, s'est souvent trouvée sur la trajectoire des grands mouvements qui ont balayé la Méditerranée. À maintes reprises dans l'Histoire, l'île a connu d'importants bouleversements. Pourtant, malgré les invasions, les guerres, la prospérité et la famine, Majorque s'est rarement trouvée au centre des affaires européennes.

L'histoire connue de l'île commence avec la civilisation talayotique, encore méconnue aujourd'hui. Les *talayots*, ces tours de pierre que l'on peut toujours voir à Majorque, continuent d'intriguer les archéologues. Mercenaires redoutés, les Talayots s'engagèrent au service des grandes armées phéniciennes de l'Antiquité. Leur réputation féroce leur assura la mainmise sur l'île, jusqu'à l'arrivée des Romains, au IIe siècle av. J.-C. Avant-poste important de l'Empire romain sur le plan stratégique, Majorque connut la paix jusqu'à ce que les Vandales balaient tout sur leur passage en 426. Un siècle plus tard, l'île se rendait aux Byzantins. Ce sont les armées musulmanes, qui régnèrent sur l'île pendant plus de trois cents ans à partir du début du IXe siècle, qui apportèrent à l'île une ère de prospérité et de tolérance religieuse. Majorque est l'une des rares régions d'Europe, avec l'Espagne continentale (dont elle partage l'histoire depuis le Moyen Âge), à avoir connu une domination musulmane aussi longue et prospère.

Pour une vision détaillée de l'époque antique préromaine à Majorque, les lecteurs comprenant l'espagnol pourront consulter la *Guía Arqueológica de Mallorca*, de Javier Aramburu, Carlos Garrido et Vicenç Sastre (Museo de Arte Contemporáneo de Barcelona, 2007).

En 1229, Jacques Ier, roi de Catalogne, s'empara de l'île. Elle resta dès lors aux mains des chrétiens (le plus souvent catalans), ce qui ne fut pas toujours un gage de paix. La mort de Jacques Ier fut en effet suivie de conflits pour sa succession. Si Jacques II fut un roi éclairé et eut un règne prospère, les siècles qui suivirent furent rudes pour les plus pauvres, qui se soulevèrent, en vain. Après les nombreuses attaques de pirates aux XVIe et XVIIe siècles, Majorque fut prise dans les tourmentes du continent espagnol, de la guerre de la Succession d'Espagne au XVIIIe siècle à la guerre civile des années 1930. À partir des années 1960, le développement du tourisme de masse bouleversa tout. L'île est en effet

CHRONOLOGIE

7200 av. J.-C.

La présence des premiers hommes à Majorque remonterait à 7200 av. J.-C. selon la datation au carbone 14 d'éléments découverts à Cova de Canet, une grotte près d'Esplores, dans le sud-ouest de l'île.

vers 1200 av. J.-C.

Des tribus guerrières envahissent Majorque, Minorque, la Corse et la Sardaigne. Sur les îles de Majorque et de Minorque, ces guerriers sont appelés Talayots, du nom des tours de pierre qu'ils construisirent.

vers 500 av. J.-C.

Les marchands phéniciens installent des comptoirs sur la côte et étendent leur influence dans toute l'île. Les guerriers des Baléares s'engagent comme mercenaires dans les armées carthaginoises.

passée brutalement de plusieurs siècles d'isolement et de pauvreté à une prospérité économique et un cosmopolitisme quelque peu forcé.

La période talayotique

Les îles Baléares se sont séparées du continent espagnol il y a huit millions d'années. Elles étaient peuplées d'une faune variée qui évoluait dans une nature intacte, loin de toute civilisation. Il y a environ 9 000 à 10 000 ans, des groupes de population épipaléolithique (dernière période de la Préhistoire) quittèrent la côte espagnole à bord de navires rudimentaires et croisèrent l'île de Majorque. Ce furent les premiers hommes à poser le pied sur cette terre.

Les premiers signes de présence humaine sur l'île remontent à environ 7200 av. J.-C. Durant les 6 000 années qui suivirent, la population, composée de groupes et de tribus disparates, vécut en majorité dans des grottes et d'autres abris naturels, se nourrissant des produits de la chasse et de la cueillette. Vers 2000 av. J.-C., ces groupes élevèrent des monuments funéraires mégalithiques, mais l'île était loin des civilisations antiques les plus avancées : à cette époque, les Égyptiens bâtissaient les pyramides.

Vers 1200 av. J.-C., des tribus guerrières, venues probablement d'Asie Mineure, débarquèrent à Majorque et à Minorque. Elles s'imposèrent à la population locale. Aujourd'hui, on parle de la civilisation talayotique, en raison des bâtiments qu'ils laissèrent derrière eux : les *talayots* (des tours de guet en pierre). On peut encore en voir aujourd'hui et ils constituent de précieux témoignages de cette époque. Ces bâtiments circulaires (parfois dotés d'une base carrée ou en forme de coque de bateau) montrent qu'il s'agissait d'une société organisée et hiérarchisée. Les plus répandus étaient les *talayots* circulaires, qui pouvaient atteindre jusqu'à 6 m de haut et compter deux niveaux. Leur fonction reste hypothétique. Symbolisaient-ils le pouvoir des chefs locaux, ou leur servaient-ils de monuments funéraires ? Étaient-ils destinés au stockage ou à la défense ? Ou encore, s'agissait-il de sites religieux ? À l'époque, l'île comptait au moins 200 villages talayotiques. Des poteries basiques et des objets en bronze (épées, haches, colliers) ont été retrouvés sur ces sites. Il semble que la société talayotique était divisée en trois classes : une élite dirigeante, une importante classe laborieuse vivant de l'agriculture de subsistance, et les esclaves. Les scientifiques ne savent pas si une forme d'écriture existait dans cette civilisation.

Sites talayotiques à Majorque

- Ses Païsses (p. 141)
- Capocorb Vell (p. 156)
- Necròpolis de Son Real (p. 121)
- Museu Arqueològic de Son Fornés (p. 134)
- Es Figueral de Son Real (p. 121)
- Illot dels Porros (p. 121)

Phéniciens, Grecs et Carthaginois

Le contact avec le monde extérieur se fit par le biais des marchands grecs et phéniciens. Les Carthaginois tentèrent, en vain, de s'établir à Majorque. Ils réussirent cependant à enrôler des Majorquins comme

123 av. J.-C. Sous prétexte de mettre fin à la piraterie dans les Baléares, le général romain Quintus Caecilius Metellus, surnommé plus tard Balearicus, débarque à Majorque et à Minorque et s'empare des deux îles.

426 Les Vandales, tribus barbares d'Europe centrale, pillent tout sur leur passage en Europe et jusqu'en Afrique du Nord. Ils lancent des raids à Majorque entraînant la destruction de la ville romaine de Pol·lèntia.

534 Belisaire prend le contrôle des îles Baléares au nom de l'empereur byzantin Justinien, qui, jusqu'à sa mort en 565, tente de rétablir l'Empire romain dans toute la Méditerranée.

707 Pour la première fois, des Arabes musulmans d'Afrique du Nord attaquent Majorque. Quatre ans plus tard, ils entament la conquête de l'Espagne continentale.

mercenaires. En effet, les hommes des Baléares maniaient habilement la fronde – qu'ils apprenaient à utiliser dès leur plus jeune âge avec une extrême précision. Ces frondeurs (*foners* en catalan) de Majorque et de Minorque se faisaient appeler *baleares* (terme venant probablement d'un mot en grec ancien signifiant "jeter"), d'où le nom actuel des îles qu'ils occupaient. À la solde des armées carthaginoises, ils tiraient sur l'ennemi des salves de projectiles de forme ovale de 4 à 6 cm avant l'arrivée de l'infanterie. Ces hommes étaient également équipés de poignards ou de dagues pour les combats au corps à corps, mais ne portaient quasiment aucune protection. Ils participèrent à la victoire des Carthaginois sur les Grecs en Sicile, au Ve siècle av. J.-C., ainsi qu'aux guerres puniques contre Rome.

"SIURELLS"

Selon certains historiens, les *siurells*, ces sifflets de terre cuite blancs, verts et rouges, en forme de figurines, auraient été introduits à Majorque par les Phéniciens. Ces figurines représentaient des divinités antiques : taureaux, cavaliers et hommes à tête de chien font partie des plus classiques.

Romains, Vandales et Byzantins

Le consul romain Quintus Caecilius Metellus se tenait sur ses gardes en approchant des rivages sud de Majorque en 123 av. J.-C. Il savait que les frondeurs de l'île pouvaient atteindre son navire avec leurs gros projectiles et le faire couler. Il avait donc innové : au moyen de cuir épais et de lourdes peaux de bêtes, il avait fabriqué le premier navire blindé. Incapables de mettre à mal l'embarcation romaine, les guerriers majorquins s'enfuirent vers les terres. Les Romains mirent deux ans à pacifier l'île.

Metellus avait fait venir 3 000 colons de la péninsule Ibérique. Il fonda deux camps militaires à la romaine (les rues principales, *decumanus* et *cardus maximus*, se croisant). Ces camps, Palmeria ou Palma et Pol·lentia, devinrent bientôt les deux principales villes de Majorque. Pol·lentia, située exactement entre les deux baies au nord-est de Pollença et d'Alcúdia, était la plus importante des deux. Les Romains y construisirent de beaux édifices, notamment des temples et un théâtre. Pol·lèntia est aujourd'hui le plus grand site de vestiges romains à Majorque. Des citoyens romains optèrent aussi pour la vie à la campagne et se firent construire des demeures grandioses. Il n'en reste plus rien aujourd'hui, mais on serait tenté d'y voir les ancêtres des *alqueries* (domaines agricoles) arabes et des *possessions* (propriétés agricoles). Petit à petit, la population autochtone adopta la langue et les coutumes des Romains, tout en continuant à vivre dans ses propres villages. Pline l'Ancien rapporta que le vin majorquin était aussi bon que celui produit en Italie, et que le blé et les escargots de l'île étaient également très appréciés.

Des preuves archéologiques, telles que les ruines de la basilique paléochrétienne de Son Peretó, du Ve siècle, témoignent de la présence du christianisme sur l'île aux alentours du IVe siècle. Le ciel allait s'obscurcir au siècle suivant, avec les premiers assauts des tribus barbares contre l'Empire romain. En 426, les îles Baléares furent assaillies par les

869

Les Normands mettent à sac Majorque, 21 ans seulement après une incursion des forces du califat de Cordoue, en Espagne. Majorque était alors devenue un port du califat en échange de la paix.

IMAGES SIMON GREENWOOD/LONELY PLANET ©

» Reconstitution de l'attaque des Normands

903

Les Maures prennent le contrôle de Majorque au nom du calife de Cordoue. Les chrétiens, qui disposent de redoutes sur toute l'île, résisteront pendant huit ans.

1075

Majorque devient un *taifa* (petit royaume) indépendant. Dans toute l'Espagne, des conflits civils provoquent l'éclatement du califat de Cordoue en *taifas*.

Vandales, tribu germanique de l'Est qui pilla tous les territoires romains sur son passage. Quarante ans après avoir déferlé sur l'Espagne pour aller établir leur base en Afrique du Nord, les Vandales revinrent pour s'emparer des îles.

Le sort des Vandales fut scellé lorsque l'empereur byzantin Justinien décida de reconstruire l'Empire romain. Belisaire, son infatigable général, vainquit les Vandales en Afrique du Nord en 533, et s'empara des Baléares l'année suivante. Après la mort de Justinien, en 565, le contrôle exercé par les Byzantins sur les territoires de Méditerranée occidentale déclina rapidement. Lorsque les musulmans déferlèrent en Afrique du Nord au début du VIIIe siècle, les îles Baléares étaient une enclave chrétienne indépendante.

La domination maure

En l'an 902, un noble arabe d'Al-Andalus (Espagne musulmane), Isam al-Jaulani, fut forcé par le mauvais temps de jeter l'ancre dans le port de Palma. Il acquit alors la ferme conviction qu'il pouvait et devait s'emparer de cette ville, de Majorque et des autres îles des Baléares, pour les intégrer au califat de Cordoue. À son retour à Cordoue, le calife Abdallah lui confia la tâche de conquérir ces îles. Al-Jaulani reprit donc la mer avec un renfort d'hommes en l'an 902 ou 903.

La ville portuaire tomba facilement, mais Al-Jaulani, qui fut fait *wāli* (gouverneur) de ce que les Arabes surnommaient les "îles orientales d'Al-Andalus", s'enlisa dans une guérilla contre des poches de résistance chrétiennes. Les conflits durèrent huit ans. À sa mort en l'an 913, les îles avaient été pacifiées, et il avait entrepris de développer la seule ville de l'archipel, Palma aujourd'hui, qui portait alors le nom de Medina Mayurka ("ville de Majorque").

> Située au carrefour de grandes routes maritimes commerciales, Majorque fut particulièrement vulnérable aux ravages de la peste. Des épidémies touchèrent l'île à plusieurs reprises, décimant la population.

Les Maures divisèrent l'île en 12 secteurs et, au cours du siècle qui suivit, Majorque connut un essor important. Ils introduisirent des systèmes d'irrigation perfectionnés, et les *alqueries* prospérèrent. Medina Mayurka devint l'une des villes les plus cosmopolites d'Europe. À la fin du XIIe siècle, la cité comptait 35 000 habitants, soit autant que Barcelone ou Londres. L'*al-qasr,* ou château-palais (Palau de l'Almudaina), fut construit sur un ancien fort romain. La grande mosquée se trouvait à l'emplacement actuel de la cathédrale de Palma. Des murailles furent élevées autour du nouveau quartier de Rabad al-Jadid (correspondant à peu près à Es Puig de Sant Pere) et la ville conserva ce tracé jusqu'à la fin du XIXe siècle. Il s'agissait d'une cité médiévale musulmane typique, une médina comme celle de Marrakech ou de Fès. Quelques-unes seulement de ses rues étroites et labyrinthiques, aujourd'hui appelées *estrets* (passages étroits), existent encore. Medina Mayurka entretenait de bonnes relations avec le monde musulman de

1114-1115

Des croisés catalans et pisans débarquent à Majorque pour mettre fin à la piraterie qui gêne le commerce méditerranéen. Ils prennent Medina Mayurka (Palma) et 30 000 esclaves chrétiens sont libérés.

1148

Majorque signe un accord commercial avec les villes italiennes de Gênes et de Pise, ouvrant ainsi ses marchés à l'Italie et réduisant la menace de nouvelles attaques de l'île par les chrétiens.

1185

La mort du gouverneur musulman de l'île, le Wāli Ishaq, marque la fin d'une période de prospérité sans précédent. Son règne incarne l'apogée de la domination des Almoravides à Majorque.

1203

Les Almohades d'Espagne ont raison du régime des Almoravides à Medina Mayurka et prennent le contrôle de l'île. Ce changement a peu d'incidence sur la vie de la majorité des Majorquins.

la Méditerranée occidentale. Depuis 1075, les émirs des îles orientales étaient indépendants de la juridiction continentale.

Les successeurs d'Al-Jaulani s'investirent massivement dans la piraterie qui, au début du XIIe siècle, représentait la principale source de revenus de l'île. Cette activité provoquait cependant la colère des marchands chrétiens. En 1114, 500 navires avec à leur bord 65 000 soldats pisans et catalans jetèrent l'ancre à Majorque. Ces troupes entamèrent une campagne sanglante. Ils entrèrent à Medina Mayurka en avril de l'année suivante. Après dix mois de combats acharnés, les soldats

LES JUIFS DE MAJORQUE

Les premiers juifs seraient arrivés à Majorque en l'an 70, l'année où les Romains détruisirent la majeure partie de Jérusalem et de son temple. Sous la domination musulmane, une petite minorité juive prospérait à Medina Mayurka (nom que les Maures avaient donné à l'actuelle Palma). La situation se compliqua après la conquête de l'île par les chrétiens en 1229. Bien qu'exclus de la plupart des professions et des emplois publics, les juifs de Majorque étaient reconnus pour leur savoir et leur sens des affaires. Les médecins, astronomes, banquiers et commerçants juifs, qui parlaient généralement parfaitement catalan et/ou espagnol, latin, hébreu et arabe, jouaient souvent des rôles clé dans la société.

On estime qu'à la fin du XIIIe siècle, Ciutat (Palma) comptait entre 2 000 et 3 000 juifs. Ils furent expulsés du quartier du Palau de l'Almudaina et on les installa dans le Call (signifiant "ghetto" en catalan), situé dans la partie est de Sa Calatrava, dans les rues autour de la Carrer de Monti-Sion. Un couvre-feu fut instauré et les juifs furent obligés de porter un cercle d'étoffe rouge et jaune pendant la journée. En 1315, leur synagogue devint l'Església de Monti-Sion. Ce n'est qu'en 1373 qu'ils disposèrent à nouveau d'un lieu de culte. En 1391, des paysans massacrèrent quelque 300 juifs lors d'un pogrom antisémite.

En 1435, les juifs majorquins furent contraints de se convertir au christianisme et leurs synagogues furent transformées en églises. Au début du XVIe siècle, ils durent quitter le Call Major pour aller s'installer au Call Menor, autour du Carrer de Colom. Bien qu'ils fussent convertis au christianisme, on les soupçonnait de pratiquer des rites juifs en secret. Ils constituèrent une cible de choix lors de l'Inquisition. Le dernier autodafé (jugement par le feu) de ceux que l'on appelait alors *judaizantes* eut lieu en 1691 ; trois citoyens périrent sur le bûcher.

Surnommés *xuetes* (de *xua*, terme péjoratif désignant la viande de porc), les juifs étaient toujours exclus par la majorité de la population chrétienne, et ils durent attendre le XIXe siècle pour que leur condition s'améliore. Ce siècle vit alors une floraison d'écrivains et de poètes issus de familles *xueta*. Aujourd'hui, on estime qu'entre 15 000 et 20 000 personnes descendent de ces familles (qui, encore au milieu du XXe siècle, étaient souvent rejetées par les autres Majorquins).

Septembre 1229

Sous le règne de Jacques Ier, les troupes catalanes jettent l'ancre à Santa Ponça (Majorque), défont les musulmans et installent leur campement au pied des murailles de Medina Mayurka.

Décembre 1229

Jacques Ier entre dans la ville, qui est mise à sac par ses troupes. Puis ravagée quelques mois plus tard par une épidémie de peste qui décime de nombreux habitants et soldats.

1267

Le philosophe, théologien et poète majorquin Raymond Lulle a plusieurs visions qui feront de lui l'une des figures culturelles catalanes les plus importantes de l'Histoire.

1276

Jacques Ier meurt, cinquante ans après avoir imposé le christianisme à Majorque. Les territoires sous son autorité sont répartis entre ses deux fils. S'ensuivent des décennies de conflits.

quittèrent Majorque épuisés et chargés de dépouilles, de prisonniers et d'esclaves chrétiens libérés.

En 1116, une nouvelle ère commença pour l'île lorsque les Almoravides (tribu berbère du Maroc) venus d'Espagne continentale y établirent leur pouvoir. Les Baléares connurent une prospérité sans précédent, notamment sous le règne du Wāli Ishaq, de 1152 à 1185. En 1203, Majorque tomba sous le joug des Almohades, qui avaient pris le contrôle d'Al-Andalus.

Ces querelles intestines entre les différentes factions musulmanes n'échappèrent pas aux chrétiens d'Espagne. La Reconquista (reconquête des territoires sous emprise musulmane par les royaumes chrétiens) prit un nouvel élan après la déroute des armées des Almohades lors de la bataille de Las Navas de Tolosa, en 1212 sur le continent espagnol. Les chrétiens reprirent Valence, l'Estrémadure, Cordoue et Séville, et les derniers musulmans furent chassés du Portugal. Un plan fut établi pour s'emparer également des îles Baléares, en particulier de Majorque, d'où les menées des pirates entravaient considérablement le commerce maritime des chrétiens.

Jacques Ier le Conquérant

Le 5 septembre 1229, 155 navires avec à leur bord 1 500 chevaliers et leurs montures, ainsi que 15 000 fantassins, levaient l'ancre des ports catalans de Barcelone, Tarragone et Salou, et mettaient le cap vers Majorque. Jacques Ier (1208-1276), roi d'Aragon et de Catalogne, avec l'énergie de ses 21 ans, s'était juré de prendre les îles Baléares et, ce faisant, de mettre un terme aux agissements des pirates musulmans. Jacques Ier (surnommé par la suite le Conquérant) débarqua à Santa Ponça et, après deux brèves escarmouches, marcha sur Medina Mayurka, qu'il assiégea. Le 31 décembre, les troupes chrétiennes parvinrent à ouvrir une brèche et à envahir la ville, pillant tout sur leur passage. Durant les mois qui suivirent, Jacques Ier pourchassa les troupes ennemies dans toute l'île, ne rencontrant qu'une faible résistance.

Une fois la conquête de Majorque achevée, Jacques Ier procéda au partage de l'île entre ses lieutenants et alliés. Les *alqueries, rafals* (hameaux) et villages arabes furent attribués à leurs nouveaux *senyors* (maîtres). Si ces lieux furent souvent rebaptisés, nombre d'entre eux conservèrent leur nom arabe. Les noms commençant par "Bini" (fils de) indiquent ainsi des origines arabes. Les autres prirent le nom de leur nouveau seigneur, précédé de la particule possessive *son* ou *sa* (que l'on pourrait traduire par "qui appartient à..."). Jacques Ier consigna cette répartition du butin dans son *Llibre del Repartiment*.

Les priorités du roi espagnol étaient de mettre en place un programme rapide de construction d'églises, de christianiser la population locale et

CARTES

Les cartographes juifs, en particulier ceux de la famille Cresques, étaient extrêmement réputés. Leurs cartes furent utilisées par les grands voyageurs européens. Abraham Cresques (vers 1325-1387) et son fils Jafuda (vers 1350-1410) établirent l'une des cartes du monde les plus célèbres en 1375. Elle est aujourd'hui conservée à la Bibliothèque nationale de France à Paris.

1343

Pierre III d'Aragon envahit Majorque et soustrait la couronne à Jacques III, qui mourra six ans plus tard lors de la bataille de Llucmajor, en tentant de la reprendre.

1382

Le système de Sac i Sort (sac et chance) est mis en place : dans quatre sacs, on tire le nom des six candidats qui seront nommés *jurats* (magistrats) pour les douze mois à venir.

1391

Le quartier juif de Palma est mis à sac. Des centaines de juifs trouvent la mort dans ce pogrom. Les coupables seront remis en liberté par crainte que leur condamnation ne provoque de nouvelles violences.

1488

L'Inquisition, déjà présente à Majorque, est officiellement instaurée dans l'île. Des centaines de personnes accusées d'hérésie périront sur le bûcher dans les décennies qui suivent.

L'ÉVANGÉLISATION SELON RAYMOND LULLE

Né à Ciutat (Palma), Raymond Lulle (Ramón Llul en catalan, 1232-1316) eut un destin hors du commun. Ce théologien et mystique intégra très jeune la cour de Jacques Ier en tant que page, puis fut élevé au rang de majordome de Jacques II, futur roi de Majorque. On dit que Raymond Lulle profitait de la vie, écrivait des poèmes d'amour et menait même une vie de débauche.

En 1267, il eut à cinq reprises une vision du Christ crucifié, ce qui bouleversa sa vie. Il passa les années qui suivirent à approfondir ses connaissances en théologie, en morale et en linguistique (arabe et hébreu). Avec l'appui de Jacques II, il fonda un monastère à Miramar où l'on enseignera la théologie et les langues orientales aux futurs évangélisateurs. Son souhait le plus cher était de convertir les juifs et les musulmans au christianisme. C'est pourquoi il partit prêcher en Europe, au Proche-Orient et en Afrique du Nord. Il multiplia dans un même temps les écrits en catalan et en arabe. Aujourd'hui, il est considéré comme le père du catalan littéraire. En 1295, il rejoignit les franciscains et, en 1307, risqua la colère des musulmans en prêchant à l'extérieur des mosquées d'Afrique du Nord. Certains disent qu'il fut lynché en Tunisie par une foule mécontente, tandis que d'autres affirment qu'il mourut sur le chemin du retour vers sa terre natale, en 1316. Il est enterré à la Basílica de Sant Francesc, à Palma. Sa béatification a été confirmée par le pape Jean Paul II et le long et hasardeux processus de sa canonisation a été entamé en 2007.

de faire venir des colons de Catalogne (principalement des environs de la ville de Gérone). Durant le premier siècle qui suivit la conquête, Ciutat ("la ville", qui sera plus tard appelée "Palma") abritait la quasi-totalité de la population de l'île. La Part Forana (partie extérieure à Ciutat) était divisée en 14 districts, mais tout le pouvoir de l'île était concentré à Ciutat. L'administration courante était assurée par six *jurats,* ou "magistrats", placés sous les ordres du roi.

Les colons chrétiens catalans imposèrent leur religion, leur langue et leurs coutumes, et la population musulmane de l'île fut en majeure partie réduite à l'esclavage. Ceux qui ne prirent pas la fuite ou qui n'acceptèrent pas ce sort n'eurent d'autre choix que de renoncer à l'islam. Les juifs de Majorque connurent eux aussi des heures très sombres.

Dans la Part Forana, les fermes devinrent des *possessions*, l'élément central sur lequel allait reposer l'économie agricole de l'île. Ces grands domaines agricoles étaient gérées par des gens du pays, souvent des paysans aisés, entièrement dévoués à leur maître, absent la plupart du temps. Ces gérants employaient des *missatges* (ouvriers agricoles permanents) et des *jornalers* (journaliers), qui vivaient à la limite de la misère. Les petits propriétaires agricoles, dans l'incapacité bien souvent de joindre les deux bouts, cédaient alors leurs terres aux *possessions* les plus importantes et allaient grossir les rangs des *jornalers*.

Un astéroïde découvert par des astronomes majorquins en 1997 fut baptisé "9900 Ramón Llull" en hommage au grand philosophe, écrivain et évangélisateur qui naquit sur l'île au Moyen Âge.

1521

Paysans et artisans, armés, se soulèvent contre l'aristocratie majorquine : c'est la révolte des Germanías. Le soulèvement sera violemment réprimé en octobre 1522, par l'armée de Charles Quint, roi d'Espagne.

1706

Le prétendant autrichien au trône espagnol pendant la guerre de la Succession d'Espagne (1702-1715) prend le contrôle de Majorque. Neuf ans plus tard, Majorque est vaincue par le Bourbon Philippe V.

1773

Le roi Charles III ordonne que les juifs de Palma soient autorisés à vivre où ils souhaitent, et que toutes formes de discrimination et de mauvais traitements à leur encontre soient punies.

1809

Des milliers de soldats français faits prisonniers lors d'une bataille en Espagne continentale sont envoyés à l'Illa de Cabrera, où ils vivent dans des conditions atroces. Les survivants seront libérés en 1814.

En 1276, à la mort de Jacques Ier, les territoires du roi furent répartis entre ses deux fils, Jacques II et Pierre III d'Aragon. Majorque fut alors ballottée pendant des années entre les deux, et plus tard, entre leurs héritiers respectifs. En 1349, le royaume de Majorque, jusqu'alors indépendant, fut rattaché à la Couronne d'Aragon, tout en conservant une grande autonomie.

La fortune de Majorque, notamment celle de Palma, épousa donc celle de Barcelone, capitale catalane de la Couronne d'Aragon et important carrefour commercial. Au milieu du XVe siècle, les deux villes (malgré des catastrophes comme les épidémies de peste) figuraient parmi les plus prospères de la Méditerranée. Palma comptait alors quelque 35 consulats et des représentations commerciales tout autour de la Méditerranée. Les commerçants de la ville disposaient d'une flotte marchande de 400 navires, et la Bourse médiévale, Sa Llotja, était un centre d'affaires animé.

L'un des plus beaux écrits sur Majorque est celui du peintre catalan Santiago Rusiñol, intitulé *Mallorca, L'Illa de la Calma* ("Majorque, l'île du calme", non traduit, 1922). Il jette dans cet ouvrage un regard critique sur les conditions de vie difficiles des Majorquins vivant à la campagne.

Un long déclin

Si l'annexion du royaume de Majorque à la Couronne d'Aragon n'entama pas la prospérité de l'île dans un premier temps, le déclin ne tarda pas à se faire sentir. L'ensemble des Baléares subit le contrecoup de la hausse des taxes ; catastrophes naturelles et épidémies firent le reste. Dans la Part Forana, les ouvriers agricoles n'avaient quasiment plus rien à manger et les récoltes se raréfièrent tellement qu'en 1374, des gens mouraient de faim dans la rue. Les révoltes locales, comme celle de 1391 (l'année où des travailleurs en colère pillèrent par ailleurs le quartier juif, le "Call" de Ciutat), étaient fréquentes et sévèrement réprimées par l'armée. La situation économique de Majorque et des autres îles des Baléares empira encore avec la découverte des Amériques et le déclin du commerce en Méditerranée au profit des échanges transatlantiques.

En 1521, la révolte des Germanías affaiblit encore l'île. Les paysans et les artisans se soulevèrent contre les impôts écrasants frappant les plus pauvres. De nombreux membres de l'aristocratie majorquine furent massacrés et les contestataires forcèrent le vice-roi à prendre la fuite – Majorque faisait alors partie de l'Espagne, aux mains de l'empereur Charles Quint. Ce dernier envoya en octobre 1522 une armée, qui ne parvint à rétablir l'ordre qu'en mars de l'année suivante.

Durant tout le XVIe siècle, Majorque fut constamment la cible des pirates nord-africains. Certaines des fêtes traditionnelles les plus marquantes, comme Moros i Cristians, à Pollença, et Es Firó, à Sóller, datent d'ailleurs de cette époque, tout comme les fortifications de l'île.

La bonne étoile de l'Espagne commença également à décliner à partir du XVIIe siècle et Majorque sombra peu à peu dans l'isolement. L'île soutint en outre le "mauvais camp", les Habsbourg, lors de la guerre de la Succession d'Espagne (1703-1715). Le Bourbon Philippe V, victorieux, abolit tous les

1837

Un navire à vapeur destiné aux particuliers relie Barcelone et Palma, c'est la première liaison régulière avec le continent. George Sand et Frédéric Chopin l'emprunteront, en 1838.

IMAGES KRZYSZTOF DYDYNSKI/LONELY PLANET ©

» Statue de Frédéric Chopin

Avril 1912

La ligne ferroviaire Palma-Sóller est ouverte. Avant cela, il était plus facile pour les habitants de Sóller de se rendre en France par la mer qu'à Palma par les mauvaises routes de montagnes !

Juin 1922

Le premier service postal aérien est instauré entre Barcelone et Palma. Le courrier est acheminé par des hydravions stationnant dans des hangars d'Es Jonquet, à Palma.

Entre le 16 et le 18 mars 1938, les bombardiers de l'armée de l'air italienne basés à Majorque lancèrent 17 raids sur Barcelone, qui firent environ 1 300 victimes. Mussolini, semble-t-il, ordonna ces bombardements, à l'insu du haut commandement nationaliste espagnol.

privilèges historiques de Majorque et son autonomie en 1716. L'obligation de parler castillan et de renoncer au catalan fut aussi promulguée.

Le XXe siècle : guerre civile et dictature

Développement de l'exportation du vin et des amandes, ouverture d'une ligne de chemin de fer sur l'île et d'une ligne régulière de bateaux à vapeur entre Majorque et l'Espagne continentale, le tournant du XXe siècle fut une époque positive. La Renaissance culturelle catalane, *Renaixança*, se fit sentir jusqu'à Majorque où toutes les formes d'arts s'épanouirent. Des bâtiments de style moderniste furent même construits à Palma. Les premiers touristes arrivèrent sur l'île – parmi lesquels George Sand et Frédéric Chopin –, séduits par la beauté des paysages et la tranquillité des lieux.

Les années 1930 changèrent rapidement la donne. Comme à Madrid, républicains et socialistes obtinrent la majorité absolue à Palma aux élections de 1931. Mais deux ans plus tard, la Confederatión Espanola de Derechas Autónomous (Confédération espagnole des droites autonomes) gagna les élections nationales. Début 1934, tous les maires de gauche de Majorque avaient été remerciés. Ils occupaient pourtant de nouveau leur poste après les élections de 1936, qui se traduisirent par une victoire

ARCHIDUC, AUTRICHIEN ET AMOUREUX DES BALÉARES

Alors que les premières batailles de la campagne italienne faisaient rage en 1915, l'archiduc Louis Salvador d'Autriche demeurait cloîtré dans le château de Brandeis, en Bohême, passant son temps à écrire, frustré de ne pouvoir regagner les îles Baléares si chères à son cœur. Il mourut en octobre de la même année d'une septicémie, à la suite d'une opération de la jambe.

Louis Salvador naquit à Florence en 1847. Quatrième fils du grand-duc Léopold II, il commença très tôt à voyager, étudia et visita des villes dans toute l'Europe. Dès le début, il prit l'habitude de rapporter par écrit tout ce qu'il voyait. Ses premiers livres furent publiés un an après son premier voyage aux îles Baléares en 1867. Il revint à Majorque en 1871 et, l'année suivante, il acheta le Monestir de Miramar. Il décida alors de faire de Majorque sa résidence principale – un choix de vie qui séduisit de nombreux Européens du Nord qui lui emboîtèrent le pas un siècle plus tard !

Voyageur infatigable, l'archiduc visita à bord de la *Nixe*, son yacht à vapeur, entre autres moyens de transport, Chypre et la lointaine Tasmanie. Il ne se passait pas une année sans qu'il publie un livre, le plus connu étant les imposants volumes qui composent *Die Balearen* ("Les Baléares"). De tous les endroits qu'il visita, Majorque restait son lieu préféré. Il y recevait régulièrement la visite de membres de la famille royale et de personnalités importantes. En 1877, les députés locaux lui décernèrent le titre de "Fils adoptif des îles Baléares". En 1901, il était nommé membre honoraire de la Royal Geographical Society de Londres.

19 juillet 1936
L'armée et les milices de droite s'emparent de Majorque au nom du général Franco, alors que ce dernier lance son offensive militaire contre le gouvernement républicain de Madrid.

1er avril 1939
Après trois années de conflit et trois jours après la chute de Madrid, Franco revendique la victoire lors d'un discours radiophonique. La dictature du général durera quarante ans.

1952
Le rationnement instauré après la guerre civile prend fin sur l'île. Si le quotidien demeure précaire pour de nombreux Majorquins, l'essor du tourisme va bientôt transformer à jamais le destin de Majorque.

1960
On estime à 500 000 le nombre de visiteurs venus à Majorque : c'est le début du tourisme de masse sur l'île. Ce chiffre sera multiplié par 50 au cours des décennies qui suivront.

écrasante de la gauche. En juillet 1936, le général Francisco Franco prenait la tête d'une rébellion militaire contre le gouvernement central républicain. Ce fut le début de trois ans de guerre civile.

À Majorque, les partisans de Franco rencontrèrent peu de résistance. Le 19 juillet, des soldats rebelles et des militants de la Phalange, groupe nationaliste de droite, firent irruption dans le Cort (hôtel de ville) et arrêtèrent le maire de gauche, Emili Darder (il sera exécuté en février 1937 aux côtés d'autres hommes politiques). Les insurgés s'emparèrent rapidement de points stratégiques dans tout Palma, presque sans avoir à tirer un seul coup de feu. Les villes de la Part Forana leur opposèrent une plus grande résistance, qui fut écrasée dans le sang.

À la mi-août, des bataillons d'hommes et des dizaines d'avions de guerre italiens étaient envoyés à Majorque par l'allié de Franco, le dictateur Benito Mussolini. L'île devint alors la base principale des opérations aériennes italiennes, et c'est de là que des raids furent lancés contre Barcelone avec une intensité croissante à mesure que la guerre civile prenait de l'ampleur.

Avec la victoire de Franco en 1939, la vie à Majorque s'aligna sur celle du continent : le catalan et toute manifestation de la culture régionale furent interdits. Le rationnement, introduit en 1940, dura jusqu'en 1952. Sur les neuf maires qui se succédèrent à Palma de 1936 à 1976, quatre étaient des militaires et les autres des conservateurs.

Aux dernières élections régionales de mai 2011, le Parti populaire (Partido Popular), conservateur, a obtenu la majorité absolue aux Baléares, mettant un terme au précédent gouvernement réunissant socialistes et régionalistes. Une victoire qui préfigurait le raz de marée du Parti populaire aux élections législatives, six mois plus tard.

Un tourisme salvateur ?

En 1950, le premier vol charter se posait à Majorque, sur une petite piste d'atterrissage. Difficile alors d'en imaginer les conséquences. En 1955, le centre de Palma comptait une dizaine d'hôtels, et d'autres s'étaient installés le long du front de mer en direction de Cala Major.

Avec l'essor du tourisme de masse dans les années 1960 et 1970, Majorque connut un développement fulgurant. La construction sans véritable cadre juridique d'immeubles tout autour de la baie, puis le long d'autres plages de la côte, fut le résultat d'une politique délibérée du gouvernement franquiste visant à encourager le tourisme dans les zones côtières. Les hôtels les plus laids érigés à cette époque ont pour beaucoup été fermés depuis ou transformés en immeubles d'habitation ou en bureaux.

Selon certaines estimations, Majorque arrive en tête des provinces espagnoles en termes de niveau de vie, mais 80 % de l'économie de l'île est basé sur le tourisme. À l'origine d'une urbanisation accélérée et souvent irréfléchie, cette activité touristique intensive conduit aujourd'hui les Majorquins à s'interroger sur son impact sur l'environnement, la culture et l'identité de l'île. Le terme "baléarisation" a été inventé pour illustrer ce bétonnage du littoral sans vision à long terme et menaçant la principale ressource de l'île : ses côtes magnifiques. La recherche des voies d'un développement durable est désormais à l'ordre du jour...

1983

Le statut d'autonomie des îles Baléares (ainsi que celui d'autres régions d'Espagne) est approuvé huit ans après la mort du général Franco.

Mai 2007

À l'issue des élections régionales, le socialiste Francesc Antich forme un gouvernement de coalition qui s'engage à freiner les projets de construction sur l'île.

2009

Le groupe séparatiste basque ETA fait exploser plusieurs bombes à Majorque, tuant deux policiers et provoquant le chaos sur l'île en plein cœur de la saison touristique.

Mai 2011

Les conservateurs du Parti populaire (PP) font un retour en force au pouvoir après leur victoire à la majorité absolue aux élections régionales.

Environnement

Les paysages de Majorque sont d'une grande variété : falaises de calcaire, grottes, criques de sable fin, champs de fleurs sauvages, vergers, oliveraies, forêts… impossible de s'ennuyer !

Géographie

Majorque est la plus grande île de l'archipel des Baléares. La cordillère Bétique andalouse, de l'Espagne continentale, plonge à près de 1,5 km de profondeur dans la Méditerranée et refait surface pour former les îles de Majorque, Minorque, Ibiza et Formentera. L'étendue d'eau séparant l'archipel du continent s'appelle la mer des Baléares.

La côte

Le ministère espagnol de l'Environnement publie sur son site Web (www.marm.es) de nombreuses informations en français sur la biodiversité, les côtes et les parcs nationaux (reddeparques nacionales.mma.es).

Le littoral majorquin est ponctué d'une multitude de petites criques et de trois grandes baies. La baie de Palma, au sud, est la zone la plus densément peuplée de l'île. Les deux grandes baies du nord, la baie de Pollença et la baie d'Alcúdia, sont délimitées par trois caps spectaculaires : le Cap de Formentor, le Cap des Pinar et le Cap Ferrutx.

La côte sud se caractérise par une succession de falaises à pic et de baies calmes. C'est également dans cette région que se trouvent deux ensembles d'îlots : l'Illa de Sa Dragonera (au large de Sant Elm) et le Parc Nacional Marítim-Terrestre de l'Arxipèlag de Cabrera (au large de Colònia de Sant Jordi), avec ses 19 îles.

Montagnes

La Serra de Tramuntana, longue de 90 km, commence à côté d'Andratx, au sud-ouest, pour atteindre toute sa splendeur au Cap de Formentor, au nord. Les sommets les plus élevés se trouvent dans la partie centrale du massif, au nord-est de Sóller. Les versants ouest abrupts s'élèvent en pente raide depuis la mer et abritent de nombreux villages ; ils donnent l'impression d'être plus hauts qu'ils ne le sont réellement. La Serra de Tramuntana se caractérise avant tout par des coteaux boisés (avec parfois des cultures en terrasses) et des sommets calcaires dépouillés. Plusieurs chaînes secondaires, comme la Serra d'Alfabia et Els Cornadors, toutes deux proches de Sóller, sont parfois citées séparément.

GÉOGRAPHIE : LES CHIFFRES

» Superficie : 3 636 km^2

» Littoral : 550 km

» Distance la plus courte depuis l'Espagne continentale : 175 km

» Point culminant : Puig Major de Son Torrella (1 445 m)

» Point culminant accessible : Puig de Massanella (1 365 m)

De l'autre côté de l'île, la Serra de Llevant, moins spectaculaire, s'étend du Cap Ferrutx, au nord, au Cap de Ses Salines, au sud. L'Illa de Cabrera, au large, est considérée comme un prolongement de cette chaîne. Son point culminant est le Santuari de Sant Salvador (509 m), facilement accessible. Au nord d'Artà, la Serra de Llevant domine le Parc Natural de la Península de Llevant.

Entre les deux, au centre de l'île, s'étend la vaste plaine fertile d'Es Pla.

Grottes

Le long de ses côtes est et sud notamment, Majorque est percée de grottes créées par l'érosion, les vagues et le ruissellement de l'eau. Il peut s'agir aussi bien de minuscules abris ressemblant à des puits, que de vastes tunnels longs de plusieurs kilomètres abritant des lacs, des rivières et des formations étonnantes sculptées par la nature. La plupart des grottes se trouvent au-dessus du niveau de la mer. Les plus connues sont les Coves del Drac (p. 149) et les Coves dels Hams (p. 149), dans les environs de Porto Cristo, les Coves d'Artà (p. 148), à la Platja de Canyamel, les Coves de Campanet (p. 131), à Campanet, et les Coves de Gènova (p. 76), près de Palma.

Faune

La faune terrestre n'est pas très développée, aussi bien en nombre qu'en diversité. Cela est largement compensé par l'abondante faune ailée qui vit sur l'île. Majorque est d'ailleurs l'une des destinations préférées des ornithologues en Méditerranée.

Animaux terrestres

L'espèce terrestre la plus sympathique (et facilement observable) de Majorque est la chèvre sauvage (*Capra ageagrus hircus*), qui ne survit en nombre raisonnable que dans la Serra de Tramuntana, au Cap des Pinar et dans le Parc Natural de la Península de Llevant. Parmi les autres mammifères figurent les chats férals (chats retournés à l'état sauvage, qui menacent gravement les populations d'oiseaux), les furets, les lapins et les hérissons. Les lézards, les tortues, les grenouilles et les chauves-souris sont les principales populations indigènes. La présence importante de lézards sur les petites îles au large de Majorque s'explique par l'absence de population humaine et par l'introduction d'espèces sur l'Illa de Sa Dragonera, où ils sont prédominants, et sur l'Illa de Cabrera. Celle-ci abrite 80 % des derniers lézards des Baléares (*Podarcis lilfordi*). Il y a aussi des araignées, plus de 300 espèces de papillons de nuit et 30 espèces de papillons.

Faune marine

Cachalots, globicéphales et rorquals viennent chercher leur nourriture non loin des côtes. Les eaux de Majorque sont aussi fréquentées par des grands dauphins, des dauphins à flancs blancs et d'autres espèces. Les plongeurs ont souvent l'occasion d'observer des barracudas, des poulpes, des murènes, des mérous, des poissons cardinal, des demoiselles, des étoiles de mer, des oursins, des éponges et des coraux.

Oiseaux

Majorque sert d'étape aux oiseaux migrateurs sur leur trajet entre l'Europe et l'Afrique. C'est aussi l'une des rares îles de la Méditerranée à être dotée d'une si grande surface de zones humides, ce qui en fait un lieu idéal pour pratiquer l'ornithologie. Les zones côtières, en particulier, sont peuplées de centaines d'espèces résidentes et d'espèces migratrices, au printemps et en automne.

Le forum en anglais www.birdforum.net répertorie de nombreux sites d'ornithologie dans les Baléares. Le site Birding in Spain (www.birdinginspain.com) est aussi une bonne source d'informations. Cliquez sur "Birding in Mallorca" pour accéder à des liens vers des circuits organisés, ainsi qu'à une liste des espèces d'oiseaux peuplant les principaux sites ornithologiques de l'île. Le site en français www.oiseaux.net décrit tous les oiseaux d'Espagne, photos à l'appui.

OISEAUX

OÙ OBSERVER LES OISEAUX ?

N'importe où sur l'île ou presque, mais les meilleurs endroits se trouvent le long des côtes nord, est et sud.

» **Parc Natural de S'Albufera** Paradis des ornithologues, cette zone marécageuse compte quelque 230 espèces, notamment des luscinioles à moustaches et des canards souchets. Le parc abrite les deux tiers des espèces vivant à Majorque de manière permanente ou y passant l'hiver. Il est d'ailleurs protégé par la Convention Ramsar relative aux zones humides d'importance internationale.

» **Parc Nacional Marítim-Terrestre de l'Arxipèlag de Cabrera** Ces îles protégées attirent des oiseaux marins, des oiseaux migrateurs et des oiseaux de proie, notamment des aigles pêcheurs, des puffins des Baléares, une espèce en voie de disparition, des goélands d'Andouin, des puffins cendrés, des cormorans, des balbuzards pêcheurs, des faucons d'Éléonore et des faucons pèlerins.

» **Parc Natural de la Península de Llevant** Ce promontoire accidenté au nord d'Artà est habité par des cormorans et des goélands d'Andouin.

» **Parc Natural de Mondragó** Vous y observerez principalement faucons, tourterelles et espèces côtières.

» **Embassament de Cúber** À l'ombre du Puig Major de Son Torrella, rapaces et autres espèces de montagne sillonnent les airs.

» **Vall de Bóquer** Non loin de Port Pollença, cette vallée rocheuse abrite des fauvettes, des petits-ducs scops, des perdrix rouges et des faucons pèlerins, entre autres espèces pour la plupart migratrices ou vivant dans les montagnes.

» **Cap de Formentor** Cette péninsule est habitée par toutes sortes de fauvettes, de merles bleus, d'hirondelles des rochers, de faucons d'Éléonore, de martinets pâles, de rapaces migrateurs ainsi que par quelques puffins des Baléares.

Avec plus de 200 espèces, il est difficile de prévoir à l'avance lesquelles vous aurez la chance d'observer. On peut diviser ces différentes espèces en trois catégories : les sédentaires, qui vivent sur l'île toute l'année ; les saisonniers, qui migrent vers le sud après la naissance de leurs petits ou pour échapper aux rigueurs de l'hiver de l'Europe septentrionale ; et les migrateurs, qui s'arrêtent brièvement à Majorque pour se reposer avant de poursuivre leur voyage.

Si vous prévoyez d'observer les oiseaux, procurez-vous l'un des guides d'ornithologie suivants : *Guide Peterson des oiseaux de France et d'Europe*, *Le Guide ornitho* ou encore le *Petit atlas des oiseaux de Méditerranée* (tous les trois chez Delachaux et Niestlé, 2010).

Espèces en voie de disparition

La situation des oiseaux, tortues et crapauds méditerranéens, qui font partie des populations menacées de l'île, s'est améliorée grâce aux efforts de conservation et de maîtrise de la reproduction mis en œuvre dans les parcs et les zones naturelles. Les espèces en voie de disparition comprennent les tortues mauresques et les tortues d'Hermann, les deux seules espèces de tortues identifiées en Espagne, ainsi que des oiseaux comme le milan royal.

Plusieurs programmes ont fait leurs preuves. En 2006, le crapaud accoucheur, espèce endémique à Majorque, a vu son statut modifié, passant de "gravement menacé" à "vulnérable" sur la Liste rouge des espèces menacées de l'UICN (Union internationale pour la conservation de la nature). Il n'en est pas de même pour le puffin des Baléares, espèce d'oiseau aquatique qui a énormément souffert de la présence des chats férals. Il est d'ailleurs considéré comme "gravement menacé" par l'UICN.

Flore

Les îles Baléares comptent plus de 100 espèces endémiques et offrent une terre fertile à d'innombrables autres plantes.

LA TARGETA VERDA

La Fundació per al Desenvolupament Sostenible de les Illes Balears, organisation à but non lucratif visant à promouvoir le développement durable dans les Baléares, a été créée en 2004. Un an plus tard, elle mettait en place la **Targeta Verda** ("carte verte" ; ☎800 401 112 ; www.balears-sostenible.com), que l'on peut se procurer (10 €) dans les hôtels en zone rurale, aux aéroports, dans les kiosques à journaux et les bureaux de poste. Elle donne droit à des réductions dans de nombreux sites, restaurants et magasins des îles Baléares, et permet aussi d'utiliser les jumelles gratuitement au Parc Natural de S'Albufera. Les bénéfices sont investis dans des projets de préservation de l'environnement et de développement durable, comme l'amélioration des infrastructures et la protection des espèces du Parc Natural de S'Albufera.

Montagnes et plaines

La flore des sommets de la Serra de Tramuntana est capable de résister à un soleil brûlant et à des vents forts. Les espèces pouvant se développer dans un tel environnement sont des plantes tapissantes ou des espèces poussant sur les falaises, comme la *Scabiosa cretica* (ses fleurs mauves rappellent certaines variétés exotiques), dont les racines s'enfoncent dans les fissures des rochers en quête de fraîcheur et d'humidité.

Les coteaux rocheux et les plaines de Majorque étaient autrefois couverts de forêts de chênes, qui furent brûlées ou détruites pour en faire des terres agricoles. Aujourd'hui, des espèces résistant à la sécheresse s'y développent. On peut y voir des arbustes à feuilles persistantes comme des oliviers sauvages et des palmiers nains, ainsi que des plantes aromatiques telles que le romarin, le thym et la lavande. On trouve aussi de la bruyère, des genêts, des figues de Barbarie (avec lesquelles on fait de la confiture) et 60 variétés d'orchidées.

Parmi les plantes endémiques, essayez de repérer la magnifique *Paeonia cambessedesii*, une pivoine rose qui vit dans les ravins de la Serra de Tramuntana, à l'abri du soleil, ainsi que la *Naufraga balearica*, qui ressemble au trèfle et pousse sur les pentes ombragées de la Tramuntana.

Les polyglottes pourront consulter l'*Herbari Virtual del Mediterrani Occidental* du département de biologie et botanique de l'Université des îles Baléares (herbarivirtual.uib.es) ou l'ouvrage de référence d'Anthony Bonner *Plants of the Balearic Islands* (Editorial Moll, 2004). Ceux qui préfèrent lire en français se reporteront à l'excellent *Guide de la flore méditerranéenne* (Delachaux et Niestlé, 2009).

Forêts et fougères

Là où les forêts de chênes à feuillage persistant ont réussi à survivre, chênes verts et chênes kermès cohabitent avec des espèces végétales plus petites et moins faciles à observer, comme les violettes, la bruyère et le fragon épineux. Les espèces endémiques en voie de disparition intéresseront particulièrement les botanistes, notamment le buis des Baléares (*Buxux balearica*), aux feuilles brillantes, et l'if commun (*Taxus baccata*), capable de vivre plusieurs centaines d'années. L'un de ces ifs, à Esporles, aurait plus de 2 000 ans.

Plus de 40 espèces de fougères en quête d'humidité trouvent un milieu très propice à leur développement à proximité des grottes, gorges et ruisseaux de Majorque. Dans d'autres zones humides, des ensembles de peupliers, d'ormes et de frênes forment de petites forêts.

Variétés côtières

L'une des espèces côtières les plus répandues à Majorque est la criste marine (*Fonoll marí*), plante aux feuilles charnues que l'on donnait aux marins comme source de vitamine C pour lutter contre le scorbut. Aujourd'hui, on la fait mariner pour l'utiliser dans les salades. Parmi les autres espèces courantes, on trouve la *Launaea cervicornis*, qui forme des coussins épineux, et le *Senecio rodriguezii*, dont les fleurs violettes en forme de marguerites lui ont valu le surnom de *Margalideta de la mar* ("petite marguerite des mers").

Dans les zones humides, les marécages et les dunes se développe un ensemble varié d'espèces côtières, à la recherche d'eau douce. La lentille d'eau est l'une des plantes les plus fréquentes dans ce milieu. Elle cohabite souvent avec la massette, l'iris des marais, le carex et la menthe. Ces espèces arénicoles possèdent souvent des feuilles blanches ou vert pâle et un important système racinaire leur permettant de rester en place malgré le mouvement du sable.

Écologie

L'urbanisation effrénée des années 1960 et 1970 a eu un impact fort sur l'environnement naturel de l'île, des habitudes de nidification des oiseaux aux habitats des plantes, en passant par le ruissellement des eaux pluviales. Bien qu'aujourd'hui le gouvernement fasse preuve de plus de vigilance que dans le passé quant aux menaces qui pèsent sur l'environnement, la relation entre développement et protection des ressources naturelles reste difficile.

L'une des préoccupations les plus urgentes des écologistes concerne l'importance qu'ont prise les espèces végétales envahissantes. De nombreuses espèces nuisibles introduites à l'origine dans les jardins se sont si bien adaptées au climat et aux sols majorquins qu'elles ont pris le pas sur les espèces endémiques. C'est le cas notamment de la *Carpobrotus edulis,* appelée "griffe de sorcière" en France, et surnommée localement *patata frita* (frite) ou *dent de león* (dent de lion), en raison de ses feuilles longues et minces. Cette plante rase et résistante étouffe en effet toutes les espèces indigènes qu'elle rencontre sur son chemin.

Architecture

La découverte de l'architecture majorquine fait partie des grands plaisirs de tout séjour. À commencer par les énigmatiques sites préhistoriques et les nombreux petits villages de pierre de l'arrière-pays. Palma remporte toutefois la vedette avec sa superbe cathédrale gothique, les beaux patios des demeures seigneuriales et les édifices de style moderniste. La suite, avec le bétonnage du littoral, est peut-être moins glorieuse... mais ne doit pas faire oublier qu'au XXe siècle comme aujourd'hui, les architectes continuent d'exprimer toute leur créativité à Majorque.

Les origines

La civilisation talayotique qui se développa aux Baléares doit son nom aux *talayots*. Bien que cette civilisation ait survécu à peu près jusqu'à l'arrivée des Romains dans l'île, en 123 av. J.-C., nombre des *talayots* visibles aujourd'hui remontent au Ier millénaire av. J.-C. On peut voir des vestiges de ces mystérieuses constructions en forme de tours dans différents sites archéologiques préhistoriques à Majorque. Les scientifiques ne savent pas grand-chose sur eux ni sur les populations qui les ont édifiés. La plupart de ces sites talayotiques étaient entourés de hauts murs de pierre, dans l'enceinte desquels se trouvaient de nombreuses habitations et ces tours, généralement construites en pierre sèche. On pense que certaines ont pu servir de tours de guet, d'autres de tombes. Les sites talayotiques les mieux préservés sont ceux de Ses Païsses (p. 141) et de Capocorb Vell (p. 156).

Malgré leur réputation de grands bâtisseurs, les Romains, qui ont dominé Majorque pendant plus de deux siècles, ont laissé peu de traces de leur présence. À la différence de leurs prédécesseurs, ils s'installèrent plutôt en bordure de mer, sur des sites que les civilisations ultérieures investirent et reconstruirent ensuite. Le seul site romain d'une ampleur significative subsistant à Majorque est Pol·lentia (p. 114), la plus grande cité romaine sur l'île, près d'Alcúdia dans le Nord.

L'héritage maure

Des trois siècles de domination musulmane, Majorque conserve peu de traces. Les mosquées furent d'abord occupées par les armées chrétiennes qui conquirent l'île, au XIIIe siècle, puis transformées en églises. Ce fut par exemple le cas de la cathédrale (p. 42) et de l'Església de Sant Miquel (p. 52) à Palma, dans lesquelles rien ne subsiste de la mosquée initiale. Parmi les autres édifices que s'approprièrent les nouveaux souverains chrétiens et qu'ils rendirent méconnaissables figure le Palau de l'Almudaina (p. 46) à Palma aussi. Ce palais fut construit par les Romains, puis remanié par une succession de gouverneurs musulmans, avant de devenir le siège du pouvoir royal (chrétien) dans l'île.

Autres architectures caractéristiques de l'occupation arabe, les forteresses défensives, stratégiquement placées au sommet des collines, furent elles aussi pour la plupart transformées par les chrétiens au cours

La Reconquête chrétienne, en 1229, fut trop tardive pour que le style roman se développe vraiment à Majorque. Certains éléments du Palau de l'Almudaina (p. 46), à Palma, sont l'exception qui confirme la règle.

Édifices maures

- Banys Àrabs (p. 49)
- Jardins d'Alfàbia (p. 100)
- Arc del Wali (p. 51)
- Arco de l'Almudaina (p. 49)
- Vestiges des remparts arabes du XIIe siècle à Palma (p. 51)
- Castell de Santueri (p. 137)

des siècles suivants. Le Castell de Capdepera (p. 143) en est l'un des exemples les plus impressionnants.

Majorque gothique

Le gothique catalan prédomina inévitablement à Majorque après la conquête de l'île par le royaume d'Aragon, dont faisait alors partie la Catalogne. Cette variation catalane du gothique se caractérise par des édifices plus larges que hauts, dépourvus de pinacles et d'arcs-boutants. Guillem Sagrera (vers 1380-1456), architecte et sculpteur catalan qui avait auparavant travaillé à Perpignan, se rendit à Majorque en 1420 pour diriger les travaux de la cathédrale (p. 42), le chef-d'œuvre gothique de l'île. Sagrera est considéré comme le plus grand architecte et sculpteur de cette période à Majorque. Il dessina l'une des chapelles de la cathédrale et la salle du chapitre gothique, mais c'est surtout à lui que l'on doit Sa Llotja (p. 55), autre monument gothique exceptionnel.

Comme dans d'autres régions d'Espagne, des influences musulmanes restent évidentes dans l'architecture de la période gothique. À Majorque, le style mudéjar (soit l'emploi de techniques et décorations islamiques dans des édifices chrétiens) ne se manifeste pas dans les façades extérieures, mais on le retrouve dans les superbes plafonds *artesonados* (à caissons). Ceux du Palau de l'Almudaina (p. 46), à Palma, sont de toute beauté. Celui de la superbe demeure des Jardins de Alfàbia (p. 100), construit par des artisans almohades en 1170, mérite aussi le coup d'œil.

Les anciens propriétaires terriens de Majorque ont fait de leurs *haciendas*, *fincas* ou encore *possessions* de véritables "fermes-palais", une manière, à l'époque, d'afficher sa richesse et son statut. La plupart de ces domaines agricoles ont été transformés en gîtes (de luxe), d'autres peuvent se visiter, comme La Granja (p. 88).

Renaissance et baroque

L'architecture Renaissance, avec son désir de retour au classicisme des formes antiques, semble n'avoir guère touché Majorque. Certaines exceptions confirment la règle, notamment à Palma : l'entrée principale (par la suite remaniée) de la cathédrale (p. 42), le Consolat de Mar (p. 55) et une bonne partie des remparts sont d'époque Renaissance. Bien que décoré dans l'esprit baroque, le Monestir de Lluc (p. 103) fut érigé à la fin de la Renaissance, sur des plans de l'architecte et sculpteur Jaume Blanquer (vers 1578-1636). Alors que les formes baroques prédominent dans les nobles demeures de Palma, quelques-unes d'entre elles trahissent aussi des influences Renaissance. Telle la façade de Cal Marquès del Palmer (p. 50), qui évoque la Florence des Médicis.

Le baroque, qui se répandit ensuite dans l'île, resta relativement "sage" et atteignit rarement les exubérances que l'on rencontre ailleurs en Europe. Il est surtout manifeste dans les grandes églises qui dominent les villages de l'intérieur de l'île. Nombre d'églises aux structures gothiques subirent de profonds remaniements, évidents notamment dans les voûtes en berceaux, les fenêtre rondes, les piliers et les colonnes torses. L'extérieur fut généralement laissé sobre, à l'exception de la façade principale, souvent plus chargée. C'est dans l'art des *retablos* (*retaules* en catalan), ces grands décors peints ou sculptés et placés en retrait de l'autel, que les sculpteurs baroques laissèrent libre cours à leur imagination avec force dorures et ornements.

À Majorque, le style baroque trouve son plus merveilleux terrain d'expression dans les *patis* (patios) qui confèrent tant de charme aux vieilles demeures de Palma. Marqués par des influences arabo-andalouses et romaines, adaptés à la chaleur du climat méditerranéen, ces patios représentent l'une des formes les plus subtiles du baroque hispanique.

Modernisme

Vers la fin du XIXe siècle, le modernisme, version catalane de l'Art nouveau, se développa à Barcelone. Les architectes modernistes puisèrent leur inspiration dans la nature et le passé, en particulier

VILLAGES DE PIERRE

Les villages de l'ouest et du nord de Majorque offrent un merveilleux contraste avec les stations balnéaires bétonnées du sud et de l'est. Leur charme tient en grande partie au fait qu'ils sont construits avec la pierre locale. C'est le cas notamment de Fornalutx, Biniaraix, Valldemossa, Deià et Orient. Cette pierre, qui prend des nuances rouges ou jaunes selon l'heure, contribue à la merveilleuse harmonie qui existe à Majorque entre les paysages naturels et ceux que l'homme a créés.

dans les styles gothiques et mudéjars, pour développer leur créativité et trouver finalement un style très spécifique.

Comme tout ce qui se passait alors dans la capitale catalane, le modernisme gagna Majorque. Antoni Gaudí, l'architecte à la tête de ce mouvement, travailla à la rénovation de la cathédrale de Palma (p. 42). C'est aussi lui qui conçut l'emblématique Sagrada Família, inachevée, à Barcelone. Ce style éclectique et plein de fantaisie eut bientôt ses adeptes, majorquins ou catalans, à Majorque.

Palma

Palma fut le haut lieu du modernisme à Majorque. Lluís Domènech i Montaner (1850-1923), grand architecte moderniste catalan contemporain de Gaudí, est l'auteur du magnifique ancien Grand Hotel, qui abrite aujourd'hui la CaixaForum (p. 53). La Can Casasayas (p. 50) est, avec ses façades ondulées, également typique du modernisme. Elle fut construite pour la riche famille Casasayas, connue pour sa confiserie historique, la Confitería Frasquet (p. 60). Le bâtiment est composé de deux édifices jumeaux, l'un résidentiel et l'autre qui abrite aujourd'hui des bureaux. Deux moitiés qui dans le plan d'origine devaient être reliées par un pont.

Autre figure éminente et influente de l'histoire du modernisme majorquin : Gaspar Bennàssar (1869-1933), natif de Palma contrairement à nombre d'architectes catalans qui travaillèrent dans l'île. Au cours de sa longue carrière, il joua de différents styles. En 1908, à l'apogée du modernisme, il réalisa l'extraordinaire Almacenes El Águila (p. 53), à Palma. Chacun des trois étages de l'édifice est différent. L'abondant usage du fer forgé sur la façade principale est emblématique du style moderniste. Juste à côté, l'usage des *trencadís* (tessons de céramiques) sur la façade de la Can Forteza Rey (p. 50) est typique de l'influence de Gaudí. La Can Corbella (p. 50), qui date à peu près de la même époque est de son côté nettement de style néomudéjar.

Si, en temps normal, on peut jeter un coup d'œil à un certain nombre de patios dans Palma, durant la fête du Corpus Christi (p. 59), ils sont beaucoup plus nombreux à être ouverts au public : une chance pour les amateurs d'architecture !

Le siège du Parlement des Baléares se trouve dans le Círculo Mallorquín, un club huppé situé dans la Carrer del Conquistador. Il fut rénové en 1913 par l'architecte moderniste majorquin Miquel Madorell i Rius (1869-1936).

Sóller

La provinciale Sóller ne saurait rivaliser avec les édifices modernistes de Palma, mais elle possède quelques exemples du genre tout à fait remarquables. La plupart sont l'œuvre de Joan Rubió, disciple d'Antoni Gaudí. Le bâtiment le plus spectaculaire est cette insolite façade moderniste du début du XXe siècle, greffée sur l'Església de Sant Bartomeu (p. 93) du XVIIIe siècle. L'extravagante Banco de Sóller (p. 94), voisine, est également typique de ce style audacieux. La Ca'n Prunera – Museu Modernista (p. 93) –, tout proche, possède une façade en pierre délicatement travaillée scandée par des éléments en fer forgé. Fait rare à Majorque, derrière la façade, on peut voir un intérieur moderniste datant du début du XXe siècle.

Lettres, art et artisanat

Littérature

Bien que plusieurs fois interdit au cours de l'histoire, le catalan – et son dérivé le majorquin – est depuis le Moyen Âge une langue littéraire à part entière. Si les auteurs écrivant en catalan restent peu connus au-delà des frontières espagnoles, certains ont tout de même été traduits en français.

Pour en savoir davantage sur les auteurs qui écrivent en catalan, à Majorque ou ailleurs, vous pouvez consulter le site de l'Association des écrivains en langue catalane : www.escriptors.cat (une partie est traduite en français).

Les premiers siècles

El Llibre dels Fets (que l'on peut traduire littéralement par "Le livre des faits") est le passionnant récit autobiographique de Jacques Ier (1208-1276), roi d'Aragon, qui conquit Majorque et les autres îles Baléares. Ce livre écrit en catalan marque, dans une certaine mesure, le début de la littérature majorquine. C'est toutefois le théologien, philosophe et poète Raymond Lulle (1232-1316), natif de Palma, qui éleva la langue catalane au rang de langue littéraire (voir l'encadré p. 190). Beaucoup pensent que le missionnaire majorquin devrait être sanctifié (il n'a été que béatifié)... qu'importe, il a déjà depuis longtemps été canonisé "père de la littérature en langue catalane" !

Rares sont les Majorquins à s'être plongés dans les textes médiévaux de Raymond Lulle. En revanche, la plupart connaissent au moins un poème de Miquel Costa i Llobera (1854-1922), théologien et poète. *El Pi*

QUELQUES IDÉES DE LECTURE...

Les artistes ont commencé à séjourner à Majorque bien avant l'arrivée massive des touristes... Si le séjour de George Sand et de Frédéric Chopin est resté le plus célèbre, bien d'autres écrivains ont visité et trouvé l'inspiration sur cette île méditerranéenne.

» *Un hiver à Majorque* de George Sand (Le Livre de Poche, 2004). Le récit, publié en 1839, du fameux hiver 1838 que les deux artistes passèrent à Majorque. En 1841, George Sand publiera aussi *Majorque* (Magellan et Cie, 2006).

» *Les Grands Cimetières sous la lune* de Georges Bernanos (Point Seuil, 1997). Un témoignage, publié en 1938, sur les heures les plus noires de la guerre civile espagnole par l'écrivain français qui résida à Majorque de 1934 à 1937.

» *Olympia à Majorque* de Baltasar Porcel (Actes Sud, 2007). Un roman sur la société majorquine après le boom touristique, par l'un des écrivains de langue catalane les plus célèbres.

» *Suites majorquines, tome 1 : Quand la lune sera bleue* de Martin Solanes (Flammarion Noir, 2008). Un policier avec Palma pour cadre, par une auteure française d'origine catalane, qui utilise un pseudonyme.

de Fomentor ("Le pin de Fomentor", 1907) fait l'éloge, à travers un pin, des paysages de Majorque. C'est *le* poème majorquin.

Le XXe siècle

Llorenç Villalonga (1897-1980), dont la famille appartenait à l'élite de Palma et qui fut médecin, est l'un des plus grands romanciers majorquins du XXe siècle. Nombre de ses œuvres, dont *Béarn* (1952), son roman le plus célèbre, décrivent la décadence de l'aristocratie terrienne de l'île. En 1935, il publia *Un été à Majorque* (Pu Blaise Pascal, 2008), une sorte d'écho et de réponse à l'incontournable *Un hiver à Majorque* de George Sand.

Miquel Bauça (1940-2005) a laissé une œuvre poétique d'une grande intensité. *Una Bella Història* (1962-1985) reste son recueil majeur. Un de ses livres, *Rue Marsala* (La Différence, 1991) a été traduit en français.

Figure de la littérature majorquine contemporaine, Baltasar Porcel (né en 1937 à Andratx et décédé à Barcelone en 2009) a écrit une vingtaine de romans en catalan. Certains ont été traduits en français. Par exemple *Cabrera ou l'empereur des morts* (Actes Sud, 2002), un récit dramatique évoquant l'emprisonnement de milliers de soldats de Napoléon sur l'Illa de Cabrera.

Carme Riera (née en 1948 à Palma) a produit une impressionnante série de romans, de nouvelles et autres récits. Son roman *La Moitié de l'âme* (Points, 2008) se déroule entre Paris, Barcelone et Majorque. Il a été publié en 2003 en Espagne et a reçu un prix littéraire.

Anaïs Nin, qui séjourna une année à Deià, en 1941, y situe une courte nouvelle érotique, *Majorque*, publiée dans le recueil *Vénus Érotica* (Le Livre de Poche, 1981). Une évocation des amours sensuelles entre une jeune Majorquine et un couple d'étrangers. La première le paiera au prix fort...

Musique

Musiques populaires

Majorque, comme les autres régions espagnoles, possède un large répertoire de chansons et de ballades populaires, en majorquin bien sûr. À l'occasion des fêtes traditionnelles se produisent souvent des *xeremiers,* un duo de musiciens, dont l'un joue de la *xeremia* (sorte de cornemuse) et l'autre du *flabiol* (flûte au son aigu). Aujourd'hui, certains groupes de rock locaux reprennent des thèmes traditionnels.

Musiques actuelles

Le trio Els Valldemossa, qui chantait avec des accents jazzy des chansons populaires majorquines dans les clubs de Palma, a rencontré un petit succès à l'étranger. Ce sont eux qui accompagnaient la chanteuse espagnole Salomé, qui gagna le concours de l'Eurovision en 1969. Ils ont arrêté les concerts en 2001, mais ils continuent d'enregistrer des albums.

Maria del Mar Bonet i Verdaguer (née en 1947 à Palma) est la chanteuse majorquine la plus célèbre. Partie à l'âge de 20 ans à Barcelone rejoindre le mouvement Nova Cançó Catalana, qui encourageait les chanteurs s'exprimant en catalan, elle connut un succès international, notamment pour son interprétation du répertoire populaire méditerranéenne. Elle a aussi repris avec talent des chansons françaises (Jacques Brel entre autres) et flirté avec le jazz et la musique brésilienne.

Dans un autre genre, Concha Buika (née à Palma en 1972 d'une famille originaire de Guinée équatoriale) s'est fait connaître par le circuit des clubs de Palma pour l'originalité de sa musique, allant du hip-hop au flamenco en passant par la soul. Son deuxième CD, *Mi Niña Lola,* est sorti en 2007, suivi par *Niña de Fuego*, l'année suivante, et par *El Ultimo Trago,* en 2009, en collaboration avec Chucho Valdés, le célèbre pianiste de jazz cubain.

Propulsée par l'émission de télé-réalité *Operación Triunfo* en 2002, la jeune chanteuse d'origine argentine Chenoa, qui a grandi à Majorque, a enregistré plusieurs albums. Elle est devenue l'une des voix les plus populaires de la pop latino-espagnole.

Ibiza n'est pas la seule à inspirer les DJ ! Daniel Vulic (DJ et directeur de programme d'une radio allemande à Majorque) a sorti en 2007 *Cool Vibes Vol 1,* une compilation strictement majorquine de chill-out et de music club.

Peinture et sculpture

Les premiers siècles

Quand Majorque fut conquise par la Couronne d'Aragon, en 1229, l'île devint un point stratégique du monde catalan, ce qui favorisa l'arrivée d'artistes du continent, notamment de Valence. Si les premières œuvres alors créées étaient nettement influencées par l'école de Sienne, en Italie, le gothique international s'imposa ensuite, notamment sous l'influence de l'artiste valencien Francesc Comes, qui travailla à Majorque de 1390 à 1415.

Parmi les artistes importants du milieu du XVe siècle figurent Rafel Mòger (vers 1424-1470) et le Français Pere Niçard, qui travailla à Majorque de 1468 à 1470. Son *Sant Jordi,* l'une des œuvres majeures de cette époque, se trouve aujourd'hui au Museu Diocesà à Palma. Remarquable sculpteur de l'époque, Guillem Sagrera (1380-1456), cisela nombre des détails de Sa Llotja.

Après être allé étudier à Valence, Pere Terrencs (actif vers 1479-1528) revint à Majorque avec la technique de la peinture à l'huile, ce qui marqua la fin de la peinture à l'œuf. Son style illustre bien la transition entre la fin du gothique et la Renaissance. Dans le même genre, Mateu López (né à Cordoue, mort en 1581), formé à Valence dans le prestigieux atelier de Vicent Macip et de son fils Joan de Joanes (Joan Vicent Macip de son vrai nom, 1523-1579), débarqua en 1544 à Majorque où lui et son fils devinrent des maîtres.

Gaspar Oms (vers 1540-1614) fut le peintre le plus remarquable de la fin de la Renaissance à Majorque. Le clan Oms, originaire de Valence, domina la scène artistique majorquine tout au long des XVIIe et XVIIIe siècles. Miquel Bestard (1592-1633) créa des toiles majeures pour les églises, par exemple le Convento de Santa Clara et l'Església de Monte-Sion, à Palma. Guillem Mesquida Munar (1675-1747) se concentra sur les thèmes religieux et les scènes inspirées de la mythologie antique.

Les XIXe et XXe siècles

Le XIXe siècle vit une floraison d'artistes paysagistes à Majorque. Certains venaient de Catalogne, ou d'ailleurs en Espagne, d'autres étaient natifs de l'île. Plus d'une demi-douzaine, parmi les plus illustres, naquirent et grandirent à Palma. Joan O'Neille Rosiñol (1828-1907) est considéré comme le fondateur du mouvement paysagiste majorquin. Avec Ricard Anckermann Riera (1842-1907) et Antoni Ribas Oliver (1845-1911), tous deux de Palma, ils furent les premiers artistes à considérer l'île comme un sujet et peignirent des paysages empreints d'un lyrisme romantique. Les deux derniers peignirent surtout le littoral.

À partir de 1890, un flot d'artistes modernistes venus de Catalogne "découvrit" Majorque. Ils introduisirent de nouvelles influences, certains ayant vécu à l'étranger, comme Santiago Rusiñol (1861-1931), installé quelques années à Paris. Des artistes majorquins rejoignirent aussi avec enthousiasme le mouvement moderniste. Natif de Palma, Antoni Gelabert Massot (1877-1932) en devint même une figure clé et représenta sa ville natale dans divers toiles, dont *Murada i Catedral a Entrada de Fosc* (1902-1904). Joan Fuster Bonnín (1870-1943) et Llorenç Cerdà i Bispal (1862-1955), natifs de Pollença, s'inscrivirent dans ce même mouvement.

Dans le même temps, Llorenç Rosselló (1867-1902) tentait de s'imposer comme le plus éminent sculpteur de l'île, jusqu'à ce qu'une mort précoce vienne interrompre son œuvre. Quelque bronzes de Rosselló ainsi qu'une sélection d'œuvres des peintres mentionnés ci-dessus sont visibles à Es Baluard (p. 54).

Dans les années 1910-1920, le symbolisme commença à faire son chemin dans la vocabulaire des artistes majorquins. Joan Antoni Fuster Valiente (1892-1964) et Ramón Nadal (1913-1999), natifs de Palma, sont deux grands noms de la peinture majorquine de cette période.

Le top des "petits" musées

» Es Baluard (p. 54)

» Casa-Museu Dionís Bennàssar (p. 109)

» Casa-Museu Joaquim Torrents Lladò (p. 49)

» Ca'n Prunera - Museu Modernista (p. 93)

On ne saurait oublier l'icône catalane du XXe siècle : Joan Miró (1893-1983). Sa mère était originaire de Sóller et il vécut les 27 dernières années de sa vie à Cala Major, juste à la sortie de Palma, où son ancienne maison est aujourd'hui transformée en musée : la Fundació Pilar i Joan Miró (p. 76). Travaillant là dans un immense atelier, il poursuivit une abondante production de toiles, de céramiques, de sculptures, de textiles et autres, toujours fidèle à ses motifs de prédilection, les femmes, les oiseaux et le cosmos.

Art contemporain

Héros local et icône artistique, Miquel Barceló (né en 1957 à Felanitx) domine le monde de l'art contemporain majorquin. À peine âgé de 25 ans, il entamait déjà une carrière internationale. Peintre mais aussi sculpteur et céramiste, Barceló a vu son image se renforcer dans l'île après le dévoilement, en 2007, de l'une de ses œuvres les plus controversées : la décoration d'une chapelle de la cathédrale de Palma (p. 42), représentant le miracle de la multiplication des pains et des poissons. L'artiste partage aujourd'hui son temps entre Paris, Majorque et sa terre d'élection, le Mali.

Moins célèbre, mais non moins prolifique, Ferran García Sevilla (né en 1949, à Palma) expose à travers toute l'Europe depuis le début des années 1980. Ses toiles, souvent très riches en couleurs primaires, mêlent art primitif et art graphique. Joan Costa (né en 1961, à Palma) est l'un des grands sculpteurs contemporains de l'île. Son travail comprend aussi des peintures.

Artisanat

Si le développement du tourisme a conduit à une surexploitation du littoral, il a aussi permis le renouveau de l'artisanat traditionnel. De nombreux artisans ont ouvert des ateliers, notamment dans les domaines du métal, de la céramique, du papier, du verre, du cuir et des bijoux. L'office du tourisme du Consell de Mallorca (p. 71), son antenne à l'aéroport et certains offices du tourisme municipaux de l'île distribuent une jolie petite plaquette listant 21 ateliers travaillant divers matériaux.

Le top des boutiques d'artisanat

- » Artesania (p. 111)
- » Estel@rt (p. 86)
- » Oliv-Art (p. 136)
- » Teixits Vicens (p. 111)
- » Temps era Temps (p. 96)
- » Típika (p. 69)

Travail du verre

Le travail du verre sur l'île remonte au IIe siècle av. J.-C. Les artisans majorquins firent ensuite partie d'un réseau de fabrication et de commerce de verrerie dont le centre était Murano, à Venise. La production de verrerie à Majorque atteignit son apogée au XVIIIe siècle, avant de connaître le déclin. Mais la famille Gordiolas, entrée dans l'industrie du verre au XVIIIe siècle a réussi, quasiment seule, à en relancer la fabrication entre le milieu et la fin du XXe siècle. Si l'on trouve encore de petits artisans verriers, le Museu de Gordiola (p. 133), près d'Algaida, reste le plus gros producteur de verrerie aujourd'hui. Vous pourrez y voir souffler le verre selon les techniques traditionnelles.

Travail du cuir

L'industrie du cuir de Majorque a acquis une réputation de qualité dans le monde entier, notamment grâce au succès des chaussures Camper. Si les petites manufactures traditionnelles tendent à être remplacées par de grandes entreprises, le secteur est toutefois une des grandes réussites de l'île. Avec ses nombreuses usines et points de vente (ouverts au public), Inca est devenu la capitale de la chaussure à Majorque.

Bien consciente de son pouvoir d'attraction, l'industrie du cuir a produit deux intéressantes plaquettes, que vous pouvez espérer trouver dans les offices du tourisme de l'île.

Majorque pratique

Carnet pratique

Ambassades et consulats

Ambassades et consulats d'Espagne à l'étranger

Pour des informations sur les visas, voir p. 211.

France Ambassade (☎01 44 43 18 00 ; www.mae.es/embajadas/paris ; 22 av. Marceau, 75381 Paris Cedex 08). Consulat général (☎01 44 29 40 00 ; www.maec.es/consulados/paris ; 165 bd Malesherbes, 75017 Paris)

Belgique Ambassade (☎02 230 03 40 ; rue de la Science 19, Bruxelles 1040). Consulat général (☎02 509 87 70 ; rue Ducale 85, Bruxelles 1000)

Suisse Ambassade (☎031 350 52 52 ; www.mae.es/embajadas/berna ; Kalcheggweg 24, Postfach 99, 3000 Bern 15). Consulats généraux (☎031 356 22 20 ; Marienstrasse 12, 3005 Berne ; ☎022 749 14 60 ; 58 av. Louis-Casaï, Case postale 59, 1216 Cointrin)

Canada Ambassade (☎613 747 2252 ; 74 Stanley Avenue, Ottawa, Ontario K1M 1P4). Consulats généraux (☎514 935 5235 ; 1 Westmount Square, Suite 1456, Montréal, Québec H3Z 2P9 ; ☎416 977 1661 ; 2 Bloor Street East, Suite 1201, Toronto, Ontario M4W 1A8)

Ambassades et consulats étrangers en Espagne

Toutes les ambassades sont à Madrid.

France Ambassade (☎91 423 89 00 ; www.ambafrance-es.org ; Calle de Salustiano Olózaga 9, 28001 Madrid). Les îles Baléares dépendent du consulat général de Barcelone (☎93 270 30 00 ; www.consulfrance-barcelone.org ; Ronda de l'Universitat 22bis, 4°, 08007 Barcelona)

Belgique Ambassade (☎915 776 300 ; www.diplomatie.be/madridfr/ ; Paseo de la Castellana 18, 6°, 28046 Madrid). Les îles Baléares dépendent du consulat général de Santa Cruz de Tenerife (☎922 241 193 ; www.diplomatie.be/tenerife ; Edificio Ahlers y Rahn, Calle Villalba Hervás 4, 2°, 38002 Santa Cruz de Tenerife)

Suisse Ambassade (☎914 363 960 ; www.eda.admin.ch/madrid ; Edificio Goya, Calle de Núñez de Balboa 35A, 7°, 28001 Madrid). Les îles Baléares dépendent du consulat général de Barcelone (☎934 090 650 ; www.eda.admin.ch/barcelona ; Gran Via de Carlos III 94, 7°, 08028 Barcelona)

Canada Ambassade (☎913 828 400 ; www.espana.gc.ca ; Torre Espacio, Paseo de la Castellana 259D, 28046 Madrid). Les îles Baléares dépendent du consulat général de Barcelone (☎932 703 614 ; Plaça de Catalunya, 9, 1º, 2ª, 08002 Barcelona)

Argent

L'Espagne fait partie de la zone euro (€). Pour les taux de change avec le FS et le $C, voir ci-contre.

Distributeurs automatiques de billets

Il y a des *cajeros automáticos* partout sur l'île, mais par

CONSEILS AUX VOYAGEURS

La plupart des gouvernements mettent en ligne les dernières informations sur votre destination. Consultez notamment les sites suivants :

- Ministère des Affaires étrangères français (www.france.diplomatie.fr)
- Ministère des Affaires étrangères de Belgique (http://diplomatie.belgium.be/fr/)
- Département fédéral des Affaires étrangères suisse (www.eda.admin.ch/eda/fr)
- Ministère des Affaires étrangères du Canada (www.voyage.gc.ca)

prudence, mieux vaut retirer suffisamment d'argent liquide dans les grandes agglomérations ou les principales stations de bord de mer. Repérez bien les logos Visa, MasterCard, Cirrus, etc. Pour les ressortissants de l'Union européenne, les frais de retrait sont les mêmes que lorsqu'ils retirent de l'argent dans leur pays. Pour les autres, une commission de 1,5% à 2% environ par transaction s'applique sur les retraits d'argent à l'étranger.

Change

Inutile de transporter trop d'argent liquide qui, en cas de perte ou de vol, ne pourra être remplacé. La plupart des banques changent les devises étrangères et ce aux meilleurs taux. Les bureaux de change (repérables au panneau *Cambio*) ont des horaires plus larges, mais prennent souvent des commissions très élevées. Vous en trouverez dans le centre de Palma et les principales stations balnéaires. Dans tous les cas, munissez-vous de votre passeport et renseignez-vous sur les commissions.

Cartes bancaires

La plupart des achats peuvent se régler par carte, à partir d'une certaine somme. On peut vous demander de montrer une pièce d'identité. Les cartes les plus couramment acceptées sont : Visa, MasterCard, American Express (Amex), Cirrus et Maestro. Si votre carte est perdue ou volée, téléphonez pour faire immédiatement opposition : **Visa** (☎900 991 216, 900 991 124), **MasterCard** (☎900 971 231), **Amex** (☎902 375 637 ou 900 994 426) ou au numéro communiqué par votre banque.

Taxes et remboursements

En Espagne, la TVA (taxe sur la valeur ajoutée) s'appelle IVA *(impuesto sobre el valor añadido)*. "Est-ce que la TVA est incluse ?" se dit "*¿Está incluido el IVA?*"

Les visiteurs ont droit à un remboursement de 18% de l'IVA sur les achats de plus de 90,16 € s'ils les emportent hors de l'Union européenne. Demandez au commerçant un formulaire de remboursement indiquant le prix et l'IVA payés pour chaque achat, et identifiant le vendeur et l'acheteur. Puis présentez ce formulaire au guichet des remboursements de l'IVA à la douane de l'aéroport. Pour plus de renseignements : www.spainrefund.com.

Pourboires

Le service est inclus dans les prix. La plupart des gens laissent un pourboire au serveur s'ils sont satisfaits du service, entre 5% et 10% de la note généralement. À l'hôtel, 1 € suffit et dans les taxis, on peut arrondir le prix de la course.

Chèques de voyage

Les chèques de voyage Visa, Amex and Travelex sont les plus largement acceptés et sont généralement rapidement remplacés en cas de perte ou de vol. Conservez votre reçu initial, notez les numéros des chèques et les numéros de téléphone à appeler en Espagne en cas d'urgence. Pour les échanger en liquide, munissez-vous d'une pièce d'identité.

Assurance

Il est sage d'avoir une assurance voyage couvrant vols et pertes des bagages, accidents et problèmes médicaux. Elle peut aussi inclure l'annulation ou le report de votre voyage. Avant de vous décider pour une assurance, vérifiez que vous ne bénéficiez pas déjà d'une assistance par votre carte bancaire (si vous avez payé votre billet d'avion avec), par votre mutuelle ou votre assurance auto. C'est bien souvent le cas. Et pensez à lire attentivement tous les paragraphes en petits caractères... !

Pour les assurances auto et santé, voir respectivement p. 222 et p. 214.

Cartes de réduction

Dans les musées, n'hésitez pas à demander s'il y a des réductions pour les étudiants, les jeunes, les familles ou les seniors. Voir aussi l'encadré p. 197 sur la Targeta Verde.

» **Étudiants** La carte ISIC (International Student Identity Card, www.isic.org) et sa version pour les professeurs (ITIC) est finalement surtout utile pour bénéficier d'une réduction sur les locations de voitures Avis et dans les bus touristiques de Palma.

» **Jeunes** La carte Euro<26 (www.euro26.org), appelée "Carnet Joven" en Espagne, donne droit à des tarifs réduits sur les voyages, dans les sites et les auberges de jeunesse. L'International Youth Travel Card (IYTC, www.istc.org) ouvre des avantages similaires. Vous trouverez la liste complète de ces avantages sur leurs sites Internet.

» **Seniors** Tarifs réduits pour les plus de 60, 63 ou 65 ans (selon l'endroit) dans différents musées et sites (parfois uniquement pour les citoyens de l'UE) et dans certains transports.

Cartes et plans

Plans de ville

Les plans de ville fournis gracieusement dans les offices du tourisme sont généralement convenables. C'est le cas de celui de Palma où figure au verso une carte de l'île. Le plan gratuit donné par le grand magasin El Corte

Inglés est excellent pour le centre de Palma.

Cartes de l'île

Parmi les cartes de l'île les meilleures et les plus claires :

» *Mallorca* (1/100 000) de Freytag & Berndt

» *Balears/Baleares* (1/140 000) de Michelin (n°579)

Cartes de randonnée

Pour la randonnée, il faut une carte à l'échelle 1/25 000 au minimum.

Alpina Editorial en édite trois pour la Serra de Tramuntana (*Mallorca Tramuntana Sud, Mallorca Tramuntana Central* et *Mallorca Tramuntana Nord*). Elles comportent une plaquette avec des descriptions détaillées des itinéraires de randonnée. Les deux premières sont en catalan et en espagnol, avec des résumés en anglais et en allemand, la troisième uniquement en catalan et en allemand. Les cartes au 1/25 000 éditées par le **Centro Nacional de Información Geográfica** (CNIG, www.cnig.es), l'IGN espagnol, couvrent aussi une bonne partie de l'île.

L'ouvrage *Kompass Wanderbuch 942 Mallorca* (en allemand), de Wolfgang Heizmann, contient des cartes détaillées des itinéraires de randonnée. *Walk! Mallorca (North & Mountains)*, de Charles Davis, décrit (en anglais) des itinéraires de randonnées à partir de cartes basiques et d'aides GPS, mais il n'empêche qu'il faut s'acheter des cartes détaillées.

À Palma, on peut trouver certaines de ces cartes à **La Casa del Mapa** (☎971 225 945 ; casamapa@imi.a-palma.es ; Carrer de Sant Domingo 11, Palma ; ⏲9h30-14h lun-ven).

Cours de langue

La plupart des écoles de langue sont situées à Palma, mais on peut aussi suivre des cours d'espagnol à Sóller, une agréable alternative. Parmi les meilleures écoles :

» **Dialog** (☎971 719 994 ; www.dialog-palma.com ; Carrer del Carme 14, Palma ; stage de 2 semaines 395 € ; ⏲9h-14h et 16h30-20h30 lun-ven, 10h-13h30 sam)

» **Estudi Lul·lià de Mallorca** (☎971 711 988 ; www.estudigeneral.com ; Carrer de Sant Roc 4, Palma ; cours à partir de 400 €)

» **Academia Sóller** (☎971 634 149 ; www.academiasoller.com ; 2e ét., Plaça de la Constitució 8, Sóller ; stage hebdomadaire intensif à partir de 240-450 €)

Climat

Palma

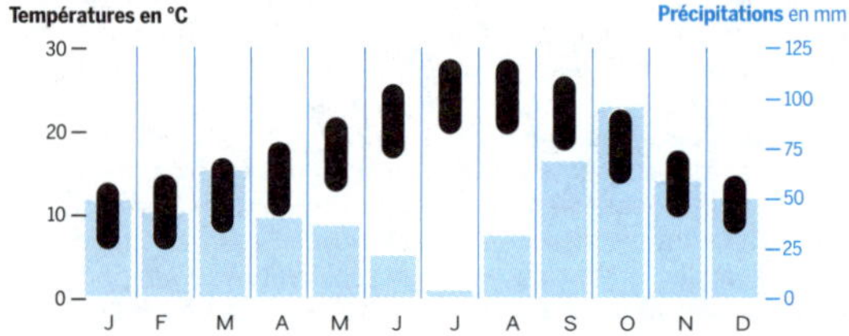

Désagréments et dangers

Majorque est une destination sûre. Le principal risque, et encore mineur, étant le vol. Ce qui n'empêche de prendre les précautions habituelles.

Vols et escroqueries

C'est à Palma et dans les stations balnéaires très fréquentées que l'on risque le plus de se faire voler. Notamment quand on se promène avec ses bagages à la recherche d'un hôtel ou en le quittant. Méfiez-vous des pickpockets, des vols de sac à l'arraché et d'un vieux classique : des femmes qui offrent des fleurs (appelées *claveleras*, parce qu'elles proposent généralement des *claveles*, des œillets) porte-bonheur. Sans savoir comment elles procèdent, si vous bavardez gentiment avec elles, vous vous retrouverez les poches vides.

Portez si possible vos biens précieux sous vos vêtements, pas dans un sac à dos, ni un sac à main ou tout autre contenant facile à arracher. Tenez toujours fermement sac à main ou autre sac. Ne laissez rien sur la plage qui pourrait disparaître sitôt le dos tourné.

Déclarez les vols à la police nationale. Il est peu probable que vous retrouviez vos biens, mais il vous faudra une plainte (*denuncia*) officielle pour votre assurance. Pour éviter les attentes interminables au commissariat (*comisaría*), vous pouvez faire votre déclaration par téléphone (☎902 102 112) dans différentes langues ou sur Internet : www.policia.es (cliquez sur "Denuncias"). Le lendemain, il suffit d'aller au commissariat de son choix pour récupérer le formulaire de déclaration et le signer, sans avoir à attendre.

Douane

Les voyageurs entrant en Espagne depuis des pays hors Union européenne bénéficient d'un prix duty free dans les boutiques sous douane des aéroports. Pour l'alcool et le tabac, ils sont limités à : 2 l de vin (ou 1 l de vin et 1 l d'alcool) plus 200 cigarettes ou 50 cigares ou 250 g de tabac.

Entre pays de l'Union européenne, il n'y a pas de droit au duty free ni de restriction à l'importation d'articles pour son usage personnel.

Électricité

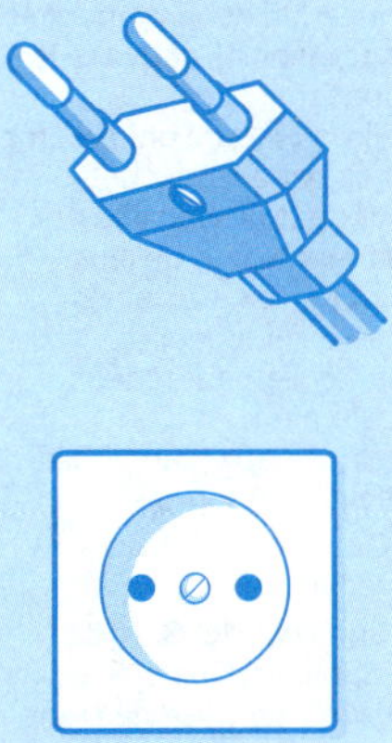

230 V/50 Hz

Formalités et visas

Avant le départ, il est impératif de contacter les ambassades et les consulats pour s'assurer que les modalités d'entrée sur le territoire n'ont pas changé. Nous vous conseillons de photocopier tous vos documents importants (pages d'introduction de votre passeport, cartes de crédit, numéros de chèques de voyage, police d'assurance, billets de train/d'avion/de bus, permis de conduire, etc.). Emportez un jeu de ces copies, que vous conserverez à part des originaux. Vous remplacerez ainsi plus aisément ces documents en cas de perte ou de vol.

» **Citoyens des États membres de l'Union européenne** Pas besoin de visa, mais d'une carte d'identité en cours de validité ou d'un passeport

» **Citoyens du Canada et de la Suisse** Pas besoin de visa pour un séjour touristique ne dépassant pas 90 jours, mais il faut être en possession d'un passeport valable au moins trois mois après la date de départ

» **Pour travailler en Espagne** Voir p. 216

Résidence

Les ressortissants des pays de l'Union européenne et de la Suisse peuvent entrer librement en Espagne et y rester le temps qu'ils veulent sans avoir à demander de carte de séjour (*tarjeta de residencia*), mais ils doivent être enregistrés comme "résident permanent". Renseignez-vous auprès de votre consulat.

Les Canadiens qui veulent résider, étudier ou travailler en Espagne doivent obtenir un visa approprié avant leur départ. Il sera délivré par un consulat d'Espagne au Canada.

Handicapés

Majorque n'est pas une destination très adaptée aux besoins des handicapés, mais les choses changent lentement. Les accès spécifiques dans certains musées, bâtiments publics et hôtels marquent une première prise de conscience du problème, mais restent encore très minoritaires. Attention aux hôtels qui se disent adaptés tout simplement parce qu'ils disposent de portes larges pour l'accès dans les chambres et les salles de bains, d'une rampe d'accès à la réception et autres efforts symboliques. Les bus urbains de Palma ainsi que certains des bus circulant sur l'île sont équipés d'accès pour les fauteuils roulants. Quelques compagnies de taxis disposent de véhicules adaptés, qu'il faut réserver à l'avance.

Organismes sur place

» **Associació Balear de Persones amb Discapacitat Física** (Asprom ; ☎971 289 052 ; www.asprom.net ; Carrer de Pasqual Ribot 6). Cette association est plutôt un groupe de lobbying et fournit peu d'informations pratiques pour les vacanciers.

» **Discount Mobility** (☎966 445 812 ; www.mobilitymallorca.com). Location de scooters pour personnes à mobilité réduite.

» **Easy Rider** (☎606 543 099 ; www.easyridermobilityhire.com). Organisme basé à Port d'Alcúdia louant des scooters pour personnes à mobilité réduite.

» **Mobility Scooters** (☎971 132 538 ; www.mobilityscootersmallorca.com). Loue et livre dans toute l'île des scooters pour personnes à mobilité réduite.

Organismes en France

» **Association des paralysés de France** (APF ; ☎01 40 78 69 00 ; www.apf.asso.fr ; 17 bd Auguste-Blanqui, 75013 Paris). Cet organisme pourra vous fournir des informations très utiles. Il gère d'ailleurs une agence de voyages spécialisée, **APF Evasion** (☎01 40 78 27 27 ; evasion.vacanciers@apf.asso.fr).

» **Access Tourisme Service** (☎02 38 74 28 40 ; www.access-tourisme.com ; access.tourisme.service@wanadoo.fr ; 8 rue Saint-Loup, 45130 Charsonville). Cette agence est spécialisée dans l'organisation de voyages en groupe ou en individuel pour personnes handicapées.

» **Yanous** (www.yanous.com) est un site Internet dédié aux personnes handicapées et comportant des articles consacrés aux voyages.

Heure locale

Majorque, comme toute l'Espagne, est à l'heure GMT + 1 heure en hiver et GMT + 2 heures en été. L'Espagne vit donc à la même heure que la France et que la plupart des pays d'Europe occidentale. Le décalage avec le Québec est de 6 heures : lorsqu'il est midi à Palma, il est 6h du matin à Montréal.

L'heure d'été s'applique du dernier dimanche de mars au dernier dimanche d'octobre.

Homosexualité

L'homosexualité est légale en Espagne. En 2005, le président du gouvernement espagnol, le socialiste José Luis Rodríguez Zapatero, a porté un coup aux fondements catholiques conservateurs du pays avec la légalisation du mariage homosexuel. À Majorque, les adresses gays se trouvent surtout à et autour de Palma (p. 68).

Sites, guides et adresses utiles :

» **Ben Amics** (☎971 715 670 ; www.benamics.com ; Carrer del Conquistador 2 ; ⌚9h-15h). L'association majorquine des gays, lesbiennes et transsexuels.

» **Gay Mallorca** (www.gay-mallorca.blogspot.com, en espagnol). Le programme hebdomadaire des événements.

» **Guía Gay de España** (guia.universogay.com/palmademallorca, en espagnol). Une liste très utile de cafés, saunas, boîtes de nuit et restaurants.

» **Mallorca Gay Map** (www.mallorcagaymap.com). Un guide pratique en ligne des lieux accueillants pour les homosexuels (restaurants, hôtels, clubs, etc.). Une version papier est disponible dans certains offices du tourisme à Palma.

Horaires d'ouverture

Les horaires ne sont mentionnés dans ce guide que lorsqu'ils diffèrent des heures d'ouverture habituelles.

TYPE D'ACTIVITÉ	HORAIRES HABITUELS
Banques	lun-ven 8h30-14h et, pour certaines, aussi jeu 16h-19h et sam 9h-13h
Boîtes de nuit	0h-6h
Boutiques	lun-sam 10h-14h et 16h30-19h30 ou 17h-20h
Bureaux de poste	lun-ven 8h30-21h30, sam 8h30-14h
Grands magasins et supermarchés	généralement lun-sam 10h-21h
Restaurants	déjeuner 13h-15h30, dîner 19h30-23h

Internet (accès)

De nombreux hôtels et cafés proposent un accès Internet sans fil (Wi-Fi), généralement (mais pas toujours) gratuit. Dans les hôtels, il faut souvent aller à la réception pour capter le Wi-Fi, qui ne passe pas toujours dans les chambres.

Il y a des cybercafés à Palma et dans la plupart des stations balnéaires. Comme peu tiennent plus d'un an ou deux, demandez à l'office du tourisme quel est le plus proche. Ils facturent en général 1,50 à 3 €/heure.

Dans ce guide, les établissements disposant d'un accès Wi-Fi ou d'un ordinateur connecté sont indiqués par l'icône 📶.

Jours fériés

Les deux grandes périodes de congés sont la Semaine sainte (qui précède le dimanche de Pâques) et le mois d'août, justement au moment où les touristes européens affluent. Il est alors parfois difficile de trouver un hébergement et les transports peuvent être bondés.

Il y a 14 jours officiellement fériés par an, auxquels la plupart des localités ajoutent le jour de leur saint patron. Certaines fêtes traditionnelles sont également fériées localement.

Principaux jours fériés officiels sur toute l'île :

» **Cap d'Any** (Nouvel An) 1er janvier

» **Epifania del Senyor** (Épiphanie) 6 janvier – à Palma, l'arrivée des Rois Mages (*Reis Mags*) est mise en scène sur le port et suivie d'une procession

» **Dia de les Illes Balears** (fête des îles Baléares) 1er mars

» **Dijous Santa** (Jeudi saint) mars/avril

» **Divendres Sant** (Vendredi saint) mars/avril

» **Diumenge de Pasqua** (Dimanche de Pâques) mars/avril

» **Festa del Treball** (fête du Travail) 1er mai

» **Assumpció** (Assomption) 15 août

» **Festa Nacional d'Espanya** (Fête nationale) 12 octobre

» **Tots Sants** (Toussaint) 1er novembre

» **Dia de la Constitució** (fête de la Constitution) 6 décembre

» **Immacula da Concepció** (Immaculée Conception) 8 décembre

» **Nadal** (Noël) 25 décembre

» **Segona Festa de Nadal** (lendemain de Noël) 26 décembre

LA CULTURE ESPAGNOLE PRÈS DE CHEZ VOUS

Pour préparer un voyage, rien de tel que de se plonger dans la culture du pays avant de partir. Vous pouvez aller voir ou louer un film d'Almodovar, écouter de la musique espagnole ou encore manger quelques tapas dans un bar... Si vous parlez l'espagnol (ou si vous avez envie de l'apprendre), vous pouvez aussi faire un petit tour du côté de l'institut culturel espagnol, l'**Instituto Cervantes** (www.cervantes.es), installé dans plusieurs villes françaises et à Bruxelles. Outre des cours de langue, il organise diverses activités culturelles : expositions, projections de films, conférences, concerts, colloques, etc. Vous y trouverez aussi une bibliothèque-médiathèque où vous pourrez consulter et/ou emprunter livres, magazines et DVD.

Pour des idées de lectures et de films, voir p. 202.

» **France** (05 57 14 26 14 ; http://burdeos.cervantes.es ; 57 cours de l'Intendance, 33000 Bordeaux ; 04 78 38 72 41 ; http://lyon.cervantes.es ; 58 montée de Choulans, 69005 Lyon ; 01 40 70 92 92 ; http://paris.cervantes.es ; 7 rue Quentin-Bauchart, 75008 Paris ; 05 61 62 80 72 ; http://toulouse.cervantes.es ; 31 rue des Chalets, 31000 Toulouse)

» **Belgique** (02 737 01 92 ; http://bruselas.cervantes.es ; avenue de Tervurenlaan 64, 1040 Bruxelles)

Offices du tourisme

À Majorque

La plupart des villes (et même les petits villages) possèdent un *oficina de turismo* ou *oficina de información turística*. Ceux des régions du littoral sont généralement ouverts de Pâques, ou mai, jusqu'à octobre et pratiquent des horaires très limités. Vous y trouverez de nombreuses brochures utiles et pourrez y obtenir de bons renseignements.

Palma compte plusieurs offices du tourisme municipaux où l'on renseigne sur la ville et ses environs immédiats, ainsi que l'**Office du tourisme du Consell de Mallorca** (971 712 216 ; www.infomallorca.net ; Plaça de la Reina 2, Palma ; 8h-20h lun-ven, 9h-14h sam), qui couvre l'ensemble de l'île.

À l'étranger

L'Office national espagnol du tourisme, **Turespaña** (www.spain.info), possède des bureaux à l'étranger. Sur son site Internet sont publiés des informations générales et des liens sur toutes les régions du pays.

» **France** (00 800 10 10 50 50, l'appel est gratuit ; 22 rue Saint-Augustin, 75002 Paris ; les bureaux sont désormais fermés au public)

» **Belgique** (02 280 19 26 ; www.spain.info/be ; 97 rue Royale, 1000 Bruxelles ; lun-ven 9h-14h)

» **Suisse** (00 800 10 10 50 50, l'appel est gratuit ; www.spain.info/fr_ch ; Seefeldstrasse 19, 8008 Zürich ; lun- ven 9h-17h)

» **Canada** (416 961 3131 ; www.spain.info/ca ; 2 Bloor Street West, 34e étage, Toronto M4W 3E2 ; lun-ven 9h-15h)

Poste

Dans l'ensemble, la poste espagnole, les **Correos** (902 197 197 ; www.correos.es) est fiable, mais parfois un peu lente.

Tarifs postaux

Outre les bureaux de poste, la plupart des *estancos* (bureaux de tabac affichant "Tabacos" en lettres jaunes sur fond brun) vendent des timbres (*sellos*). L'affranchissement des cartes postales et des lettres de moins de 20 g vers l'Espagne ou un autre pays de l'Union européenne coûte 1,07 € et vers les autres pays 1,38 €. Vous trouverez la liste complète des tarifs pour les envois en recommandé (*certificado*) et en urgent (*urgente*) sur www.correos.es (en espagnol) en cliquant sur "Calculador de Tarifas".

Acheminement du courrier

L'acheminement du courrier peut prendre 3 à 7 jours vers un autre pays d'Europe occidentale et jusqu'à 10 jours, voire plus, pour les autres pays.

Problèmes juridiques

Théoriquement, vous êtes censé avoir en permanence sur vous votre carte d'identité ou votre passeport pour pouvoir présenter immédiatement vos papiers si la police vous le demande. Dans la pratique, beaucoup de gens préfèrent laisser leur passeport dans le coffre de l'hôtel et cela pose rarement problème.

Le cannabis est autorisé par la loi uniquement pour une consommation personnelle, donc en très petite quantité. La consommation de toute drogue est interdite dans les lieux publics.

Si vous êtes arrêté, vous aurez droit à l'assistance d'un avocat commis d'office (*abogado de oficio*), mais il se peut qu'il ne parle qu'espagnol (et majorquin). Vous avez aussi le droit de passer un appel téléphonique. Si vous vous en servez pour contacter votre ambassade ou consulat, le personnel ne pourra sans doute pas faire plus que vous indiquer un avocat parlant français. Si vous vous retrouvez au tribunal, les autorités sont obligées de vous fournir un traducteur.

Police

La Policía Local ou Policía Municipal, qui intervient au niveau local, traite des problèmes tels que les infractions à la circulation et les délits mineurs. La Policía Nacional (☎091) s'occupe des délits importants et intervient surtout dans les grandes villes. La Guardia Civil (créée au XIXe siècle pour lutter contre le banditisme), qui dépend de l'armée, est en charge de la police routière, des frontières, de la sécurité, des délits majeurs et du terrorisme.

Santé

Majorque ne présente pas de risques particuliers pour la santé.

Avant de partir

ASSURANCE

Les citoyens de l'Union européenne se procureront auprès de leur centre de Sécurité sociale la Carte européenne d'assurance maladie (CEAM) qui couvre la plupart des soins médicaux. Mais elle ne couvre pas les frais de rapatriement, en urgence ou non. Comptez un délai de deux semaines au moins pour l'obtenir. Les ressortissants de pays hors Union européenne devront s'informer d'accords de réciprocité en matière de soins médicaux gratuits entre leur pays et l'Espagne.

Il est conseillé de souscrire une police d'assurance qui vous couvrira en cas d'annulation de votre voyage, de vol, de perte de vos affaires, de maladie ou encore d'accident. Les assurances internationales pour étudiants sont en général d'un bon rapport qualité/prix. Lisez avec la plus grande attention les clauses en petits caractères : c'est là que se cachent les restrictions.

Vérifiez notamment que les "sports à risques", comme la plongée, la moto ou même la randonnée ne sont pas exclus de votre contrat, ou encore que le rapatriement médical d'urgence, en ambulance ou en avion, est couvert. De même, le fait d'acquérir un véhicule dans un autre pays ne signifie pas nécessairement que vous serez protégé par votre propre assurance.

Vous pouvez contracter une assurance qui réglera directement les hôpitaux et les médecins, vous évitant ainsi d'avancer des sommes qui ne vous seront remboursées qu'à votre retour. Dans ce cas, conservez avec vous tous les documents nécessaires.

Attention ! Avant de souscrire une police d'assurance, vérifiez bien que vous ne bénéficiez pas déjà d'une assistance par votre carte de crédit, votre mutuelle ou votre assurance automobile. C'est bien souvent le cas.

VACCINATIONS

Aucun vaccin n'est obligatoire pour entrer à Majorque, mais, quelle que soit leur destination, l'OMS recommande aux voyageurs d'être vaccinés contre la diphtérie, le tétanos, la rougeole, les oreillons, la rubéole et la poliomyélite.

À Majorque

SERVICES MÉDICAUX

Si vous avez besoin d'une ambulance, appelez le ☎061. En cas d'urgence, rendez-vous directement au service des urgences (*urgencias*) de l'hôpital le plus proche. Le plus grand hôpital de l'île est l'**Hospital Son Dureta** (☎971 175 000 ; Carrer de Andrea Doria 55), à Palma. Il y a également de grands hôpitaux à Inca et à Manacor. Dans les principales stations balnéaires, on trouve généralement des centres médicaux avec du personnel parlant anglais et allemand. Les pharmacies (*farmacias*) sont de bon conseil pour les médicaments en vente libre. Quand une pharmacie est fermée, l'adresse des pharmacies de garde (*farmacias de guardia*) les plus proches est affiché sur sa porte.

AFFECTIONS LIÉES À L'ENVIRONNEMENT

» L'épuisement par la chaleur est lié à une perte excessive d'eau et de sels due à une trop forte exposition à la chaleur et non compensée par l'ingestion de liquide. Parmi les symptômes figurent maux de tête, vertiges et fatigue. Pour lutter contre cet état, buvez de l'eau et/ou des jus de fruits et rafraîchissez le corps avec de l'eau froide et en l'éventant.

» Le coup de chaleur est beaucoup plus grave, il survient quand le mécanisme de régulation thermique du corps ne fonctionne plus. Il entraîne fièvre, céphalée, problèmes de coordination, agressivité, convulsions. Il faut absolument hospitaliser le malade. En attendant les secours, installez-le à l'ombre, ôtez-lui ses vêtements, couvrez-le d'un drap ou d'une serviette mouillée et éventez-le continuellement.

» Si vous êtes allergique aux piqûres d'abeilles, guêpes ou autre hyménoptères, emportez avec vous de l'adrénaline auto-injectable, type Epipen.

» Dans les régions boisées, méfiez-vous des chenilles processionnaires du pin, rougeâtres et velues, aux poils urticants et allergisants. Elles vivent dans des nids argentés dans les pins puis, au printemps, les colonies quittent leur nid et marchent en longues files (d'où le nom).

» Certains mille-pattes font de méchantes piqûres, sans être vraiment graves. Ceux qu'il faut surveiller ont des segments bien marqués, avec par exemple des bandes noires et jaunes.

» L'été, il peut y avoir des invasions de méduses sur les plages de l'île sans qu'on puisse y faire grand-chose. Les deux grandes espèces de méduses urticantes sont la *Rhizostoma pulmo* et surtout la *Pelagia noctiluca* (méduse pélagique). Pour soulager la douleur, la méthode traditionnelle consiste à frotter la peau avec du vinaigre, mais le sel d'Epsom est plus efficace contre la *Pelagia noctiluca*. Un morceau de glace soulage aussi la douleur. Si vous n'avez rien de cela sous la main, frottez la lésion à l'eau salée (et non pas à l'eau douce qui accroît l'effet urticant). Si vous vous êtes fait piquer, rendez-vous à un poste de secours (il y en a généralement sur les grandes plages).

» On trouve des mouches des sables sur de nombreuses plages majorquines. En général, elles ne causent qu'une morsure douloureuse et urticante, mais elles peuvent à l'occasion véhiculer une rare maladie de peau appelée leishmaniose cutanée.

» L'eau du robinet est généralement potable, mais a rarement très bon goût, c'est pourquoi la plupart des gens du pays achètent de l'eau minérale en bouteille. Ne buvez pas l'eau des rivières ou des lacs qui peuvent contenir des bactéries ou des virus provoquant diarrhée ou vomissements.

Téléphone

Les téléphones publics bleus sont faciles à utiliser pour passer des appels en Espagne ou à l'étranger. Ils fonctionnent avec des pièces, des cartes téléphoniques (*tarjetas telefónicas*) émises par la compagnie nationale Telefónica et, parfois, avec des cartes bancaires. Des cartes téléphoniques de 6 € et 12 € sont en vente dans les bureaux de poste et les bureaux de tabac (*estancos*).

Appels internationaux

Pour appeler Majorque depuis l'étranger, composez le code d'accès international (00), suivi du code de l'Espagne (34) et du numéro local complet (9 chiffres). Pour appeler l'étranger depuis Majorque, faites le 00, attendez la tonalité spéciale, puis composez le code du pays (33 pour la France, 32 pour la Belgique, 41 pour la Suisse et 1 pour le Canada), le code régional et le numéro désiré.

Il est facile d'appeler à l'étranger en PCV (*llamada por cobro revertido*). Composez le 33 900 99 00 33 pour la France, le 33 900 99 00 32 pour la Belgique, le 33 900 99 00 41 pour la Suisse et le 33 900 99 00 15 pour le Canada. Vous pouvez aussi recourir aux services d'un opérateur (parlant espagnol et anglais) en composant le 1008 pour appeler en Europe, et le 1005 pour les autres pays.

Appels nationaux

Tous les numéros de téléphone à Majorque (portables compris) comportent neuf chiffres. Presque tous les numéros des lignes fixes commencent par 971, sauf quelques-uns par 871. Les numéros de téléphones mobiles commencent par 6.

Les numéros commençant par 900 sont gratuits en Espagne. Ceux commençant par 901 jusqu'à 905 ont des tarifications diverses. Les 902 sont facturés au tarif standard, tout comme les 800, 803, 806 et 807.

Téléphones portables

Les portables français – et européens – passent très bien sur le réseau espagnol, mais pas ceux d'Amérique du Nord. Si votre abonnement comprend l'international, vous pourrez recevoir et émettre des appels à Majorque depuis votre téléphone. Toutefois, attention au prix exorbitant du reroutage des appels depuis l'étranger. Renseignez-vous d'abord auprès de votre opérateur sur les tarifs pratiqués. Vous pouvez acheter une carte SIM rechargeable et prépayée, ce qui sera probablement plus avantageux que d'avoir recours à votre réseau. Vérifiez toutefois la compatibilité de votre portable – pas de problème a priori avec les tri ou quadribandes. Sinon, on trouve facilement dans le commerce des téléphones portables (*teléfonos móviles*) avec cartes prépayées autour de 80 € pour les modèles les plus basiques.

Cartes prépayées

Les cartes prépayées sont très intéressantes pour appeler à l'étranger, comparez les tarifs des différentes compagnies. Elles sont en vente dans les bureaux de tabac (*estancos*), les kiosques à journaux et les centres d'appel (*locutorios*), en particulier à Palma et dans les stations balnéaires.

Toilettes

Les toilettes publiques sont rares, voire inexistantes. En cas de nécessité, la solution est d'utiliser celles des bars et des restaurants, mais il faut bien sûr consommer avant d'utiliser les toilettes.

Travailler à Majorque

Les citoyens de l'Union européenne ainsi que les Suisses n'ont pas besoin de visa pour travailler en Espagne. Si l'on vous propose un contrat, l'employeur se chargera normalement de toutes les formalités administratives. Les Canadiens peuvent obtenir un permis de travail auprès du consulat espagnol de leur lieu de résidence et, s'ils envisagent de rester plus de 90 jours, un visa de résident. Ces papiers sont quasiment impossibles à obtenir si vous n'avez pas signé au préalable un contrat de travail.

De nombreux bars, restaurants et autres entreprises tenus par des étrangers cherchent du personnel temporaire en été. Consultez la presse locale en langue étrangère qui publie des annonces pour des jobs de serveurs, baby-sitters, cuisiniers, etc. En arpentant le port de Palma, certains pourront aussi se faire embaucher en tant que membre d'équipage sur un yacht ou un bateau de croisière.

Enseigner le français (ou une autre langue si vous êtes qualifié), comme la traduction et l'interprétariat (à condition de parler couramment l'espagnol et la langue demandée), est aussi une possibilité. Toutefois, un diplôme dans l'enseignement du français comme langue étrangère et une première expérience dans ce domaine seront précieux (voire indispensables). Vous trouverez la liste des écoles de langue dans les Pages Jaunes à la rubrique "Academias de idiomas". Vous pouvez aussi donner des cours particuliers, mais vous n'en tirerez pas un revenu suffisant à court terme. Essayez de mettre une petite annonce sur les panneaux d'affichage de l'**Alliance française** (☎971 71 41 01, Calle San Felio 9 ; 07012 Palma de Mallorca), des librairies spécialisées et des écoles de langues (voir p. 210).

Pour un emploi dans tous types de secteurs, vous pouvez aussi vous informer auprès de la **Maison des Français de l'étranger** (www.expatries.org) ou de l'**OMI** (Office des migrations internationales ; ☎01 53 69 53 70 ; 44 rue Bargue, 75732 Paris cedex 15).

Les étudiants peuvent chercher un stage dans une entreprise espagnole. Mais il faut faire sa recherche avant de partir. L'**AIESEC** (Association for International Students for Economics and Commerce ; www.aiesec.org/france) dispose de bureaux dans le monde entier et aide les étudiants à trouver un stage dans leur domaine de compétences. Le réseau du **CIDJ** (Centre d'information et de documentation jeunesse ; www.cidj.com) fournit une multitude de renseignements. Consultez le site Internet pour trouver le centre d'informations le plus proche de chez vous.

Gardez toutefois en tête que l'Espagne connaît aujourd'hui une situation économique difficile et un taux de chomage élevé. Aussi, trouver du travail à Majorque ne sera probablement pas une entreprise facile !

Voyager seule

Voyager seule à Majorque ne pose pas de problèmes sérieux. Vous risquez toutefois de faire l'objet d'une certaine curiosité, avec regards appuyés, sifflets ou commentaires superflus. Il suffit généralement de les ignorer. Sachez toutefois appeler "à l'aide !" (*¡socorro!*) en cas de besoin. Si dans les stations balnéaires, la mode est aux seins nus et au court vêtu, les femmes s'habillent de façon plus discrète dans les villes et à l'intérieur des terres.

Transports

DEPUIS/VERS MAJORQUE

Beaucoup de touristes arrivent à Majorque par avion à l'aéroport international de Palma, desservi par de nombreuses compagnies aériennes, notamment low-cost. Il est également possible d'aller à Majorque par le ferry au départ de différentes villes de la côte espagnole (Alicante, Barcelone, Dénia et Valence). Les îles voisines d'Ibiza et de Minorque sont reliées à Majorque par voies aérienneset maritime.

Entrer en Espagne

Pour les citoyens des pays membres de l'Union européenne et de la Suisse, une carte nationale d'identité ou un passeport en cours de validité suffit.

Les Canadiens n'ont pas besoin d'un visa pour un séjour ne dépassant pas 90 jours, mais doivent présenter un passeport valide trois mois après la date de départ prévue. Il leur sera demandé de remplir une carte de débarquement. Voir aussi p. 211.

Si vous venez en voiture, n'oubliez pas votre permis de conduire, la carte grise du véhicule et une attestation d'assurance. Vérifiez également auprès de votre assureur que vous êtes couvert à l'étranger. Voir aussi p. 223.

Voie aérienne

L'offre de vols pour Majorque varie beaucoup selon la saison. Certaines compagnies low-cost n'assurent la liaison – souvent par vol direct – avec Palma que d'avril à fin octobre. D'autres, ainsi que les compagnies régulières, ne proposent qu'un vol hebdomadaire par semaine en basse saison et plusieurs par semaine ou par jour en haute saison, avec un pic du trafic aux mois de juillet, août et septembre. En basse saison, les vols directs sont également moins nombreux et beaucoup de vols comportent une escale à Barcelone ou à Madrid. Côté prix, difficile de donner des indications tant l'offre est étendue. Les tarifs des charters notamment varient énormément d'un jour à l'autre, voire dans la même journée. Et il faut penser qu'au prix affiché du vol se rajoutent les taxes d'aéroport et les bagages. Donc une seule règle : comparez les prix et pensez à réserver le plus tôt possible, seule manière d'avoir la garantie de trouver un petit prix.

Aéroport

L'**aéroport Son Sant Joan** (☎902 404 704 ; www.aena.es) est à 8 km à l'est de Palma. En été, les vols charters et réguliers sont extrêmement nombreux au départ de toute l'Europe. Beaucoup de compagnies low-cost sont présentes. En 2010, 21,12 millions de passagers ont débarqué à l'aéroport de Sant Joan, faisant de celui-ci le troisième aéroport le plus fréquenté d'Espagne.

Le hall des arrivées se trouve au rez-de-chaussée du terminal principal, où sont installés un office du tourisme, des bureaux de change, des loueurs de voitures, des voyagistes et des guichets de réservation de chambres

AVERTISSEMENT

Les informations contenues dans ce chapitre sont particulièrement susceptibles de changements. Vérifiez directement auprès de la compagnie aérienne ou de l'agence de voyages les modalités d'utilisation de votre billet d'avion. N'hésitez pas à comparer les prestations. Les détails fournis ici doivent être considérés à titre indicatif et ne remplacent en rien une recherche personnelle attentive.

VOYAGES ET CHANGEMENTS CLIMATIQUES

Tous les moyens de transport fonctionnant à l'énergie fossile génèrent du CO_2 – la principale cause du changement climatique induit par l'homme. L'industrie du voyage est aujourd'hui dépendante des avions. Si ceux-ci ne consomment pas nécessairement plus de carburant par kilomètre et par personne que la plupart des voitures, ils parcourent en revanche des distances bien plus grandes et relâchent quantité de particules et de gaz à effet de serre dans les couches supérieures de l'atmosphère. De nombreux sites Internet utilisent des "compteurs de carbone", permettant aux voyageurs de compenser le niveau des gaz à effet de serre dont ils sont responsables par une contribution financière à des projets respectueux de l'environnement. Lonely Planet "compense" les émissions de tout son personnel et de ses auteurs.

d'hôtel. Les départs se font du 2e étage.

Depuis la France

Il est facile de se rendre à Palma depuis Paris et de nombreuses villes de province, toute l'année. Les vols sont plus nombreux au printemps et en été. Et il est alors plus facile de voyager sans escale. Comptez environ 2 heures pour vous rendre à Majorque par vol direct. Les prix varient énormément selon les compagnies et la saison. S'il est possible de trouver un aller-retour pour 150 €, prévoyez plutôt le double et même plus si vous voyagez en période de forte affluence ou si vous réservez au dernier moment. Pour les vols depuis l'aéroport de Bâle-Mulhouse, voir ci-contre.

- **Air Berlin** (☎0826 967 378 ; www.airberlin.com). Au départ de Nice et de Paris, d'avril à octobre.
- **Air Europa** (www.aireuropa.com). Quatre vols direct par semaine depuis Paris.
- **Air France** (☎3654 ; www.airfrance.fr). Plusieurs vols directs par semaine au départ de Paris, via Barcelone au départ de Bordeaux, Lyon et Nantes.
- **Air Méditerranée** (☎0826, 460 730 ; www.air-mediterranee.fr). Au départ de Paris et de la province.
- **EasyJet** (☎0820 420 315 ; www.easyjet.com). Vols directs depuis Paris de juillet à septembre.
- **Germanwings** (☎0892 390158 ; www.germanwings.com). Propose des vols depuis Nice avec une escale en Allemagne.
- **Iberia** (☎0825 800 965 ; www.iberia.com). Depuis Paris et la province via Madrid et Barcelone.
- **Niki** (☎0826 96 73 78 ; www.flyniki.com). Assure une liaison depuis Nice et Paris, avec une escale à Düsseldorf ou à Berlin.
- **Spanair** (☎+34 902 13 14 15 ; www.spanair.com). Au départ de Marseille et de Nice, via Barcelone et Madrid.
- **Vueling** (☎0899 232 400 ; www.vueling.com). Au départ de Bordeaux, Brest, Lille, Nantes, Nice, Paris, Strasbourg et Toulouse avec une escale à Barcelone.

Si vous voulez passer par une agence de voyages, voici une courte liste. Pour les tours-opérateurs proposant séjours et circuits, voir p. 220.

- **Les Connaisseurs du voyage** (www.connaisseursvoyage.fr ; ☎01 53 95 27 00, 10 rue de Beaugrenelle, 75015 Paris ; ☎04 91 92 08 91, 71 rue de Lodi,13006 Marseille)
- **Nouvelles Frontières** (☎0825 000 747 ; www.nouvelles-frontieres.fr). Coordonnées des agences en ligne.
- **Thomas Cook** (☎01 76 77 73 10 ; www.thomascook.fr). Coordonnées des agences en ligne.
- **Voyageurs du monde** (☎0892 23 56 56 ; www.vdm.com). Coordonnées des agences en ligne.

Depuis la Belgique

Seules les compagnies low-cost assurent une liaison directe avec Palma. Le trajet sans escale dure un peu plus de 2 heures, comptez au moins 4 heures si vous devez transiter par Barcelone ou Madrid. S'il est possible de trouver un aller-retour pour une centaine d'euros sur les compagnies low-cost durant la saison basse, il faut plutôt partir sur un budget moyen de 250-300 € en s'y prenant sufisamment à l'avance car les places partent très vite.

- **Brussels Airlines** (☎0902 51 600 ; www.brusselsairlines.

AGENCES EN LIGNE

Vous pouvez réserver votre vol via une agence en ligne ou vous renseigner auprès d'un comparateur de vols :

- www.anyway.com
- www.ebookers.fr
- www.illicotravel.com
- www.sprice.fr
- www.opodo.fr
- www.voyages-sncf.com
- http://voyages.kelkoo.fr
- www.govoyage.com

com). Depuis Bruxelles via Barcelone.

» **Iberia** (☎0707 00 050 ; www.iberia.com). Depuis Bruxelles via Madrid ou Barcelone.

» **Jetair** (☎070 22 00 00 ; www.jetairfly.com). Vols directs au départ d'Ostende, Bruxelles, Bruxelles-Charleroi et Liège, de mars à octobre.

» **Ryanair** (☎0902 33 660 ; www.ryanair.com). Vol direct au départ de Bruxelles-Charleroi.

» **Spanair** (☎+34 902 13 14 15 ; www.spanair.com). Vol au départ de Bruxelles via Barcelone ou Madrid.

» **Vueling** (☎0902 33 429 ; www.vueling.com). Depuis Bruxelles via Barcelone.

Vous pouvez aussi vous adresser à l'une des agences de voyages ci-dessous. Et pour les séjours et circuits organisés, voir p. 220.

» **Airstop** (☎0702 33 188 ; www.airstop.be). Coordonnées des agences en ligne.

» **Connections** (☎070 23 33 13 ; www.connections.be). Coordonnées des agences en ligne.

» **Voyages Éole** (www.voyageseolee.be). Coordonnées des agences en ligne.

Depuis la Suisse

Les aéroports de Bâle-Mulhouse et de Zürich sont les mieux desservis, par vol direct ou avec escale, toute l'année. Certaines compagnies desservent aussi Genève et même Berne. Comptez un peu moins de 2 heures de vol si la liaison est directe. Si vous réservez suffisamment en avance ou partez en période creuse, vous pouvez prévoir un budget de 200-400 CHF.

» **AirBerlin** (☎0848 737 800 ; www.airberlin.com). Vols directs et via l'Allemagne depuis Bâle-Mulhouse et Zürich.

» **EasyJet** (☎0848 28 28 28 ; www.easyjet.com). Depuis Bâle-Mulhouse toute l'année et depuis Genève de mars à octobre.

» **Germanwings** (☎0900 000 407 ; www.germanwings.com). Dessert Zürich via Cologne en Allemagne.

» **Niki** (☎0848 737 800 ; www.flyniki.com). Vols directs ou via l'Allemagne depuis Bâle-Mulhouse et Zürich.

» **SkyWork** (☎0840 888 222 ; www.flyskywork.com). Liaison directe depuis Berne.

» **Spanair** (☎+34 902 13 14 15 ; www.spanair.com). Vols directs depuis Zürich, avec une escale depuis Bâle-Mulhouse et Genève.

» **Swiss** (☎848 700 700 ; www.swiss.com). Vols directs depuis Zurich.

» **Vueling** (☎0900 000 370 ; www.vueling.com). Propose une liaison depuis Zürich avec une escale à Barcelone.

Vous pouvez aussi vous renseigner auprès d'une agence. Pour les séjours et circuits organisés, voir p. 220.

» **STA Travel** (☎058-450 49 49 ; www.statravel.ch)

Depuis le Canada

Il n'y a pas de liaison directe entre Montréal ou Toronto et Majorque, vous devrez donc faire une, voire deux escales. De nombreuses compagnies proposent des vols via Barcelone et Madrid ou via les grandes villes européennes. Vous pouvez aussi chercher un vol bon marché pour Londres, Paris ou Berlin, puis consulter les propositions des compagnies low-cost au départ de ces grandes villes. Les offres sont donc multiples et le mieux est de prendre son temps pour bien comparer les prix. Selon la saison, vous paierez entre 1 000 et 1 500 $C pour un aller-retour, à condition de réserver suffisamment en avance. Et comptez environ 10 heures de vol, selon la durée des escales.

» **Air Canada** (☎1 888 247 2262 ; www.aircanada.com)

» **Iberia** (☎1 800 772 4642 ; www.iberia.com)

Si vous souhaitez réserver votre voyage en ligne, connectez-vous à **Airline Tickets Direct** (☎1 877 679 8500 ; www.airlineticketsdirect.com), **Expedia** (www.expedia.ca) ou **Travelocity** (☎1800 407 8010 ; www.travelocity.ca). Les étudiants se renseigneront auprès de **Travel Cuts – Voyages Campus** (☎1800 667 2887 ; www.travelcuts.com), l'agence de voyages nationale des étudiants canadiens.

Pour les séjours et circuits organisés, voir p. 220.

Voie maritime

Il est possible d'aller à Majorque (ainsi que dans les autres îles Baléares, Minorque, Ibiza et Formentera) en ferry depuis Barcelone, Valence et Dénia. La plupart des bateaux n'assurent la liaison que de Pâques à fin octobre et ceux qui continuent à naviguer en hiver diminuent la fréquence de leurs départs. Cette solution est intéressante pour ceux qui souhaitent utiliser leur propre voiture ou moto une fois sur place. Ou pour ceux qui sont déjà en Espagne continentale. Combiner bus ou train et ferry ne vous reviendra en revanche pas moins cher qu'un billet d'avion… pris à temps.

La principale porte d'entrée en Espagne est l'autoroute A9 (en France), qui devient l'AP7 en Espagne. Elle rejoint Barcelone puis longe la côte vers le sud en direction de Valence et de Dénia. Barcelone/Valence sont à 1 035/1 380 km de Paris, 635/810 km de Bordeaux, 640 km/980 km de Lyon, 1 340/1 680 km de Bruxelles et 785/1 130 km de Genève. Depuis toutes ces villes, la quasi-totalité du parcours peut se faire sur autoroute. Pour des informations sur le code de

FERRIES DESSERVANT MAJORQUE

ARRIVÉE	DÉPART	COMPAGNIE	TARIFS	FRÉQUENCE	DURÉE (EN HEURES)	COUCHETTES
Palma	Barcelona	Acciona Trasmediterránea, Baleària	siège à partir de 53-60 €, couchette à partir de 62 €	1 à 2/jour	7	oui
Palma	Dénia	Baleària	siège à partir de 37 €, couchette 119 €	2/jour	2 à 5	oui
Palma	Formentera	Baleària	98 €	1/jour	4½	non
Palma	Ibiza (ville)	Acciona Trasmediterránea	à partir de 49 €	ven et sam	4	oui
Palma	Mahón (Minorque)	Acciona Trasmediterránea	à partir de 49 €	dim	3½	oui
Palma	Valence	Acciona Trasmediterránea	siège 60 €, couchette à partir de 98 €	1/jour	8	oui
Port d'Alcúdia	Barcelone	Baleària	siège à partir de 48 €	1/jour	7	oui
Port d'Alcúdia	Ciutadella (Minorque)	Baleària	37-68 €	2/jour	1 à 2	non
Cala Ratjada	Ciutadella (Minorque)	Interilles	60 €	1/jour	1	non

la route et les précautions à prendre si vous vous déplacez avec votre propre véhicule, voir p. 223.

Plusieurs compagnies proposent des liaisons maritimes entre le continent espagnol et Majorque. Pour vous faire une idée de l'offre, consultez les comparateurs **AFerry** (www.aferry.fr) ou **Direct Ferries** (www.directferries.fr). La traversée depuis Barcelone et Valence dure 8 heures et comptez un minimum de 100 € aller-retour par personne (en voyageant sur un fauteuil, pas dans une cabine), 300 € avec un véhicule.

Quelques compagnies de ferries au départ et à destination de Majorque :

» **Acciona Trasmediterránea** (☎902 454 645 ; www.trasmediterranea.es)

» **Baleària** (☎902 160 180 ; www.balearia.com)

» **Interilles** (☎902 100 444 ; www.interilles.es)

» **Iscomar** (☎902 119 128 ; www.iscomar.com)

Voyages organisés

La plupart des propositions de voyages à Majorque sont des formules tout compris en hôtels-clubs. Pour ce type d'offre, le mieux est de regarder sur Internet (voir l'encadré p. 218), où l'offre de séjours dégriffés est importante, ou de s'adresser à une agence (voir p. 218 et p. 219 pour une courte sélection d'adresses). Certains séjours comprennent, un jour sur deux, des excursions organisées en dehors de l'hôtel-club pour visiter les différents sites naturels et historiques de l'île.

Quelques agences proposent des circuits plus culturels, en particulier :

» **Feria Tour** (☎+34 972 34 60 70 ; www.portalturismohotel.com)

» **Instant Voyage** (☎03 20 86 11 38 et 03 91 84 02 20 ; www.instant-voyage.com)

» **Voyages culturels Philippe Graef** (☎+41 32 725 11 11 ; /www.graef-voyages-culturels.ch)

Majorque est une destination vraiment facile, donc idéale pour les voyages individuels. Mais si vous souhaitez découvrir l'île en marchant par exemple, il peut être intéressant de choisir un circuit randonnée organisé par une agence spécialisée comme :

» **Akaoka** (☎0825 000 840 ; www.akaoka.com)

» **Allibert Trekking** (☎04 76 45 50 50 ; www.allibert-trekking.com). Coordonnées sur le site Internet.

» **Chamina Voyages** (☎04 66 69 00 44 ; www.chamina-voyages.com)

» **Club Aventure** (☎0826 88 20 80 ; www.clubaventure.fr)

» **Mallorca Muntanya** (☎639 713 212 ; www.mallorcamuntanya.com) Circuits de randonnée pédestre, principalement dans la Serra de Tramuntana.

» **Mar y Roc** (☎971 235 853 ; www.mallorca-wandern.de) Randonnées en groupe.

» **Nomade Aventure** (☎0825 701 702 ; www.nomade-aventure.com)

» **Terres d'aventure** (☎0825 700 825 ; www.terdav.com). Coordonnées sur le site Internet.

Les deux agences suivantes, basées à Majorque, sont spécialisées sur les Baléares et proposent différents types de formules, notamment des séjours nautiques, plongée ou équitation :

» **Balearic Discovery** (☎971 875 395 ; www.balearicdiscovery.com)

» **Pro Voyages Vacances** (☎+34 971 783 110 ; www.agencebalear.com)

COMMENT CIRCULER

Bus

Grosso modo, l'île peut être divisée en cinq zones rayonnant à partir de Palma. Les lignes de bus ayant un numéro dans les 100 couvrent le Sud-Ouest, les 200 l'Ouest (jusqu'à Sóller), les 300 le Nord-Est et la majeure partie du centre, les 400 une partie du centre et la côte est, et les 500 le Sud. Plusieurs petites compagnies de bus se répartissent le réseau, mais on peut obtenir les itinéraires et les horaires pour l'ensemble des prestataires en contactant **Transport de les Illes Balears** (☎971 177 777 ; http://tib.caib.es).

Depuis Palma, la majeure partie de l'île est accessible en bus. Tous les bus partent de la gare routière de Palma (Carrer d'Eusebi Estada) ou à proximité. Attention, les départs ne sont pas toujours très fréquents et leur nombre diminue considérablement le week-end. Les dessertes diminuent aussi en direction de nombreuses zones côtières de novembre à avril, et certaines lignes sont complètement suspendues (comme celle reliant Ca'n Picafort à Sa Calobra ou Sóller).

Bien que la majeure partie de l'île soit bien couverte par le réseau de bus, il peut s'avérer fastidieux de se rendre dans certains endroits plus reculés ou de parcourir la Serra de Tramuntana avec ce moyen de transport. Par exemple, le bus 200 qui part de Palma se rend à Estellencs en passant par Banyalbufar, alors que le bus 210 va à Valldemossa et, de temps en temps, pousse jusqu'à Deià et Sóller. Aucune ligne de bus ne relie Estellencs à Valldemossa et les lignes sont toutes peu fréquentes, à l'exception de celle faisant Palma-Valldemossa.

Les tarifs ne sont pas spécialement élevés. À titre d'exemple, depuis Palma en aller simple, comptez 10,15 € pour vous rendre à Cala Ratjada, 4,90 € pour Pollença, 2,35 € pour Sóller et 7,80 € pour Cala d'Or. Les trajets durent très rarement plus de deux heures.

Vélo

Majorque est une destination idéale pour les cyclistes. Le terrain est parfois difficile dans les zones montagneuses, en particulier le long des côtes ouest et nord-ouest. Sinon, la majeure partie de l'île est assez plate et peut facilement être parcourue à vélo. Si vous ne pouvez pas apporter votre propre vélo, vous pourrez en louer un à votre arrivée. Vous trouverez dans certains offices du tourisme une brochure intitulée *Cicloturismo*, également consultable en ligne (www.illesbalears.es, rubrique "Tourisme et sport"). De nombreux circuits répartis sur toute l'île y sont décrits. Les itinéraires cyclistes sont généralement indiqués par des panneaux dans la campagne majorquine (il s'agit en général de routes secondaires entre les villes et les villages). Dans le Nord-Est, vous pouvez opter pour un itinéraire le long du réseau de pistes cyclables Ecovies (p. 111).

Location

Les loueurs de vélos sont généralement installés autour des principales stations balnéaires de l'île, ainsi qu'à Palma. Tous sont très compétents.

Voiture et moto

Bien que la majeure partie de l'île soit desservie par des bus et par des trains, avoir son propre véhicule permet de jouir d'une plus grande liberté. D'ailleurs, la plupart des visiteurs arrivent avec leur propre véhicule par ferry ou louent une voiture sur place. Pour ceux qui aiment la moto, Majorque est un paradis, surtout le long des côtes ouest et nord, ainsi que sur les étroites routes de campagne du centre de l'île.

Assurance

L'assurance au tiers est le minimum requis en Espagne comme dans toute l'Europe. Si vous voyagez avec votre véhicule personnel, vérifiez avant de partir auprès de votre assurance que vous êtes couvert à l'étranger et demandez une "carte verte" – certificat d'assurance automobile reconnu en Europe. N'oubliez pas non plus de prendre quelques feuillets de constat d'accident à l'amiable.

Les agences de location proposent des assurances minimum, mais assurez-vous de bien comprendre quelles sont vos responsabilités, et quelles sont les décharges auxquelles vous avez droit en cas de dommage causé au véhicule loué.

Automobile Club

Le **Real Automóvil Club de España** (RACE ; ☎902 404 545 ; www.race.es ; Calle de Eloy Gonzalo 32, Madrid) est le club automobile national. Vous pouvez le contacter pour obtenir de l'aide en cas de panne. Votre assurance doit toutefois vous donner un numéro de téléphone à composer en cas d'urgence. Le **bureau local** du club à Majorque se trouve à Palma (☎971 715 140 ; Avinguda Conde Sallent 7).

Carburant

Le prix de l'essence (*gasolina*) varie d'une station-service (*gasolinera*) à l'autre. Le sans plomb (*sin plomo ;* indice d'octane 95) coûte en moyenne 1,35 €/l. Le SP 98 coûte environ 1,46 €/l. Le prix du diesel (*gasóleo*) se situe autour de 1,30 €/l.

La plupart des stations-service acceptent les paiements par cartes bancaires.

Code de la route

» **Taux limite d'alcoolémie** 0,05 g /l. La conduite en état d'ivresse peut entraîner un jugement au tribunal, une amende et le retrait du permis de conduire dans les 24 heures. Les amendes peuvent aller jusqu'à environ 600 € pour les infractions graves. Les étrangers non résidents doivent payer leur amende sur-le-champ (dans ce cas, le montant est réduit de 30 %).

» **Âge légal pour conduire une voiture** 18 ans

» **Âge légal pour conduire une moto ou un scooter** 16 ans (80 cm³ et plus) ou 14 ans (50 cm³ et moins). Il est nécessaire de posséder un permis de conduire.

» **Les motocyclistes** Ils doivent utiliser leurs phares en permanence et porter un casque s'ils conduisent un véhicule de 125 cm³ ou plus.

» **Dépassement** Les chauffeurs routiers espagnols ont souvent la gentillesse d'activer leur clignotant droit pour indiquer que la voie d'en face est suffisamment dégagée pour doubler (à l'inverse, ils mettent le clignotant à gauche si vous essayez de doubler alors qu'une voiture arrive en face).

» **Ronds-points** Les véhicules déjà engagés sont prioritaires.

» **Limitations de vitesse** 50 km/h dans les zones bâties, 100 km/h sur les grandes routes et jusqu'à 110 km/h sur les 4 voies desservant Palma.

Location

Il y a une trentaine de sociétés de location de voitures à Palma et un grand nombre dans le reste de l'île. Vous trouverez aussi bien les grands groupes internationaux que des entreprises locales, qui proposent parfois des tarifs plus intéressants. Pour pouvoir louer une voiture, vous devez être en possession d'un permis de conduire, avoir au moins 21 ans et, du moins pour les grandes enseignes, posséder une carte bancaire.

Un conseil : la location de voiture peut revenir cher à Majorque, et certaines agences essaient de gagner encore plus d'argent en facturant un supplément de 90 € pour le carburant, au lieu de vous laisser la possibilité de faire le plein vous-même avant de ramener le véhicule. Lisez toutes les lignes du contrat, même celles en tout petits caractères, avant de signer quoi que ce soit. Pour obtenir des tarifs intéressants, oubliez les grandes enseignes internationales et adressez-vous à un loueur local dans la zone que vous comptez visiter. Les prix sont généralement plus bas, mais faites attention à être correctement assuré.

L'office du tourisme du Consell de Mallorca à Palma et celui de l'aéroport Sant Joan distribuent une brochure intitulée *Lloguer de Vehicles* ("Location de voitures"). Elle contient une liste des agences de location de voitures et de motos dans toute l'île.

Permis de conduire

Les permis de conduire de tous les États membres de l'Union européenne sont valables dans toute l'Europe. Les Suisses également n'ont besoin que de leur permis de conduire national. Les touristes canadiens, en revanche, devront faire une demande de permis de conduire international (PCI), valable 12 mois, auprès de l'Association canadienne des automobilistes (CAA). En cas de contrôle, le document international devra être présenté en plus du permis de conduire national.

Venir avec son propre véhicule

Si vous voyagez avec votre véhicule, n'oubliez pas de vérifier son état avant le départ et la couverture de votre assurance (voir ci-contre). Apportez votre carte grise pour pouvoir prouver, si nécessaire, que vous êtes bien le propriétaire de votre voiture. Et n'oubliez pas qu'en Espagne, il est obligatoire d'être équipé de deux triangles de signalisation (à utiliser en cas de panne) et d'un gilet réfléchissant. Il est également recommandé de disposer d'une trousse de premiers secours, d'une boîte d'ampoules et d'un extincteur.

Train

Deux lignes de train partent de Plaça d'Espanya à Palma. L'une va en direction du nord, jusqu'à Sóller. Cette excursion panoramique à bord d'un train en bois est l'une des balades les plus populaires (l'excursion se fait en une journée).

L'autre ligne s'enfonce dans les terres, jusqu'à Inca, où les rails se séparent pour rejoindre Sa Pobla et Manacor. Le train est généralement meilleur marché que le bus (1,80 € pour Inca et 2,40 € pour Manacor) et les départs sont fréquents tout au long de la journée. Un projet d'extension de la voie de chemin de fer de Manacor à Artà (autrefois desservie par le train) est en cours, mais personne n'a été en mesure de nous dire quand les travaux seront terminés.

Transports urbains

Palma est la seule ville de l'île disposant d'un système de transports en commun. Il s'agit principalement de bus. Une ligne de métro reliant le centre à l'université a cependant vu le jour il y a quelques années (mais elle est surtout intéressante pour les habitants des banlieues souhaitant rejoindre le centre-ville). Il est facile de se déplacer à Palma en vélo (notamment dans la vieille ville), même si le nombre de pistes cyclables est limité (la principale longe le littoral).

On trouve sans problème des taxis à Palma, plusieurs stations sont réparties dans toute la ville. Ailleurs sur l'île, vous aurez peut-être du mal à en trouver un du premier coup, mais il est généralement assez facile d'en obtenir un par téléphone. Renseignez-vous auprès de votre hôtel ou d'un office du tourisme.

Langue

POUR ALLER PLUS LOIN

Indispensable pour mieux communiquer sur place : les guides de conversation de **Lonely Planet** : *Espagnol* (7,99 €), *Petite conversation Espagnol* (2,99 €) et *Coffret audio Espagnol* (un guide, un CD et des fichiers MP3, 9,95 €). Ces trois manuels permettent d'acquérir des rudiments d'espagnol : réserver une chambre, lire un menu ou faire connaissance. Inclus : un minidictionnaire bilingue.

À Majorque, tout le monde est bilingue. Depuis que les îles Baléares sont devenues une communauté autonome dans les années 1980, le catalan (*català*) a retrouvé son statut officiel aux côtés de l'espagnol (le castillan pour être précis). Aujourd'hui, l'enseignement scolaire est dispensé principalement en catalan et, dans la rue, les "Majorquins de Majorque" parlent *mallorquí*, le dialecte local dérivé du catalan : l'accent n'est pas le même et certains mots diffèrent. Si tous parlent volontiers le castillan avec les Espagnols du continent et les étrangers, il vous arrivera toutefois souvent d'entendre et de lire des choses en catalan. Quant aux habitants de l'île, ils seront agréablement surpris si vous vous essayez au catalan (finalement assez proche de l'espagnol), mais la plupart se contenteront de l'espagnol.

La prononciation de l'espagnol n'est pas difficile : les mots se prononcent comme ils s'écrivent. Dans les voyelles, seuls le e, qui se prononce "é", et le u, qui se prononce "ou", diffèrent du français. La présence d'un accent sur une voyelle signifie que la syllabe est accentuée. Trois consonnes existent en espagnol mais pas en français : il s'agit du ch, qui se prononce "tch", du ll, qui correspond à un "l" mouillé comme dans "million" (ou un "y" comme dans "voyage") et du ñ nasalisé comme dans "pagne". Attention au v qui se prononce comme un "b" ; au j, la *jota*, qui est un son guttural comparable au "*ach*tung" allemand ; et au z qui se prononce comme un "s". Les r sont toujours roulés et le g est l'équivalent d'un j (*jota*) devant un "e" ou un "i".

Comme en français, l'espagnol fait la distinction entre le masculin et le féminin pour les noms, ainsi que pour les adjectifs qui les accompagnent. De manière générale, les noms féminins se terminent par *-a* ou par *-ción*, *-sión* ou *-dad* ; les noms masculins par *-o*. Les adjectifs s'accordent en genre avec le nom qu'ils qualifient (masculin/féminin : *o/a*). Dans ce chapitre, les deux genres sont indiqués et séparés par un / (exemple *perdido/a*).

En Espagne, on emploie facilement le tutoiement. Gardez cette règle simple en tête : lorsque vous parlez à des gens que vous connaissez ou qui sont du même âge ou plus jeunes que vous, utilisez *tú* plutôt qu'*Usted*, plus formel. Dans ce chapitre, seul le vouvoiement est indiqué.

L'ESSENTIEL

Bonjour./Au revoir.	*Hola./Adiós.*
Comment allez-vous ?	*¿Qué tal?*
Bien, merci.	*Bien, gracias.*
Excusez-moi.	*Perdón.*
Je suis désolé(e).	*Lo siento.*
Oui./Non.	*Sí./No.*
S'il vous plaît.	*Por favor.*
Merci.	*Gracias.*
De rien.	*De nada.*

Je m'appelle...
Me llamo...

Comment vous appelez-vous ?
¿Cómo se llama Usted?

Parlez-vous français/anglais ?
¿Habla francés/inglés?

Je (ne) comprends (pas).
Yo (no) entiendo.

HÉBERGEMENT

Je souhaiterais réserver une chambre.
Quisiera reservar una habitación.

Quel est le prix pour une nuit/personne ?
¿Cuánto cuesta por noche/persona?

climatisation	*aire acondicionado*
salle de bains	*baño*
lit	*cama*
camping	*terreno de cámping*
chambre double	*habitación doble*
maison d'hôtes	pensión
hôtel	*hotel*
chambre simple	*habitación individual*
fenêtre	*ventana*
auberge de jeunesse	*albergue juvenil*

ORIENTATION

Où se trouve... ?
¿Dónde está...?

Quelle est l'adresse ?
¿Cuál es la dirección?

Pourriez-vous me l'écrire, s'il vous plaît ?
¿Puede escribirlo, por favor?

Pourriez-vous me montrer (sur la carte) ?
¿Me lo puede indicar (en el mapa)?

derrière...	*detrás de...*
loin	*lejos*
devant...	*enfrente de...*
gauche	*izquierda*
près	cerca
à côté de...	*al lado de...*
en face de...	*frente a...*
droite	*derecha*

BARS ET RESTAURANTS

Je souhaiterais réserver une table.
Quisiera reservar una mesa.

Que me recommandez-vous ?
¿Qué recomienda?

Qu'y a-t-il dans ce plat ?
¿Que lleva ese plato?

Panneaux

Abierto	Ouvert
Cerrado	Fermé
Entrada	Entrée
Hombres	Hommes
Mujeres	Femmes
Prohibido	Interdit
Salida	Sortie
Servicios/Aseos	Toilettes

UN PEU DE GRAMMAIRE

Quand on est francophone, on se débrouille vite en espagnol : faites des phrases simples et, pour commencer, appuyez-vous sur les structures française... ça fonctionne !

Quand est (le prochain vol) ?
¿Cuándo sale (el próximo vuelo)?

Où est (la gare) ?
¿Dónde está (la estación)?

Où puis-je (acheter un billet) ?
¿Dónde puedo (comprar un billete)?

Avez-vous (un plan) ?
¿Tiene (un mapa)?

Y a-t-il (des toilettes) ?
¿Hay (servicios)?

Je voudrais (un café).
Quisiera (un café).

Pourriez-vous (m'aider), s'il vous plaît ?
¿Puede (ayudarme), por favor?

Je ne mange pas de...
No como...

C'était délicieux !
¡Estaba buenísimo!

L'addition, s'il vous plaît.
Por favor nos trae la cuenta.

Santé !
¡Salud!

Mots clés

apéritif	*aperitivo*
assiette	*plato*
avec/sans	*con/sin*
bar	*bar*
bouteille	*botella*
café	*café*
chaise haute	*trona*
chaud	*caliente*
couteau	*cuchillo*
cuillère	*cuchara*
déjeuner	*comida*
dîner	*cena*
fourchette	*tenedor*
froid	*frío*
marché	*mercado*
menu (en français/en anglais)	*menú (en francés/en inglés)*
menu enfants	*menú infantil*
nourriture	*comida*

nourriture végétarienne	*comida vegetariana*
petit-déjeuner	*desayuno*
plat principal	*segundo plato*
restaurant	*restaurante*
supermarché	*supermercado*
verre	*vaso*

Viandes et poissons

agneau	*cordero*
anchois	*boquerón (frais), anchoa (mariné)*
bœuf	*carne de vaca*
calamar	*chipirón (petit), calamar*
canard	*pato*
crabe	*cangrejo*
crevette	*gamba*
dinde	*pavo*
fruits de mer	*mariscos*
huître	*ostra*
langouste	*langosta*
lapin	*conejo*
morue	*bacalao*
moule	*mejillón*
merlu	*merluza*
palourde	*almeja*
poisson frit	*pescado frito*
porc	*cerdo*
poulet	*pollo*
rouget	*salmonete*
sardine	*sardina*
thon	*atún*
truite	*trucha*
veau	*ternera*

Fruits et légumes

abricot	*albaricoque*
ananas	*piña*
artichaut	*alcachofa*
asperges	*espárragos*
banane	*plátano*
betterave	*remolacha*
carotte	*zanahoria*
cerise	*cereza*
champignon	*champiñón*
chou	*col*
citron	*limón*
concombre	*pepino*
épinards	*espinacas*
fraise	*fresa*
fruit	*fruta*
haricots	*judías*
légume	*verdura*
lentilles	*lentejas*
maïs	*maíz*
noix	*nueces*
oignon	*cebolla*
orange	*naranja*
pastèque	*sandía*
pêche	*melocotón*
petits pois	*guisantes*
poivron (rouge/vert)	*pimiento (rojo/verde)*
pomme de terre	*patata*
pomme	*manzana*
potiron	*calabaza*
prune	*ciruela*
raisin	*uvas*
salade verte	*lechuga*
tomate	*tomate*

Autres

beurre	*mantequilla*
confiture	*mermelada*
fromage	*queso*
huile	*aceite*
miel	*miel*
œuf	*huevo*
pain	*pan*
poivre	*pimienta*
riz	*arroz*
sel	*sal*
sucre	*azúcar*
vinaigre	*vinagre*

Boissons

bière	*cerveza*
café	*café*

Catalan : l'essentiel

Bonjour (le matin).	*Bon dia.*
Bonjour (l'après-midi).	*Bona tarda.*
Bonsoir.	*Bon vespre.*
Au revoir.	*Adéu.*
S'il vous plaît.	*Sisplau.*
Merci.	*Gràcies.*
De rien.	*De res.*
Excusez-moi.	*Perdoni.*
Je suis désolé(e).	*Ho sento.*
Comment allez-vous ?	*Com estàs?*
(Très) bien.	*(Molt) Bé.*

eau (minérale)	*agua (mineral)*
jus (d'orange)	*zumo (de naranja)*
lait	*leche*
thé	*té*
vin (blanc)	*vino (blanco)*
vin (rouge)	*vino (tinto)*

URGENCES

Au secours !
¡Socorro!

Va-t'en !
¡Vete!

Appelez un médecin !
¡Llame a un médico!

Appelez la police !
¡Llame a la policía!

Je suis perdu(e).
Estoy perdido/a.

Je suis malade.
Estoy enfermo/a.

Où sont les toilettes ?
¿Dónde están los baños?

NOMBRES

1	*uno*	**20**	*veinte*
2	*dos*	**30**	*treinta*
3	*tres*	**40**	*cuarenta*
4	*cuatro*	**50**	*cincuenta*
5	*cinco*	**60**	*sesenta*
6	*seis*	**70**	*setenta*
7	*siete*	**80**	*ochenta*
8	*ocho*	**90**	*noventa*
9	*nueve*	**100**	*cien*
10	*diez*	**1000**	*mil*

ACHATS ET SERVICES

Je voudrais acheter...
Quisiera comprar...

Puis-je y jeter un coup d'œil ?
¿Puedo verlo?

Combien ça coûte ?
¿Cuánto cuesta?

C'est trop/très cher.
Es muy caro.

Pouvez-vous baisser un peu le prix ?
¿Podría bajar un poco el precio?

Il y a une erreur sur la note/l'addition.
Hay un error en la cuenta.

distributeur automatique de billets
cajero automático

carte bancaire	*tarjeta de crédito*
cybercafé	*cibercafé*
bureau de poste	*correos*
office du tourisme	*oficina de turismo*

HEURE ET DATES

Quelle heure est-il ?
¿Qué hora es?

Il est (10) heures.
Son (las diez).

Il est (une heure) et demie.
Es (la una) y media.

matin	*mañana*
après-midi	*tarde*
soir	*noche*
hier	*ayer*
aujourd'hui	*hoy*
demain	*mañana*

lundi	*lunes*
mardi	*martes*
mercredi	*miércoles*
jeudi	*jueves*
vendredi	*viernes*
samedi	*sábado*
dimanche	*domingo*

TRANSPORTS

Je voudrais aller à...
Quisiera ir a...

À quelle heure arrive-t-il/part-il ?
¿A qué hora llega/sale?

Je veux descendre ici.
Quiero bajarme aquí.

1re classe	*primera clase*
2e classe	*segunda clase*
vélo	*bicicleta*
bateau	*barco*
bus	*autobús*
voiture	*coche*
annulé	*cancelado*
retardé	*retrasado*
moto	*moto*
aller simple	*ida*
avion	*avión*
aller-retour	*ida y vuelta*
billet	*billete*
guichet	*taquilla*
horaire	*horario*
train	*tren*

GLOSSAIRE

La plupart des termes suivants sont en espagnol (castillan), langue comprise sur toute l'île. Quelques termes spécialisés sont cependant donnés en catalan (C). Les variantes en majorquin ne sont pas indiquées.

agroturisme (C) – tourisme rural
ajuntament (C) – hôtel de ville
alquería – ferme de l'époque musulmane
avenida – avenue
avinguda (C) – voir *avenida*

baño completo – salle de bains avec toilettes, douche et/ou baignoire
bodega – bar à vin
bomberos – pompiers

cala – crique
call (C) – quartier juif à Palma, Inca et dans d'autres villes de Majorque
cambio – monnaie, change de devises
caña – petit verre de bière
canguro – baby-sitter
capilla – chapelle
carrer (C) – rue
carretera – route
carta – carte (de restaurant)
castell (C) – château
castellano – castillan, à préférer au terme "*español*" pour désigner la langue nationale
català – langue catalane, personne native de la Catalogne. Le dialecte majorquin s'appelle le majorquin
celler – (C) cave à vin transformée en restaurant
cervecería – bar à bière
comisaría – commissariat
converso – dans l'Espagne du Moyen Âge, juif converti au christianisme
correos – bureau de poste
cortado – café noisette
costa – côte
cuenta – note/addition, chèque

ensaïmada (C) – pâtisserie majorquine
entrada – entrée, billet d'entrée
ermita – chapelle de campagne, monastère
església (C) – voir *iglesia*
estació (C) – voir *estación*
estación – gare
estanco – buraliste

farmacia – pharmacie
faro – phare
fiesta – jour férié, fête
finca – ferme

gasolina – essence
guardía civil – police militaire

habitaciones libres – chambres disponibles
hostal – voir *pensión*

iglesia – église
IVA – *impuesto sobre el valor añadido*, ou taxe sur la valeur ajoutée (TVA)

lavabo – toilettes
librería – librairie
lista de correos – poste restante
locutorio – centre/cabine téléphonique

marisquería – restaurant de poisson et fruits de mer
menú del día – menu du jour
mercat (C) – marché
mirador – belvédère
modernisme – version catalane du style artistique et architectural Art nouveau
monestir (C) – monastère
museo – musée
museu (C) – voir *museo*

objetos perdidos – objets trouvés
oficina de turismo – office du tourisme ; aussi *oficina de información turística*

palacio – palais, grande demeure
palau (C) – voir *palacio*
pensión – petit hôtel familial
plaça (C) – voir *plaza*
platja (C) – voir *playa*
playa – plage
plaza – place
port (C) – voir *puerto*
possessió (C) – ferme typique de Majorque
PP – Partido Popular (parti populaire)
puente – pont
puerto – port
puig (C) – sommet d'une montagne

rambla – avenue ou lit d'une rivière
refugis (C) – refuge pour les randonneurs
retablo – retable
retaule (C) – voir *retablo*
robes de llengües (C) – tissus rayés traditionnels de Majorque

santuari (C) – chapelle
según precio del mercado – au restaurant, "en fonction du prix du marché" (souvent abrégé "spm")
Semana Santa – Semaine sainte
serra (C) – chaîne de montagnes
servicios – toilettes

tafona (C) – presse à olives traditionnelle que l'on trouve dans la plupart des fermes majorquines
talayot (C) – ancienne tour de guet
tarjeta de crédito – carte bancaire
tarjeta de residencia – carte de séjour
tarjeta telefónica – carte téléphonique
terraza – terrasse, café avec terrasse
torre – tour
turismo – tourisme (et aussi berline)

urgencia – urgence

En coulisses

VOS RÉACTIONS ?

Vos commentaires nous sont très précieux et nous permettent d'améliorer constamment nos guides. Notre équipe lit toutes vos lettres avec la plus grande attention. Nous ne pouvons pas répondre individuellement à tous ceux qui nous écrivent, mais vos commentaires sont transmis aux auteurs concernés. Tous les lecteurs qui prennent la peine de nous communiquer des informations sont remerciés dans l'édition suivante, et ceux qui nous fournissent les renseignements les plus utiles se voient offrir un guide.

Pour nous faire part de vos réactions, prendre connaissance de notre catalogue et vous abonner à Comète, notre lettre d'information, consultez notre site Internet : **www.lonelyplanet.fr**

Nous reprenons parfois des extraits de notre courrier pour les publier dans nos produits, guides ou sites web. Si vous ne souhaitez pas que vos commentaires soient repris ou que votre nom apparaisse, merci de nous le préciser. Pour connaître notre politique en matière de confidentialité, connectez-vous à : **www.lonelyplanet.fr/confidentialite/index.cfm**

À NOS LECTEURS

Merci à tous les voyageurs qui ont utilisé la dernière édition de ce guide et qui nous ont écrit pour nous faire part de leurs conseils, de leurs suggestions et de leurs anecdotes : Andy, Nikki Buran, Martina Doherty, Mark Gorst, Matt Heason, Holger et Uscha, John et Sue Holwill, Delyth Morton, Linda Nijlunsing, Erik Vloeberghs.

UN MOT DE L'AUTEUR

Anthony Ham

Depuis neuf ans que je vis en Espagne, j'ai été accueilli et aidé par trop de personnes pour les nommer toutes ici. Leurs vies et leurs histoires font désormais partie de la mienne. Un immense merci à Dora Whitaker, Daniel Corbett, Martine Power et à l'incroyable équipe LPOS de Lonely Planet. J'ai eu la chance de pouvoir explorer Majorque en compagnie de ma femme et âme sœur, Marina, ainsi que de Carlota et Valentina, les deux plus adorables petites filles qu'un père pourrait espérer.

REMERCIEMENTS

Données des cartes du climat adaptées de Peel MC, Finlayson BL & McMahon TA (2007) "Updated World Map of the Köppen-Geiger Climate Classification", *Hydrology and Earth System Sciences*, 11, 163344.

Photographie de couverture : chapelle en pierre près de Valldemossa, Majorque, Schmid Reinhard/4Corners.

La plupart des photos publiées dans ce guide sont disponibles auprès de notre agence photographique Lonely Planet Images : **www.lonelyplanetimages.com**

À propos de cet ouvrage

Cette première édition en français du guide Majorque est la traduction de la deuxième édition en anglais du guide *Mallorca* de Lonely Planet, écrite par Anthony Ham. La première avait été écrite par Damien Simonis et Sarah Andrews, avec des contributions de Sally Schafer. La version anglaise de ce guide a été commandée par le bureau londonien de Lonely Planet. Le chapitre Langue a été rédigé par Branislava Vladisavljevic.

Direction éditoriale Didier Férat

Adaptation française Bénédicte Alice Martin

Traduction Yann Champion, Thérèse de Cherisey, Cécile Duteil

Responsable pré-presse Jean-Noël Doan

Maquette Sébastienne Ocampo

Couverture Adaptée par Joséphine Cormier et Annabelle Henry pour la version française.

Cartographie Cartes originales de Corey Hutchuson, David Connolly et Amanda Sierp adaptées en français par Martine Marmouget, AFDEC.

Remerciements à Claude Albert, Christiane Mouttet et Françoise Blondel pour leur précieuse contribution au texte, ainsi qu'à Sarah Arfaoui pour les renvois de page. Un grand merci également à Didier Férat et Juliette Stephens pour leur aide, ainsi qu'à Dominique Spaety et tout le bureau parisien. Sans oublier Clare Mercer, Tracey Kislingbury et Mark Walsh du bureau de Londres, ainsi que Darren O'Connell, Chris Love, Craig Kilburn et Carol Jackson du bureau australien.

index

Références des cartes **en gras**
Références des photos **en bleu**

Références des cartes **en gras**
Références des photos **en bleu**

Références des cartes **en gras**
Références des photos **en bleu**

R

S

INDEX DES ENCADRÉS

Comment utiliser ce guide

Ces symboles vous aideront à identifier les différentes rubriques :

- À voir
- Activités
- Cours
- Circuits organisés
- Fêtes et festivals
- Où se loger
- Où se restaurer
- Où prendre un verre
- Où sortir
- Achats
- Renseignements/transports

Ces symboles vous donneront des informations essentielles au sein de chaque rubrique :

	Numéro de téléphone		Wi-Fi		Bus
	Horaires d'ouverture		Piscine		Ferry
P	Parking		Végétarien	M	Métro
	Non-fumeurs		Familles bienvenues		Tramway
	Climatisation		Animaux acceptés		Train
@	Accès Internet	dort	Dortoir	ch	Chambre
s	Chambre simple	d	Chambre double	tr	Chambre triple
f	Chambre familiale	app	Appartement	ste	Suite

Les pictos pour se repérer

- Les coups de cœur de l'auteur
- GRATUIT — Des sites libre d'accès
- Les adresses écoresponsables

Nos auteurs ont sélectionné ces adresses pour leur engagement dans le développement durable – par leur soutien envers des communautés ou des producteurs locaux, leur fonctionnement écologique ou leur investissement dans des projets de protection de l'environnement.

Légende des cartes

À voir

Plage
Temple bouddhiste
Château
Église/cathédrale
Temple hindou
Mosquée
Synagogue
Monument
Musée/galerie
Ruines
Vignoble
Zoo
Centre d'intérêt

Activités

Plongée/snorkeling
Canoë/kayak
Ski
Surf
Piscine/baignade
Randonnée
Planche à voile
Autres activités

Se loger

Hébergement
Camping

Se restaurer

Restauration

Prendre un verre

Bar
Café

Sortir

Spectacle

Achats

Magasin

Renseignements

Poste
Point d'information

Transports

Aéroport/aérodrome
Poste frontière
Bus
Téléphérique/funiculaire
Piste cyclable
Ferry
Métro
Monorail
Parking
S-Bahn
Taxi
Train/rail
Tramway
Tube
U-Bahn
Autre moyen de transport

Routes

Autoroute à péage
Autoroute
Nationale
Départementale
Cantonale
Chemin
Route non goudronnée
Rue piétonne
Escalier
Tunnel
Passerelle
Promenade à pied
Promenade à pied (variante)
Sentier

Limites et frontières

Pays
Province/État
Contestée
Région/banlieue
Parc maritime
Falaise/escarpement
Rempart

Population

Capitale (pays)
Capitale (État/province)
Grande ville
Petite ville/village

Géographie

Refuge/gîte
Phare
Point de vue
Montagne/volcan
Oasis
Parc
Col
Aire de pique-nique
Cascade

Hydrographie

Rivière
Rivière intermittente
Marais/mangrove
Récif
Canal
Eau
Lac asséché/salé/intermittent
Glacier

Topographie

Plage/désert
Cimetière (chrétien)
Cimetière (autre religion)
Parc/forêt
Terrain de sport
Site (édifice)
Site incontournable (édifice)

LES GUIDES LONELY PLANET

Une vieille voiture déglinguée, quelques dollars en poche et le goût de l'aventure, c'est tout ce dont Tony et Maureen Wheeler eurent besoin pour réaliser, en 1972, le voyage d'une vie : rallier l'Australie par voie terrestre via l'Europe et l'Asie. De retour après un périple harassant de plusieurs mois, cette expérience formatrice les poussa à rédiger sur un coin de table leur premier guide, *Across Asia on the Cheap*, qui se vendit à 1 500 exemplaires en l'espace d'une semaine. Ainsi naquit Lonely Planet, qui possède aujourd'hui des bureaux à Melbourne, Londres et Oakland, et emploie plus de 600 personnes. Nous partageons l'opinion de Tony, pour qui un bon guide doit à la fois informer, éduquer et distraire.

NOTRE AUTEUR

Anthony Ham

Dès sa première visite à Madrid en 2001, Anthony tomba éperdument amoureux de l'Espagne. Moins d'un an plus tard, il prit un aller simple pour la capitale espagnole. Dix ans après, il ne quitterait cette ville pour rien au monde. Il passe chaque année une grande partie de son temps à explorer son pays d'adoption, et il a écrit et coécrit les guides Lonely Planet sur Madrid, l'Andalousie, Barcelone et l'Espagne. Lorsqu'il ne travaille pas pour Lonely Planet, Anthony fait des photos et des articles pour différents journaux et magazines du monde entier, en sillonnant les routes d'Espagne, d'Afrique et du Moyen-Orient.

Pour en savoir plus sur Anthony Ham :
lonelyplanet.com/members/anthony_ham.

Majorque
1re édition
Traduit et adapté de l'ouvrage *Mallorca, 2d edition, January 2012*

Dépôt légal Mars 2012
ISBN 978-2-81612-092-9
Imprimé par IME (Imprimerie Moderne de l'Est), Baumes-les-Dames, France

En Voyage Éditions | un département place des éditeurs